Christian Mähr
Tod auf der Tageskarte

Roman

Deuticke

1 2 3 4 5   18 17 16 15 14

ISBN 978-3-552-06241-2
Alle Rechte vorbehalten
© Deuticke im Paul Zsolnay Verlag Wien 2014
Satz: Eva Kaltenbrunner-Dorfinger, Wien
Druck und Bindung: CPI – Ebner & Spiegel, Ulm
Printed in Germany

MIX
Papier aus verantwortungs-
vollen Quellen
FSC® C006701

Tod auf der Tageskarte

Prolog

Der Himmel hatte aufgeklart, was nicht seiner Erwartung entsprach. Gedacht hatte er, die Fahrt in diese entlegene Ecke würde vergeblich gewesen sein. Wie so vieles andere in seinem Leben. Aber jetzt besserte sich seine Laune. Das Haus fand er schnell, das dritte nach dem Ortseingang, rechts oben, das konnte man nicht verfehlen. Er bog von der schmalen Straße ab und fuhr die noch schmalere Zufahrt hinauf; es sei geräumt, hatte es geheißen, richtig, aber geräumt heißt nur, dass der Bauer, der das mit seinem Traktor erledigt, mit dem vorn montierten Schubschild den Schnee wegschiebt – den ganzen Schnee (von der einen Schneeperiode zu Weihnachten) bis auf die unteren zwei, drei Zentimeter, die bleiben liegen und verfestigen sich mit jedem Fahrzeug zu einer immer glatteren, später eisigen Bahn. So ist das halt, er hatte nichts anderes erwartet. Er schaltete den Vierradantrieb ein, der Suzuki spurte den Weg hinauf wie auf Schienen. Er freute sich, er liebte den Wagen. Es gibt eben keine schlechten Straßen, es gibt nur unzureichende Autos. Natürlich, wenn es frisch geschneit hat ... aber der Bauer mit seinem Traktor kommt dann jeden Tag, die Gemeinde bezahlt dafür, da kann man nichts sagen.

Der Weg war nicht steil und nicht lang. Er stellte den Suzuki ab. Genügend Platz, das war schon einmal gut, Parken hinter dem Haus gegen den Hang zu, auch das war besser als vorn, wo jeder sehen könnte, was aus- und eingeladen wurde. Er nahm den Alukoffer und das Stativ vom Rücksitz und ging zur Tür. Der Schlüssel passte, da hatte er auch schon anderes erlebt, aber da hing ja auch eine stabile Marke am Bund mit der Aufschrift »Ebnit«. Wie das eben Menschen machen, die in allen Dingen eine gewisse Ordnung halten, ihre Schlüssel beschriften, den Ort draufschreiben, wo das Ferienhaus steht. Und dem Gast nicht den Schlüssel zum heimatlichen Holzschuppen mitgeben, der dann nicht passt. Tausend Meter höher und vierzig Kilometer weiter, nachts um zwei. Auch schon vorgekommen. Dieser Schlüssel passte.

Es war eiskalt im Haus.

Strom vorhanden, Wasser, alles da. Er trat in den großen Wohnraum, öffnete die Schiebetür auf den Balkon. Schön breit, wie Martin Grau gesagt hatte, drei Meter mindestens. Im vorderen Teil lag der alte Schnee so hoch, dass dort an eine Aufstellung nicht zu denken war, aber in der Nähe der Tür schützte das überstehende Dach. Hier setzte er das Stativ ab, öffnete den Alukoffer und nahm sein Fernglas heraus. Nichts, was man sich gemeinhin unter diesem Begriff vorstellt. Es war laut Prospekt ein »Semi-Apo-Bino« mit 88 Millimeter Objektivdurchmesser und seine neueste Erwerbung. Zwei kurze, aneinander montierte Fernrohre, schwarz lackiert, am unteren Ende machte die Optik einen Neunzig-Grad-Knick; die Okulare schauten nach oben, und nur von oben konnte man hineinschauen, nicht von hinten, wie bei einem gewöhnlichen Fernglas. Das ist praktisch, wenn man das Glas oft oder ausschließlich nach oben richtet, auf den Himmel, man würde sich mit einem normalen Fernglas den Hals verrenken. Das »Semi-Apo-Bino« war auch dafür gedacht, auf den Himmel zu schauen, diente ausschließlich astronomischen Zwecken, nicht zur Beobachtung der Rehlein am Waldesrand. Ohne Stativ war es nutzlos, es wog über sechs Kilo, das hätte auch Schwarzenegger nicht lang hochhalten können.

Er montierte das Glas, nahm die Objektivschutzdeckel ab, holte sich einen Stuhl aus dem Wohnzimmer. Während der ganzen Zeit grinste er, murmelte beglückt vor sich hin.

Der Himmel. Der Himmel war es, der ihn glücklich machte. Atemberaubend. Einfach nur atemberaubend. Die Fahrt hatte sich gelohnt, das war jetzt schon klar. Und zehntausend Jahre Glück, wie die Chinesen sagen, für Martin Grau, der ihm diesen Beobachtungsplatz zur Verfügung stellte – und weil wir schon dabei sind: auch zehntausend Jahre Glück für die Chinesen, die ein so relativ farbreines Binokular in einer ihrer Sonderwirtschaftszonen hergestellt und zu einem so moderaten Preis nach Europa verkauft hatten, dass er es sich trotz der angespannten Finanzlage des Gasthauses und trotz der unüberwindlichen Abneigung Mathildes gegen sein Astro-Hobby hatte leisten können! Zehntausend Jahre Glück!

Er war nicht der Typ, der leicht ausflippte. Leute, die ihn kannten, hätten sich auf »mürrisch« als das passende Adjektiv geeinigt. Ein angenehmer Zeitgenosse war er nicht. Der Grund der untypischen Euphorie an jenem Abend war schlichte Dunkelheit. Der Himmel – dunkel. Bis auf die Sterne natürlich. Man sieht umso mehr von ihnen, je dunkler der Himmel selber ist. In Mitteleuropa muss man Orte, an denen das der Fall ist, zwar nicht mit der Lupe, aber mit Spezialkarten aus dem Internet und einem GPS suchen. Und wenn man sie gefunden hat, muss man hinfahren, oft sehr weit. Astrofreunde aus Süddeutschland fahren auf die Silvretta, rund zweitausend Meter Seehöhe, weil es dort ein Hotel und einen lichtgeschützten Parkplatz gibt. Das war ihm zu umständlich. Er wohnte in Dornbirn, der größten Stadt Vorarlbergs im lichtverschmutzten Rheintal; die Amateurastronomen nennen das so, für sie ist Kunstlicht eine »Verschmutzung« der natürlichen Umwelt, der Himmel wird durch die Abertausenden Lichtquellen der Zivilisation aufgehellt, die lichtschwachen astronomischen Objekte »ertrinken« im hellen Himmelshintergrund, dagegen helfen auch keine technischen Maßnahmen an ihren Instrumenten, dagegen würde nur eine astronomenfreundliche Gesetzgebung mit strenger Beschränkung der nächtlichen Beleuchtung und drakonischen Strafen für Zuwiderhandelnde helfen. Bei diesem Thema ging er aus sich heraus; seine Freunde wussten das und machten sich über ihn lustig.

»Ich hab mir jetzt so einen Beamer gekauft, wie sie die Diskotheken haben«, hatte Dr. Lukas Peratoner erst letzte Woche in der Runde verkündet, natürlich war er von eins auf zwei an die Decke gegangen, bis die anderen sich das Lachen nicht mehr verbeißen konnten, da merkte er, dass sie ihn wieder einmal drangekriegt hatten. Lichtverschmutzung war eines der wenigen Themen, bei denen er Gefühle zeigte.

Der Südhimmel vor ihm strahlte in Sternenpracht. Er hatte Mühe, Sternbilder zu identifizieren; zu viel Konkurrenz durch Sterne, die man im Rheintal nicht sehen würde, in der Umgebung der gewohnten Konstellationen. Die verschwanden wie bekannte Gesichter in einer Menschenmenge. Am prächtigsten der Orion im Südwesten. Er richtete das Glas auf das Schwert, die Sternenkette unterhalb des Gürtels. Der Orionnebel stach aus der Samtschwärze des Hintergrunds, er wechselte schnell die Okulare auf zweiunddreißigfache Vergrößerung, vertiefte sich in das Studium dieses Gasnebels, den er *so* noch nie gesehen hatte. Das war keine diffuse Wolke mehr, sondern ein komplexes Gebilde. Deutlich sah er die beiden »Arme«, sogar den kleinen Nebel M43 im Norden. Jetzt bedauerte er, den großen Dobson nicht mitgenommen zu haben. Er hätte mit der höheren Vergrößerung weiter in die helle

Zentralregion eindringen können, die Trapezsterne sehen ... aber das große Newton-Fernrohr war schwer und sperrig, das nahm man nicht auf gut Glück an einen unbekannten Standort mit. Es hätte ja sein können, dass der Platz ungeeignet war. Musste nur eine Straßenlampe in der Nähe sein, ein Baum an der falschen Stelle. Das konnte ihm ein Laie wie Martin Grau nicht vorher sagen, das musste er selber beurteilen.

Er senkte das Glas in die Horizontale. Er wollte diesen Himmel nicht mit einem Instrument durchforsten, das dafür nicht geeignet war ... Blödsinn: Jedes Fernrohr hat seinen Himmel, hatte es früher immer geheißen, also auch das Bino, aber was er endlich einmal sehen wollte, waren fette Galaxien. Galaxien sonder Zahl sozusagen. Dazu brauchte er mehr Öffnung.

Er setzte sich wieder und beobachtete den Waldrand auf der anderen Seite des Tals. Erstaunliche Lichtstärke trotz der hohen Vergrößerung. Jeden Baum konnte er unterscheiden, jeden Ast. Er schwenkte das Glas am Kinoneiger des Stativs weiter herum auf die Siedlung zu. Die ersten Häuser zogen ins Blickfeld.

Ein Bino ist nichts anderes als ein großes Fernglas, man sieht darin alles aufrecht und seitenrichtig. In seinem Spiegelteleskop, das er nicht mitgenommen hatte, wäre alles auf dem Kopf gestanden, man konnte damit keine irdischen Ziele betrachten, in der Astronomie war diese Eigenheit des Strahlengangs egal: Hätte er sich also der Mühe unterzogen, den schweren Newton mit dem Dobsonunterbau mitzuschleppen, wäre er nicht auf die Idee gekommen, die Landschaft zu betrachten. Mit einem astronomischen Fernrohr geht das nicht. Aber er war für den Newton eben zu faul gewesen, hatte sich mit dem Bino begnügt, das man bequem transportieren konnte, in der einen Hand den Koffer mit dem Glas, in der anderen das

Stativ. Man darf, wenn man will, alles Folgende also seiner Faulheit zuschreiben.

Die meisten Häuser waren dunkel, es ging schon auf halb zwölf, die Leute am Land machen die Nacht nicht so zum Tage, wie das in urbaneren Gebieten die Regel ist. Hinter den wenigen erleuchteten Fenstern tat sich nicht viel. Entweder der Raum war leer oder von seinem Standort nur eine leere Ecke einsehbar. Oder Vorhänge deckten das Innere ab. Hinter zweien der Fenster ging eine Figur vorbei, er konnte nicht einmal erkennen, ob es ein Mann oder eine Frau war. Apropos Frau, damit das auch klar ist: Nirgendwo wand sich eine Nackte in leidenschaftlicher Umarmung auf einem bequem einsehbaren Bett. Es gab überhaupt kein Bett zu sehen. Er hätte eine Sexszene dem, was er wirklich zu sehen bekam, vorgezogen. Man kann es sich nicht immer aussuchen.

Ein einzeln stehendes Haus auf der anderen Talseite erregte seine Aufmerksamkeit, weil dort das Licht an- und ausging. Er bekam es in den Augenwinkeln mit, richtete das Bino auf das Haus. Ein Feriendomizil, Blockbauweise, moderner, stylisher als das, in dem er sich gerade aufhielt. Große, viel zu große Fenster auf das Tal hinaus. Gehört einem Deutschen, dachte er, so, wie es aussieht. Oder einem Schweizer. Das heißt, formal gehören tut's einem Vorarlberger Strohmann. Einer der Vorhänge halb zugezogen, der Großteil des Raumes einsehbar.

Mit zweiunddreißigfach hatte er die höchste Vergrößerung erreicht, die das Bino hergab, das Haus mochte zwei Kilometer entfernt sein, im Glas sah er das Geschehen, wie er es mit freiem Auge aus einem Zweiunddreißigstel dieser Distanz, etwa sechzig Meter, beobachten würde.

Er stellte scharf. Eine automatische Geste. Man dreht bei diesen Binos am Okular, wenn man etwa nicht deutlich sieht.

Nun wurde alles unscharf, er drehte zurück. Das Bild war vorher schon scharf gewesen, es gibt aber Fälle, in denen das menschliche Gehirn eine Notprozedur einleitet und ein Bild, das wir zwar schon gesehen, aber noch nicht wahrgenommen haben, entstellt und umdeutet, was subjektiv als Verschwommenheit, optische Täuschung oder Ähnliches empfunden wird – alles nur, damit wir nicht wahrnehmen müssen, was wir sehen. Man reibt sich die Augen, schaut noch einmal hin. Vielleicht ist das Skandalon ja schon weg. Wer an einem Fernglas hängt, hat Pech. Er stellt scharf und muss sehen.

Er schloss die Augen, erhob sich, montierte das Bino ab. Er brauchte länger als sonst. Seine Hände zitterten. Seine Lippen auch, dann auch die Zähne, er begann damit zu klappern. Er verstaute alles, lud den Astrokrempel in den Wagen und fuhr los. Vorsichtig die Zufahrt hinunter. Das Haus auf der anderen Talseite lag jetzt im Dunkel, das war auch ohne Fernglas zu erkennen. Er wollte nicht hinsehen, konnte es aber nicht unterdrücken, das Hinsehen. Der Wagen kam abrupt zum Stehen, steckte links in einer Schneeverwehung. Es brauchte einige Zeit, bis er die Reduktion eingelegt hatte und nach hinten rausfahren konnte. Er stellte den Motor ab und lehnte sich im Sitz zurück. Er bemühte sich, tief zu atmen. Tiefe Atmung soll ja gegen Panik helfen, das fiel ihm jetzt ein, das hatte er irgendwo gelesen. Wahrscheinlich in einer Zeitschrift bei Dr. Krager, seinem Hausarzt. Was dort im Wartezimmer auflag, war immer Monate hinter der Gegenwart. Zu Ostern las man von neuen Ideen für Weihnachtsschmuck und Rezepten für Gänsebraten. Daran zu denken tat ihm gut, er gewann Abstand zu dem, was er gesehen hatte. Mentale Kilometer. Das Haus auf der anderen Talseite war dunkel, blieb dunkel. Wie wäre es, wenn es schon die ganze Zeit dunkel gewesen wäre, wenn er gar kein Licht in dem Zimmer gesehen hätte? Dann hätte das Licht auch nichts beleuchtet, oder? Dann hätte er nichts sehen können. Ohne Licht keine optische Wahrnehmung, tut uns leid, da hilft auch kein Fernglas. Er sah wieder zu dem Haus hinüber. Es sah dunkel aus, nicht tot oder so, dunkel halt, wie ein verlassenes Ferienhaus im Winter aussieht, der Besitzer kommt erst in zwei Wochen aus Düsseldorf, es ist dunkel, es ist leer, es ist saukalt in dem Haus, die Wasserleitung abgestellt, damit sie nicht einfriert, die Deutschen vergessen so was nicht, es ist alles so wie in dem Dutzend anderer Ferienhäuser, wie soll es denn sonst sein, Herrgott nochmal?

Er hatte nichts gesehen. Eine Täuschung. Ein Spaß war das auch nicht, etwas im Hirn, eine Blutung ... ein leichter Schlaganfall. Na und? Kommt vor. Lieber ein leichter Hirnschlag, als dass er das, was er glaubte, gesehen zu haben, gesehen hatte. Alles war besser ... für einen Hirnschlag war er allerdings bemerkenswert gut beieinander, Arme, Beine, funktionierten, er hielt das Lenkrad fest in beiden Händen, bremste, kuppelte, gab Gas. Alles klar, alles im grünen Bereich.

Natürlich fuhr er langsam. Nur kein Übermut jetzt mit seinem atypischen Hirnschlag. Er würde zu Dr. Krager gehen, gleich morgen. Alles schildern, sich überweisen lassen zu einem Spezialisten mit der großen Röhre. Denn ein Tumor konnte es ja auch sein; hat doch keinen Zweck, drum herumzureden, das bringt nichts außer tödliche Verzögerung, Früherkennung ist das Ein und Alles; wenn überhaupt was hilft, dann Früherkennung ... er würde dem Doktor erzählen müssen, was er gesehen hatte. Ja, was?

Er hatte es vergessen.

Es war weg. Die Erinnerung schwand, immer mehr Filterschichten schoben sich vor das Gesehene, auch vor die Begleitumstände, das Fernglas, die Hütte von Martin Grau. Gelöscht. Er war froh. Das gehörte sicher zu den Symptomen. Von Hirnschlag oder Hirntumor oder sonst was mit Hirn. Alles kam aus dem Hirn. Gut so. Er wusste nicht mehr, was er gesehen hatte. Aber er wusste, dass es besser war, es käme aus seinem armen, kranken Gehirn als aus der Wirklichkeit, ja so war das. Denn bei seinem Gehirn konnte man etwas machen (oder auch nicht, das war dann Pech), aber an der Wirklichkeit könnte man nichts machen, das wusste er. Und auch noch, dass er lieber tot wäre, als dass die *Szene*, die er gesehen hatte, real wäre. Ja, man musste es eine Szene nennen, jetzt fiel sie ihm wieder ein, die Szene, das Tableau, die Gestalten. Das Gehirn hatte den Kampf verloren, besser gesagt: der eine Teil, die Amnesieabteilung, gegen die Hauptabteilung von der Wahrnehmung, die immer auf dem schlichten Standpunkt steht: Was es wiegt, das hat's. Nicht, dass so eine Sache unmöglich wäre, technisch. Technisch ist vieles möglich. Nur in Vorarlberg, im Vorarlberg der Gegenwart war das, was er gesehen hatte, doch nicht möglich, oder? Das festzustellen war aber nicht seine Aufgabe. Das war Sache der Polizei. Er musste die Polizei verständigen.

Er hätte sich besser mehr auf die Straße konzentriert, als über Mögliches und Unmögliches zu spekulieren. Weit außerhalb von Ebnit, schon in der Nähe von Dornbirn, war durch eine Variation des winterlichen Mikroklimas der Belag ein Stück weit vereist. Er kam ins Schleudern, von der Straße ab und fuhr mit geringer Geschwindigkeit gegen einen Baum. Und flog mit dem Kopf an die Scheibe, weil er das Anschnallen vergessen hatte. In der Exaltation des Aufbruchs.

Er verlor das Bewusstsein. Keine Angst, sonst ist ihm nicht

viel passiert. Eine Prellung durch das Lenkrad, der Airbag hatte nicht ausgelöst.

Wir brauchen ihn ja noch. Ja, wir brauchen ihn noch. Und viele andere Menschen brauchen ihn auch noch.

*

Zwei Wochen später

Es könnte ja auch ein Stück Holz sein, dachte Rudolf Büchel, das Griffende einer Gartenkralle, das ihm in die Seite gebohrt wurde. Durch das Hemd konnte er nicht unterscheiden, ob das Ding wie ein Stab war oder etwas mit einem Loch, aus Holz oder Metall. Die Umstände sprachen eher für die zweite Variante. Metall mit Loch, ein Rohr. Vor allem sprach der dafür, der es ihm in die Seite drückte, das Rohr. Der Mann sah nicht aus wie jemand, der Scherze machte. Sondern wie der typische Vertreter eines Menschenschlages, dem man nicht gern begegnet. Leute mit unangenehmen Berufen. Geldeintreiber, Angestellte obskurer Securityfirmen, Spezialisten einer Geheimpolizei aus Ost- oder Südosteuropa. Kugelkopf mit Drei-Millimeter-Frisur, markante Brauen, darunter ein Gesicht mit schlechter Laune, die sich seit Kindertagen darin festgefressen hatte; vielleicht kamen die schon so auf die Welt.

Gesagt hatte er nichts, hatte Rudolf Büchel nur mit einem einzigen, durch lange Übung perfektionierten Griff ins Auto bugsiert, sich daneben gesetzt und ihm den rohrartigen Gegenstand in die Seite gebohrt. Der andere war vorn eingestiegen und fuhr los. Den anderen kannte Rudolf Büchel von früher. Bis jetzt hatte er ihn für einen Geschäftspartner gehalten.

»Das Ding ist ein Kleinkaliber«, sagte der, »hat net viel Durchschlagskraft. Aber wennst an Blödsinn machst, schießt der Balkan ein paar Mal hintereinand. Die kleinen Projektile fuhrwerken dann in dir umeinander und zermatschkern dir die Kutteln. Daran verreckst, aber nicht gleich – nur damit wir uns verstehen.«

»Verstehe«, sagte Rudolf, »ich hätte nur gern gewusst …«

»Halt die Goschn«, sagte der Geschäftspartner vom Vordersitz. Es klang nicht unfreundlich. Rudolf schwieg. Sie fuhren durch Dornbirn, als wenn nichts wäre. Was machen die bei einer Polizeikontrolle? Den Beamten erschießen, flüchten? Dann überlegte Rudolf Büchel, wie oft er in zwanzig Jahren kontrolliert worden war. Kein einziges Mal trotz der Liechtensteiner Nummer. Oder deswegen. In seinem Kopf begann sich Panik auszubreiten. Der Mann neben Rudolf, den der Fahrer »Balkan« nannte, hatte bis jetzt kein Wort gesagt. Rudolf hörte textiles Rascheln, traute sich nicht, den Kopf zu drehen. Was er dann hörte, war das charakteristische Glucksen, wenn man aus einer Flasche trinkt. Was getrunken wurde, blieb ihm auch nicht verborgen. Alkoholgeruch breitete sich im Auto aus. Unspezifischer. Es hätte nach Slibowitz riechen sollen, wenn jemand schon »Balkan« hieß, aber das war nicht der Fall. Es roch nur nach reinem Sprit. Wodka vielleicht. Der Fahrer hatte nichts gesagt, aber doch auf das Trinken reagiert; ein Körperzucken, das einem anderen als Rudolf Büchel verborgen geblieben wäre. Dem blieb es nicht verborgen, er war es gewohnt, kaum wahrnehmbare Äußerungen anderer Menschen zu lesen wie eine Botschaft; das Leben, das er führte, das führte er aufgrund dieser Fähigkeit, die ihm freilich keine Unfehlbarkeit verlieh. Manchmal las er die Botschaften auch falsch. Wäre das nicht so, hätte er nicht tun müssen, was er getan hatte, und Leute wie die, mit denen er nun im Auto saß, nie kennengelernt. Daran dachte er – von Panik war er weit entfernt. Er hatte eine Situation wie diese noch nicht erlebt, aber ähnliche. Sie waren unausweichlich.

Sie bogen in die Straße zum »Gütle« ein. Dort gab es ein schönes Gasthaus, Rudolf war oft dort gewesen. Sie werden aber nicht mit mir essen gehen, dachte er. So war es auch. Noch vor dem »Gütle« bog der Geschäftsfreund auf die Straße ins Ebnit ab. Rudolf unterdrückte die Frage, die ihm auf der Zunge lag. Was wollten sie im Ebnit? Ein kleines Bergdorf mit wunderbarer Luft und Natur und so weiter. Jeder kannte dort jeden. Wenn die etwas Illegales vorhatten (das über Freiheitsberaubung hinausging), würden sie dafür doch nicht ausgerechnet ein Walserdorf mit nicht einmal zweihundert Einwohnern aussuchen?

Es war dunkel geworden, das Auto durchquerte das Dorf, fuhr auf die gegenüberliegende Talseite. Dort hielten sie an. Balkan stieg aus, öffnete die Tür auf der anderen Seite und zog Rudolf Büchel am Hemdkragen heraus. Ringsum lag alles schon in tiefer Nacht; Rudolf stolperte auf eine Tür zu, der andere schloss sie auf, trat ein, machte Licht. Offenbar ein Ferienhaus, recht modern eingerichtet, wie Rudolf mit einem Blick feststellte. Langsam beruhigte er sich. Die wollten mit ihm reden, das war es; sonst hätten sie nicht so einen Ort gewählt. Die Sache mit der Entführung, mit der Pistole und so weiter – nur das Machogehabe in diesen Kreisen, offenbar unerlässlich für das Bild, das sie von sich hatten. Er wurde ruhiger. Sie betraten einen großen Raum, das Wohnzimmer des Feriendomizils. Nicht viele Möbel, ein Schrank, eine hypermoderne Sitzecke. Sah nicht einladend aus. Unbequem. Der ganze Raum lud nicht ein zum Verweilen. Das Beste war noch die Panoramascheibe von einer Wand zur anderen. Draußen lag alles im Dunkel, wenn man das Licht ausmachte, müsste der Blick auf das sternbeglänzte Tal prachtvoll sein. Der Mann, der »Balkan« genannt wurde, drückte ihn auf einen Stuhl, blieb dahinter stehen. Der andere mit dem innerösterreichischen Akzent, den Rudolf nicht einordnen konnte, stellte sich ans Fenster, wandte ihnen den Rücken zu. Lange Zeit sagte er nichts. Dann seufzte er, drehte sich um.

»Wo ist das Geld?«

Die Frage hatte Rudolf erwartet. Wenn die Sachen so liefen wie diese, ging es ums Geld. Er verstand nur nicht, warum das erst jetzt auftauchte, nach einem halben Jahr. Es war doch geschäftlich alles in Ordnung gewesen.

»Ich hab Schulden bezahlt«, sagte er.

»Ist noch was übrig?«

»Eine Million oder so ...«

»Und wo ist die?«

»Bei mir zu Hause. In einem Koffer unterm Bett.«

Balkan, der bis zu diesem Zeitpunkt kein Wort geäußert hatte, lachte laut auf. Offenbar versteht er Deutsch, dachte Rudolf. Eine große Ruhe überkam ihn. Es war alles vorbei, die schöne Zukunft, alles. Sie wollten das Geld zurück. Er hatte in einem dunklen Winkel des Bewusstseins immer damit gerechnet. Ja, genau damit. Im wirklichen Leben konnte er nicht gewinnen. Gewinnen konnte er nur am Spieltisch. Manchmal. Manchmal auch sehr viel. Er hätte dann nur immer aufhören sollen. Dazu war er nicht imstande gewesen.

»Wirklich«, sagte er, »in einem Koffer unter meinem Bett. In der Wohnung in Dornbirn. Wenn ihr was gesagt hättet ...«

»... hätten wir es gleich mitnehmen können, verstehe.« Der Innerösterreicher trat nahe an ihn heran. »Du gibst es also zu?«

»Was?«

Die Ohrfeige traf von links. Er hatte sie nicht erwartet, der Kopf flog in die andere Richtung. Es tat weh, aber nicht so, wie andere Methoden wehtun konnten. Rudolf verstand, das war nur eine freundschaftliche ... Aufmunterung. Es war klar, dass sich solche Leute bei geschäftlichen Problemen nicht mit langwierigem Mailverkehr oder dem Austausch anwaltlicher Schreiben aufhielten. Das waren Berufsverbrecher. Andere Leute hätten ihm auch keine zwei Millionen bezahlt. Für das, was er anbieten konnte.

»Ich geb dir jetzt an guten Rat«, sagte der Mann vor ihm. »Bring den Balkan nicht auf die Palme! Der vergisst sich sonst.« Vom Akzent war fast nichts mehr zu spüren. Hochdeutsch hieß das wohl: Achtung, es wird ernst! Aber das hatte Rudolf auch so begriffen. Die Augen standen bei dem Mann zu nah beisammen. Das sah unvorteilhaft aus. Die Brauen fast in der Mitte verwachsen. Einen Job als Verkäufer hätte der nie kriegen können. Aber einen als Geldeintreiber. Rudolf wunderte sich, welche Gedanken ihm durch den Kopf gingen. Er hätte in Panik geraten, wimmern, heulen oder wie ein Wasserfall reden sollen. Aber das ging nicht. Normale Menschen würden sich so verhalten, die meisten. Er spürte nur eine kalte und köstliche Ruhe, die sich von der Körpermitte ausbreitete. Ja, dieselbe Ruhe wie beim Spielen. Nur ging es hier nicht um ein paar Tausender, nicht einmal um eine Million. Auch nicht um zwei. Es ging um sein Leben.

Offenbar war jetzt eine Pause vorgesehen, damit er in sich gehen und die Ohrfeige überdenken konnte. Die Ohrfeige und was danach kam – ob erst noch ein bisschen geprügelt wurde oder man gleich zum Fingerbrechen übergehen würde. Er hörte Balkan aus dem Raum gehen. Balkan hat Durst. Trinkt im Dienst, wenn man das so bezeichnen will. Trotz der Anwesenheit seines österreichischen Chefs. Das konnte nur bedeuten, dass Balkan für das Folgende unerlässlich war – etwas tun musste, was der Chef selber nicht tun konnte. Was mit dem Fingerbrechen zusammenhing. Und den Steigerungen. Wieso glaubten die, dass solche Steigerungen nötig sein würden? Er hatte ihnen das Geld ja schon angeboten. So dachte Rudolf Büchel, als Balkan für einen Moment draußen war. Als Spieler muss man nicht nur die unwillkürlichen Äußerungen der anderen richtig deuten, sondern auch aus ihren bewussten Aktionen die richtigen Schlüsse ziehen. Warum sie diese oder jene Karte ausspielten. Alles im jeweiligen Kontext natürlich.

Er würde diesen Leuten nichts erklären können. Irgendetwas war schiefgelaufen mit dem Deal. Die hatten eine vorgefasste Meinung. Keine Chance, daran was zu ändern. Es ging nicht um eine Rückzahlung, eine Rückabwicklung des Geschäfts.

Es ging um Bestrafung. Um eine Art der Bestrafung, die sogar für abgebrühte Verbrecher so furchtbar war, dass nicht einmal sie die ohne weiteres durchführen konnten. Balkan kam zurück. Der Alkoholdunst war unverkennbar, Rudolf drehte sich halb um. Balkan sollte die Bestrafung durchführen. Die keineswegs darin bestand, einem die Scheiße rauszuprügeln. Dafür hätte ein Typ wie Balkan keinen Alkohol gebraucht. Der Mann sah zum Erbarmen aus. Schweiß auf der Stirn, und die Haare standen ab. Hatte er sich die Haare gerauft? Die Pistole hatte er vorne in den Gürtel gesteckt. Sehr nachlässig, wenn er sich vornüberbeugte, konnte sie rausfallen. Und, ja – er schwankte. Der gute Balkan schwankte.

Diese Leute unterschätzten ihn. Er spürte das, sie strahlten es ab wie wattstarke Sender. Es war ein verbreitetes Phänomen.

Spieler werden immer unterschätzt. Süchtige, Schwächlinge wie Säufer oder Junkies, ja, ja, bla, bla. Die Leute schauen nicht so genau hin. Für manche Spieler trifft es zu, aber nicht für alle. Die Leute überlegen nicht, dachte Rudolf Büchel. Spieler ruinieren sich, okay. Aber sie brauchen ziemlich lang dafür, oder? Wie kommt das? Wenn sie so schwach und unfähig sind ... woher haben sie das viele Geld, das sie im Lauf von Jahren verspielen? – Sie haben es gewonnen. Nicht alles stammt aus geräumten Firmenkassen und geplünderten Familiensparbüchern. Einen großen Teil gewinnen die Spielsüchtigen. Würden sie immer nur verlieren, würde die Karriere bis ganz unten nicht Jahre dauern, sondern nur wenige Wochen. Wie bei einem Alkoholiker, der nach der ersten Flasche Schnaps tot umfällt. Das ist dann aber kein Alkoholiker mehr, sondern ein Normalbürger, der dummerweise eine Flasche Schnaps getrunken hat. So was kommt vor, hat aber nichts mit Sucht zu tun. Apropos Alkoholiker: Balkan konnte durchaus einer sein. Warum nahmen die für so einen Job einen Säufer? Weil sie keinen anderen hatten. Kein gutes Personal heutzutage. Jede Menge Einbrecher, Schläger, Mörder, aber niemanden für wirklich harte Sachen. Mit viel Blut. Vielleicht war das der Grund.

Rudolf war ganz ruhig. So etwas kam nicht oft vor, dass man die Gewissheit hatte. Dass man nicht verlieren konnte. Fast immer gab es ein Restrisiko. Aber manchmal, sehr selten, eben nicht. Da wusste der Spieler aufgrund außersinnlicher Wahrnehmung, dass er gewinnen würde. So wie jetzt. Rudolf kannte sogar die Waffe. Eine 22er Beretta. Der Kerl hatte sie nicht einmal gesichert. Unglaublich. Wenn sie losging, würde er sich schwer verletzen. »Ungefähr so«, sagte Rudolf Büchel mit ruhiger Stimme, zog Balkan die Pistole aus dem Gürtel und schoss ihn dreimal in die Hoden. Der krümmte sich zusammen, rollte auf dem Boden herum, quiekend wie ein Schwein. Unglaublich hohe Töne. Rudolf stand auf, trat einen Schritt vom Stuhl weg.

»Möchtest du dich dazulegen?«, fragte er den Österreicher. Der schüttelte den Kopf, hob die Hände und seufzte tief. Das Gewimmer von dem Mann am Boden war unerträglich. Rudolf trat neben ihn, steckte ihm die Mündung ins Ohr und schoss zwei Mal. Es herrschte augenblicklich Ruhe.

»Bei jeder verdächtigen Bewegung«, sagte Rudolf Büchel, »nicht nur bei jeder, die du machst, sondern auch bei jeder, von der ich mir nur einbilde, dass du sie machst ...« Er vollendete den Satz nicht, deutete nur mit dem schlanken Lauf der Waffe auf den Toten. Der Österreicher nickte.

»Setz dich«, sagte Rudolf. Der Mann nahm auf einem der beiden Sessel Platz, auf den anderen setzte sich Rudolf.

»Meine Idee war es nicht«, sagte der Österreicher. Seine Stimme klang ruhig. »Es kam natürlich von ganz oben.« Er blickte zur Zimmerdecke.

»Ja, schön, das kann ich mir denken. Und worin bestand sie, diese Idee?«

»Nun ja ... eine Art ... Rädern.«

»Was?«

»Rädern. Das ist eine Hinrichtungsart aus dem Mittelalter. Dabei werden die Knochen systematisch ...«

»Ich weiß, was Rädern ist! Das brauchst du mir nicht zu erklären. Seid ihr verrückt geworden oder was?« Seine Stimme überschlug sich. Jetzt kam der Schock. Der von der eigenen Tat (immerhin hatte er grad jemanden umgebracht) – verstärkt durch die Enthüllung des Gegenübers. Er begann zu zittern, er sah es selber an der Mündung der Beretta. Der Österreicher musste das auch sehen, aber er schien gar nicht darauf zu achten.

»Die waren halt sehr aufgebracht, die Herren da oben. Ich soll eine Exempel statuieren, hat es geheißen ...«

»Wo habt ihr denn das Rad? Im Kofferraum?« Rudolf Büchel begann zu lachen, auch ein Laie hätte die blanke Hysterie herausgehört.

»Du wirst lachen, aber die dachten tatsächlich an ein Wagenrad, so ein altes, echtes mit einem Eisenreifen drum rum. Also bitte, wo soll ich denn heutzutage so ein Rad hernehmen? Aus einem Heimatmuseum klauen? Wagenräder haben doch heute Gummireifen, die müsste man erst abmachen, zum Beispiel von einem Reserverad oder so ...« Er sah bekümmert aus. Die Erinnerung an die Suche nach Ersatz für ein mittelalterliches Marterinstrument schien ihn immer noch mitzunehmen. »Ich hab denen das ausreden können, das mit dem Rad. Es ist ja doch nur auf irgendeine Autofelge rausgelaufen, das hat keinen Stil. Die legen sehr viel Wert auf Stil, das war unser Glück ...«

»Sie haben drauf verzichtet – aufs Rädern?«

»Äh ... nicht wirklich. Sie haben gesagt, wir sollen einen großen Hammer nehmen.«

»Was?«

»Ja, so einen zum Zaunpfähleeinschlagen.«

»Und den habt ihr mit? Im Auto?«

Der Österreicher hob die Hände in einer Abwehrgeste. »Beruhige dich, wir hätten dich vorher umgebracht, sauberer Genickbruch, keine Frage, du hättest gar nichts gespürt, ehrlich! Ich hatte das mit Balkan abgesprochen, so was Perverses machen wir nicht, alles, was recht ist, aber es gibt Grenzen ...«

Rudolf Büchel glaubte alles, was er hörte. Nur nicht den

letzten Satz mit dem vorher Umbringen. Einen Augenblick überlegte er, den Österreicher ins Knie zu schießen, erst ins linke, dann ins rechte, und ihn dann verrecken zu lassen. Die Ratio gewann aber die Oberhand.

»Warum?«, fragte er. »Was hat die so aufgebracht?«

»Ganz einfach. Weil du sie beschissen hast. Deshalb diese … diese Hinrichtungsart und dann – ja, richtig, das hätt ich fast vergessen, dann sollten wir den Leichnam irgendwo ablegen, wo er garantiert gleich gefunden wird, damit's a großes Bahö gibt …«

»Was gibt? Ba-hö?«

»An Auflauf … an Rummel … eine öffentliche Erregung, verstehst? Als Warnung an alle, die was es angeht, dass man sich es nicht gefallen lasst, dass man buckelfünfert wird …«

»Was?«

»Verarscht.«

»Ach so. Verstehe. Trotzdem …«

»Ja, nennan mas a Überreaktion, da bin i ganz bei dir, aber was soll i sagen, ma muaß des aus der Sitation heraus verstehn, es hat do Vorkommnisse …«

»Was für Vorkommnisse? Was soll das überhaupt alles heißen?«

Der Österreicher hob beschwichtigend die Hände. »Es hat net funktioniert.«

»Was?«

»Des Verfahren, was du denen verkauft hast. Es hat einfach net funktioniert. Es is net des herauskommen, was sie sich erwartet ham.« Er zuckte die Achseln, schien sich innerlich zu straffen und verfiel wieder ins Hochdeutsche. »Bitte, das hab ich intern so gehört. Direkt gesagt hat mir niemand was – von oben, mein ich.«

»Da war doch eine Probe dabei ...«
»Ja, die Probe. Hundert Milligramm.«
»Wird so sein. Mit dem Technischen hab ich mich nie beschäftigt, das hat alles ein Angestellter erledigt. Und der ist hundertprozentig zuverlässig. Also komm mir jetzt nicht mit so einem Scheiß! Das Geschäft ist ordnungsgemäß abgewickelt worden. Ihr wolltet das Verfahren, und die Probe war der Beweis, dass es funktioniert. Die Probe hätte sich ohne das Verfahren ja gar nicht herstellen lassen. Sagt mein Angestellter jedenfalls. Und ihr habt das geglaubt, sonst hättet ihr ja auch nicht den Preis gezahlt ...«
»D'accord, reg dich net auf, ich erzähl ja nur, was dann passiert ist. Wir haben auch Fachleute, die haben das dann ausprobiert, das Ergebnis war negativ. Und die sogenannte Probe, sagen die, habt ihr von irgendwo anders her, jedenfalls nicht aus eurem Wunderverfahren. Ein glatter Betrug, sagen die.«

Rudolf Büchel schüttelte den Kopf. Sein Interesse schwand. Blödes Technikergezänk. Streit um irgendwelche wissenschaftlichen Details. Das langweilte ihn. Er konnte wissenschaftliche Details nicht leiden. Wie er überhaupt die Naturwissenschaft nicht leiden konnte. Schon, weil sein Vater davon begeistert war und darin aufging. Er hätte nicht auf Lässer hören sollen. Er hätte sich nicht dazu überreden lassen sollen, sich an seinem Vater zu rächen. Und gleichzeitig seine Schulden zu bezahlen. Er hätte sich eine Pistole besorgen und den Wucherer umlegen sollen. Und die Schläger gleich dazu. Er war dazu imstande, das hatte man ja vor ein paar Minuten gesehen. Jetzt ging es ihm schon viel besser. Er konnte jemanden umbringen. Ohne mit der Wimper zu zucken, wie man sagt. Es machte ihm nichts aus. Nur gewusst hatte er das nicht. Bis heute. Gewalt, gar Tötung, war in seinem Repertoire nicht vorgekommen, nicht vorstellbar gewesen. – Aber darüber zu lamentieren brachte nichts. Er hatte einen komplizierten Weg gewählt und damit einen Haufen Schwierigkeiten. Momentan fehlte ihm jede Vorstellung, wie er aus denen herausfinden sollte. Aber vielleicht war das auch nicht nötig. Der Österreicher schien sich ähnliche Gedanken zu machen. Jetzt zeigte er auf. Er zeigte auf wie in der Schule, wahrhaftig! Rudolf Büchel nickte gnädig.

»Wir stecken beide in der Scheiße«, begann der Verbrecher. »Du und ich. Du, weil diese Leute nicht lockerlassen, bis du weg bist vom Fenster, das darfst du glauben, die vergessen so was nicht. Und ich, weil ich das Ding vermasselt habe.« Er deutete auf Balkan, der alles und in jeder Hinsicht hinter sich hatte. »Betrachten wir unsere Chancen: Du kannst mich natürlich auch noch erschießen, das will ich gern zugeben, aber dann sitzt du in dieser Hütte mit zwei Leichen. Was machst du dann? Wohin damit? Was wird der Eigentümer der Hütte sagen, wenn er hier auftaucht? Wer ist das überhaupt?«

»Ja, wer ist das?«, fragte Rudolf Büchel.

Der andere lächelte. »Siehst du, das ist eine Information, die du brauchst – wenn du das alles allein durchziehen willst.«

»Weiter«, sagte Rudolf Büchel.

»Jetzt nehmen wir einmal an, du erschießt mich nicht. Dann könnte ich dir helfen, aus der Sache rauszukommen. Und mir natürlich auch.«

»Und zwar wie?«

»Meine ... Auftraggeber wollen deine Leiche in einem bestimmten Zustand an einem aufsehenerregenden Ort aufgefunden wissen. Wobei es ihnen auf den Zustand ankommt, aber nicht auf die Identifizierung, verstehst du?«

»Nicht ganz ...«

»Die wollen, dass jemand eindeutig Zugerichteter gefunden wird, aber man soll nicht wissen, wer das ist.«

»Das ist doch Blödsinn heutzutage! Zahnschema, DNA – die identifizieren einen doch noch nach Jahrhunderten. Beim Ötzi haben sie nach fünftausend Jahren festgestellt, dass er Verwandte in Sardinien hat – oder so ähnlich ...«

»Ötzi ist ein gutes Beispiel«, wandte der Österreicher ein. »Man kann nämlich auch sagen, dass Ötzi, obwohl er umgebracht wurde, fünftausend Jahre nicht vermisst worden ist! Wenn ihn jemand vermisst hätte, dann hätte ihn der gesucht, gefunden und wahrscheinlich beerdigt. Er wäre schon lang zu Staub zerfallen. Wir wüssten gar nichts über ihn.«

»Und was hat das mit mir zu tun?«

»Auch dich wird niemand vermissen. Du lebst allein, deine Eltern sind tot, die entfernteren Verwandten wollen wegen deines Lebenswandels nichts mit dir zu tun haben. Die würden sich erst melden, wenn es was zu erben gäbe.«

»Du bist ja gut informiert ...«

»Das gehört zum Berufsbild. – Dich wird niemand vermissen. Vor allem deshalb, weil du es wegen deiner Finanzprobleme vorgezogen hast, das Weite zu suchen. In Richtung Südamerika, worauf eine vage elektronische Spur deutet. Dort verschwindet dann alles, sozusagen im Nebel des Regenwaldes.«

»Das heißt aber, ich kann mich hier nicht mehr sehen lassen.«

»Wieso denn? Verschwunden bist du für die *dort*. *Hier* bist du nicht verschwunden, wozu auch? *Hier* hat es ja überhaupt kein Problem gegeben, und es gibt nur eine Verbindung zwischen *hier* und *dort*. Mich, verstehst du?«

»Ja, das tu ich schon.« Rudolf Büchel überlegte eine Zeitlang. Er stellte sich die Situation in all ihren Verästelungen und möglichen Konsequenzen vor. Darin war er gut. Nach ein paar Sekunden wurde ihm klar, dass bei der Sache noch etwas fehlte. »Hör zu«, sagte er, »ich geb dir hunderttausend, keinen Cent mehr, also versuch nicht, herumzufeilschen, das verärgert mich nur.«

Der Österreicher hob die Arme. »Also schön, das ist nicht das, womit ich gerechnet hatte ... andererseits ist es schön, dass du mitdenkst und verstehst ...«

»... dass so jemand wie du nichts ohne Geld machen kann, und zwar überhaupt nichts. Aus Prinzip. Du würdest einem ohne Bezahlung nicht einmal sagen, wie spät es ist ...«

»Ich hätt es nicht besser formulieren können. Es geht da ums Prinzip. Gratisarbeit ist der Anfang vom Ende, glaub mir!« Er lächelte. »Wenn das geklärt ist, wir also beide hier rausmarschieren, sollten wir auch gleich überlegen, wieso das Ganze nicht funktioniert hat ...«

»Ich hab dir doch gesagt ...«

»Ja, ja, ich glaub dir auch. Du bist ein Spieler, du hast doch keine technischen Interessen – es muss also von deinem Angestellten ausgehen, diesem Lässer.«

»Wenn du glaubst, dass der eine Linke gedreht hat, liegst du falsch. Es heißt ja oft, man kann nicht in Menschen hineinschauen, aber das ist Blödsinn. Natürlich kann man das, manche wenigstens ...«

»Du zum Beispiel ...«

»Allerdings. Ich lebe sozusagen davon. Und ich sag dir, der Lässer hat sich da gar nichts ausgedacht, dazu ist er nicht fähig.« Rudolf Büchel steckte die Pistole ein und stand auf. Er trat ans Fenster, wandte dem Österreicher den Rücken zu. Der hätte ihn von hinten anspringen und überwältigen können.

Als ehemaliger Soldat einer Spezialtruppe, was er wahrscheinlich war. Der tat das aber nicht. Zu den Fähigkeiten eines Spielers gehörte auch, einzuschätzen, wann und wem man trauen durfte. Der Österreicher stellte sich neben ihn.

»Wenn sich der Lässer nichts Blödes ausgedacht hat, wenn also das Probestück kein Fake war – was ist dann eigentlich passiert?«

»Das ist eine Frage, die mich seit etwa zwanzig Minuten auch beschäftigt. Man sollte das aufklären.«

»Du hast recht«, sagt der Österreicher. »Es ist unerklärlich, eine Art Geheimnis. Das müssen wir lösen. Geheimnisse hinter dem eigenen Rücken sind immer schlecht.«

»Wir müssen uns mit dem Lässer unterhalten«, sagte Rudolf Büchel.

»Intensiv«, sagte der Österreicher. »Zuvor müssen wir allerdings eine den Vorgaben entsprechend präparierte Leiche … wie sagt man da? … anfertigen?«

»Egal, wie du es nennst, es ist auf jeden Fall eine Sauerei.«

»Da hast du recht. Und deshalb hilfst du mir dabei.« Rudolf Büchel seufzte, sagte aber nichts.

»Ich hol den Hammer. Mach das Licht aus.«

1

Matthäus Spielberger drückte den Knopf am Kabel über seinem Bett, worauf sich das Oberteil mit elektrischem Surren aufrichtete. Er selber richtete sich auch auf, ohne dafür etwas tun zu müssen, was ihm zwar möglich gewesen wäre, sich aber nicht empfahl. Bei jeder Bewegung tat ihm der Kopf weh, nicht wahnsinnig stark, aber doch so, dass er die Bewegung vermied. Der Kopf war eingebunden.

»Wie geht's dir?« Mathilde beugte sich über ihn und lächelte ihn an. Sie sah besorgt aus, furchtbar besorgt.

»Kopfweh«, sagte er. »Wer ist im Gasthaus?«

»Angelika, die macht das schon. Ist ja jetzt nicht so viel los.«

»Du weißt, wer Angelika ist?«, fragte Dr. Peratoner von der anderen Bettseite her. Die Deckenlampe des Krankenzimmers spiegelte sich in seiner Glatze, sein Gesicht trug den Ausdruck schwerer Sorge, bei ihm deutlicher als bei Mathilde, mit der Matthäus immerhin verheiratet war; so jemanden wünscht man sich als Arzt, dachte Matthäus, aber Peratoner war kein Arzt, nur Chemieprofessor am Gymnasium und pensioniert.

»Wer sind Sie?«, fragte Matthäus. »Und wer ist diese Frau?«

Lukas Peratoner schnappte nach Luft und stand halb auf, es hob ihn gleichsam vom Sitz. »Um Gottes willen!«, stieß er hervor, »wie ich befürchtete, unser Matthäus leidet an retrograder Amnesie durch das Hirntrauma ...«

»Ach was«, sagte Mathilde, »nur ein Anfall akuter Kindsköpfigkeit!« Sie gab Matthäus einen leichten Stoß.

»Hilfe!«, rief Matthäus, »in diesem Spital werden Patienten misshandelt! Dr. Peratoner, ich weiß, wer Sie sind, jetzt ist es mir wieder eingefallen, wie können Sie das zulassen – als Landtagspräsident!« Mathilde lachte wider Willen, sie wusste, sie sollte ihn bei dem Blödsinn nicht auch noch ermuntern, aber sie konnte sich nicht helfen, sie lachte bei seinen Einfällen immer. Dr. Peratoner setzte sich mit säuerlicher Miene.

»Wenn du nur deine Späße machen kannst! Wir alle waren krank vor Sorge ...«

»So, wart ihr – das ist nett. Aber überflüssig, mir ist nichts passiert. Eine Gehirnerschütterung, sagt der Arzt.«

»Eine Commotio cerebri, vulgo Gehirnerschütterung«, begann Dr. Peratoner zu dozieren, »ist immerhin eine Gehirnverletzung mit mehr oder weniger ausgeprägten Funktionsstörungen des Organs, am sichtbarsten davon die Bewusstseinsstörung. Damit ist nicht zu spaßen, der volkstümliche Ausdruck *Gehirnerschütterung* ist ein merkwürdiger, vor allem aber unstatthafter Euphemismus.« Während er sprach, ging er vor dem Krankenbett auf und ab, die Hände am Rücken verschränkt; bevor er umkehrte, wippte er jeweils mit den Zehen. Matthäus verspürte ein unbändiges Verlangen, ihm ein Papierkügelchen in den Rücken zu schießen, leider hatte er keines.

»Du musst mir ein Gummiband mitbringen«, sagte er zu Mathilde.

»Was?«

»Ach, lass nur ...«

»Was in deinem Falle auffällt, lieber Freund«, setzte Peratoner fort, der das Schwätzen während seiner Rede gewohnt war, »ist das Auftreten einer erheblichen retrograden Amnesie, wie mir dein Arzt, Dr. Rösch, mitteilte!«

»Was wolltest du denn im Ebnit um diese Zeit?«, fragte Mathilde.

»Keine Ahnung, ich kann mich nicht erinnern, dass ich da reingefahren bin ...«

»Ebendas ist die retrograde Amnesie«, erklärte Lukas Peratoner. »Und eben sehr ausgeprägt ... das gefällt mir gar nicht. Ihr müsst verstehen: Eine anterograde Amnesie, die sich auf den Unfall und eine kurze Spanne danach bezieht, ist vollkommen normal, aber ein Gedächtnisverlust über eine so lange Zeitspanne davor gibt doch zu denken.«

»Mach dir keine Sorgen, mir geht's gut ...«

»Ein solcher Gedächtnisverlust«, setzte Peratoner fort, als ob Matthäus gar nichts gesagt hätte, »lässt doch auf tiefer gehende Schäden schließen.«

»Ja, ja, wird so sein ...« Matthäus schwang die Füße aus dem Bett.

»Wo willst du denn hin?«, fragte Mathilde.

»Na, wohin wohl? Heim natürlich. Kannst du mir meine Sachen einpacken? Sind alle im Schrank.«

Sie schob seine Beine mit sanftem Druck ins Bett zurück. »Von Heimgehen kann keine Rede sein! Der Arzt sagt, du bleibst mindestens noch drei Tage zur Beobachtung.«

»Ebendies wollte ich dir ja vermitteln«, sagte Peratoner, »du bist längst nicht so weit, dass ans Aufstehen zu denken wäre, geschweige denn ans Heimgehen! Es liegt mir fern, dich zu beunruhigen, lieber Freund, aber du solltest diese Verletzung nicht auf die leichte Schulter nehmen und ärztlichen Rat strikt befolgen!« Er setzte sich wieder. Der Vortrag war also beendet. Dr. Peratoner neigte zum Vorträgehalten mit begleitendem Herumgehen, eine berufsbedingte Verhaltensdeformation durch jahrzehntelangen Frontalunterricht.

Matthäus dachte, was er bei solchen Gelegenheiten schon oft gedacht hatte: Das muss man aushalten können. Sein Reden, sein Herumgehen, sein Verhalten. Überhaupt den ganzen Mann.

»Apropos Verletzung, was ist mit dem Auto?«

»Die Stoßstange ist hinüber und unten irgendwas verbogen, sagt der Hämmerle von der Werkstatt.« Mathilde seufzte. »Aber mach dir keine Sorgen, ich regle das schon; er macht mir einen guten Preis.«

»Wenn ich dich nicht hätte!« Matthäus trat das Wasser in die Augen.

»Wer ein solches Weib errungen«, deklamierte Dr. Peratoner, »stimm in unsern Jubel ein, nie wird es zu hoch besungen ...«

»... Retterin des Gatten sein«, setzte Mathilde fort. »Fidelio, Schluss vom zweiten Akt, ich weiß.« Manchmal ging ihr dieser Freund ihres Mannes auf die Nerven. Seine anderen Freunde übrigens auch, die meisten von ihnen. Manchmal ging ihr auch Matthäus auf die Nerven. Jetzt zum Beispiel. Er nahm den Unfall zu leicht, er nahm ja alles andere auch zu leicht; das Gasthaus, die Beziehungsprobleme der Tochter, die wirtschaftliche Lage.

»Bei deinen Sachen war auch noch das«, sagte sie und zeigte einen Ring mit zwei Schlüsseln vor. »Wofür sind die?«

»Keine Ahnung. Ich denke aber, es wird sich um die Hausschlüssel für das Anwesen im Ebnit handeln ...«

»Welches Anwesen?«

»Je nun, das Anwesen, wo meine langjährige Geliebte mit unseren drei Kindern zu Hause ist ...«

»Es musste ja so kommen«, mischte sich Dr. Peratoner ein, »ich hatte dir oft und oft abgeraten, die beiden Wohnsitze so relativ nahe beieinander zu haben, das stand schon so vor dreißig Jahren in einem Ratgeber der Perlenreihe.«

»Was für ein Ratgeber?« Mathilde war weniger schockiert als verwirrt.

»Das Büchlein hieß: *Bigamie für Anfänger und Fortgeschrittene*, glaube ich.« Sie versetzte dem Professor über das Bett hinweg einen Stoß, dass er fast hintenüber vom Stuhl fiel. Die Männer lachten, Matthäus hell und klar, Peratoners Lachen klang wie Ziegengemecker.

»Idioten!«, schimpfte sie. Aber sie war erleichtert. Sie hatten sie nicht drangekriegt, nicht richtig ... oder doch? Doch. Eine Sekunde – oder auch zwei – hatte sie den Blödsinn geglaubt und war eine weitere Sekunde in die Nähe eisigen Schreckens gekommen.

»Wenn du mir untreu wirst, bring ich dich um«, sagte sie mit leiser Stimme. »Die Schlampe natürlich auch, aber dich zuerst, und sie muss dabei zugucken. Ist dir das klar?«

»Natürlich«, beeilte er sich mit ernster Miene zu versichern, »keine Frage ...«

Dr. Peratoner faltete die Hände vor der Brust und deutete eine Verbeugung an. »Meine liebe Frau Spielberger, Sie verzeihen mir doch? Ich konnte einfach nicht widerstehen ...«

Mathilde lächelte. Was blieb ihr übrig? Sie hatte sich nicht nur mit den Marotten ihres Mannes, sondern auch mit denen seiner Freunde abgefunden, unter denen die von Peratoner, sie nach dreißig Jahren immer noch zu »siezen«, die harmloseste war. Manchmal dachte sie: Ich bin die einzig normale Person in der »Blauen Traube« und das gilt auch, wenn man Tochter Angelika mitrechnet. Die war zwar nicht so verrückt wie Matthäus und seine Crew, aber anders. Sie stand auf. »Wir kommen dich morgen wieder besuchen«, sagte sie, »wenn du was brauchst, ruf einfach an.« Sie beugte sich vor und drückte ihm einen Kuss auf den Kopfverband, unter dem sich nichts verbarg als eine große Beule, wie ihr Dr. Rösch versichert hatte; was vielleicht weiter drin los war, könne man ohnehin nicht verbinden, das CT zeige jedenfalls nichts Auffälliges. »Er muss sehr vorsichtig gefahren sein, die Aufprallgeschwindigkeit war wohl gering, da hat er Glück gehabt trotz des fehlenden Gurts.« Das war auch so ein Punkt: Noch nie hatte sie gesehen, dass ihr Matthäus ohne Anschnallen fuhr. Als ihn der Ebniter Manfred Berchtold im Auto neben der Straße fand, hatte Matthäus den Gurt nicht angelegt gehabt.

Auch Dr. Peratoner verabschiedete sich. Matthäus protestierte. Peratoner winkte ab. »Der Arzt verordnete dir Ruhe. Die wirst du in meinem Beisein kaum finden. Und ein Zweites: Ich will dem Verdacht deiner bezaubernden Gattin nicht Nahrung geben ...«

»Welchem Verdacht?«, fragte Mathilde.

»Wir könnten in ihrer Abwesenheit Allotria treiben und so seine Genesung verzögern, wenn nicht gefährden!« Sie wandte sich wortlos zur Tür, Dr. Peratoner zwinkerte Matthäus zu und folgte ihr.

»Mich beunruhigt, dass er sich nicht anschnallte«, sagte er auf dem Korridor, »das ist nicht seine Art. Dann dieser Schlüssel ...«

»Was soll damit sein?«

»Er war in einem Haus, so meine Theorie. Dort sah er etwas, was ihn zutiefst erschütterte, aus dem Gleichgewicht warf, etwas, das ihn fliehen ließ ...«

»Wieso denn fliehen? Darauf deutet nichts.«

»Doch! Nämlich das Versäumnis, den Sicherheitsgurt anzulegen. Er ist doch, Sie werden es bestätigen, meine Liebe, ein Gewohnheitsmensch, der nicht leicht von eingefahrenen Verhaltensweisen abweicht. Wenn ihn etwas davon abbringt, muss es außergewöhnlich sein.« Sie antwortete nicht. Es war genau wie so oft. Wenn man seine umständliche, altmodische Redeweise einmal beiseiteließ, hatte er recht. Und nebenbei das Talent, ihre ureigenen Ängste zu formulieren, die sie lieber unausgesprochen gelassen hätte.

Draußen stiegen sie in seinen alten Ford, mit dem sie auch hergefahren waren. Er brachte sie zur »Blauen Traube« zurück, verabschiedete sich und fuhr weiter. Sie hatte keine Ahnung, was er trieb, wenn er nicht mit den anderen in ihrem Gasthaus hockte. Sie wusste nur, dass er seit Jahren geschieden war, das war irgendwie bekannt. Er sprach, sooft er sich auch über Gott und die Welt verbreitete, nie über persönliche Dinge. Kinder gab es keine, aber das vermutete sie nur, sie hätte es an keiner Äußerung festmachen können. Er lebte im vierten Stock eines Wohnblocks in Dornbirns Grüngürtel, sie war nie dort gewesen. Matthäus schon. Er hatte Lukas Peratoner kennengelernt, als der noch am Gymnasium unterrichtete und abends ins Gasthaus kam, um einen gemischten Wurstsalat oder ein Schnitzel zu essen und zwei, drei Bier zu trinken. Damals war er noch verheiratet gewesen, nicht besonders glücklich, denn glücklich verheiratete Männer sitzen nicht jeden Abend im Gasthaus, hatte ihr Vater immer gesagt, der alte Wirt. Inzwischen zweifelte sie am Wahrheitsgehalt dieser Sprüche; ihr Vater konnte kaum als Fachmann für glückliche Ehen gelten, wenn man seine eigene betrachtete. Mathilde zog es vor, das nicht zu tun, sie dachte, wenn es ihr einfiel, schnell an etwas anderes. Ein Gasthaus bot endlose Möglichkeiten, an etwas anderes nicht nur zu denken, sondern denken zu müssen, jedenfalls ein Gasthaus wie die »Blaue Traube«. Sie hatte oft das Gefühl, wenn sie nur einen Tag aufhören würde, zu denken und gleich danach zu handeln, würden sie am Tag darauf pleite sein. Das stimmte so nicht, es war eine Übertreibung. Aber keine schwere.

Die »Blaue Traube« war eines jener Gasthäuser, die früher das Stadtbild beherrscht hatten. Es gab sie zu Dutzenden. Sie waren alle eingegangen. Heute gab es Restaurants, Cafés, Bars, Ethnolokale und Diskotheken, aber keine »Gaschthüser« mehr. Sie eigneten sich nicht zum »Ausgehen«, schon der Gedanke war absurd. In die »Blaue Traube« ging man »hin«, nicht »aus«. Es wurde nichts geboten, was Ausgehen gerechtfertigt hätte. Außer Hausmannskost und Alkohol.

Sie ging durch die Küche in den Gastraum. Ein paar Schüler saßen colatrinkend an dem großen Tisch in der Ecke, einer hatte ein Heft vor sich. Am anderen Ende des Raums Lothar Moosmann am Stammtisch. Er winkte ihr zu. Sie unterdrückte ein Seufzen und ging zu ihm hinüber. Es gab jetzt in der Küche noch nichts zu tun.

»Wie geht's ihm?«, fragte er, als sie Platz genommen hatte.

»Du hättest ja mitgehen können, statt hier rumzusitzen.« Der Satz tat ihr leid, kaum, dass sie ihn ausgesprochen hatte. Aber es nützte nichts: Von allen Freunden ihres Mannes behandelte sie den Holzschnitzer am schlechtesten, etwas an ihm provozierte sie. Schon, wie er sich anzog. Kleingewachsene sollten auf ihre Kleidung Wert legen, dachte sie, jeder Fehler sieht an ihnen übertrieben aus. Er trug seine übliche graugrüne Winterstrickjacke über einem rot-weiß karierten Hemd. Sie griff nach seinem Hals, richtete den eingerollten Kragen auf. Das kam bei ihm oft vor, das mit dem Hemdkragen. Vielleicht macht er es absichtlich, dachte sie, bevor er herkommt. Nur, damit ich ihm den Kragen umschlage. Der Berührung wegen. Sie schauderte bei dem Gedanken. Aber die Geste unterdrücken konnte sie auch nicht. So war es immer.

»Herrgottzack, du weißt genau, ich geh in kein Spital!« Seine Flucherei störte sie nicht, das war ihr klar, das amüsierte sie nur. Ihr Vater hatte als frommer Katholik Fluchen nicht ausstehen können und den einen oder anderen deswegen vor die Tür gesetzt. Wenn Lothar da war, wurde in diesem Raum in einer Stunde mehr geflucht als früher im ganzen Jahr. Gefiel ihr das? Sie wollte nicht darüber nachdenken.

»Es geht ihm so weit gut«, sagte sie, »er kann sich nur nicht erinnern, was er im Ebnit wollte. Es ist alles weg.« Lothar knetete die Hände auf dem Tisch, unförmige Pranken. Seine Hände waren zu groß, eindeutig. Der Kopf auch. Vor allem wegen der Frisur. Er schien das graue Borstenhaar nie zu kämmen, es stand nach allen Seiten ab. Er konnte die Hände selten still halten. Wenn ihn etwas bewegte, gar nicht.

»Schlecht«, stöhnte er, »kein gutes Zeichen...«

»Danke! Du baust einen wirklich auf...«

Halb erhob er sich. »Entschuldige, ich wollte dich nicht...« Er legte ihr die Riesenhand auf den Arm. Die Berührung war viel zarter, als es ihm zuzutrauen gewesen wäre. Er verehrte die Frauen, egal welche, und wurde fuchsteufelswild, wenn ihnen jemand wehzutun drohte, egal wer, der konnte sich seine Knochen nummerieren. Ja, Lothar Moosmann verehrte die Frauen. Er hatte bloß keine.

Er setzte sich wieder, unglücklich, weil er sie beunruhigt hatte, und seufzte.

»Also, was ist?«, wollte sie wissen. »Red schon, ich kann's verkraften!«

»Es ist nur ... weil ich gelesen habe, so lange Erinnerungslücken deuten auf einen Schaden, also einen ernsteren, verstehst du, dass ihm etwas davon bleibt ...«

»Das ist mir nicht neu. Der Doktor hat mich schon entsprechend aufgeklärt ...«

»Was, der Arzt im Spital?« Wieder sprang er halb auf.

»Nein, unser Doktor.« Er setzte sich.

»Offenbar lest ihr alle dieselben Seiten im Internet«, sagte sie, »um mich zu beunruhigen.«

»Ich will das nicht, dich beunruhigen, und der Doktor sicher auch nicht, aber wenn so ein Scheißzeug passiert, so ein verrecktes, macht man sich halt Gedanken.« Sein Blick schimmerte feucht; es war, sie kannte ihn lang genug, nicht der Alkohol, der ihm das Wasser der Rührseligkeit in die Augen trieb. Es war die schiere Angst, dem Freund und Kumpanen könnte etwas zugestoßen sein. Etwas, das ihn anders werden ließ, als sie es alle gewohnt waren. Seine Runde, der Doktor, der Lothar, der Franz-Josef ... der würde sich auch noch melden. Es ist verrückt, aber die machen sich mehr Sorgen um ihn als ich, dachte sie mit leisem Unbehagen, das sie gleich mit einem unwiderlegbaren Gedanken abwendete: Ich hab dafür keine Zeit, ich muss ein Gasthaus führen, das – leider, leider – nicht von drei Stammgästen leben kann, vor allem dann nicht, wenn sich ihre Konsumation auf ein paar Bier und einen Lumpensalat beschränkt. Und ein Wiener mit Kartoffelsalat alle heiligen Zeiten. Und was den Wirt betrifft, der guter Dinge in einem Krankenhausbett liegt: Da kann er nichts anstellen, so ist es doch! Und nicht etwa in Augsburg oder München oder Wien bei einer dieser dreimal verfluchten Astronomiebuden wieder ein Okular bestellen. Für vierhundertneunundreißig Euro. Gottverdammte vierhundertneunundreißig Euro! Erschlagen hätte sie ihn können, als sie die Rechnung gefunden hatte. Jetzt kamen ihr die Tränen hoch. Er war manchmal so ... so ...

»Was hast du?« Wieder legte er ihr die schwere Schnitzerhand auf den Arm. Sollte wohl »begütigend« wirken. Andere Gesten zum Begütigen von Frauen hatte er wohl nicht ... Sie riss sich los. »Ach nichts!« Schnell weg von dem Scheißokular! Im Geiste fluche ich mehr als der Lothar laut ... »Wenn ich nur wüsste, was er dort gewollt hat! Er kann sich nicht erinnern, überhaupt reingefahren zu sein ins Ebnit.«

»Den Himmel testen«, sagte Lothar.

»Was?«

»Die Dunkelheit fürs Sterngucken. Der Martin Grau hat ihm den Schlüssel für die Hütte überlassen.«

»Welcher Martin Grau?«

»Den kennst du nicht, glaub ich. Ein ORFler. Der will auch anfangen mit der Sternguckerei, überlegt aber noch, ob sich das rentiert und so ... der Matthäus lässt ihn dafür erst einmal mitschauen, wenn es gut geht im Ebnit ...« Der Schnitzer verstummte, unterdrückte einen Fluch, weil er wieder einmal das Maul nicht hatte halten können. Diese ganze Geschichte sollte sie wissen, die Mathilde als Ehefrau. Nicht er, der Lothar. Aber freuen tat es ihn schon, dass der Matthäus ihm, dem Lothar, von der Exkursion erzählt hatte und nicht dem Doktor zum Beispiel. Ja gut, klar, dem hätte er es als Letztes erzählt, weil der damit geradenwegs zur Mathilde gelaufen wäre, als treuer Vasall, weil er seit zwanzig Jahren in sie verschossen war, der Trottel ...

»Er hat's dir halt nicht erzählt, weil du so dagegen bist. Gegen das ganze Astronomiezeug ... vermutlich.«

»Vermutlich, ja ...«

»Heilandzack!«, brach es aus ihm heraus, »er ist am Leben

und gesund, halbwegs, mein ich, und wo er war, ist auch klar, bei seinem Hobby. Und, verdammt noch eins – das Hobby ist nicht zweiundzwanzig und weizenblond, das muss doch auch was wert sein! Apropos Weizen: Bringst du mir bitte noch eins?« Sie nickte und stand auf. »Heut Abend gibts Spätzle. Magst du?« Diesmal stand er ganz auf, breitete die Arme aus und schickte ihr eine Kusshand nach. »Ich tät sterben für deine Spätzle, Mathilde, das weißt du!«

»Ja, ja. Ich mach dir dann frische.« Sie wusste, dass er nicht zur Hauptgeschäftszeit kommen würde, sondern gegen zehn. Sie ging in die Küche. Kann es sein, dass wir alle nicht ganz normal sind? Ja, das kann sein. Das ist gut möglich. Ach was, wahrscheinlich. Sie hatte diesen Gedanken schon oft gehabt, wenn sie ihre Stammgäste und ihren Ehemann vor ihrem geistigen Auge aufmarschieren ließ. Und ihre Tochter mit Liebeskummer. Liebeskummer als Dauerzustand. Als – wie sagte man da? – als weibliche Lebensform. So, wie manche Frauen Prostituierte sind oder Nonne. Nein, normal war das nicht.

Lothars Weizen fiel ihr ein, sie ging zur Schank zurück. Sie konnte nicht wissen, dass der Ausdruck »nicht normal« eine neue Bedeutung annehmen würde, eine weitreichende, ihr ganzes Leben umfassende. Ihr Leben, das von Matthäus, das der Tochter und der Stammgäste.

*

Matthäus Spielberger kam drei Tage später wieder heim, Tochter Angelika hatte ihn im Foyer des Spitals abgeholt, in zwei Decken gewickelt, weil die Heizung in ihrem Polo nicht richtig funktionierte, und sich mit extremer Fürsorglichkeit um ihn gekümmert. Um das wie Säure an ihrer Seele nagende schlechte Gewissen zu betäuben. Denn während ihr Vater im Krankenhaus lag, hatte sie ihn nicht ein einziges Mal besucht. Es waren nur ein paar Tage, trotzdem ... es hatte die Zeit gefehlt, weil die Sache mit Erich in eine kritische Phase getreten war. Nach nur sechs Monaten (eher fünf, wenn man genau ist) hatte sich Erich als das erwiesen, was er aller Wahrscheinlichkeit nach schon am Anfang gewesen war: als egoistischer Arsch ohne Sinn für die Bedürfnisse einer Frau wie Angelika Spielberger ... um Gottes willen, wie hört sich das an, dachte sie, wie aus einer Nachmittags-Realityshow, bin ich wirklich schon so weit unten? Sie verdrängte den Gedanken und begann, ihren Vater auszufragen, kompletter Gesundheits-Check. Sie hätte ihm gleich einen mehrseitigen Fragebogen geben können. Er bewies große Geduld. Ja, er schlafe durch, nein, er leide nicht unter Ausfällen gleich welchen Sinnesorgans, sie müsse sich keine Sorgen machen, und seine Kopfschmerzen kämen eher davon, dass er mit dem Schädel gegen die Scheibe geknallt war und eher nicht von übersehenen Blutgerinnseln in seinem Gehirn, und woher sie das mit den Kopfschmerzen überhaupt habe? – Internetrecherche, ach so. Er verkniff sich alle Gegenfragen, die ihm auf der Zunge lagen. An der Art, wie sie schaltete, am unsteten Blick konnte er ablesen, dass wieder etwas ganz und gar nicht in Ordnung war. Aber lange Erfahrung hatte ihn gelehrt, dass Fragen in dieser Akutphase nicht zu irgendeiner Verbesserung führen würden.

Zu Hause geleitete sie ihn vorn in die Gaststube, obwohl sie das Haus für gewöhnlich von hinten betraten, aber heute war es etwas anderes; an der Theke schälte sie ihn aus den Decken, was alle im Gastraum sehen konnten. Wie sehr sie sich nämlich um ihren alten, verunfallten Vater kümmerte, den sie sogar aus dem Spital nach Hause gefahren hatte!

»Oh!«, sagte Franz-Josef Blum und zwängte seinen Bauch hinter dem Ecktisch hervor, »ein Geretteter! Schaut ihn euch an, der einzige Überlebende der gescheiterten Polarexpedition, mit knapper Not der eisigen Wüste von Ebnit entronnen, allerdings mit furchtbaren Erfrierungen, nehme ich an?«

»Wenn ich für jeden blöden Spruch von dir ein Zehnerle kriegen täte, wär ich ein reicher Mann«, sagte Matthäus Spielberger. Franz-Josef Blum umarmte ihn. »Das ist nur der Schock, der aus ihm spricht«, sagte er zu Angelika. Matthäus befreite sich aus der Umarmung.

»Schön, dass wir dich wiederhaben!«, sagte Blum, nahm die randlose Krankenkassenbrille ab und wischte sich über die Augen. Franz-Josef Blum hatte nah am Wasser gebaut. Die zahlreichen zeitgenössischen Dummköpfe hielten ihn deshalb für einen weichen, verletzbaren Menschen, mit dem man leichtes Spiel hatte, der geradezu einlud, ihn herumzuschubsen. Das taten sie dann auch. Aber nur einmal.

Von den Freunden ihres Mannes mochte Mathilde ihn am wenigsten. Nicht, dass sie von den anderen begeistert gewesen wäre, das waren alles Exzentriker, wenn man es freundlich formulierte, laut, aber harmlos. Franz-Josef Blum war ihr dagegen unheimlich. Ein dicker Mann, der wegen seines Körperumfangs kleiner aussah, als er war; seine wahre Größe sah man, wenn er durch die Küchentür nach hinten ging und den Kopf einziehen musste. Das Gesicht rund, glattrasiert, nichtssagend und teigig. Ja, teigig. Die Züge vergaß man sofort wieder, aber die Farbe behielt man in Erinnerung. Er sah krank aus, wie jemand, der es an der Leber hatte oder sonst ein chronisches Leiden. Natürlich war er kerngesund. Mathilde hatte sich nie erkundigt, aber was sollte das, bitte, für eine Krankheit sein, die den Befallenen jahrzehntelang weder einschränkte noch daran hinderte, jeden Tag ein paar Bier zu trinken? Franz-Josef Blum sprach gern und viel, er hatte zu allem und jedem eine Meinung, die meistens dem allerplattesten Common Sense entsprach. Es fehlte ihm jeder Anflug von Phantasie, er klebte am Vorgegebenen. Blum war Buchhalter bei einem großen metallverarbeitenden Betrieb gewesen, seit zwei Jahren in Pension. Ihn kannte Matthäus länger als seine anderen Freunde, er war mit ihm in die Schule gegangen.

»Du musst dich jetzt schonen!«, ließ sich Franz-Josef vernehmen, der sich wieder hinter den Stammtisch gezwängt hatte. Matthäus nahm ihm gegenüber Platz.

»Angelika, Schatz, bist du so gut und bringst uns zwei Bier?« Angelika nickte und verschwand hinter der Schank. Mathilde ging in die Küche, um das Abendessen vorzubereiten. Neben den Kleinigkeiten wie Wurstsalaten und so gab es jeden Abend ein besonderes Gericht aus einer Liste von etwa zwei Dutzend Spezialitäten, die Mathilde nach den Rezepten ihrer Mutter zubereitete, der früheren Wirtin der »Blauen Traube«. »Spezialitäten« sagten nur Matthäus und seine Freunde dazu, für sie selber war es ganz normale Hausmannskost. Rinderbraten, Kartoffelgulasch, Wiener Schnitzel mit Kartoffelsalat und solche Sachen; Mathilde hätte beim Aufzählen ein paar vergessen, wie viele genau dazugehörten, wusste sie nicht. Aber mit den »Spezialitäten« schien die Stammtischrunde nicht ganz danebenzuliegen, denn in der Umgebung war das Abendessen in der »Blauen Traube« ein Geheimtipp, das behauptete auch Angelika, der ihre Mutter einen Blick für die Wirklichkeit zutraute, sofern es nicht um Männer ging. Dass ihr Gasthaus jeden Abend voll war, galt ihr nicht als Qualitätsbeweis für ihre Kocherei; die Vorarlberger, sagte sie oft, essen alles, wenn es viel und billig ist. Sie sagte das auch den Vorarlbergern, die bei ihr saßen und aufs Essen warteten, wenn ihr danach war, und verärgerte dabei niemanden. Denn egal, ob Wirtin oder Wirt: In einem »ghörigen« Gasthaus hatte sich die Führung durch eine gewisse Schroffheit auszuzeichnen, durch eine anekdotenschwangere Redeweise, die sich kein Blatt vor den Mund nahm; er oder sie hatte, um es in ein Wort zu packen, ein »Original« zu sein. Und gut kochen musste er schon auch können, denn die Vorarlberger waren nicht so, wie die Wirtin der »Blauen Traube« sie darstellte, sondern – kulturell höher stehend. Übrigens sagte niemand »Traube-Wirtin« oder Spielbergerin, niemand nannte den Namen des Gasthauses. Man sagte: »Gehen wir zur Lecherin!« Dann wussten schon alle, welches Gasthaus gemeint war. »Lecherin« nicht deshalb, weil Mathilde als Mädchen so geheißen hätte. Wirklich noch so geheißen hatte ihre Urgroßmutter Agathe Lecher (ein Original selbstverständlich, legendäre Apfelküchlebäckerin und so weiter), der Name blieb an den darauffolgenden Wirtinnen hängen, von denen keine einzige mehr »Lecher« hieß, bis die Bezeichnung in vierter Generation an Mathilde haftete, an der letzten »Lecherin«, wie Angelika nicht müde wurde, allen zu versichern, die dem Thema auch nur einen Hauch Interesse entgegenbrachten, denn sie, Dr. Angelika Spielberger (mit einem abgeschlossenen Studium der Kunstgeschichte an den Universitäten Wien und Bologna) werde ihr Leben ganz sicher nicht damit vergeuden, dass sie betrunkenen Bauerntrotteln das Bier serviere und diesen dreimal verfluchten »Lumpensalat«!

»Jawohl!«, schrie Franz-Josef Blum, »lass dir nix gefallen!«

»Bauerntrottel, jawohl!« Das war Moosmann, dem man durch die Verwendung dieses Wortes jedes Mal eine Freude machen konnte.

Dr. Peratoner sprang auf, winkelte den Arm ab und rief: »Ich erhebe mein Glas auf Dr. Angelika Spielberger, vivat academia!« Mathilde wurde bei diesen Ausbrüchen blass vor Wut. Und Matthäus? Matthäus lächelte in sich hinein. Sagen tat er nichts. Er war stolz auf seine Tochter. Und Angelika lächelte auch, sie konnte nicht anders, obwohl sie auf den Arm genommen wurde. Außerdem: Es ließ sich nicht genau sagen, ob sie überhaupt auf den Arm genommen wurde; in dieser Runde war die Grenze zwischen Witz und Ernst nie klar gezogen.

Der Nachmittag verplätscherte wie die zahllosen Nachmittage davor und viele weitere, die im Schoß der Zukunft lagen und kein anderes Ziel hatten, als eben so dahinzugehen ohne Aufregung, man könnte sagen: ohne Stress. Denn der Zeit ist es nicht gleichgültig, wie sie zugebracht wird, sie ist den Ereignissen kein leerer Rahmen, wie Lukas Peratoner zu sagen pflegte; sie hat, wenn in ihr, der Zeit nämlich, etwas geschieht, durchaus einen Anteil daran, sie »ermüdet« sozusagen, wenn viel passiert, bei manchen Haupt- und Staatsaktionen ist sie regelrecht erschöpft, ab- und ausgezehrt, was die Menschen ihr dann auch anmerken, der Zeit, es aber fälschlich auf sich selber beziehen. – Mit philosophischen Ideen dieser Art unterhielt Dr. Peratoner die Mitglieder seines Stammtisches. Sie wechselten im Wochentakt (die Ideen, nicht die Mitglieder).

Wie dem auch sei, die Vorsehung, die Zeit selber – irgendwer beschloss, dass dieser Nachmittag der letzte für das Stammtischquartett sein sollte, der unbeschwert verplätschern durfte, bei harmlosen Gesprächen, unnützem Philosophieren und mäßigem Genuss alkoholischer Getränke.

Schon in der Nacht war Schluss mit lustig.

Es begann zu schneien und Matthäus Spielberger hatte einen Traum.

Matthäus Spielberger schlief in seinem Zimmer im ersten Stock am Ende des Ganges, Mathilde zog das Schlafzimmer am anderen Ende vor, weil sie die Schnarcherei nicht ertrug. Also fällt sie als Zeugin aus, die etwa von ihrem Mann erzeugte ungewöhnliche Geräusche oder sonstige Schlafstörungen hätte beobachten können. Matthäus selber bezeichnete das, was ihm in dieser Nacht widerfuhr, auch nicht als Schlafstörung, weder als Parasomnie noch als Dyssomnie (er hatte sich gleich am Morgen danach im Internet kundig gemacht), sondern als Traum, wenn auch eine besondere Art von Traum, allerdings viel realistischer, als Träume für gewöhnlich sind. Die Bezeichnung »Kopfkino« ist beim Träumen ja eine Übertreibung; niemand würde einen Traum in einem realen Kinosaal akzeptieren, außer es handelt sich um etwas Experimentelles, Kunst also.

Von dieser Art war der Traum des Matthäus Spielberger nicht; eher wie ein Filmausschnitt, technisch nicht auf Kommerzkinoniveau, aber besser als ein verwackeltes Handyvideo. Und es kamen keine unwirklichen Elemente vor, keine Riesen und Zwerge, keine Greife, aber auch keine Löwen im Einkaufszentrum, und nichts Surrealistisches, durchschnittene Augäpfel oder so. Apropos »durchschnitten«: Schnitte gab es auch nicht, sondern, wenn man das in einem Traum so nennen darf, eine einzige Totale auf die Brücke über die Rappenlochschlucht auf der Straße nach Ebnit. Matthäus stand in seinem Traum am unteren, am Dornbirner Ende der Brücke. (Sie führt wie die Straße in Richtung Ebnit leicht aufwärts.) Es handelte sich bei dieser Brücke um die neue, wie man leicht an den links und rechts hochgezogenen Tragwerken aus stählernen Doppel-T-Trägern sehen konnte, eine solide Arbeit der Bundesheerpioniere, die das Bauwerk erst wenige Monate zuvor in Rekordzeit installiert hatten, nachdem die alte, steinerne Bogenbrücke samt dem ganzen östlichen Widerlager in einer Regennacht in die Rappenlochschlucht gestürzt war.

Matthäus empfand in seinem Traum zunächst nichts beim Anblick dieser Brücke – außer vielleicht wie jeder Dornbirner vage Freude, dass der Einsturz der alten Brücke keine Opfer gefordert hatte, dass der Bau der neuen so fix gegangen war, und dass das Bundesheer seine Nützlichkeit unter Beweis gestellt hatte, jedenfalls die Pionierabteilung, die aus dem tiefen Innerösterreich mit einem Brückenlegepanzer und einem Haufen beeindruckenden technischen Geräts angerückt war, ganz so, als ob sie nur darauf gewartet hätten, dass endlich einmal eine Brücke einstürzt.

In dem Traum war es Winter und Nacht, am Rand der Fahrbahn festgefahrener Schnee. Es konnte also nicht der gegenwärtig herrschende Winter sein. Es hatte vor Wochen zwar geschneit, aber von den Straßen war der weiße Belag längst verschwunden, es dominierte trockener Asphalt mit einer dünnen Auflage von Reststreusalz. Straßen werden in Vorarlberg bei jedem Starkschneefall noch in derselben Nacht so weit wie möglich geräumt, der Schnee im Traum musste alter Schnee sein, Schnee von gestern, Schnee vom letzten Jahr. So schätzte Matthäus Spielberger die Sache ein, noch während er träumte. Dass es auch zukünftiger Schnee sein könnte, fiel ihm nicht ein.

Als es schon ein wenig langweilig wurde, kam das Auto auf der Ebniter Straße auf ihn zu. Im Traum trat er zur Seite, um den Wagen vorbeizulassen, aber dieses Auto hielt in der Mitte der Brücke, zehn Meter von seinem Traumstandort entfernt. Die beiden Vordertüren gingen synchron auf, zwei Männer stiegen aus, der eine links, der andere rechts. Beide liefen auf ihrer Seite nach hinten, der linke trug einen langen Mantel, der andere eine Art Parka. Keine Mützen. Der Motor lief, der Kofferraum wurde aufgemacht. Die Männer zogen etwas heraus, das heißt, sehen konnte Matthäus in seinem Traum nichts vom Herausziehen, das Auto stand dazwischen, übrigens ein Kombi, Matthäus vermutete japanischer Herkunft, das Logo auf dem Kühlergrill konnte er nicht lesen, weil die Scheinwerfer blendeten; das war schon sehr realistisch für einen Traum.

Die Männer wuchteten das, was sie herausgezogen hatten, auf das Brückengeländer. Einen Menschen. Einen nackten Mann. Der war tot, musste tot sein, denn ein Lebender hätte die grotesken Verdrehungen der Gliedmaßen nicht ertragen – Verdrehungen waren es eigentlich auch nicht, wie Matthäus Spielberger bemerkte, es war vielmehr so, dass am Körper dieses nackten Mannes zusätzliche Gelenke eingebaut zu sein schienen, zwei oder drei an jeder seiner Extremitäten, genau konnte Matthäus das nicht erkennen; ein Gelenk sogar im Rückgrat, wo bekanntlich gar keines hingehört, also war es wohl gebrochen. Es sah eher aus wie ein Ding in Form eines nackten Mannes, nicht wie ein Mensch. Die beiden Männer hatten Mühe, dieses Ding in die Höhe zu bringen, es war schwer und das Geländer auch kein Geländer, sondern das Tragwerk der Brücke, darum war es auch fast mannshoch.

Dann stießen sie es hinunter in die Rappenlochschlucht. Stiegen wieder ein und fuhren weiter, an Matthäus Spielberger vorbei. Mit der Innenbeleuchtung stimmte etwas nicht, sie blieb an, so konnte er die Gesichter der Insassen erkennen. Der Fahrer sah ihn direkt an, ohne auf seine Anwesenheit zu reagieren. Natürlich, dachte Matthäus, es ist ja nur ein Traum. Mit diesem Gedanken wachte er auf. Die Leuchtzeiger der Uhr standen auf Viertel nach vier.

Er ging in die Küche hinunter und ließ ein Glas Wasser einlaufen. Er trank es in langen Zügen aus. Er war beunruhigt. Abgesehen davon, dass er so einen Traum noch nie gehabt hatte, nicht einmal einen ähnlichen, wusste er vieles, was zu dem Traum dazugehörte, was er aber nicht hatte sehen können: von den beiden Männern zum Beispiel, dass der eine der Chef war, der Kapo oder wie man in diesen Kreisen sagte; der am Steuer des Autos, der, den Matthäus deutlich hatte durch die Windschutzscheibe erkennen können. Ein schmales Gesicht, hohe Backenknochen, die Augen etwas zu eng beieinander, was in diesem Fall zu einer leichten Entstellung führte, zu einem negativen Gesamteindruck. Dichte Augenbrauen, nicht über der Nase zusammengewachsen, nur fast. Diese zu eng stehenden Augen drückten aber nichts aus, wie das bei Menschen oft der Fall ist, sie machten das Gesicht nicht *böse*; sie waren ein unglückliches Akzidens wie eine zu große Nase oder ein Feuermal, jeder, der das Gesicht anschaut, weiß es: armer Kerl, die Nase ist zu groß, die Augen absurd eng beieinander – ohne das Feuermal wäre er ein gutaussehender Bursche. Der Mann sah nicht aus wie ein Verbrecher.

Der Beifahrer auch nicht. Der war blond mit schmalem Kopf, dazu deutlich größer als der andere, was Matthäus festgestellt hatte, als die beiden den nackten Mann in die Schlucht geworfen hatten. Sie passten nicht zusammen, die zwei Leichenentsorger.

Matthäus musste sich setzen. Ihm war schwindlig. Was soll der Scheiß, ging es ihm durch den Kopf. Ich rede von den Typen, als ob es sie wirklich gäbe, das ist doch Irrsinn, das war ein Traum, verdammt nochmal, ein Traum! Und bitte: wieso »Verbrecher«? Woher wusste er das? Weil, antwortete er sich selber, die beiden einen Menschen in der Schlucht versenkt hatten. Und jetzt im Wachzustand war ihm das genauso klar. Es konnte nicht anders sein.

Er tigerte geraume Weile in der Küche auf und ab, ging dann wieder ins Bett. Ohne Hoffnung, Schlaf zu finden. Er war zu aufgewühlt. Aber das stimmte auch nicht. Nach ein paar Atemzügen war er eingeschlafen. – Als er wieder erwachte, hätte ihm der Wecker noch eine Dreiviertelstunde gegönnt. Matthäus sprang aus dem Bett, was sonst nicht seine Art war. Er kam in der Früh nur schwer in die Gänge. An diesem Morgen war es anders. Er fühlte sich wach. Hellwach. Wusch sich, zog sich an, lief in die Küche, machte Frühstück. Währenddessen dachte er an seinen Traum. Der stand ihm in allen Einzelheiten klar vor Augen. Etwa wie eine markante Szene aus einem Lieblingsfilm, den man ein Dutzend Mal angeschaut hat, im Kino, im Fernseher und auf Video. Wo man den Dialog auswendig kann.

Frau und Tochter waren überrascht, ihn so früh in der Küche vorzufinden. Er erzählte ihnen von dem Traum. Der erfuhr nicht die Würdigung, die Matthäus Spielberger erwartet hatte. Frau und Tochter gehörten auch nicht zu den Frühaufstehern, was ihm bisher entgangen war, weil er immer als Letzter auftauchte, wenn die Damen schon einen Kaffee getrunken und ihren Blutdruck der Tageszeit angepasst hatten. Jetzt saßen ihm zwei schlechtgelaunte Frauen gegenüber, die sich über das fertige Frühstück nicht recht zu freuen schienen. Weil es vom gewohnten Lauf der Dinge abwich.

»Ich seh jetzt nicht recht, was an dem Traum so besonders sein soll«, sagte Mathilde. »Du etwa?«, wandte sie sich an die Tochter.

»Nein«, sagte Angelika. Mit ihr war ohne Kaffee überhaupt

nicht zu reden. Sie sind beide süchtig, dachte Matthäus, nach Koffein. Dabei steht doch überall, man wird davon nicht süchtig, nicht richtig wenigstens, aber das kann nicht stimmen ... seine Gedanken schweiften ab. Was war an dem Traum so besonders, hatte sie gefragt. Ja, was war es? Er kam ihm nun banal vor. Phantasielos. Zwei Männer werfen eine Leiche über ein Brückengeländer. Und fahren im Auto weg. Toll! Kaum auszuhalten, die Spannung. Er kam sich blöd vor. Seine Tochter hatte dafür ein Sensorium. Wie alle Einzeltöchter war sie ein Papakind. Sie konnte es nicht ertragen, wenn sich der Vater blöd vorkam. »Du musst uns das schon genauer erzählen«, sagte sie mit aller Munterkeit, die sie vortäuschen konnte, »sonst lässt sich wenig dazu sagen. Wie war zum Beispiel das Wetter?«

»In dem Traum? Es lag Schnee ...«

»Viel Schnee?«

»Nein ... eigentlich ...« Er schloss die Augen, um sich die Szene in Erinnerung zu rufen und staunte, als es funktionierte, was bei gewöhnlichen Träumen nie der Fall ist. Die vergisst man, so rapide, dass man sich beim Vergessen zuschauen kann. Aber hier war das anders. Er erinnerte sich an das Gesehene wie an die Bilder eines Ausflugs am Vortag.

»Es lag zwar Schnee, aber nur am Rand der Straße, die Fahrbahn selber war frei, schwarz, meine ich, und trocken. Auf dem Geländer lag Schnee und im Wald dahinter.«

»Also hat es in dem Traum vor längerer Zeit geschneit, in der Vergangenheit«, sagte Angelika, »ein paar Wochen davor.«

»Ja, so hat es ausgesehen!« Matthäus lebte wieder auf.

»Und was bedeutet das jetzt?«, fragte Mathilde.

»Dass es kein Tagesrest ist«, erklärte die Tochter. »Draußen liegt kein Bröselchen Schnee. Der Traum spielt also sozusagen nicht *jetzt*, das heißt, er ist nicht von einem Ereignis ausgelöst worden, das gestern oder vorgestern passiert ist.«

»Na schön, wann spielt er dann?«

»In einer Nichtzeit – ich meine, die Zeit ist belanglos, der Schnee deutet nicht auf einen bestimmten Monat, sondern ist ein Symbol ...«

»Woher weißt du das alles? Ich denke, du hast Kunstgeschichte studiert?«

Fast hätte sie gesagt: Das gehört zur Allgemeinbildung. Aber es gelang ihr, die Äußerung zu unterdrücken. Sie wollte die Eltern nicht kränken.

»Ein Symbol?« Matthäus Spielberger klang nicht überzeugt. »Wofür denn?«

»Das weiß ich nicht«, gab seine Tochter zu. »Das müsste man aus dem Gesamtzusammenhang erschließen, das setzt eine tiefer gehende Analyse voraus, es ist eben nicht so wie in den Traumbüchern, wo man einfach den Begriff nachschlägt. ›Schnee‹ oder ›Brücke‹ und so weiter – so einfach funktioniert das nicht.«

»Aha.« Weiter sagte Matthäus nichts zu dem Thema, das sich auch bei seinen Damen erschöpft zu haben schien. Der Traum war, wenn man ihn so erzählte, wie er das tat, nicht interessant genug, das sah er ein. Er wusste, was er konnte, und was nicht. Erzählen gehörte nicht zu seinen Stärken; die spezifische Eigenheit, der Hyperrealismus seines Traumes – das konnte er nicht mitteilen. Er hätte dazu aus sich herausgehen, gleichsam mit Händen und Füßen erzählen müssen, ein *Theater machen*, wie er das nannte, das konnte er nicht. Er verabscheute »Theater machen«. Das war ihm peinlich. Auch bei anderen. Narretei. Also schwieg er und ließ die Sache auf sich beruhen.

Der Tag verging wie die meisten seiner Tage ohne besondere Vorkommnisse. Er hatte den Traum bis zum Abend vergessen. Als seine Kumpane aber zu dritt das Gasthaus betraten, fiel er ihm wieder ein. Er erzählte ihnen den Traum beim ersten Bier. Die Reaktion unterschied sich deutlich von der seiner Frauen.

»Scheiß mich an!«, entfuhr es dem Holzschnitzer.

»Oha, oha, oha!«, rief der Chemieprofessor mit hochgezogenen Brauen. Der Buchhalter sagte nichts, sondern schüttelte den Kopf in kurzen, schnellen Bewegungen, wodurch die teigigen Massen in Gesicht und Hals ins Wabbeln gerieten. Gut sieht das nicht aus, dachte Matthäus, wie Wackelpudding bei einem leichten Erdbeben. Wackelpudding mit der Farbe gekotzter Milch. Der Franz-Josef sollte einen Vollbart tragen, der würde viel abdecken.

Es waren aber die Reaktionen, auf die er gehofft hatte. Ein Beweis der Verbindung, die zwischen ihm und diesen Männern bestand – ein Verstehen der anderen, wenn einer etwas erzählte. Verstehen ohne lange Erklärungen. So eine Verbindung gab es nicht zwischen Matthäus Spielberger und seiner Frau oder Tochter. Es gab andere, aber nicht diese spezielle. Das war der Grund, warum seine Runde schon so viele Jahre existierte. Bezeichnenderweise ließen sie sich das Ganze noch einmal erzählen, unterbrachen ihn dabei, um nach kleinsten Einzelheiten zu fragen. Wie bei einer polizeilichen, ach was, geheimdienstlichen Befragung, um jenes winzige, aber entscheidende Detail aus dem Gedächtnis des einzigen Zeugen der Anschlagsvorbereitung hervorzuholen, das die Verschwörer übersehen hatten und das zu ihrem Untergang führen würde … Matthäus genoss es, er kam sich bedeutend vor.

Und ebenso bezeichnenderweise kam einer der gewieften Befrager, nämlich Franz-Josef Blum (Buchhalter als Tarnberuf), auf das entscheidende Detail.

»Der Schnee«, sagte Franz-Josef mit wabbelndem Kinn nach längerem Schweigen, »mit dem Schnee ist was faul.«

»Wieso, was, erklär das!«, forderten die anderen durcheinanderredend.

»Du hast in dem Traum die neue Brücke über die Rappenlochschlucht gesehen, die das Bundesheer gebaut hat. Wann? Heuer! In diesem Sommer!«

»Na und?«

»Heuer hat es aber noch nicht geschneit.«

Dem wurde widersprochen. Es habe Anfang Dezember geschneit und dann noch einmal kurz vor Weihnachten, meinte der Holzschnitzer.

»Ja, schon«, gab Franz-Josef Blum zu, »aber das waren zwei, drei Zentimeter, weggetaut in ein paar Stunden. Dagegen beschreibt der Matthäus Schneestreifen an den Straßenseiten, Streukies auf der Fahrbahn, wie er übrig bleibt, wenn die Schneeauflage durch das Salzen weggetaut ist – und«, er hob die Stimme, »Schnee auf den Bäumen!«

Matthäus musste diese Darstellung bestätigen.

»Die Situation in diesem Traum«, fuhr der Buchhalter fort, »sofern wir nur einmal das Meteorologische betrachten, ist also Tage, wenn nicht mehrere Wochen nach starkem Schneefall und nachfolgender Kälteperiode, sodass der Schnee liegen geblieben ist und geräumt werden musste, mit Rollsplit behandelt und so weiter. Erst die Autos und das Salz haben den Schnee auf der Fahrbahn dann entfernt, wobei das Salzen schon eine Zeit her sein muss, denn die Straße ist ja trocken, wie du sagst.«

Der Chemiker, der bisher nichts gesagt hatte, mischte sich ein. »Der Traum zeigt also ein zukünftiges Ereignis, kein vergangenes.«

»Verstehe«, sagte Lothar Moosmann, »in dem Traum hat es schon geschneit, in Wirklichkeit aber noch nicht, also zeigt der Traum die Zukunft.«

»Also nicht einer der vergangenen Winter, denn da hat die neue Brücke noch nicht existiert«, unterbrach ihn Franz-Josef Blum, dem man den Ärger anhören konnte – die Schlussfolgerung aus seinen Einleitungssätzen hätte er gern selber unters Volk gebracht.

»Kein Zweifel«, meinte Dr. Peratoner, »worum es sich hier handelt, ist ein sogenannter prophetischer oder Wahrtraum. Da darin, wie du selber sagtest, ein Verbrechen geschieht – besser: geschehen wird! –, sollten wir Abwehrmaßnahmen ergreifen.«

Matthäus fühlte sich mit einem Mal unwohl. Die Diskussion lief in eine Richtung, die ihm nicht sympathisch war. Der Analyse von Franz-Josef Blum, der Schlussfolgerung von Dr. Peratoner konnte er nichts entgegensetzen, sie hatten recht, keine Frage – aber das Ganze kam für ihn zu schnell. Eine Überrumpelung, so etwas mochte er nicht.

»Ihr seid ja komplett verrückt!« rief er. »Gegenmaßnahmen! Was denn für Gegenmaßnahmen? Soll ich zur Polizei gehen und eine Leichenentsorgung melden, und zwar eine geträumte? Und soll ich dann dazusagen, sie brauchen sich nicht zu beeilen, weil die Straftat erst stattfinden wird? In der Zukunft?«

»Eins muss man dir lassen«, sagte Moosmann. »Du wirst verflucht eloquent, wenn du was nicht machen willst. Also bei fast allen Sachen, die vorkommen. Du bist ein fauler Sack, weißt du das?« Matthäus ließ sich nicht beirren. Lothar meinte das nicht so. Nein, meinte er doch. Auch egal, jetzt war er so schön in Fahrt.

»Und wenn sie mich dann fragen, die Polizisten, ich meine, für den unwahrscheinlichen Fall, dass es noch zu weiteren Fragen kommt – wenn sie mich also fragen, wie lange sie denn warten müssen auf die bewusste Tat, soll ich dann sagen: mindestens, bis es geschneit hat?«

Seine Kumpane blieben unbeeindruckt. »Lang warten müssten sie dann nicht«, sagte Franz-Josef Blum und deutete auf das Fenster. »Es fängt grad an. Das Schneien.«

Vor dem Fenster wirbelten große Flocken vom Himmel, so dicht, dass die Welt schon nach wenigen Metern in winterlichem Grau verschwand.

»Zumindest ein paar Tage Zeit hast du ja«, sagte Franz-Josef Blum. »Oder sogar eine Woche. Ich meine, bis dieser Schnee sich so weit gesetzt hat, oder getaut ist ...«

»So weit wie was?«, fragte Matthäus.

»Wie in deinem Traum. Das kannst nur du wissen. Es war ja dein Traum.«

»Und erst dann«, setzte Dr. Peratoner den Gedanken fort, »ergibt sich auch die Notwendigkeit der Nachschau.«

»Was für eine Nachschau? Wovon redet ihr überhaupt?«

»Nach der Leiche in der Schlucht, Herrgott!« Begriffsstutzigkeit (wie er sie definierte) konnte Lothar Moosmann nicht leiden. »Er meint, dann schauen wir nach, ob jemand wirklich einen in die Rappenlochschlucht geschmissen hat, capito?«

»Aber die ist doch gesperrt ...«, protestierte Matthäus. Etwas Besseres fiel ihm nicht ein; er war verwirrt und überrumpelt. Er schätzte es ja, von seinen Freunden ernst genommen zu werden, aber doch nicht gleich so ernst, dass daraus der Zwang zu konkreten Handlungen erwuchs. Handlungsanweisungen, ganz gleich, woher sie kamen, gehörten zu den Sachen, die er nicht leiden konnte. Er akzeptierte solche Aufforderungen, etwas Bestimmtes zu tun, nur von der Natur selber – wenn sie etwa sagte:»Heute ist wolkenloser Himmel mit einem Spitzenseeing, stell den großen Dobson auf und schau dir die Galaxien in der Jungfrau an!« Das tat er dann.

»Gesperrt, gesperrt! Dann gehen wir halt von der anderen Seite rein, von oben! Du bist manchmal schon ein Christkind!« Wer Lothar kannte, wusste, dass diese Bezeichnung nicht als Kompliment gemeint war. Die herabsetzende Verwendung des Wortes »Christkind« stand in einem gewissen Widerspruch zur Tatsache, dass er schon Dutzende davon geschnitzt hatte, Christkinder nämlich für diverse Krippen, zusammen mit Marien, Josefs, Ochsen und Eseln, Hirten und Schafen und dem übrigen Weihnachtskrippenpersonal. Er war berühmt für diese Krippen, die nach Süddeutschland und in die Schweiz verkauft und für ihre wunderbare Gestaltung gerühmt wurden.

»Du bist schon etwas merkwürdig, lieber Freund«, sagte Dr. Peratoner mit jener Salbung in der Stimme, die er sich in seiner aktiven Zeit zum Austeilen der »Nicht genügend« beim Chemietest zugelegt hatte. »Erst erzählst du uns von deinem prophetischen Traum, sodann beklagst du dich über Vorschläge von unserer Seite, wie nun zu verfahren wäre. Damit will ich sagen: Es ist doch weder unsere Schuld noch Verantwortung, wenn du von einer winterlichen Brücke träumst! Mit der Betonung auf *winterlich* ...«

»Ich schlage vor«, rief Lothar, »dass wir zunächst abwarten. Das ist Punkt eins ...«

»Meister Lothar will sagen«, unterbrach ihn der Doktor, »wir müssen uns gedulden, bis jene Witterungsverhältnisse eingetreten sind, die du in deinem Traum sahst! Es hat keinen Zweck, nach einer Leiche oder sonst einer Verbrechensspur zu suchen, bevor das Verbrechen überhaupt verübt wird. Das erscheint mir sinnlos.«

»Jawohl«, sagte der Buchhalter Blum, »das heißt auch, momentan müssen wir gar nix machen. Wir warten, bis sich der Schnee gesetzt hat, dann sehen wir weiter.« Die Einsicht, nicht sofort, vielleicht sogar innerhalb der nächsten Viertelstunde, etwas unternehmen zu müssen, beruhigte Matthäus. Er brauchte immer eine Vorbereitungsphase, um sich mit der Aktion anzufreunden, am besten einen ganzen Tag. Oder eine Woche; dann kam er noch besser zurecht. Draußen schneite es, und nicht so, als ob es bald aufhören würde. Es sah eher nach einem halben Meter Schnee aus bis morgen früh. Das würde dauern, bis der getaut oder auch nur geräumt war. Seine Laune besserte sich. »Wer will einen Lumpensalat?«, fragte er. Alle wollten einen. Der Lumpensalat aus Schübling, Bergkäse, Zwiebel und einer sonst nirgends erhältlichen Spezialmarinade war nach seiner eigenen Überzeugung das Beste, was man in der »Blauen Traube« essen konnte. Mit dieser Einschätzung war er nicht allein. In ganz Dornbirn ging man zur »Lecherin«, wenn einem nach Lumpensalat war, vor allem im Sommer. Es ließ sich auch sehr gut dabei trinken.

Matthäus begab sich in die Küche, um vier Portionen zuzubereiten. Selbst als er weg war, drehte sich das Gespräch noch immer um den Traum des Matthäus Spielberger.

»Ganz im Ernst«, sagte Franz-Josef Blum, »kann ihm das schaden, was meint ihr?«

»Was soll ihm schaden?«, fragte Lothar Moosmann.

»Diese ... wie nennst du das, Doktor? ... prophetischen Träume, Zukunftsträume?«

»Eigentlich sind es Träume über die Zukunft – aber eben nicht jene, die man sich im landläufigen Sinne *erträumt*, also keine Wunschvorstellungen, sondern sogenannte Wahrträume, also das Vorhersehen künftiger Ereignisse, das naturwissenschaftlich nicht erklärt werden kann.«

»Es kommt von diesem Unfall, das sag ich euch!« Der Schnitzer klopfte mit den Fingerknöcheln auf den Tisch, wie es bei bestimmten Situationen im ortsüblichen Kartenspiel, dem »Jassen«, üblich ist. Lothar Moosmann verwendete die Geste auch, um seiner Rede zusätzliche Glaubwürdigkeit zu verleihen, oder wenn ihm ein ihn selber überraschender Gedanke gekommen war – wie eben jetzt.

»Es ist dieser Scheißunfall, sag ich euch! Er ist nicht mehr ganz richtig im Kopf, da hat sich was verschoben, irgend so ein verrecktes Blutgefäß eingeklemmt, was weiß ich – ich hab ja gleich gesagt, das ist mies, wenn einer so lang bewusstlos ist!«

»Du meinst, das Ganze hat nichts zu bedeuten, bloß Einbildung?«, fragte der Buchhalter.

»Nein, du Depp! Hab ich das etwa gesagt?«

»Nicht mehr richtig im Kopf, hast du gesagt ...«

»So wie wir, mein ich, normal halt, wie wir Normaltrottel! Ohne Zukunfts... wie sagt man ...?«

»Zukunftsschau«, half Dr. Peratoner aus, »daran zweifelst du also nicht?«

»Dass er in die Zukunft sieht? Über was reden wir denn die ganze Zeit? Wieso soll ich ihm nicht glauben? So was erfinden kann er sowieso nicht. Dazu fehlt ihm die Phantasie.«

»Dann ist es ja gut«, sagte Dr. Peratoner. »Im Übrigen könntest du recht haben mit deiner Vermutung. Es sind Fälle bekannt, in denen nach einer leichten Kopfverletzung die Betroffenen über außerordentliche Fähigkeiten verfügten. Zum Beispiel gibt es diesen Amerikaner, der, nachdem er von einem Baseball am Schädel getroffen wurde, sich von diesem Moment an an alles erinnert, was er gesehen, gehört, getan und gegessen hat, jeden Tag seines Lebens von früh bis spät. Ich glaube, schon siebzehn Jahre lang.«

»Unerhört!«, rief Franz-Josef Blum. »Was gibt es noch?« Dr. Peratoner ließ sich nicht bitten und unterhielt die anderen mit der Schilderung weiterer, die Wissenschaft ratlos machender Wunderknaben (lauter Männer übrigens), die nach Unfällen über erstaunliche Fähigkeiten verfügten. Peratoner war bei den Kumpanen beliebt, weil er solche Sachen wusste. Er hatte sie aus dem Internet und von Sendungen auf Dokukanälen, die er konsumierte, wenn er nicht schlafen konnte, was immer häufiger vorkam, je älter er wurde. Mitten in der Nacht oder in aller Herrgottsfrüh vor dem Fernseher hocken tun viele, aber Peratoner merkte sich fast alles, was er da sah.

Keiner von den dreien jedoch zweifelte an der neuen Fähigkeit des Matthäus Spielberger, die Zukunft zu träumen. Auf die Idee, es könne sich um etwas Banales handeln, kamen sie gar nicht. Banales gab es nicht im kleinen Universum der »Blauen Traube«. Sie kamen nie hierher, um sich über Fußball oder Politik zu unterhalten. Oder um sich über ihre Frauen und Kinder zu beklagen (das wäre aufgrund des Mangels an Frauen und Kindern auch auf Schwierigkeiten gestoßen). Sie kamen nicht zum Kartenspielen, Witzeerzählen oder um über andere Leute herzuziehen. Andere Leute interessierten sie nicht. Natürlich kamen sie zum Trinken in das Gasthaus. Und zum Essen zwischendurch. Vor allem aber zum Reden.

»Worüber redet ihr denn so lang?«, fragte Mathilde Spielberger ihren Mann.

»Über Gott und die Welt«, antwortete er. »Nichts Bestimmtes.« Genau so war es. Über Gott und die Welt und nichts Bestimmtes. Es musste nur interessant sein. Nicht banal. Jeder Zweifel an der neuen Fähigkeit des Wirts hätte sie ins Reich des Alltäglichen herabgezogen. Dem wollten sie aber entfliehen, alle vier. Matthäus Spielberger hatte durch sein Astrohobby einen gewissen Anteil an der Begründung ihrer Weltsicht und Einstellung, denn manchmal nahm er sie mit zum Sterngucken. Das veränderte vieles. Es bedarf einer grundsätzlichen Offenheit für das Wunderbare, das schon, wer aber darüber verfügt, der sieht die irdischen Dinge mit anderen Augen, wenn er nur einmal die Galaxien im Coma-Haufen gesehen hat – mit dem Siebzehneinhalb-Zoll-Newton, das Matthäus sein Eigen nannte, ein Riesentrumm von Fernrohr, das schon deshalb begleitende Freunde brauchte, weil es einer allein nicht heben und aufstellen konnte.

Als die Debatte ein wenig an Schwung verlor, weil Dr. Peratoner keine weiteren grenzwissenschaftlichen Beispiele mehr einfielen, kam Matthäus mit vier Portionen des unübertrefflichen Lumpensalats zurück und einem Korb sogenannter »Päärle«, einer Art paarweise zusammenhängender Semmeln, die traditionell zu Lumpen- und Wurstsalaten am besten schmeckten. Wie immer war Lothar Moosmann als Erster fertig. Er aß mit aufgerissenen Augen und verzehrender Gier, als sei er am Verhungern.

»Was passiert jetzt weiter?«, wollte er wissen und wischte sich den Mund mit der Papierserviette ab.

»Was soll schon passieren?«, fragte Matthäus.

»Verdammt nochmal – mit deinem Traum, mit der ganzen Sache!«

»Ich kann schlecht reklamieren – wo auch, bei mir selber? Ich warte halt ab, ob ich noch was träume in der Richtung ...«

»Was, du lässt das alles auf sich beruhen? Ich glaub, ich scheiß mich an, das kannst du nicht machen! Da ist ein Mord geschehn, nein: wird ein Mord geschehen, das müssen wir doch verhindern!«

»Freunde, lasst uns ruhig überlegen«, meinte der Chemiker. »Sobald der Schneefall aufhört, könnten wir eine Wache an der Rappenlochschluchtbrücke postieren. Die wartet dann ab, bis jenes ominöse Gefährt auftaucht ...«

»Welches Gefährt?«, wollte Blum wissen.

»Er meint das Auto aus meinem Traum. Außerdem verscheißert er uns, merkst du das nicht?«

»Ich würde gern, kann aber nicht widersprechen«, gab Peratoner zu und ließ sein meckerndes Lachen hören, das nicht einmal seine Freunde oft ertrugen, so sehr glich es einem Ziegenlaut, weshalb alle froh waren, dass Dr. Peratoner nicht über viel Humor verfügte, was man daran erkennen konnte, dass er nie über Witze anderer lachte, nur über eigene, und solche machte er selten. Wie eben jetzt, weil er etwas sehr Gutes gegessen hatte, das steigerte seine Laune. »Wir können natürlich gar nichts tun«, fuhr er im professoralen Tonfall fort. »Mein Scherz mit dem Posten bezog sich eben darauf. Gesetzt den Fall, wir führten diese abseitige Idee in die Wirklichkeit, soll heißen, wir fänden jemanden, der Nacht für Nacht an jener Brücke Wache hielte, und es erschiene dann tatsächlich jener Wagen auf der Brücke – was sollte unser Wächter tun? Wie erkennt er ihn überhaupt?«

»Der Wächter müsste ich sein«, sagte Matthäus, »anders geht es nicht. Es war ein stinknormaler Kombi, was soll ich sagen … ich kann den nicht näher beschreiben.«

»Die Nummer hast du dir nicht gemerkt?«, fragte Lothar, Matthäus schüttelte den Kopf.

»Nun also«, fuhr Peratoner mit Ungeduld in der Stimme fort, »was geschieht dann? Soll Matthäus das Auto anhalten? Durchsuchen?«

»Wozu durchsuchen?« Franz-Josef Blums Wangen gerieten in missbilligend schwabbelnde Bewegung, »Er weiß ja, was drin ist. Eine nackte Männerleiche.«

»Er hat recht«, sagte Lothar, »er kann bloß hingehen und fragen, wer das ist, den sie da runterschmeißen, warum sie das machen, wer die Typen überhaupt sind und so weiter – die werden begeistert sein. Schöne Scheiße!«

»Die werfen mich gleich hinterher. Außer, ich bin bewaffnet. Noch besser wäre, ich habe jemand Bewaffneten dabei, der gut damit umgehen kann, mit Waffen, mein ich.« Alle Blicke richteten sich auf Lothar Moosmann, von dem man wusste, dass er ein ganzes Arsenal daheim hatte, alles illegal natürlich. Gesehen hatte diese Waffen noch niemand. Der Schnitzer gab sich zugeknöpft, wenn die Rede darauf kam, verstand es aber, durch ab und zu gemurmelte Andeutungen das Interesse an seiner Sammlung wachzuhalten.

»Ich hab keine Zeit«, sagte er mit leiser Stimme. »Eine Nacht oder zwei, das ginge schon, aber ich kann das nicht lang machen. Ich brauch meinen Schlaf dringend. Ich hab da diesen Auftrag aus dem Appenzell für eine große Maria, da kann ich nicht pfuschen.« Er zuckte mit den Achseln. »Ist so. Scheiße, was soll ich machen? Wenn ich einmal abrutsch, ist die Figur hin …«

Das verstanden alle. Lothar Moosmann lebte vom Schnitzen.

»So verlockend der Plan auch ist«, setzte Peratoner fort, »so unausführbar ist er auch. Leider! Es hilft auch nicht, wenn wir uns bei der Wache ablösen. Denn drei von uns kennen diesen Wagen ja nicht und wären gezwungen, jeden japanischen Kombi, der aus dem Ebnit kommt, mit vorgehaltener Waffe anzugehen. Die Wahrscheinlichkeit, das falsche Auto anzuhalten, ist ziemlich groß ...«

»An sich«, sagte Franz-Josef Blum, »ist das eine Sache für die Polizei.« Niemand sagte etwas darauf. Blum brachte gern die Polizei ins Spiel, weil er dort einen Schwager hatte. Er kam mit diesem Schwager gut aus und erfuhr viele Dinge, die der breiten Öffentlichkeit nicht bekannt waren. Und eigentlich auch nicht bekannt werden sollten. Warum der Schwager Franz-Josef gegenüber aus der Schule plauderte, war nicht klar. Der Mann war nicht sehr glücklich bei der Polizei und vermischte Insider-Informationen mit häufigen Klagen über die höhere Polizeiführung, die nach seiner Ansicht von einem hohen Maß an Inkompetenz gezeichnet war, kombiniert mit politischem »Herumscharwenzeln«, wie er das nannte. Franz-Josef trug das Gehörte weiter, aber nur in die »Blaue Traube«; dort versackten die Informationen allerdings an dem bewussten Ecktisch, denn die anderen drei gaben nichts weiter. Sie redeten sonst mit niemandem, nur Matthäus noch mit Frau und Tochter, aber nicht über Dinge, die an jenem Tisch besprochen wurden. Der Polizist, der wohl hoffte, seine Indiskretionen würden es auf Umwegen in die Medien schaffen, sah sich getäuscht.

Nach längerer Pause sagte Matthäus: »Ich kann nicht mit einem Traum zur Polizei gehen ...«

»Obwohl in anderen Ländern sich die Behörden durchaus solcher Medien bedienen«, warf Dr. Peratoner ein.

»Das sind dann aber anerkannte Hellseher«, sagte Blum, »jahrelange Erfahrung, gelöste Fälle, das spielt alles eine Rolle, das kannst du nicht vergleichen …« Er machte eine vage Geste in Richtung Matthäus.

»Ja, tut mir leid!«, rief Matthäus. »Entschuldigung! Das haben sie mir in der Hellseherschule nicht gesagt, dass es so schwierig wird mit der Polizei – als ich den Anfängerkurs belegt hab.« Alle lachten, außer Dr. Peratoner.

»Wir machen es so«, sagte er, »dass wir uns nicht auf die Nacht verlegen, sondern auf den Tag. Wir kontrollieren täglich den Bereich unter der Brücke, ob jemand was hinuntergeworfen hat.«

»Und was soll das bringen?«

»Liegt dort keine Leiche bis zur endgültigen Schneeschmelze – dann ist die Angelegenheit erledigt. Liegt aber eine in der Tiefe der Schlucht, dann war Matthäus' Traum ein Wahrtraum!«

»Na, und dann?«, wollte Matthäus wissen.

»Dann melden wir unseren Fund den Behörden. Von einem Wahrtraum braucht weiter keine Rede zu sein. In dieser Sache bei der Polizei vorstellig zu werden, ist dann allein die Entscheidung von Matthäus. Wir – und ich glaube, da darf ich für alle sprechen – sind natürlich bereit, zu bezeugen, wann er uns seinen Traum erzählt hat. – Nur für den Fall, dass du dich entschließen solltest, dich als Medium registrieren zu lassen. Ich meine, wenn du daran denkst, dies zu einer Karriere auszubauen.«

Alle schwiegen. Dr. Peratoner erntete nie deutlichere Zustimmung als durch dieses Schweigen, aber es machte ihm nichts aus. Von seiner Lehrerzeit her war er das völlige Fehlen öffentlicher Anerkennung gewohnt.

Es schneite den ganzen Tag und die folgende Nacht. In den Bergen stieg die Lawinengefahr, Straßen wurden gesperrt, die Wintersportorte Lech und Zürs waren von der Umwelt abgeschnitten, wie das in Wintern, die diesen Namen verdienen, zu sein pflegte. Weil es nach kurzer Pause weiterschneite, wurde die Arlbergstrecke der Bundesbahn gesperrt, auch dies eine geduldig ertragene Begleiterscheinung des Winters. Das war alles normal, die Täler versanken im Schnee, natürlich angemessen, was am Arlberg zwei Meter hieß, das war in Dornbirn ein knapper halber Meter. Die Schneeräumung in den Seitenstraßen der Wohngebiete kam nicht so schnell voran, wie die Anrainer sich das wünschten, die sich deshalb ärgerten. Ihre Einfahrten mussten sie sowieso selber ausschaufeln, aber deswegen wurde noch nicht gemurrt, weil dies als normale Begleiterscheinung eines Winters galt. Gezeter würde erst einsetzen, wenn auf die erste Packung im Wochenabstand noch eine zweite oder dritte folgen würde. Das war nicht der Fall. Nach dem Durchzug zweier schneeschwerer Tiefdruckgebiete breiteten sich Hochdruck und Frost über Mitteleuropa aus. Lech und Zürs waren wieder erreichbar, auch der Rest Österreichs ohne Schienenersatzverkehr. Die Sonne zeigte sich, die Lifte liefen, die Vorarlberger und ihre Gäste begannen auf allen schrägen Flächen des Landes wie besessen Ski zu fahren. In der »Blauen Traube« war das kein Thema. Die Viererrunde war seit Jahrzehnten nicht mehr auf Skiern gestanden, Mathilde hatte es nie gelernt, nur Tochter Angelika fuhr jede freie Minute auf dem »Bödele«, dem Dornbirner Hausskigebiet. (Ein solches hat jede Vorarlberger Gemeinde, und sei sie noch so klein.) Die freien Minuten der Angelika Spielberger waren allerdings begrenzt, sie musste daheim mithelfen. Verschiedene kleinere Vereine feierten ihre Jahreshauptversammlung bei der »Lecherin«, was mit einem erheblichen Umsatz an Getränken und »Kleinen Speisen« einherging. Mathilde war froh um diese Abende. Einmal in der Woche veranstaltete sie im Winter einen »Küachletag«. »Küachle« sind wie Krapfen, nur größer, dafür flach, und die Marmelade ist nicht drin, sondern obendrauf. Außerdem gibt es die Küachle auch mit Sauerkraut statt Marmelade. Die Küachle wurden wie Krapfen in heißem Fett, nach dem die Küche der »Blauen Traube« trotz intensiver Lüftung dann eine Woche lang roch, eben bis zum nächsten Küachletag, herausgebacken. Matthäus hasste den Fettdunst, aber die Tage hatten eine jahrzehntelange Tradition, Mathilde ließ nicht mit sich reden. Auch der Einwand Angelikas, sie werde wegen des Frittiergeruchs, den sie einfach nicht aus ihren Haaren herausbekomme, nie einen kultivierten Mann kennenlernen, fruchtete nichts.

An diesen Tagen mit Schmalzgebackenem war die Bude voll, Mathilde war davon nicht abzubringen. Da konnte Matthäus noch so oft vorrechnen, dass der Aufwand bei den Küachle in keinem Verhältnis zum bescheidenen Umsatz stehe, weil man dafür nicht verlangen konnte, was man verlangen müsste – in Anbetracht der Tatsache, dass die Dornbirner nicht bereit waren, den notwendigen Aufpreis für die Bezeichnung »hausgemacht« zu bezahlen. So weit ging das viel beschworene Traditionsbewusstsein dann doch nicht. Es half nichts: Für Mathilde ließen die Küachletage Kindheitszeiten wiederauferstehen – der Schmalz- und Hefegeruch, das Geräusch brodelnden Fetts, der Lärm fröhlicher Esser in der Gaststube. Außerdem gab es dazu Glühwein, allein deshalb rentiere sich die Sache, wie sie betonte, und damit hatte sie natürlich recht. Das Schmalzgebäck lieferte nur den Vorwand, schon am Nachmittag heißen Alkohol zu trinken – das vergaß Matthäus bei jeder seiner Rechnungen aufs Neue. Es ging ihm ja nicht um die Betriebswirtschaft, er wollte nur die Schmalztage mit ihrem Lärm und Betrieb weghaben; schon daran ersieht man, dass er von der Führung eines Gasthauses nichts verstand. Mathildes Eltern hatten ebendies rasch erkannt und sich gegen die Heiratspläne der Tochter gewehrt, ebenso vergeblich wie Matthäus gegen die Küachletage. Das Regiment führte jedoch ohnehin Mathilde Spielberger, die eigentliche und wahre »Lecherin«.

*

Sie hatten zwei Wochen Stillschweigen vereinbart; Mangold musste sich erst einmal vergewissern, dass seine Auftraggeber mit der Durchführung des Auftrags zufrieden waren. Dann, wenn an dieser Front alles ruhig geblieben wäre, wollte er sich melden, um mit Rudolf Büchel dem Kollegen Lässer auf den Zahn zu fühlen. Aber schon nach einer Woche hatte der Österreicher angerufen.

»Hör zu«, sagte er ansatzlos, »es gibt ein Problem. Unser Freund ist nicht aufgetaucht. Weißt du was darüber?«

Rudolf dachte einen Augenblick nach. Was sollte das heißen, *nicht aufgetaucht*? Das fragte er den Österreicher auch.

»Na, Mensch, der muss doch zum Vorschein kommen, das ist eine Woche her, da muss doch jemandem aufgefallen sein, dass da einer …«

»Ach so! Nein, da ist mir nichts aufgefallen. Wann kommst du denn, dass wir unser Projekt weiterverfolgen können?«

Darauf ging Mangold nicht ein. »Sag, war denn nichts in der Zeitung oder im Radio, im Fernsehen?«

»Kann schon sein, da bin ich überfragt. Ich les keine Zeitungen und hör kein Radio – und das Lokalfernsehen, ich bitte dich, du nimmst doch nicht im Ernst an ...«

»Sag, geht's dir noch gut? Alles hängt doch davon ab, dass diese Sache wie geplant über die Bühne geht, das muss dich doch interessieren ...«

»Nein, tut es nicht!«, schrie Rudolf Büchel ins Telefon. »Ich will damit nichts zu tun haben und nicht daran erinnert werden! Dieses ... spezielle Problem ist dein Problem, so war es abgemacht! Kümmere dich darum, aber verschon mich mit Einzelheiten!«

Der Österreicher sah seine langjährige Erfahrung bestätigt, dass die Zusammenarbeit mit Amateuren nur Probleme bringt. »Ist schon gut«, sagte er, »beruhige dich, ich komm hin und kümmere mich drum.«

»Und was soll ich machen?«

»Du gehst auf eine Auslandsreise.«

»Was? Ich dachte, wir wollten ...«

»Ja, ja, das tun wir auch – wenn du von deiner Reise zurück bist. In einer Woche oder so ...«

»Ja, verstehe, ich wollte sowieso nicht so lang bleiben ...«

»Ich ruf dich dann an, wenn ich da bin. Du weißt ja, wie du mich erreichen kannst.« Sie verabschiedeten sich.

Rudolf Büchel wusste in der Tat, wie er den Österreicher erreichen konnte. Im Hotel »Perlacher« in Dornbirn. Dort müsste er ihm nur eine Nachricht hinterlassen; Mangold würde sich dann bei ihm melden. Eine Telefonnummer bekam Rudolf nicht, das war zu gefährlich und widersprach den Regeln der Konspiration. Rudolf waren die Regeln der Konspiration egal, von dem lächerlichen Agentengetue hielt er nichts, aber der andere kam aus dem Militär, bittschön, wenn es sein muss, würde man eben alte Traditionen hochhalten.

Man wird an dieser Stelle einwenden, dass Rudolf Büchel ein bisschen dumm ist. Sogar ein bisschen sehr dumm. Vollkommen bescheuert, wenn man es genau nimmt. Kümmert sich nicht im Geringsten darum, ob das Täuschungsmanöver, das sie sich ausgedacht hatten, um sein Überleben zu camouflieren, funktioniert hatte. Mit mehr Glück als Verstand war er eben einem entsetzlichen Tod entronnen und lebte weiter, als sei dies das Normalste der Welt. Aber eben: mit mehr Glück als Verstand. Darum befragt, hätte Rudolf Büchel zugegeben: ganz ohne Verstand, nur mit Glück. Glück gehörte auf dieser Ebene dazu, darüber machte er sich keine Gedanken. Er war ein Spieler. Spieler brauchen eine Art Fundamentalglück, sonst können sie ihren Beruf nicht ausüben. Hochseilartisten müssen schwindelfrei sein und über hervorragende Körperbeherrschung verfügen. Und Spieler verfügen über Glück. Ihr Leben besteht eben darin, dieses Glück stets herauszufordern, da gibt es dann ein Auf und Ab. Ohne Glück gäbe es kein Auf, nur ein einmaliges und gleichzeitig finales Ab.

Deshalb machte sich Rudolf Büchel keine Sorgen um technische Details, mit denen er nicht befasst war. Auftauchen oder Verschwinden von Leichen – bitte, darum sollte sich der Österreicher kümmern, das war dessen Aufgabe und dessen Welt.

*

Die Stammtischrunde mied die betriebsamen Tage, es war ihnen dann zu voll. In ein leeres Gasthaus wären sie aber auch nicht eingekehrt, wie Lothar Moosmann zugab, »man käme sich dann wie ein Säufer vor«. Ein schütter besetzter Gastraum galt als ideale Kulisse für den Stammtisch. Nach einem Küachletag herrschte wenig Betrieb in der »Blauen Traube«; an einem solchen Mittwoch im Februar trafen sich die drei gegen Abend mit Matthäus im Gasthaus. Der hatte Duftkerzen auf den Tischen im Gastraum verteilt, das dadurch verdampfte Vanillin sollte üble Gerüche überdecken. Das funktionierte auch, der Geruch nach Frittierfett und Sauerkraut war kaum noch wahrzunehmen; schon deshalb hatte Matthäus bessere Laune als sonst. Mit der war es schlagartig zu Ende, als Lothar Moosmann fragte: »Und wann gehen wir?«

Matthäus musste nicht nachfragen, wohin sie gehen sollten, auf einen Schlag fiel ihm ein, was er zwei Wochen verdrängt hatte: sein Traum, die Unterredung mit den Kumpanen, der Plan. Wenn man diesen abstrusen Vorschlag einen Plan nennen wollte: in die Schlucht runterschauen, ob da einer unten liegt. Geträumt hatte er die zwei Wochen nicht mehr, weder normal noch »wahr«; jetzt gestand er sich ein, dass er die ganze Sache am liebsten auf sich beruhen lassen würde, aber dann hätte er diesen Idioten auch nichts erzählen dürfen – und genau das hätte er nicht ausgehalten. Er ergab sich in sein Schicksal und fragte mit tonloser Stimme: »Wann habt ihr Zeit?«

»Das ist kein Problem«, antwortete Dr. Peratoner, die beiden anderen nickten, »wir richten uns da ganz nach dir.« Matthäus Spielberger seufzte. Der letzte, schwächliche Abwehrversuch war damit zusammengebrochen. Alle drei grinsten ihn an, sagen tat keiner etwas; er wusste, sie hatten ihn drangekriegt. »Also morgen«, sagte er. Seine Stimme war kaum noch zu hören.

»Morgen passt uns gut«, sagte der hinterhältige Chemiker.

Die hatten sich abgesprochen, ganz klar! »Der Schnee wurde überall geräumt, insbesondere auf der Ebniter Straße, wovon ich mich heute Nachmittag überzeugen durfte. Sie ist nun in dem Zustand, den du uns geschildert hattest.«

»Wer?«

»Die Ebniter Straße. Ich war einfach dort, eine kleine Wanderung, die Sache war mir wichtig.«

»Die ganze Strecke zu Fuß? Meine Fresse!«, staunte Lothar Moosmann, der auch eine Strecke von hundert Metern mit dem Auto zurücklegte, »aus Hass auf die Grünen«, wie er oft betonte. Er lief auch lange Strecken zu Fuß, aber nur im Sportsinn, als Jogger mit ausgeklügelter Hightech-Outdoor-Adjustierung. Zu den Laufstrecken fuhr er mit einem »Landrover Defender« der Über-zehn-Liter-pro-hundert-Kilometer-Klasse – wie auch zum zweihundertfünfzig Meter vom Haus entfernten Supermarkt, um Wurstsemmeln oder heißen Leberkäse zu kaufen, wovon er sich ernährte, wenn er nicht in der »Blauen Traube« aß. Dr. Peratoner dagegen hatte zwar ein Auto, fuhr aber nicht gern, den Grund hatten sie nie herausbekommen.

Der Abend verlief ungewohnt trübsinnig, nachdem man sich für den nächsten Nachmittag verabredet hatte. Matthäus blieb schweigsam, nicht unfreundlich, aber ruhig.

Am nächsten Tag hatte sich seine Laune gebessert. Die drei stiegen in seinen Suzuki Vitara, den er schwarz hatte reparieren lassen, die Unfallspuren an der Front waren verschwunden. Matthäus fuhr.

Nach der Brücke über die Rappenlochschlucht parkte er den Wagen in einer Ausweiche, sie mussten fünfzig Meter zurückgehen. Lothar, dem der kurze Marsch zuwider war, maulte, sie hätten doch gleich bei der Brücke parken können, erhielt aber keine Antwort. Die anderen waren zu gespannt auf das Ergebnis der Exkursion.

Das Tragwerk der Pionierbrücke ragte zu beiden Seiten der Fahrbahn mannshoch empor. Damit nicht neugierige Passanten ihre Köpfe und Körper durch die Stahlträgerdreiecke stecken konnten, hatte man auf der Innenseite ein Baustahlgitter angebracht.

»Wenn das gegen Selbstmörder sein soll, ist es eine Schnapsidee«, sagte Lothar und kletterte auf der linken Seite über das Gitter auf den obersten Längsholm. Die anderen taten es ihm nach, alle vier schauten weit vorgebeugt in die Tiefe. Dort unten bot sich dem Blick ein Wirrwarr aus zersplitterten Baumstämmen und Felsbrocken, der Schluchtweg, der sich knapp über dem Wasser an der Felswand entlangschlängelte, war verschüttet, die Ach verschwand weit vorn unter dem Geröllberg, ihr Rauschen klang nur gedämpft herauf. Von einer Leiche war nichts zu sehen. Dr. Peratoner machte dennoch eine Aufnahmeserie mit seiner neuen Canon. Dann wechselten sie auf die rechte Seite der Brücke, aber auch dort war in der Tiefe nichts zu erkennen außer einem Steinblock von der Größe eines Einfamilienhauses, der sich in der Schlucht oberhalb der Sohle verkeilt hatte.

Sie kehrten zum Auto zurück.

»Der Typ kann leicht in einer der Spalten verschwunden sein«, sagte Franz-Josef Blum, »dann ist er von oben nicht zu sehen.«

»Aber von unten vielleicht«, sagte Dr. Peratoner, »lasst uns die Schlucht hineinwandern, so weit es eben geht, und die Sache von dort beschauen!«

Matthäus Spielberger sagte nichts, der Schnitzer seufzte, womit er andeutete, dass er den kommenden Fußmarsch verabscheute, sich in Anbetracht der Umstände aber damit abfand. Ein Marsch war es dann auch nicht, sie fuhren einfach zurück, bogen nicht nach Dornbirn ab, sondern die Dornbirner Ach entlang ein paar hundert Meter in Richtung »Gütle«. Das »Gütle« war eine über die Landesgrenzen hinaus bekannte Kuriosität. Die Ach schoß hier aus der Rappenlochschlucht hervor, weshalb ein Unternehmer um die Mitte des 19. Jahrhunderts ein Wasserkraftwerk und eine Textilfabrik hineingebaut hatte. Auf einer Freifläche erhob sich ein aus Nordamerika importierter Mammutbaum; es gab einen Springbrunnen und ein weithin bekanntes Gasthaus mit schattigem Garten, in diesem Garten begann der Wanderweg in die Rappenlochschlucht.

Jetzt, Ende Februar, war das Gasthaus noch geschlossen. Die vier überquerten im Gänsemarsch auf einer schmalen Holzbrücke einen Seitenbach der Ach und näherten sich der ersten Engstelle. Wasser stürzte über ein steinernes Wehr zwanzig Meter in die Tiefe.

»Dieses Bauwerk«, dozierte Dr. Peratoner, »erbaute der Ingenieur Alois Negrelli im Jahre 1829.«

»Negrelli – ist das nicht der …«, fragte Matthäus.

»Ganz recht. Der den Suezkanal geplant hat. Nach seinen Plänen wurde er dann auch gebaut.« Sie stiegen eine Treppe neben dem Wehr hoch.

»Und wie kommt dieser Negrelli dazu, in Dornbirn was zu bauen?«, wollte Franz-Josef Blum wissen.

»Alois Negrelli gehörte am Beginn seiner Karriere zur Innsbrucker Baudirektion, die für alle Bauvorhaben vom Bodensee bis zum Gardasee zuständig war. Er wirkte an der Rheinregulierung mit und plante später im Osten der Monarchie einen Haufen Eisenbahnen.«

»Der Suezkanal ist bekannter als das hier«, sagte Matthäus.

»Dafür ist das hier viel schöner«, sagte Lothar Moosmann.

»Wildromantisch – verdammt, was wollt ihr denn noch mehr!« Der Ausbruch war rhetorisch, wurde als solcher gewertet und nicht beantwortet. Der Schnitzer hatte recht. Die Rappenlochschlucht bei Dornbirn ist das Wildromantischste im ganzen Land. Natürlich widersprechen dem die Bewohner zahlreicher anderer Vorarlberger Gemeinden mit dem Hinweis auf eindeutig wildromantischere Orte auf ihrem jeweiligen Gebiet; sie müssen aber zugeben, dass man an diese nicht mit dem Auto fahren kann, und wenn doch, gibt es keine Parkplätze. In dieser Hinsicht war die Rappenlochschlucht unschlagbar. Vom Zuschlagen der Autotür bis zum Tosen des ersten Wasserfalls vergehen bei normaler Schrittgeschwindigkeit keine drei Minuten.

Der Pfad führt nach dem Negrelli-Wehr auf der linken Seite der Ach ins Schluchtinnere, ausgesetzt auf Holzplanken an der Felswand entlang, vier Meter über dem schäumenden Wasser – wildromantisch halt. Dann, an der engsten Stelle der Schlucht, wo sie auch am tiefsten ist, sollte der Weg in einem schmalen Tunnel verschwinden, aber vom Eingang war nichts zu sehen; ein Baustahlgitter verhinderte das Weiterkommen, dahinter lag ein Trümmerberg aus hausgroßen Felsbrocken und zersplitterten Baumstämmen. Weit unten schoss das Wasser der Ach hervor. Die vier staunten.

»Wie die Wolfsschlucht im Freischütz!«, begeisterte sich Opernkenner Franz-Josef Blum. »Genau so hab ich mir das immer vorgestellt und nie auf einer Bühne gesehen!« Er begann das Trinklied des Kaspar zu summen. Dr. Peratoner wusste, dass der Buchhalter gleich ins Singen verfallen würde. Ihm war die Blum'sche Singerei unangenehm, obwohl Blum über eine schöne Baritonstimme verfügte und in einem Chor sang. Er unterbrach das Summen und fragte lauter als nötig: »Seht ihr irgendwo eine Leiche?«

»Die kann da und dort reingerutscht sein«, meinte Lothar.

Franz-Josef sang.

»Schweig, damit dich niemand warnt! Schweige, damit dich niemand warnt!«

»Was?« Dr. Peratoner war irritiert. »Ach so. Freischütz, ja, ja ... könntest du damit aufhören?«

Franz-Josef Blum schwieg. Matthäus war das nicht recht. Die Enttäuschung über den Fehlschlag ließen sie jetzt aneinander aus, und wie immer hatte der Chemiker damit begonnen.

»Wie geht noch einmal das Rezept für die Freikugeln?«, wandte er sich an Franz-Josef.

»Genau hab ich das auch nicht im Kopf. Blei natürlich ... etwas Glas von zerstoßenen Kirchenfenstern ...«

»Das findet sich!«, rief Lothar in der Rolle des Kaspar und lachte theaterdonnernd unheimlich, dass es von den Felswänden widerhallte.

»Das rechte Auge eines Wiedehopfs, das linke eines Luchses ...«, setzte Franz-Josef fort.

»Die stehen doch heute garantiert auf der roten Liste«, unterbrach Lothar, »also vom Luchs weiß ich das bestimmt.«

»Man darf«, mischte sich Dr. Peratoner ein, »die Zeitgebundenheit der Handlung nicht außer Acht lassen. Die Oper spielt ja unmittelbar nach dem Ende des Dreißigjährigen Krieges, da erhebt sich doch die Frage, wie viele Wiedehopfe und Luchse es in dem kriegszerstörten Lande gab ...« Es entspann sich eine Diskussion über Wildtierpopulationen, Jagdbräuche, Freikugeln, Wiedehopfe und so weiter – eine jener Debatten, die vor allem Dr. Peratoner liebte, denn sie waren für ihn der Inbegriff für das Wirken des freien Geistes, der vom einen zum anderen schweift, aber nie an ein Ziel kommt.

Auf der Brücke über den Seitenbach der Ach kam ihnen ein Mann entgegen. Sie mussten sich ans Geländer drücken, um ihn vorbeizulassen. Lothar murmelte »Grüß Gott«, wie es hierzulande üblich war; es kam keine Antwort. Der Mann schien es eilig zu haben. Sie gingen weiter. Am anderen Brückenkopf, bei der im Februar geschlossenen Erfrischungshütte, blieb Matthäus stehen, das heißt, er versuchte, stehen zu bleiben, und klammerte sich an das Geländer auf dem kleinen Vorplatz, wo im Sommer Tische und Bänke stehen.

»Scheiße, ein Infarkt!«, schrie Lothar. »Wer hat ein Handy mit?«

»Nein, nein«, sagte Matthäus. Seine Stimme klang heiser. »Bin nur erschrocken …« Er stand mit dem Rücken ans Geländer gepresst, hielt sich mit beiden Händen fest.

»Tut etwas weh?«, fragte Franz-Josef. »Brustbein, Arm? Manchmal strahlt es auch in den Rücken aus …«

»Herrgott, nein, ich hab keinen Herzinfarkt!«

»Du siehst ganz weiß aus im Gesicht«, sagte Peratoner.

»Das tätet ihr auch …«

»Was?«

»Weiß aussehen. Das war er nämlich.«

»Wer?«

»Der Mann. Der mit dem Auto. Der Mann aus dem Traum.«

»Kein Zweifel?«

»Hundertpro …«

Darauf sagte zunächst einmal niemand etwas. Dann entfuhr Lothar, wie erwartet, ein herzhaftes »Herrgottzack!« Die beiden anderen schlossen sich mit gemurmelten Flüchen an,

Matthäus war verstummt. Dafür kehrte ihm die Farbe wieder ins Gesicht zurück.

»Er kommt doch da nicht durch«, sagte Lothar. »Er wird umdrehen und wieder vorbeikommen. Dann stellen wir ihn zur Rede.«

Dr. Peratoner lachte laut auf. »Wie denn? Was willst du ihn denn fragen? *Hören Sie, lieber Herr, was haben denn Sie in meinem Traum verloren?* Er wird dich auslachen oder anglotzen.«

»Warum denn?«, ereiferte sich Lothar. »Wir sagen es ihm auf den Kopf zu, was er gemacht hat. Das mit der Leiche, dann werden wir schon sehen, wie er reagiert.«

»Was heißt *gemacht hat*?« Franz-Josefs Wangen schwabbelten. »Vielleicht hat er es ja erst vor. Würde auch erklären, warum wir keine Leiche gesehen haben. Vielleicht erkundet er erst einmal den Tatort...«

»Wie dem auch sei«, sagte Peratoner, »ihn anzusprechen ist unmöglich. Wenn er die Tat schon vollbracht hat, wird er uns für Zeugen halten...«

»Und wenn er sie erst plant«, unterbrach ihn Lothar, »wird er uns für Typen halten, die wissen, was er vorhat, durch Verrat von dritter Seite, was auch immer. Verfluchter Mist! In jedem Fall rückt er uns auf die Pelle!«

»Zumindest erregen wir seine Aufmerksamkeit«, sagte Dr. Peratoner. »Nicht ratsam, wenn wir so wenig über ihn wissen. Also, was tun wir?«

»Wir warten, bis er wieder rauskommt«, sagte Matthäus, der sich bisher aus dem Disput rausgehalten hatte. Sie setzten sich auf das Mäuerchen, das den Vorplatz der Hütte begrenzte und warteten. Nicht lang, denn der Mauerstein war viel zu kalt. Dr. Peratoner referierte über die Entstehung von

Hämorrhoiden und Blasenentzündung durch unterkühlte Sitzflächen. Alle heuchelten Interesse, weil sein Geschwätz immer noch besser war als das lastende Schweigen, das sich sonst ausgebreitet hätte. Etwas war faul, das spürten alle bis auf Dr. Peratoner, der kein Sensorium für Gefahr hatte (außer für chemisch verursachte). Keiner von ihnen hatte je einen Unbekannten aus einem Traum in der realen Welt gesehen. Lothar und Franz-Josef träumten auch, aber nur von der Schule oder von Familienmitgliedern; natürlich kamen da auch andere Leute vor, aber die blieben, wenn man sich an sie im wachen Zustand erinnerte, gesichtslos. Matthäus konnte dazu nicht viel sagen, weil er in seinem bisherigen Leben selten geträumt hatte. Seine Befürchtung, so ein Traum wie der von der Rappenlochschluchtbrücke werde sich nun Nacht für Nacht wiederholen, erfüllte sich nicht. Er träumte wie früher höchst selten und »normal«. Irgendwelches wirres Zeug, an das er nach dem Aufwachen keine deutliche Erinnerung mehr hatte. Vielleicht lag es also doch nicht an der hypothetischen Kopfverletzung durch den Unfall.

Der Fremde kam nicht aus der Schlucht zurück. Nach einer halben Stunde sagte Lothar, sie sollten jetzt gehen, das habe doch keinen Zweck, noch zu warten, offensichtlich habe der Mann das Baustahlgitter überwunden und sei über die Trümmer geklettert oder sogar durch den kurzen Tunnel vorgedrungen, von dem in der Zeitung gestanden war, man wisse nicht, in welchem Zustand er sich befinde, ob er überhaupt noch existiere. Dieser zwanzig Meter lange Tunnel war der gruseligste Abschnitt des Schluchtweges gewesen, es gab keine Beleuchtung außer durch die beiden Öffnungen an Anfang und Ende. Lothars Äußerung war Blödsinn, sie hatten ja sehen können, dass der Tunneleingang verschwunden, verschüttet war, aber niemand widersprach ihm. Sie wandten sich zum Gehen.

»Der ist schon lang über alle Berge«, sagte Lothar.

»Ja, über alle Schuttberge«, sagte Franz-Josef. »Es gibt doch immer wieder so Spinner, für die ist so was eine Herausforderung. Wenn wo gesperrt ist, gehen sie extra rein.«

Der Mann, auf den sie gewartet hatten, war nicht über die Felsbrocken geklettert. Er war wie die vier vor ihm am Baustahlgitter umgekehrt und fluchte den Weg zurück vor sich hin. Dieser Mensch übte einen Beruf aus, der eine gewisse Intuition erforderte (neben anderen Fähigkeiten, die ganz allgemein eher selten sind). Dieser Zusatzsinn ließ ihn vor der letzten Biegung des Weges, bevor er auf die schmale Brücke kam, zögern und lauschen. Neben ihm stürzte die Dornbirner Ach über das Negrelli-Sperrwerk in die Tiefe und machte dabei einen solchen Krach, dass sonst nichts zu hören war. Er schlich weiter und schaute um den Felsvorsprung. Am anderen Ende der Brücke über den Seitenbach standen doch die vier, denen er vorher begegnet war. Ein Kleiner mit Bart, ein großer Dicker mit Teiggesicht und zwei normale, einer davon mit Glatze. Er zog sich zurück, überprüfte den Abhang und kletterte im Wald zehn Meter hinauf. Oben konnte er aus dem Astgewirr einiger Büsche die schmale Bretterbrücke, das Häuschen mit der Getränkereklame und die Typen beobachten, die dort herumhingen und – ja, warteten! Nicht auf bessere Zeiten, sondern auf ihn …

Aus der Innentasche seiner Jacke holte er ein Spektiv hervor und betrachtete die vier aus der Nähe. Zu seinen beruflichen Gewohnheiten gehörte es, sich Gesichter einzuprägen. Er vergaß nie ein Gesicht, das er genau angeschaut hatte. Schon viele Menschen hatten gehofft, es werde ihm eines Tages doch unterlaufen, das Vergessen. Vergeblich. Allerdings, das muss man zugeben, war seine Fähigkeit, in Gesichtern zu lesen, weit weniger ausgeprägt als die, sie sich zu merken. Sonst hätte er in einem dieser vier Gesichter etwas Bestimmtes bemerkt, was ihn später hätte anders handeln lassen. Vernünftiger, professioneller. Aber man kann nicht alles haben, auch dem Fachmann unterlaufen Fehler – um genau zu sein: Leuten dieser Profession unterläuft nur *ein* Fehler. Meistens.

Der Mann hatte Geduld. Wenn sie wieder in die Schlucht kommen würden, hätten sie keine Chance, ihn zu finden. Er würde sich verstecken. Er wollte keine Konfrontation mit Unbekannten. Bevor er die Sache klärte, musste er wissen, wer die Typen waren, die aus einer gesperrten Schlucht herauskamen und nicht wie Wanderer angezogen waren. Keine Rucksäcke, keine Wanderschuhe. Sie hatten etwas in der Schlucht gesucht. Genau wie er.

Er wartete, bis sie gegangen und außer Sichtweite waren, dann kletterte er, so schnell er konnte, von seinem Aussichtspunkt herunter und lief ihnen nach. Dass die Dämmerung einbrach, erleichterte die Sache. Oberhalb des Parkplatzes blieb er im Schutz hoher Eschen stehen, fixierte sie durch das Spektiv. Das Nummernschild des alten Suzuki, in den sie einstiegen, war im einbrechenden Dunkel nicht mehr zu erkennen, das machte aber nichts, weil er sich die Autonummer vorher gemerkt hatte. Eine Gewohnheit. Auf dem Parkplatz standen nur vier Wagen, da war das leicht. Sein Auto stand nicht dort, sondern weiter vorn an der Straße. Er ließ sie wegfahren, ging zu seinem Wagen und fuhr nach Dornbirn. Natürlich versuchte er nicht, den Vitara einzuholen, das würde nur Aufmerksamkeit erregen. Verfolgungsjagden kamen nur im Kino vor.

In seiner Unterkunft rief er jemanden an und erhielt eine kurze Information. Eine nichtssagende, wie er befürchtet hatte. Das waren Amateure. Vom Aussehen, vom Verhalten her. Ganz einfach. Sie oder einer von ihnen hatte auf der Brücke etwas gesehen. Ja, genau. Und jetzt waren sie nachschauen gegangen. Ob man auch *unter* der Brücke etwas zu sehen bekäme. Die Idee mit der Brücke ... er war von Anfang an dagegen gewesen. Aber er zählte halt nicht so viel, dass man seine Einwände berücksichtigen würde. Er konnte nicht so gut reden wie andere. Und er hätte auch nichts dagegen vorbringen können – außer sein Gefühl, das ihm sagte: Das ist eine Schnapsidee. Warum? Weil wir so etwas noch nie gemacht haben. Es ist das genaue Gegenteil von dem, was wir bisher gemacht haben, die Verwendung dieser Brücke. Ja, klar, Wanderweg, beliebtes Touristenziel, eine Auslage. Dann hätte man sich aber überlegen sollen, dass der Wanderweg im Winter gesperrt war. Nicht einmal das hatten sie recherchiert. Dass unter der Brücke ein Haufen Felstrümmer lagen mit hausgroßen Brocken, hatte er bis heute Nachmittag auch nicht gewusst. Woher hätte er das wissen sollen? Das gehörte, bitte sehr, nicht zu seinen Aufgaben, das war Sache der Planungsabteilung, das Umfeld zu recherchieren. Was hatten die gemacht? Auf der Touristenseite im Netz einen spektakulären Punkt ausgesucht? Wo so eine Abladeaktion auffallen würde ... und jetzt, nach drei Tagen immer noch kein Furz, keine Zeitung, kein TV-Bericht, keine Meldung im Internet. *Als ob überhaupt nichts passiert wäre!* Da hatten sie ihn wieder hergeschickt, weil er sowieso noch im Land war. Nachschauen. Also war er erst am Nachmittag einmal in die Schlucht gegangen. Der Wanderweg gesperrt. Prima! Und dann unter der Brücke der Felssturz. Da war die Sache klar. Davon hatten sie beim Reinfahren in dieses Bergdorf nichts gemerkt. Eine Brücke ist eine Brücke. Die Hütte war schon lange vorher angemietet worden. Werft das verfluchte Arschloch von dieser Brücke, das gibt ein tolles Aufsehen, dann wissen die Kameraden gleich, was Sache ist! Toller Plan. Politik. Man versteckt die Überreste nicht mehr, man wirft sie auf einen Wanderweg. Spektakulär. Irgendein Wanderer macht sicher Aufnahmen mit der Handykamera. Und wenn das Arschloch nicht auf den Weg fällt, dann halt in dieses Flüsschen, da bleibt er auch nicht verborgen, ihr dürft ihn halt nicht einwickeln, nicht wahr, man soll alles sehen, die Spuren, er soll auffallen. Auch durch das, was ihr mit ihm gemacht habt. Je größer der Schock, desto besser.

Kindereien waren das. Kam alles von diesen Ballerspielen. Und er hatte jetzt die Schererieen. Warum lag so viel Schutt in der Schlucht? Genau unter der Brücke. Der gute Balkan war irgendwie in das Geröll gerutscht, der würde dort verfaulen, basta. Nicht einmal sicher, ob der Gestank bis zur Brücke raufreichte. Wie tief war das? Sicher siebzig, achtzig Meter. Bitte, wer bleibt denn dort stehen und schnüffelt über dem Abgrund?

Natürlich könnte er das Ganze melden. Dass der großartige Plan, »Flagge zu zeigen«, wie sie das genannt hatten, gescheitert war – aber warum war er gescheitert; warum war die Leiche nicht wieder aufgetaucht? Was war mit der Schlucht unter der Brücke los? Das müsste er denen beantworten. Er hatte aber keine Ahnung, das konnte er »dort« nicht sagen. Sonst würden sie ihn verantwortlich machen. Dabei war es sich so gut ausgegangen, nachdem es zuerst gar nicht danach ausgesehen hatte. Balkan hätte nichts trinken dürfen, dann wäre das alles nicht passiert mit der Pistole. Und der Schweizer hatte auch Glück gehabt. Aber das war Vergangenheit, das war uninteressant. Jetzt und hier galten neue Herausforderungen. Balkan hätte auftauchen müssen, beziehungsweise das, was von Balkan noch übrig war. Ein Balkan ohne Gesicht. Das Gesicht wegzumachen war wirklich an der Grenze gewesen. Es ging nicht darum, dass ihm Balkan leid getan hätte oder so, solche Gefühle waren ihm fremd. Aber was sie mit dem Typ, den sie »Balkan« nannten, weil er von irgendwo dort herstammte – was sie mit dem aufführen mussten, er und dieser Schweizer, überstieg alles, von dem er je gehört hatte. Das war einfach krank, das hatte er sich vorher nicht so vorgestellt. Vorgestellt hatte er sich, dass *Balkan* die ganze Prozedur mit dem *Schweizer* durchexerzieren würde, so war das abgesprochen. Er stand in der Hierarchie so hoch, dass er das nicht selber machen musste.

Dann war es so gekommen, dass sie beide, *er und der Schweizer*, diesen Exzess mit dem armen *Balkan* machen mussten – und der Schweizer hatte sich natürlich geweigert, das Ding allein durchzuziehen, er wollte, dass ihm geholfen wurde ... halbe-halbe. Er versuchte, die Erinnerung an die Geräusche zu verdrängen, die der Hammer verursacht hatte, wenn sie ... und dann noch das Gesicht. Das war das Schlimmste gewesen. Aber was hätten sie anderes machen sollen? *Man ist zur Einsicht gekommen*, hatte es geheißen, *dass ein Exempel statuiert werden muss*. Basta. So war das. Also musste eine spezifisch vorbehandelte Leiche aufgefunden werden. Öffentlichkeitswirksam. Damit alle, die es anging, wussten, was los war. Die Leiche dieses Schweizers hatten sie verlangt. Es würde aber niemand von dort oben sich herunterbemühen und nachprüfen, ob der Mann ohne Gesicht der Schweizer war.

Büchel. Wie kann einer so heißen – und dann so durchtrieben sein. Denn das war er, das musste man anerkennen.

Wenn man nur alles zusammen betrachtete, ohne Vorurteile nüchtern analysierte, dann wäre der Schweizer Büchel ein weit größerer Verlust gewesen, als es der arme Balkan war. Den vermisste niemand. Seine Verwandten hatte man in den neunziger Jahren umgebracht. Oder sie waren in andere Länder geflohen, wo sie zu vergessen suchten, was sie mitgemacht hatten. Solche Leute suchten nicht nach einem Cousin zweiten Grades, zu dem seit fast zwanzig Jahren keine Verbindung bestand. Kein Zweifel: Als misshandelte Leiche war Balkan nicht zu schlagen.

Deshalb würde er vorläufig nichts melden. Er würde herausfinden, wo Balkans Leiche geblieben war. Steckte wahrscheinlich nur irgendwo im Geröll fest. Also musste man den guten Balkan, bevor er sich völlig zersetzte, finden und losstochern, damit er doch noch unterhalb des Felssturzes am Ufer der Ache angetrieben werden konnte. – Aber das hatte Zeit. Denn ein bisschen Zersetzung käme ganz gelegen; die Unterschiede zwischen Balkan und Büchel würden dadurch verwischt. Es kam nur darauf an, dass ihn niemand als den identifizierte, der er war. Die Polizei würde die DNA analysieren, sowieso, warum auch nicht. Aber Balkan war in keiner Datenbank. Und Büchel auch nicht. Hatte er jedenfalls behauptet.

Zuerst würde er sich jetzt einmal diese Einheimischen aus der Nähe anschauen, das Umfeld sondieren. Wie hießen sie, wo wohnten sie, das ganze Programm. Das war Standard. Da gewann er ein paar Tage. Inzwischen konnten sie sich überlegen, wie sie mit der anderen Sache weiter vorgehen sollten. Was mit dem Deal nicht gestimmt hatte.

Eines war klar: Wenn ihn die Leute auf der Brücke gesehen hatten, war er in Gefahr. Dann musste er verschwinden. Aber »dort« würden sie fragen, was los war. Das musste er wissen.

Er musste rauskriegen, was diese vier gesehen hatten. Und ja, die Idee war gar nicht so schlecht: *Wenn* sie etwas gesehen hatten, dann waren sie nachschauen gegangen. Blieb die Frage: Warum so spät? Aber egal: Wenn sie was gesehen hatten, war es nicht verkehrt, sie darin zu bestärken, ihnen auf irgendeine Art zuzurufen, ja, es stimmt, da unten liegt einer, geht zur Polizei, zum Wasserbauamt, was weiß ich, meldet es, ihr könnt doch nicht riskieren, dass da ein Verfaulender euer Wasser vergiftet, wo ihr doch sonst so ein Gewese macht mit eurem Superwasser, reine Natur und so weiter!

Ja, das war ein gangbarer Weg. Ermuntern. Man musste sie ermuntern. Und dann ganz schnell abhauen. Er grinste. Die Sache, je länger er sie sich ausmalte, desto mehr Spaß versprach sie. Er würde den biederen Bürgern zu einem Abenteuer verhelfen. Wem gehörte das Auto? Einem Wirt. Wunderbar. Da könnte er seinen Gästen was erzählen. Mindestens zwanzig Jahre lang. Natürlich würden sie Angst kriegen, das lag in der Natur der Sache. Aber da konnte er nichts dafür. Angst machen gehörte dazu. Das war halt so. Ein großer Unterschied zu dem, was Balkan so alles angestellt hatte. Balkan war pervers gewesen. Er war es nicht. Ein gutes Gefühl, wenn man sich die Lage so übersichtlich darstellte. Wer woran schuld war und wer nicht. Und wer was war und was nicht. *Er* war nicht pervers. Nur Profi.

So würde er es machen. Dieses Gasthaus aufsuchen. Den Wirt ein bisschen unter Druck setzen. Wer die anderen waren und so weiter.

2

Sie trafen sich im Café »Prückel« in Wien. Der Oberst war schon da, als der Handlanger eintrat. Der Oberst las den »Standard«, also war alles in Ordnung; hätte er die »Presse« studiert, wäre nichts in Ordnung gewesen, und der Handlanger hätte keinen Kontakt aufnehmen dürfen. Nicht einmal nahe kommen. Das gehörte zu dem umfangreichen Codex, auf dem der Oberst bestand. Er stammte noch aus den goldenen Zeiten, als die Welt einfacher und analog war. Genau wie der Oberst selber. Der Handlanger verabscheute das Getue. Vor allem, weil er sechshundert Kilometer fliegen musste, um Bericht zu erstatten, was man über verschlüsselte Leitungen besser konnte, sogar reden konnte man, aber davon wollte der Oberst nichts wissen. Er misstraute der maschinellen Geheimhaltung und legte Wert auf persönliche Berichte, Aug in Aug. Paranoia war das, nichts weiter als die Paranoia, die er aus den früheren Zeiten geerbt und sorgfältig in seinem Innersten gehegt und gepflegt hatte.

Der Handlanger nahm Platz. »Es ist nicht so gelaufen wie geplant«, begann er.

»Was du nicht sagst ...« Der Oberst sprach leise und studierte weiter einen Artikel über das lamentable österreichische Schulsystem. In seiner Stimme klang Verachtung, aber obwohl der Oberst genau dies ausdrücken wollte, nämlich Verachtung, hatte der Handlanger damit kein Problem. Das waren nur Rollen, sie steckten alle in Konventionen fest.

»Dieser Büchel hat meinen Mitarbeiter erschossen«, erzählte er weiter. Jetzt hatte er die ungeteilte Aufmerksamkeit des Älteren. Der schaute ihn an. Teigiges Gesicht, blasse Lippen, schütteres Blondhaar, Brille. Dahinter wässrige Augen, bläulich vielleicht, aber nicht richtig blau, man konnte diese Färbung schwer zuordnen. Auf jeden Fall nicht dunkel. Man konnte den ganzen Mann schwer zuordnen. Auf jeden Fall männlich und älter als dreißig, aber jünger als sechzig. Und auf keinen Fall sah er aus wie ein Oberst welcher Armee auch immer. »Warum sitzt du dann hier?«, fragte er.

»Es war eher ein Unfall als ein Angriff, der Büchel hatte auch Glück.«

»Und jetzt ist er weg ...«

»Nein, ist er nicht ...«

»Ach nicht?«, unterbrach ihn der Oberst, faltete die Zeitung zusammen und nahm einen Schluck Kaffee. »Damit wir nicht aneinander vorbeireden: Du hattest den Auftrag, aus dem Idioten rauszuprügeln, warum er Gegenstand dieser absurden Liquidierung werden sollte ...«

»So ist es, Herr Oberst.«

»Mit dem Rausprügeln war dann wohl nichts, wenn der eine Waffe hatte.«

»Nein, war aber auch nicht notwendig. Er hat es mir selber erzählt.«

»Was?«

»Er hatte einen Deal mit denen dort, er hat ihnen etwas verkauft, was nicht funktioniert hat ...«

»Ja, ja, ja, das wissen wir, das hast du schon das letzte Mal erzählt! Also: warum? Was war das und was hat daran nicht funktioniert?«

Der Handlanger erzählte es dem Oberst. Der begann zu grinsen. Von einem Ohr zum anderen. Das ist bei ihm, was bei anderen lautes Gelächter ist, dachte der Handlanger. Aber was an dem, was er erzählte, so lustig war, wusste er nicht.

»Die haben dem Typ tatsächlich Geld dafür bezahlt? Unglaublich …«

»Es war der Sohn, der das Geschäft gemacht hat. Was Büchel erzählt hat, deutet alles auf den Sohn. Und sie hatten ja die Probe. Die war echt, so viel hab ich erfahren. Schon dort.«

»Ja, das glaub ich, dass die echt war!« Jetzt lachte er doch. So laut, dass die ältere Dame am Nebentisch sich zu ihnen umdrehte. Der Oberst wurde wieder ernst.

»Tausende Wissenschaftler, die besten der Welt, suchen seit einem halben Jahrhundert nach einer besseren Methode – für dieses Problem. Aber sie haben keins gefunden. Wie groß ist also die Chance, dass irgendein Schmalspurgenie aus der hintersten Provinz eine findet, eine neue Methode? Schnell, zuverlässig und vor allem: billig?«

»Null«, sagte der Handlanger leise. »Null Prozent.«

»Sehr richtig. Und nur kulturlose Elemente aus dem Bodensatz der Gesellschaft fallen auf einen Betrüger herein, der ihnen so eine Methode verspricht!«

»Aber der Büchel hatte die Probe, die war echt. Achtzig Prozent …«

»Ja, das würde dann wohl reichen. Achtzig Prozent …« Er nahm einen Schluck Kaffee. »Fragt sich nur, wo sie die herhaben, diese achtzig Prozent. Was meinst du?«

»Von uns. Von irgendeinem Wissenschaftler, der eine Probe mitgehen lassen hat …«

»Ja, das kann sein. Sollte mich nicht wundern, wenn eine dieser famosen Organisationen die Probe gekauft hat und das Verfahren dazu, wie man sie angeblich herstellt … die Probe.« Er versank in Nachdenken. Dem Handlanger war das egal, er kannte seinen Auftraggeber. Wenn er nachdachte, durfte man nicht dazwischenreden. Der Oberst wurde sonst sehr – ungehalten. Nun lächelte er. Es war ihm etwas eingefallen. Etwas so Schönes, dass ihn der Teufel selber darum beneiden würde.

»Nun hör zu, lieber Freund«, sprach der Oberst mit angenehmer Stimme, »du fährst zurück in dieses ... wie heißt das Kaff?«

»Dornbirn.«

»... in dieses Dornbirn. Dort findest du heraus, woher der Mensch die Probe hat.«

»Ein Freund von ihm hat sie gemacht, hat er gesagt ...«

»Ja, ja, ich weiß, das hatten wir doch erörtert ...«, er seufzte, »was hab ich dir darüber gesagt?«

»Dass es nicht möglich ist.«

»Na also. Das sind Betrüger. Du muss herausfinden, woher das Zeug stammt, wer es ihnen verschafft oder verkauft hat!«

»Und diese Zivilisten?«

»Na, da kommt halt ein bisschen Arbeit auf dich zu, die nimmst du auch auseinander, bis sie alles ausgespuckt haben, das kleinste Restchen. Und, ja, du kannst jemanden zur Unterstützung nehmen, einen Serben am besten, aber ich will dir da keine Vorschriften machen. Ich überlasse das deinen bewährten Händen.« Er warf einen Blick auf die Hände, die fromm gefaltet auf dem Tisch lagen. Man sah ihnen nicht an, wie viele Menschen unter diesen Händen den Tod gefunden hatten, das erstaunte den Oberst immer wieder. Vor allem sah man den Händen nicht an, dass die Leute um diesen Tod gebettelt hatten. Wegen der Dinge, die diese Hände vorher angerichtet hatten. Ja, schon, es waren nicht die Hände eines Schreibtischmenschen, eher die eine Mannes, der körperliche Arbeit verrichtet, aber keine schwere, keine Schinderei. Die Hände eines Handwerkers. Ein Scheusal, dachte der Oberst. Ein altes Scheusal. Wird Zeit, dass er verschwindet. Scheusale, wenn sie alt werden, fangen an zu denken und sich zu erinnern. Außer, sie waren sehr dumm. Aber so Dumme, dass sie auf die alten Tage nicht mit dem Erinnern und Denken angefangen hätten, gab es heute nicht mehr. Man konnte Organe wie den Handlanger nicht mehr in Rente schicken.

Der Oberst nickte, der Handlanger stand auf und verließ das Café. Draußen erwartete ihn ein Wiener Februar von der feinen Sorte. Nass, kalt und windig. In der Wollzeile nahm er ein Taxi zum Flughafen.

*

Der Fremde erschien zwei Tage später in der »Blauen Traube«. Nachmittag, nicht viel Betrieb, Matthäus war auf Einkaufstour im Großmarkt. Angelika und Mathilde bedienten die Gäste. Zwei Pärchen, die einen längeren Spaziergang hinter sich hatten und einen Vierertisch besetzten, sie hatten eine Jause bestellt. Dann noch zwei Männer, beide bei einem Viertel Rotwein Zeitung lesend. Den einen kannte Angelika, einen Witwer aus der Nähe, seit kurzem auch Pensionist, den Namen konnte sie sich nie merken. Die anderen Gäste kannte sie nicht. Solang die Laufkundschaft so in der Überzahl ist, dachte sie, kann es nicht so schlimm sein mit dem Geschäft der Eltern.

Dann kam der Neue. Ein dunkler Typ mit Dreitagebart. Windjacke und Jeans, beige und blau, unauffällige Erscheinung. Er setzte sich an den freien Ecktisch und bestellte ein Bier. Insofern Normalverhalten. Alemannen besetzen im leeren Lokal erst die Ecktische, dann die Tische an den Wänden und erst, wenn die alle besetzt sind, die in der Mitte. Es kann aber sein, dass sie in diesem Fall wieder gehen und ein weniger volles Etablissement suchen. Und man setzt sich nie an einen Tisch, wo schon jemand ist. Außer, man kennt den, dann muss man dorthin, wenn man nicht zerstritten ist. (Wenn man zerstritten ist, wechselt man das Gasthaus). Das ging Angelika durch den Kopf, als sie das Bier holte. Der Mann hatte eine kleinformatige Zeitung mitgebracht, die er nun studierte. Er sah nicht auf, als sie die Flasche servierte. Jedenfalls sah es so aus, als sei er in seine Lektüre vertieft.

Aber es sah nur so aus. Der Mann war es gewohnt, es so aussehen zu lassen, während er die Umgebung musterte, einordnete, bewertete. Die Einrichtung, die Menschen. Wie sie gekleidet waren, wie sie auf ihn wirkten, »wonach« sie aussahen. Er hätte bei der Polizei detaillierte Angaben machen können; an den Zeichnungen nach seinen Angaben hätte jeder jede Person im Raum auf den ersten Blick erkannt. Aber er hatte der Polizei noch nie solche Angaben gemacht. Er war noch nie auch nur in die Nähe einer polizeilichen Ermittlung geraten. Es ist ein Klischee, dass alle Verbrecher aus der Schule des Gefängnisses kommen, dieser hier hatte das Handwerk in der Schule der Armee gelernt.

Matthäus hatte Glück. Er sah den Gast, bevor der ihn erblickte, und hatte Zeit, bis unter die Haarwurzeln zu erblassen und sich von der Verbindungstür zurückzuziehen, die er eben mit einer Bierkiste durchschreiten wollte. Er musste sich setzen. Mathilde merkte, dass etwas nicht in Ordnung war. Matthäus atmete schwer.

»Was ist los mit dir? Tut dir etwas weh?«

Er wedelte abwehrend mit der Hand. »Nein, nein, bin

nur erschrocken. Kein Infarkt, mach dir keine Sorgen.« Die Stimme klang brüchig. Er wurde ruhiger, sie brachte ihm ein Glas Wasser. Auch Mathilde beruhigte sich. Sie lebte in der ständigen Furcht, Matthäus könnte vor ihren Augen von einem Herzinfarkt gefällt werden. Sie zwang ihn zur Vorsorgeuntersuchung, kannte seine Cholesterinwerte und den Blutdruck. Das Cholesterin war durch Tabletten niedrig, der Blutdruck war es immer schon gewesen, Matthäus hatte auch nur leichtes Übergewicht. Nicht so wie dieser Blum, den sie jedes Mal, wenn er hereinkam, mit schweißnassem Gesicht auf dem Boden ihrer Gaststätte liegen sah, die Hand auf der Brust verkrampft, wo unter einer dicken Fettschicht das arme Herz dem finalen Kammerflimmern entgegenstolperte. Den musste es treffen, nicht ihren Matthäus.

»Wieso bist du erschrocken?«

»Ich dachte, ich hätte jemanden gesehen ... hab mich geirrt.« Er spähte um die Tür in den Gastraum. »Der Mann da hinten, der mit der Zeitung. Der sieht aus wie der Alois.«

»Welcher Alois?«

»War mit dem in der Schule. Hat sich umgebracht vor ein paar Jahren ...«

»Der sieht ihm ähnlich?«

»Ziemlich ...«

Mathilde war beruhigt. Matthäus staunte über sich selber. Woher kam diese Fähigkeit, so ansatzlos, so leichthin zu lügen? Schulfreund Alois hatte sich nicht umgebracht. Das wäre ihm auch schwergefallen, da er gar nicht existierte. Auch sonst glich kein Schulkamerad diesem Typ mit den deutlichen Backenknochen und den etwas zu eng stehenden Augen, die den Mann aber nicht wie einen Verbrecher aussehen ließen, sondern beschränkt. In seinem Traum, auf der Brücke bei der Rappenlochschlucht und jetzt im Gastraum der »Blauen Traube«.

Matthäus Spielberger hatte Angst.

Sie befiel ihn wie die Gliederschmerzen bei Grippe.

»Ich bleibe hier«, sagte er dann, »ich möchte den Kerl nicht sehen. Schaut ihm wirklich ähnlich …«

»Verstehe. Bleib einfach ein bisschen sitzen und ruh dich aus. Möchtest du einen Kaffee?«

Er lehnte dankend ab. Als sie im Gastraum verschwunden war, rief er Lothar Moosmann an und schilderte ihm die Lage. Lothar sagte nicht viel, versprach nur, sofort zu kommen. Ein paar Minuten später trat er durch die Vordertür, die Matthäus von der Küche aus im Blick behielt. Lothar musste alles liegen und stehen gelassen haben. Jetzt verschwand er im linken Teil der Gaststube, die Matthäus nicht einsehen konnte. Er hatte gehofft, der Schnitzer würde durch den Hintereingang erst einmal in die Küche kommen, damit sie die Lage besprechen konnten, aber Lothar machte wie immer keine großen Umstände und ging direkt auf sein Ziel los. Er setzte sich zwei Tische entfernt von demjenigen, den er auf den ersten Blick wiedererkannt hatte, nieder und bestellte bei Mathilde einen Kaffee. Dann begann er den Fremden zu mustern. Der lächelte in seine Zeitung, trank das Bier aus und rief nach der Bedienung. Er zahlte und ging. Der bärtige Zwerg, der eben gekommen war, gleich hinterher. Er hätte auch bleiben und auf die anderen warten können. Dann hätte er sie alle beieinander. Der Wirt steckte sicher auch irgendwo. Daheim hätte er es so gemacht. Und ihnen allen nacheinander die Scheiße rausgeprügelt, so für den Anfang, damit sie wüssten, mit wem sie es zu tun hatten. Aber hier herrschten andere Verhältnisse. Da riefen die Leute die Polizei an, und die hiesige Polizei würde, wenn sie aufgetaucht war und ihn gesehen hatte, nicht den oder die Anrufer einsperren, sondern mit Erhebungen beginnen. Und ihn einsperren, den Täter. Wenn man die Polizei gegen sich hatte, machte die ganze Arbeit keinen Spaß.

Er stieg in seinen alten Golf und fuhr los. Der Zwerg folgte in einem Landrover, typisch für diese Art Leute. Je kleiner der Kerl, desto größer das Auto. Er hatte das schon oft beobachtet. Aus manchen Blickwinkeln war der Fahrer fast unsichtbar; der Wagen sah dann aus wie ferngesteuert. Leuten, die ihn zum ersten Mal zu Gesicht bekamen, schien der Mann mit den eng stehenden Augen beschränkt. Er wusste um diesen Eindruck und nutzte ihn aus. Er war nicht beschränkt. Sondern auf eine unangenehme Weise intelligent, was wiederum seinem Vorgesetzten aufgefallen war. Das hatten *sie* ausgenutzt. Und ihn entsprechend ausbilden lassen. Ein Punkt dieser speziellen Ausbildung hieß »Abschütteln von Verfolgern«. Zu Fuß, im Auto, hoch zu Ross, was auch immer. Darin war der Mann sehr gut. Nach kurzer Zeit hatte Lothar Moosmann den Golf des Unbekannten verloren. Er gab es auf und fuhr heim. Lothar konnte gar nicht sagen, wie es der Typ fertiggebracht hatte, ihn im doch sehr überschaubaren Dornbirner Straßennetz abzuhängen; mit einem Mal war er weg, wie vom Erdboden verschluckt. Lothar fluchte auf dem Heimweg vor sich hin und dachte nach, das Fluchen half ihm dabei wie sanfte Hintergrundmusik. Wer das fertigbrachte, dieses Abhängen eines Verfolgers, musste sich in Dornbirn besser auskennen als ein Einheimischer. Das war der Mensch aber nicht, ein Einheimischer. Also hatte er die Dornbirner Verhältnisse studiert. Was heißt, studiert – eingeprägt hatte er sich das; nicht nur die Straßen, auch sonst einen Haufen Sachen. Wie jemand, der … der eine Aufgabe erfüllen muss. Einer von einem Spezialkommando, ein Profi, ein Killer. Wahrscheinlich ein Killer. Matthäus' Traum ließ ja keinen Zweifel: Wer eine nackte Leiche entsorgt, hat sie vorher wohl produziert, die Leiche. Das war unangenehm, diese Aussichten. Da lief ein gewitzter Killer frei herum. Und sie hatten nichts Besseres zu tun gehabt, als die Aufmerksamkeit dieses Herrn auf sich zu ziehen.

Als Lothar Moosmann hinter seinem Häuschen im Dornbirner Speckgürtel parkte, war er sich schon sicher, dass ihn der Fremde aufsuchen würde. Solche Leute lassen sich nicht einfach ein bisschen verfolgen und gehen dann zur Tagesordnung über. Die wollen dann schon wissen, wer und wie und warum überhaupt. Apropos »aufsuchen« – der konnte schon da sein. Wer sich so gut auskannte in Dornbirn, der kannte vielleicht schon den Holzschnitzer und wusste, wo er wohnte.

Es geschah nun, was in jenen Fällen geschieht, da die Partei A die Partei B überschätzt, die Partei B aber die Partei A unterschätzt. Statistisch ist die Partei B dadurch im Nachteil, so groß ihre Überlegenheit in anderen Dingen auch sein mag. Der Mann mit den eng stehenden Augen hielt den Schnitzer für einen lächerlichen Zwerg, der sich auf fremdem Terrain versuchte. Er wusste nicht, wie das Männchen hieß, und hatte keine Ahnung von seiner Profession; das würde er alles herausfinden, wenn er ihn erst in Händen hatte. Lothar Moosmann hielt seinen Gegner für einen Profikiller und Schlimmeres, was so ziemlich der Realität entsprach – der Mann war aber nicht so überlegen, wie sich Lothar das vorstellte. Ehe er aus dem Auto stieg, rief er Franz-Josef Blum an. Der versprach, zu kommen. Bis er eintraf, wartete Lothar im Schatten eines Geräteschuppens auf dem etwas verwahrlosten Nachbargrundstück, wo es Holzstöße gab, einen Hackstock und eine Axt.

Eben diese Axt fiel dem Fremden auf, als er kurze Zeit später den Hinterhof des Moosmann'schen Anwesens betrat, denn das Licht aus dem Nachbarhaus fiel in den Garten, weil am Wohnzimmerfenster keine Vorhänge angebracht waren. Auf und davon, dachte der Mann, sonst wär die Axt weg. Solche Leute sind traditionell unbewaffnet und greifen zum nächstbesten scharfen Gegenstand, wenn es brenzlig wird. Das Haus hatte er bei der Verfolgung Lothars schnell gefunden. Der Kleine machte keine Anstalten, einem Verfolger zu entkommen. Er schien nicht einmal zu merken, dass der den Spieß umgedreht hatte. Es gab natürlich eine zeitliche Lücke; der Mann musste am Moosmann'schen Heim vorbeifahren, wo er den Defender in der Einfahrt geparkt sah, ehe er sein Auto ein paar Straßen entfernt abstellte und zu Fuß zurückkam. Die Axt irritierte ihn. Der Defender war da, der Mann also auch. Zumindest da gewesen, die Axt aber war da. Das deutete auf kopflose Flucht zu Fuß über die hinteren Gärten. Das war schlecht, machte die Sache kompliziert. Hinterher konnte er nicht im Dunkeln, zu riskant und auffällig. Und warten konnte er auch nicht.

Das Vorhandensein einer Axt auf dem Hackstock ließ sich freilich auch anders erklären: Der kleine Mann hatte nur gemerkt, dass er den Unbekannten verloren hatte, daraus aber keine Schlüsse gezogen. Zum Beispiel den, dass der Unbekannte nun hinter *ihm* her war. Also war er heimgefahren wie jeden Tag und saß jetzt im Wohnzimmer beim Fernsehen. Konnte das sein? Je länger er darüber nachdachte, desto plausibler kam ihm die Variante vor. Dieser Zwerg gehörte ja vom Typ her nicht zur üblichen Klientel, die eine gewisse Erfahrung mit illegalen und gefährlichen Aktionen hatte. Kein Gauner, kein Dieb. Nicht dort aufgewachsen, wo man es schnell lernte, wenn man verfolgt wurde. Ein gesetzestreuer Bürger eines westlichen Landes, das heißt: naiv wie ein Vierjähriger.

Er würde ihn aufsuchen und seiner Naivität berauben. Zunächst galt es, die Lage beim Haus abzuklären. Er ging außen herum. Lothar Moosmann trat ihm aus dem Schatten des Schuppens in den Weg. Und hielt doch tatsächlich die rechte Handfläche hoch. Stopp! Wie ein Polizist auf der Kreuzung. Jetzt müsste er noch etwas von »Privatbesitz« von sich geben … der Mann lachte. Mit ihrem Privatbesitz hatten sie es ganz dick, die Leute hier, jeder Fußbreit Boden gehörte jemandem, das schrieben sie in ihre Grundbücher, den Besitz an ihren lächerlichen Häuschen und Gärtchen und Autoabstellplätzen … er packte das Männlein an der ausgestreckten rechten Hand, um sie ihm auf den Rücken zu drehen und dann hochzuziehen bis zum Hals, damit der Schmerz die Situation klärte, die Rollenverteilung. Wer wer war, und wer wer nicht war. Der Schmerz ist der beste Lehrmeister.

Aus der Lektion wurde nichts, weil der Mann selber Schmerz verspürte, im rechten Oberbauch. Er ließ das Männlein los und griff an die Stelle. Da steckte etwas im Hemd, ein hölzerner Stab. Das Männlein hielt ihn am Arm, ganz sanft, legte die Handfläche auf das Stabende und machte kreisende Bewegungen. Der Mann stieß einen Schrei aus und brach zusammen.

»Auch Ihnen einen schönen Abend!« Lothar Moosmanns Stimme klang leise und sanft. Er beugte sich über den Fremden, zog ihm die Pistole aus dem Hosenbund. »Es ist ein Lochbeitel«, sagte er dann, »kein Messer oder so … nicht, dass Sie sich wundern.« Der Mann am Boden sagte etwas, aber Lothar kannte die Sprache nicht. Den Unterton, Wut und Angst hörte er heraus.

»Wer sind Sie?«, fragte er. »Wie heißen Sie? Warum haben Sie den Mann an der Brücke umgebracht?«

»Woher weißt du von der Brücke?« Leise, gepresste Stimme und ein unidentifizierbarer Akzent.

»Ein Kollege von mir hat es gesehen. Du kennst ihn. Der Mittelgroße, Blasse ...«

»Es war niemand da!«

»Im Traum«, erklärte Lothar. »Er hat es in einem Wahrtraum gesehen ... das Wort wirst du nicht kennen. Kennen nicht einmal alle Einheimischen ...« Der Mann am Boden stöhnte. Von der Hausecke hörte er Schritte. Die massige Gestalt von Franz-Josef Blum tauchte auf. Hinter ihm Dr. Peratoner, den Blum informiert hatte. Lothar trat zur Seite, gab den Neuankömmlingen den Blick frei. Franz-Josef beugte sich über den Gefallenen, bemerkte den Holzgriff im Oberbauch und begann die Arie des »Postillon von Lonjumeau« zu summen, viel zu tief.

»Er hat immer einen im linken Ärmel«, sagte Dr. Peratoner zu dem Mann am Boden, der ihn mit weit geöffneten Augen anstarrte. »So einen ... wie heißt das Ding?«

»Lochbeitel«, sagte Lothar.

»... einen Lochbeitel. Drum trägt er immer lange Ärmel, auch im Hochsommer, damit man nichts merkt. Ich vermute ja, er nutzt die Ärmel auch zum Bescheißen beim Jassen ... kennen Sie das? Ein Kartenspiel, gar nicht so primitiv, wie manche Ausländer denken ...«

»Lass gut sein, Franz-Josef, das interessiert den Herrn doch nicht!«

Der Mann auf dem Boden stöhnte zur Bestätigung. Dr. Peratoner schwieg beleidigt, wie immer, wenn das Auditorium keinen Wert auf seine Erklärungen legte.

»Verdammter Mist, was machen wir jetzt?« Dem Schnitzer brach der Schweiß aus.

»Du bist im Begriff, einen Menschen umzubringen«, sagte Dr. Peratoner, »ich sah es kommen, schon seit langem ...«

»Was? Wieso denn?«

»Nun, diese Manie, eine Stichwaffe im Ärmel zu tragen ...«

»Stichwaffe? Ein Werkzeug ist das, ein Lochbeitel, Herrgott!«

»Ein Werkzeug? Um schnell wo ein Loch zu machen, wenn es nötig ist, zum Beispiel in eine feindselige Person?«

Manchmal verließ Lothar der Sinn für Ironie. Er merkte dann nicht, wenn er auf den Arm genommen wurde. Jetzt zum Beispiel. »Ein Lochbeitel ist ein Werkzeug zum Ausstemmen von Löchern. Es gibt daneben auch Stechbeitel oder Flacheisen und sogenannte Hohlbeitel. Allgemein dienen Beitel der spanabhebenden Holzbearbeitung.«

»So, so, dienen sie allgemein. Und speziell, um Leute abzustechen ...«

»Herrgott, ich hatte doch nicht die Absicht ... er hat mich angegriffen!«

»Wie dem auch sei, du bist voller Wut und Aggression, man könnte sagen, ein Sack voll Zorn. Früher oder später musste es so kommen.« Darauf sagte Lothar Moosmann nichts, was bei ihm ungewöhnlich war und nur vorkam, wenn ihm nicht das kleinste Gegenargument mehr einfiel. Der Mann am Boden hatte aufgehört zu stöhnen.

»Jedenfalls wird er verbluten, wenn wir ihn nicht schleunigst in Spital schaffen«, sagte Franz-Josef Blum.

»Ach was, wegen so einem kleinen Stich ...«

»Wegen eines *Stiches* meinst du wohl ... wenn du eine Leberarterie getroffen hast, dauert das nicht lang ...« Peratoner beugte sich zu der Gestalt am Boden. »Es ist ohnehin vorbei, wenn mich nicht alles täuscht. Er ist tot.«

»Was? Verdammt, mach keine Witze, Lukas, das gibt's doch nicht!«

»Witze? Sag, siehst du mich lachen? Oder wenigstens kichern? Der Mann atmet nicht und hat keinen Puls an der Halsschlagader – was also wird mit ihm sein? Spontaner Winterschlaf? Oder Einschluss in eine exotische Raumzeitblase, wo die Vorgänge tausendmal verlangsamt ablaufen?«

»Man könnte ihn doch vielleicht wiederbeleben ... im Krankenhaus.«

»Ich hege gewisse Zweifel, dass man das könnte. Keine Zweifel habe ich bezüglich dessen, was man dort *müsste*. Im Krankenhaus. Nämlich erklären, woher das Loch in seiner Leber stammt. Es sei denn, du würdest es vorziehen, den Lochbeutel ...«

»Lochbeitel!«

»... Lochbeitel also gleich steckenzulassen, dann gibt es hinsichtlich der Mordwaffe keine Zweifel.«

»Mordwaffe, wieso Mordwaffe?«

»Ach so, du hebst auf einen Unfall ab?«

»Was tu ich?«

»Du stellst es so dar, dass es sich um unglückliches Zusammentreffen unglücklicher Umstände handelte? Eine ungeschickte Drehung des Betreffenden führte seinen rechten Oberbauch in die zufällig waagrecht gehaltene Spitze deines Loch... Lochbeitels, ich weiß!«

»Na ja, so ungefähr ...«

»Anwälte vermögen heutzutage vieles bei der Rechtsverdrehung, aber ob sie diesen Fall zu deinen Gunsten entscheiden können ...«

»Scheiße!« Lothar Moosmann schlug sich die Hand auf den Mund.

»Was ist dir?«

»Wenn das aufkommt, verdammt nochmal! Der Prozess und das Ganze ... ich hab doch diesen Auftrag aus Disentis ...«

»Ich kann dir nicht folgen, lieber Freund.«

»Eine Kreuzabnahme für das Kloster Disentis. Ich bin fast fertig. Wenn die Mönche erfahren, dass ich vor Gericht steh wegen so einer Sache ...«

»Notwehrüberschreitung, um das Beste anzunehmen. Wahrscheinlich aber Totschlag.«

»Verdammt, was soll ich denn jetzt machen?«

»Zuerst schaffen wir den Kameraden rein, bevor noch die Nachbarn neugierig werden.«

Lothar Moosmann fasste unter die Achseln, Dr. Peratoner nahm die Beine, Franz-Josef Blum hatte aufgehört zu summen und unterstützte ein bisschen in der Mitte. Er hasste es, schwere Sachen zu tragen. Sie schafften die Leiche in den Keller, Lothar wollte keine Blutspuren auf dem Holzboden seiner Werkstatt, die würde er, so dachte er, nie mehr rauskriegen. Erst später fiel ihm ein, dass er die Dielenbretter abschleifen konnte, was beim Zementboden im Keller nicht möglich war. Er fand in einem Regal noch eine alte Plastikplane, darauf legten sie den Toten ab. Dann rief Peratoner den Gastwirt an.

Matthäus wurde bleich, als er das Gesicht des Toten sah, musste sich auf einen der Plastikstühle setzen, die Lothar im Keller stapelte.

»Kannst du ihm nicht wenigstens das Ding rausziehen?« Seine Stimme war kaum vernehmbar.

»Den Lochbeitel?«, fragte der Chemiker. »Nicht zu verwechseln mit dem Hohlbeitel oder gar dem Flacheisen, wie ich lernen durfte.«

Lothar Moosmann sagte gar nichts, sondern packte den Griff seines zweckentfremdeten Werkzeugs und zog es mit einem Ruck heraus. Er wischte die Klinge am Hemd des Toten ab.

»Die kannst du nicht mehr verwenden«, sagte Dr. Peratoner, »Blut lässt sich in kleinsten Spuren nachweisen.«

»Das weiß ich selber!« Lothar war wütend. Er verschwand mit seinem Lochbeitel über die Kellertreppe nach oben. Die anderen drei umstanden die Leiche. Franz-Josef Blum ließ sich auf die Knie nieder und untersuchte den Toten. Der Mann hatte eine Geldbörse mit zweihundert Euro in kleinen Scheinen bei sich und einen österreichischen Führerschein auf den Namen Hermann Mangold, geboren in Bruck an der Mur, wohnhaft in Wien-Favoriten. Beruf: Konsulent. Das Dokument war dreißig Jahre alt, das Foto hatte entfernte Ähnlichkeit mit dem Mann auf dem Kellerboden. Das konnte er sein oder auch nicht. Dann gab es noch einen Schlüsselbund, einen Autoschlüssel und einen Zimmerschlüssel des Dornbirner Hotels »Perlacher«, wie auf dem klobigen Anhänger zu lesen war. Solche Anhänger sollen die Gäste dazu bewegen, den Schlüssel bei der Rezeption zu hinterlegen, wenn sie das Hotel verlassen, weil sich sonst die Hosentaschen ausbeulen; bei Herrn Mangold hatte das nicht funktioniert.

»Das Zimmer schauen wir uns an«, sagte Franz-Josef Blum.

Lothar schüttelte den Kopf. »Wie soll das gehen? Der verfluchte Klotz am Schlüssel heißt doch, dass da ein Portier am Eingang ist, Tag und Nacht!«

»Na und? Morgen geh ich hin und miete ein Zimmer – wie ist die Nummer? – Sechzehn. Das ist im ersten Stock. Nehm ich halt auch eins im ersten Stock, geh rüber auf Sechzehn und seh mich um.« Vor so viel Raffinesse erstarrten seine Kumpane in respektvollem Schweigen. Nicht einmal Dr. Peratoner fiel ein, was er dazu sagen könnte, und dem fiel sonst immer etwas ein. Lothar lud die Gemeinschaft in seine Werkstatt ein, es sei dort viel gemütlicher, behauptete er. Die drei anderen, die seine Werkstatt kannten, hätten das nicht unterschrieben, enthielten sich aber angesichts der angespannten Lage jeden Kommentars. In Lothars Werkstatt herrschte die anheimelnde Atmosphäre einer Provinzbahnhofshalle aus den siebziger Jahren des vergangenen Jahrhunderts; eine Art versiffte Modernität, der Raum war die einzige Schnitzwerkstatt Mitteleuropas, in der sich jeder unwohl fühlte. Trotz der Holzaromen.

Lothar räumte einige Hocker von Gerümpel frei und bat die Freunde, Platz zu nehmen. Die Hocker waren unbequem. Dann verteilte er Gläser, entnahm einem hohen Regal eine Literflasche, die laut Etikett »Römerquelle« enthielt, und schenkte allen gut dreifingerhoch ein. Es war kein Mineralwasser, das hatte auch niemand angenommen.

»Prunus spinosa!«, rief Dr. Peratoner. »Schlehdorn, du meine Güte! Und in solchen Mengen ...«

»Ich lass mich nicht lumpen«, murmelte Lothar, »ihr braucht ihn ja nicht runterzuschütten wie irgendeinen Scheißhäusler ...«

»Nichts liegt uns ferner, lieber Freund«, säuselte Peratoner, »wir alle wissen deine Gabe zu schätzen.« Er nahm einen winzigen Schluck. Blum und Spielberger knurrten Zustimmung. Bei der Destillation von Schlehdornschnaps gewinnt man aus hundert Kilo Maische nur ein paar Liter. Medizin für die winzigsten erhältlichen Schnapsgläschen – ihn aus Wassergläsern zu trinken, war wie Belugaessen mit Suppenlöffeln. Lothar Moosmann machte so etwas nicht oft und nie ohne Grund.

»Hör zu«, sagte Franz-Josef Blum, »wir wissen doch alle, was hier läuft. Es war ein Unfall, schlechtes Gewissen ist unangebracht, und wir machen dir keine Vorwürfe! Den Schlehdorn zu verschwenden ist ein Blödsinn, wir stehen auch so hinter dir! Und jetzt gib einen Trichter her, das ist doch Quatsch, das gute Zeug so zu verschwenden!« Lothar holte einen Trichter, Franz-Josef goss seinen Schlehdorn in die Flasche zurück, die anderen beiden taten es ihm nach, Dr. Peratoner mit einem Ausdruck des Bedauerns, aber sagen tat er nichts.

»Und wenn wir schon dabei sind«, fuhr Franz-Josef fort, »möchte ich anregen, dass du eine andere Flasche dafür nimmst. Mineralwasser – also wirklich!« Lothar brummte Unverständliches und stellte die Flasche mit dem Römerquelle-Etikett zurück. Franz-Josef trat an das Regal heran. »Das sind ja lauter Mineralwasserflaschen … was ist denn in der hier? Obstler?«

»Nitroverdünnung«, murmelte Lothar.

»Hast du keine Angst, dass du dich einmal vertust?«

»Ich kenn meine Flaschen …«

»Die Ordnung in diesem Regal ist sicher diskussionswürdig und verbesserungsfähig«, sagte Dr. Peratoner, »aber das muss doch nicht jetzt sein! Wir haben zurzeit andere Probleme.«

»Scheiße, ja!«, entfuhr es Lothar. »Wohin mit dem Typ?«

Darüber dachten sie eine Weile nach. Niemand meldete sich. Ich kann ihnen nicht vorwerfen, dachte Lothar, dass keiner aufzeigt und sagt: He, kein Problem, schaffen wir die Leiche in meinen Keller!

»Sie muss möglichst bald hier raus«, sagte Matthäus, der sich bisher zurückgehalten hatte.

»Aber wohin?« Lothar sah verzweifelt aus.

»In den Wald«, schlug Dr. Peratoner vor.

»Und wie transportieren wir ihn?«

»Mit dem Auto, was denn sonst?«

»Du meinst, wie setzen ihn hinten rein und fahren los?« Matthäus lachte auf. »Und wenn wir in eine Kontrolle reinfahren? Und sag jetzt nicht, das ist unwahrscheinlich, bei so etwas fährt man immer in eine Kontrolle, auch wenn man seit zwanzig Jahren nicht mehr kontrolliert wurde! Was sagen wir dann? Alles in Ordnung, Herr Inspektor, der Kollege hinten ist nur ein bisschen tot?« Darauf wusste zunächst niemand etwas zu sagen. Tatsächlich waren die Schwierigkeiten, in Vorarlberg eine Leiche loszuwerden, schier unüberwindlich, wie Kriminalfälle der Vergangenheit bewiesen. Das lag an der Kleinheit des Landes, seiner relativen Überbevölkerung, die in Kombination mit der Naturverbundenheit der Vorarlberger dazu führte, dass in der Natur niemand lang allein blieb. In der Nacht ging es ja noch – das Problem lag nicht darin, einen Ort zu finden, wo man Herrn Mangold zur letzten Ruhe betten konnte, sondern darin, an diesen Ort hinzukommen. Auch nachts würde ein Auto bemerkt werden, einen so abgelegenen Ort, der dies zuverlässig ausschloss, gab es in Vorarlberg gar nicht. Wenn man nachts herumfuhr, brauchte man dazu einen guten Grund, der nicht darin bestehen konnte, eine Leiche zu entsorgen.

Aber dann hatte Dr. Peratoner eine Idee, die so unschlagbar gut war, dass sie ohne lange Diskussion akzeptiert wurde. Weil sie nämlich verrückt genug war. »Normale« Ideen funktionieren in verzweifelten Situationen nicht.

Zwei Stunden später finden wir die vier aufgeteilt in zwei Autos auf dem Weg zu den höher gelegenen Teilen des Bezirks

Dornbirn; in zwei Autos deshalb, weil im großen Suzuki Matthäus Spielbergers für alle vier kein Platz mehr war, er saß dort allein, die Lehne des Beifahrersitzes war nach vorn umgelegt, ebenso die Rücksitzlehnen, denn die rechte Hälfte des Autos nahm ein halb Meter dickes Rohr ein, vom Handschuhfach bis fast zur Heckklappe, hinten daneben ein voluminöses Holzgestell. Für einen Fahrgast war kein Platz mehr. Die drei anderen fuhren in Lothars Landrover voraus; hier war das Heck mit verschiedenen Utensilien vollgeräumt, die man noch brauchen würde. Eine schmale Mondsichel stand im Westen, über dem Rheintal dehnte sich ein dunkelblauer Himmel, der immer schwärzer wurde, je weiter sie sich aus den zusammengewachsenen Lichtglocken der Siedlungen entfernten. Am Schluss ging die Fahrt über Waldwege auf eine große Lichtung, wo der Weg auch endete. Sie stellten die Autos am Waldrand ab und begannen mit dem Auspacken. Zunächst zog man das Rohr aus dem Suzuki des Matthäus Spielberger, es schien schwer zu sein, denn drei Leute waren dazu nötig, Matthäus selber, Lothar und Dr. Peratoner, während Franz-Josef Blum, der es mit dem Rücken hatte und nichts Schweres heben durfte, den Fond des Moosmann'schen Autos ausräumte. Campingstühle, einen zusammenfaltbaren Tisch, diverse Koffer. Die vier machten gehörig Lärm. Nicht so, dass es auffiel und ein Beobachter an alkoholbedingte Lockerheit denken würde, aber so viel, dass nicht der Eindruck heimlicher Vorgänge entstehen konnte. Licht wurde keines angemacht, das geschah aus zwei Gründen, einem offiziellen und einem verborgenen. Der offizielle Grund lag in der notwendigen Dunkeladaption des Auges, die man für das offizielle Vorhaben unbedingt brauchte; der andere Grund lag darin, eine gewisse Nebenhandlung im quirligen Aufbaudurcheinander nicht sichtbar werden zu lassen: Aus dem Rohr, das man erst einmal auf den Boden am Waldrand gelegt hatte, wurde vorne nach Entfernen des Vorderteils ein länglicher Gegenstand heraus- und in den Wald hineingezogen. Dort machten sich zwei Leute daran zu schaffen, während die anderen beiden den immer noch gewichtigen Rohrteil weiter auf die Lichtung hinausschafften, dort unter lautem Reden eine Weile mit dem Teil herumhampelten, bis sie sich auf einen Standort geeinigt hatten. Dann holten sie das Holzgestell und montierten das Rohr darauf, dessen vordere Öffnung auf den Himmel gerichtet wurde, wodurch nun auch ein Laie auf den Gedanken kommen würde, dass es sich um eine Art Fernrohr handle und nicht um eine Dornbirn bedrohende Terrorraketenabschussbasis.

Tisch und Stühle wurden herbeigeschafft, auf dem Tisch Sternkarten ausgebreitet, rote Taschenlampenstrahlen tanzten im Dunkel. All das war, wenn jemand fragen sollte, erklärbar. Das Rohr gehörte Matthäus Spielberger. Er hatte das Ding vor Jahren aus Amerika direkt importiert. Über dreitausend Dollar und eine mittelschwere Ehekrise. Es handelte sich um ein Newtonfernrohr auf einer sogenannten Dobsonmontierung, die Erfindung des amerikanischen Amateurastronomen John Dobson, bestehend aus einer drehbaren Holzkiste, in die man das Fernrohr einhängen und dann auf jeden Punkt des Himmels ausrichten kann. Die Kiste ist sehr billig, das ganze Geld fließt bei solchen Rohren in die Optik, das heißt: in die Öffnung. Spielbergers Dobson hatte am Grund des Rohres einen Hauptspiegel mit siebzehneinhalb Zoll Durchmesser, fast fünfundvierzig Zentimeter, das Rohr selber war noch ein paar Zentimeter dicker – es war das größte Fernrohr, das sich Matthäus gerade noch hatte leisten können (was von Mathilde heftig bestritten wurde; leisten konnte er es sich nicht, maximal zehn Zoll, aber nein, es mussten ja unbedingt siebzehneinhalb sein, pure Großmannssucht ...)

Als das Teil dann da war, hatte ihr Matthäus insgeheim recht gegeben. Er hatte sich hinreißen lassen. Die Dimensionen einer kleinen Litfaßsäule und zusammengebaut sechzig Kilo schwer. Man konnte den Tubus zwar in zwei Hälften trennen, die aber nicht gleich viel wogen; der untere Teil mit dem Hauptspiegel wog immer noch dreiundvierzig Kilo – ein Teleskop für zwei. Einer allein lief Gefahr, sich einen Bruch zu heben. Matthäus hatte sich übernommen, was er nie zugab. Seine Freunde retteten ihn, weil sie genug Interesse für die Astronomie aufbrachten; der eine oder andere begleitete ihn auf seinen Exkursionen ins nächtliche Dunkel weitab vom lichtverseuchten Dornbirn, besonders häufig Dr. Peratoner, dem auch die zündende Idee der Zweckentfremdung gekommen war. So ein Newtonfernrohr enthält zwei Spiegel, einen gebogenen, großen, ganz unten und einen kleinen, flachen, ganz oben, dazwischen ist nur leerer Raum und das Licht ferner Himmelskörper, sofern man ihnen die Öffnung zuwendet. In diesem leeren Raum lässt sich etwas transportieren, was fremden Blicken verborgen bleiben soll – durch ein Fernrohr wollen die Leute *durch*schauen, aber nicht *hinein*schauen, wozu man es ja auseinandernehmen, aufschrauben müsste, um Gottes willen! Zu gefährlich bei einem so teuren Ding ... es weiß ja kaum jemand, dass es nur Luft enthält.

Der Mann, der angeblich Mangold hieß, war der Erste und Einzige auf der Welt, der seine letzte Reise in einem Fernrohr antreten durfte. Alle, auch der atheistische Lothar Moosmann, priesen die Vorsehung, die Matthäus Spielberger einst veranlasst hatte, das Siebzehneinhalb-Zoll-Monstrum in Südkalifornien zu bestellen; schon beim nächstkleineren, dem Fünfzehn-Zoll-Modell, hätten sie Schwierigkeiten gehabt, die Leiche unterzubringen, es wäre enger und kürzer gewesen. Im großen Rohr war das kein Problem, man nahm den Vorderteil des Tubus ab, stopfte den verunfallten Mangold hinein und montierte alles wieder zusammen, nicht einmal die Halterung für den oberen Spiegel musste entfernt werden; diesen Spiegel berührte Mangolds Scheitel nicht einmal, ebenso wenig wie seine Füße den Hauptspiegel am unteren Ende. Er hatte bequem Platz. Am Waldrand entfernten sie ihn aus der Röhre, schleiften ihn in den Wald und gruben ein Loch. Dabei wechselten sie einander ab; zwei oder drei immer um das Fernrohr herum, im tiefen Schatten des Waldrandes standen die Autos, dort war immer einer beschäftigt; ab und zu kehrte er zu den Beobachtern mit Computerausdrucken zurück. Die hatten sie vorher angefertigt und mitgenommen. So entstand ein Grab für Herrn Mangold. Kein Beobachter hätte etwas anderes wahrgenommen als ein paar Astrospinner mit einem Monsterfernrohr.

In Anbetracht der Ereignisse hatte Matthäus Spielberger nicht die Ruhe gehabt, sich auf den Beobachtungsabend so vorzubereiten, wie er das sonst zu tun pflegte; nachdem die Sternguckerei dieses Mal nur zur Tarnung einer ganz anderen Tätigkeit diente, glaubte er, auf Überlegungen bezüglich der anvisierten astronomischen Ziele verzichten zu dürfen. Also schwenkte er das Dobson-Rohr in Richtung des markanten Sechsecks, das als Sternbild »Fuhrmann« bekannt ist, lateinisch »Auriga«, und von allen Amateurastronomen angefahren wird, die für eine wenig versierte Besucherschar etwas suchen, das man leicht findet, aber dennoch »Aah!« und »Ooh!« hervorruft. Genau zu diesem Behufe hatte der Schöpfer Himmels und der Erden die drei Sternhaufen M36, M37 und M38 in den »Fuhrmann« plaziert. Die hatten seine Freunde zwar schon ein Dutzend Mal gesehen, Franz-Josef Blum freute sich aber doch wie ein Kind, als sich der reiche Sternhaufen M37 im Zwanzig-Millimeter-Nagler-Okular seinem Blick darbot (auch aus Amerika, über achtzig Grad Gesichtsfeld und ein paar hundert Euro teuer, obwohl nicht der neuesten Generation der High-End-Superweitwinkelokulare angehörend. Erst vor kurzem erworben, die dazugehörige Auseinandersetzung mit Mathilde lag noch in der Zukunft).

»Wie weit ist das weg?«, fragte Franz-Josef Blum, der mit dem rechten Auge am Okular klebte, seinen speckigen Hut in den Nacken geschoben.

»Dreitausend Lichtjahre«, sagte Matthäus.

»Unfassbar!«, rief Franz-Josef Blum. Dr. Peratoner seufzte. Blum stellte dieselbe Frage bei jedem neu eingestellten Objekt, erhielt eine Antwort, die er mit »Unfassbar!« quittierte, egal, ob es sich um einen Sternhaufen, den Planeten Jupiter, eine Galaxie oder den Mond handelte. Anfangs hatte Matthäus bei jeder Frage noch in seinen Atlanten nachgeschaut, denn Franz-Josef gab keine Ruhe, bis er eine Entfernungsangabe gehört hatte. Inzwischen antwortete Matthäus aus dem hohlen Bauch heraus, wie es ihm gerade einfiel. Dreitausend Lichtjahre für M37 war sowieso zu kurz, der Sternhaufen war weiter weg, aber das störte nur Dr. Peratoner, der das System der Spielbergerschen Entfernungsschätzungen durchschaut hatte. Planeten waren zwischen hundert Millionen und zwei Milliarden Kilometer weit weg, Sterne zwischen zwanzig und tausend Lichtjahren, Galaxien zwischen zwanzig Millionen und hundertzwanzig Millionen Lichtjahre. Blum fiel nichts auf, er merkte sich keine Zahlen und staunte über die »unfassbaren«

Entfernungen, von denen er schon drei oder vier beim selben Objekt gehört hatte. Ihm ging es auch nicht um Physik, sondern die Romantik des Unternehmens; die Nennung unvorstellbar großer Entfernungen versetzte ihn in eine besondere Stimmung. Dann fing er an zu singen. Jetzt zum Beispiel.

»O du mein holder Abendstern, wohl grüßt ich immer dich so gern …«, tönte es über die Waldlichtung.

»Hier ist weit und breit kein Abendstern zu sehen«, meinte Dr. Peratoner, der missbilligende Unterton war nicht zu überhören.

»Darum geht's doch gar nicht«, flüsterte Matthäus, »es geht doch um die Stimmung, oder?«

»Kruzisakrament!«, tönte es vom Waldrand, es folgten weitere, halb unterdrückte Flüche des Lothar Moosmann.

»Es ist in der Tat sehr beschwerlich, in dieser Dunkelheit zu graben«, kommentierte Dr. Peratoner, der sich, als er an der Reihe gewesen war, das Knie an einem Baumstumpf angehauen hatte. Franz-Josef Blum ließ sich durch das Gerede nicht stören (bei jedem Konzert gibt es schließlich Idioten, die bei den Pianostellen husten oder mit Bonbonpapier rascheln) und war bei den Zeilen »… wenn sie entschwebt dem Tal der Erden, ein seel'ger Engel dort zu werden!« angelangt; jetzt kam eine Szene Wolfram/Tannhäuser – den Wolfram konnte er auswendig, wovon niemand etwas wusste. Weil man ihn ausgelacht hätte. Dass er die Stimme nicht hatte ausbilden lassen, dass er Vorarlberg nicht den Rücken gekehrt hatte, um das Glück auf der Bühne zu suchen, lag wie Schattenschlag auf seinem Leben und war der Grund für die Schwermut, die ihn seit vielen Jahren umgab. Seine Freunde ahnten das, konnten aber nichts dagegen tun. Außer, wenn sich die Gelegenheit bot, applaudieren, wie jetzt eben Matthäus Spielberger.

»Grandios!«, rief er, »wunderschön!« Franz-Josef trat vom Fernrohr zurück, deutete eine Verbeugung an und schneuzte sich in sein großes, weißes Taschentuch. »Wollt ihr auch gucken?«, fragte er dann mit belegter Stimme und überließ den Platz am Okular Dr. Peratoner, der sich beeilte, ein neues Objekt einzustellen, M 38, einen weiteren offenen Sternhaufen im Fuhrmann. Diese gefühlsduseligen Momente waren ihm suspekt, er konnte nie richtig darauf reagieren, wenn die Gefühle andere Personen übermannten. Ihn selber übermannten sie nämlich nie – schlimmer als die Tatsache selber war, dass er nicht wusste, ob das ein Vorzug war oder ein entsetzliches Versagen.

Als er M 38 eingestellt hatte, ließ er Matthäus ans Instrument.

»Wisst ihr, woher der Ausdruck *ägyptische Finsternis* stammt?«

»Nein«, antwortete Matthäus, »und wir wollen das im Moment auch nicht wissen, oder, Franz-Josef?«

»Nein«, sagte der mit leiser Stimme. Aus dem Wald fluchte Lothar Moosmann, was man als Bestätigung werten durfte.

»Komm, sing uns noch was!«, verlangte Matthäus Spielberger. Franz-Josef zögerte nicht.

»Ein Schütz bin ich in des Regenten Sold, in Deutschlands Gauen steht mein Ahnenschloss …«

Diesmal sang er lauter, der Stimmung und der Rolle angemessen.

»… ist nichts auch mein als Büchse, Schwert und Ross, sind doch die Mädchen stets dem Jäger hold …«

Dr. Peratoner stöhnte auf, weil er wusste, wie das alles enden würde. Wenn man Franz-Josef Blum aufforderte, »etwas zu singen«, dann war dieses Etwas stets die Romanze des

Jägers aus der Oper »Das Nachtlager von Granada« von Conradin Kreutzer, einem Publikumsrenner aus dem vorvergangenen Jahrhundert, den heute keiner mehr kannte und hören wollte, unerträglicher Kitsch – aber bei Franz-Josef Blum nützte es nichts – wenn ihn einer aus Unverstand zum Singen aufforderte, dann gab er das kurze Stückchen zum Besten. Mit allen Konsequenzen.

»Schmiegt sich die Taube kosend an dich an, so denk auch manchmal an den Jägersmann!« Das wurde dann noch einmal wiederholt, und dann noch einmal die letzte Zeile, und beim »Jä-ägersmann« war es dann so weit. Franz-Josef Blum begann zu schluchzen, was fast genauso laut war wie sein Gesang. Das passierte jedes Mal, der Bariton verlor die Fassung. Die Romanze war das Lieblingslied seiner Frau gewesen, die vor zehn Jahren an Krebs gestorben war. Mit dem Lied verschwanden die zehn Jahre auf geheimnisvolle Weise im Orkus der Zeit, Schmerz und Entsetzen waren dann so frisch wie am Tag ihres Todes. So weit verstand es Dr. Peratoner. Nicht verstand er, warum Franz-Josef keine Gelegenheit ausließ, sich in diese Situation hineintreiben zu lassen.

Zum Glück kam Lothar Moosmann aus dem Wald, erfasste die Lage mit einem Blick und sagte: »Franz-Josef, jetzt könntest du weitermachen, wenn's recht ist …« Der Sänger verschwand Richtung Waldrand, das Schluchzen hatte aufgehört.

»Nachtlager-Syndrom?«, fragte Lothar. Die beiden anderen nickten. Dr. Peratoner spähte durchs Okular und erkannte nur namenlose Sterne. Kein M 38 mehr, der war mit der Drehung des Himmelsgewölbes längst aus dem Gesichtsfeld gewandert, Peratoner hatte über Gesang und folgendem Gefühlsausbruch versäumt, den Dobson nachzuführen; das war der Nachteil dieses Typs von Montierung.

Wer nicht aufpasste, verlor alles, was er gefunden hatte.
»Wer?«, fragte Lothar.
»Nun ja, ich«, sagte Matthäus, »ich hab gesagt, er soll was singen, weil der Lukas so blöd dahergeredet hat ...«
»Depp!«, unterbrach ihn Lothar Moosmann. Damit war alles gesagt.

Dann, viel später, war das Loch tief genug. Der angebliche Innerösterreicher verschwand darin, das Zuschaufeln ging flotter als das Ausheben. Zum Schluss verteilten sie die Schicht von Tannennadeln, die sie am Anfang mit aller Vorsicht abgehoben und auf einer Plane gesammelt hatten, wieder auf dem frisch festgestampften Boden. Dann musste noch das Fernrohr auseinandergenommen und im Auto verstaut werden, dazu der Campingtisch, die Stühle und das übrige astronomische Begleitgerät. Als sie losfuhren, prangte der Sternenhimmel über ihnen in solcher Fülle, dass die bekannten Sternbilder kaum mehr zu identifizieren waren, weil ihre Sterne in der Menge minder bekannter Kollegen untergingen. Matthäus Spielberger tat es leid, den Beobachtungsabend abzubrechen, er wagte aber nicht, eine Verlängerung in die restliche Nacht vorzuschlagen, dazu waren sie zu müde und zu schlecht gelaunt. Natürlich: Lukas und Franz-Josef waren körperliche Arbeit nicht gewohnt, er selber schon, vom Schleppen der Großeinkäufe fürs Gasthaus. Und auch Lothar; Schnitzen erforderte Körpereinsatz. Aber der war psychisch angeschlagen; immerhin hatte er heute einen umgebracht. Da kann man sich, während man noch das Opfer unter die Erde bringt, nicht so auf die Wunder des Weltenraums konzentrieren, Matthäus sah das ein.

Es wurde nicht mehr viel geredet, die weitere Vorgehensweise hatten sie geklärt. Matthäus brachte den Schnitzer zu seiner einsamen Behausung, die beiden suchten ihre eigenen, ebenso einsamen auf. Matthäus Spielberger fand, dass er es gut getroffen hatte. Auf ihn wartete ... nein, um die Zeit wartete niemand mehr auf ihn, weder Frau noch Tochter, aber am nächsten Morgen würden sie froh sein, wenn sie ihn sahen. Das war doch auch etwas.

*

Büchel verhielt sich ruhig und blieb in Dornbirn.

Offiziell war er auf Auslandsreise, das fiel in der Fabrik nicht weiter auf, dass der Junior die Leitung nicht übernehmen würde, war ein offenes Geheimnis. Der Verwaltungsrat der »Büma« (Büchel-Maschinen) kam gut ohne ihn aus, auf die Geschäftsführung hatte er weder jetzt noch zu Lebzeiten des Vaters irgendeinen Einfluss gehabt und auch nie angestrebt. Dass Rudolf ein durch und durch missratener Sohn war, gewissermaßen der Prototyp des missratenen Sohnes, war dem alten Büchel schon sehr früh klargeworden. Im Gegensatz zu den meisten Patriarchen hatte er sich aber damit abgefunden. Aus dem Rudolf würde nie etwas anderes werden als ein nichtsnutziger Erbe; dass dadurch nicht die ganze Firma ins Wanken geraten würde, war durch eine Menge spitzfindiger juristischer Dokumente sichergestellt, da hatte Büchel senior mit großer Kühle agiert. Dem Rudolf würde die Villa und eine Apanage bleiben, die einen angemessenen, aber nicht extravaganten Lebensstil erlauben würde – wobei sich die Vokabel »angemessen« an den Werthaltungen des Schweizer Calvinismus orientierte, dem der Unternehmer zeit seines Lebens anhing. Man darf sich darunter das Gegenteil von »üppig« vorstellen. Aber auch eine weniger rigide, eher barock-katholische Dotation hätte Rudolfs Finanzbedarf nicht gedeckt. Spieler haben immer zu wenig Geld. Es wurde von den Beteiligten, die darum wussten, als große Gnade betrachtet, dass der alte Büchel das Abrutschen des einzigen Sohnes in die Niederungen des Glücksspiels nicht mehr hatte erleben müssen, auch jenes steinerne Herz wäre wohl daran zerbrochen. Büchel junior geriet in Schwierigkeiten, hatte aber einen Ausweg.

Ewald Lässer.

Ewald Lässer war das, was andere als Rudolf Büchel einen »Jugendfreund« nennen würden – eine interessante Bezeichnung, denn »Jugend« deutet wohl darauf hin, dass man mit dem Typ vor langer Zeit befreundet war, jetzt aber eben nicht mehr, und zwar nicht wegen eines Zerwürfnisses, sondern aus sozialen Gründen. Jugendfreunde entstammen einer anderen gesellschaftlichen Schicht, gewöhnlich einer niedrigeren. Sie werden abgehängt; durch den Lauf der Dinge und so weiter. Rudolf Büchel nannte Lässer nicht »Jugendfreund«, er konnte mit so einer Bezeichnung ebenso wenig anfangen wie mit dem Begriff »Jugend« oder sonst einem Wort, das auf Entwicklung wies, auf Änderung der Zeiten. Büchels Zeiten änderten sich nicht, es gab bei ihm auch keine Entwicklung in irgendeine Richtung, er blieb, was er immer gewesen war. Er war fertig. Genau in dem Sinne, den manche Dialekte damit verbinden, wenn »durch und durch« gemeint ist: Eine »fertige Katastrophe« ist eben eine ohne jegliches Wenn und Aber, einfach nur total schrecklich. In diesem Sinn war Rudolf Büchel ein »fertiger Lumpenhund«.

Ewald Lässer natürlich nicht. Der war ein begabter Ingenieur, Sohn eines Werkmeisters in Büchels Fabrik, der früh die Aufmerksamkeit des Seniors auf sich gezogen hatte, weil er mit dem Sohn spielen konnte. Das konnte kein anderes Kind, weil Rudolf jedes Mal unausstehlich wurde (natürlich erst, wie sich das gehört, nach dem Fortgang der Mutter). Ewald Lässer war zwei Jahre jünger als Rudolf und dessen Vasall. Es gab da keine Autoritätskonflikte. Das simplifizierende »Herr-Knecht-Verhältnis« trifft es nicht; es war komplizierter. Lehensherr und Vasall, besser kann man es nicht nennen. Beide mussten etwas geben, beide durften etwas nehmen. Ewald schuldete seinem Lehensherrn Gefolgschaft bei jedem noch so hirnrissigen Blödsinn (und leistete die auch), das Haus Büchel schuldete Ewald dafür den Lebensunterhalt. Modern: ein finanziertes Studium und eine gut bezahlte Stelle in der Firma. Beides bekam er. Nebenbei war Ewald Lässer auch ein Genie, aber das sah Rudolf als nicht so wichtig an, das war eine Beigabe. Wichtiger für Rudolf war: Ewald äußerte nie ein kritisches Wort über ihn. Alles, was Rudolf tat, stand außerhalb jeder Diskussion oder Beurteilung. Man wird verstehen, dass dieser Umstand für Rudolf Büchel überragende Bedeutung hatte, denn er war von einer Mauer aus Kritik umgeben, die ihn rings umschloss; die einzige Lücke darin, der einzige Ausweg ins Freie war eben Ewald Lässer. Sonst meckerte praktisch jeder Mensch, mit dem er in Kontakt kam, an ihm herum. Von den Frauen braucht man nicht zu sprechen, das war klar. Etwa die Hälfte suchte das Weite, sobald sie begriffen hatte, was mit ihm los war; die andere Hälfte versuchte ihn »zu retten« und investierte dabei Mühe und Energien, die sie besser auf würdigere Ziele gelenkt hätte – so sah es sogar Rudolf selber.

Was die Männer betraf, wandten sich alle ab, die er nicht dafür bezahlte, dass sie ihn umgaben – und die bei ihm blieben, taten das eben, solang er sie bezahlte. Das wechselnde Glück des Spielers brachte Aufblähung und Schrumpfung der Entourage, aber Rudolf war das egal. Er erwartete von den

Menschen nichts. Und das hielt er auch von ihnen. Nichts. Genauer: gar nichts.

Im »Perlacher« fragte er nach Herrn Mangold und erfuhr, Herr Mangold sei nicht da. Herr Perlacher, der Hotelier, war ein Mittfünfziger, dem häufiger Aufenthalt in Fitnessstudios und Solarien am muskulösen Körperbau und seiner Bräune anzusehen war, beides nicht ganz echt, sondern mit chemisch-physikalischen Hilfsmitteln erreicht. Die Führung des Hotels schien ihn leicht zu überfordern, er machte einen abwesenden Eindruck, wenn er auf Klingelton zur Rezeption kam. Dort hielt er sich selten auf, und wenn er auftauchte, schien er erst überlegen zu müssen, was er dort sollte, und was der Fremde von ihm wollte. Ach ja, ein Zimmer, denn das hier war ja ein Hotel, richtig. Sein Hotel. Eines für Reisende, die nicht wegen der Sehenswürdigkeiten Dornbirns herkamen, sondern aus geschäftlichen Gründen, wobei die Geschäfte dieser Klientel im Allgemeinen nicht so gut liefen, dass man sich ein Innenstadthotel hätte leisten können. Zum Beispiel wohnten während der überregional bedeutsamen »Dornbirner Messe« jene Aussteller im »Perlacher«, die Patentgemüsehobel und Autoputzmittel bewarben.

Herr Perlacher vermittelte den starken Eindruck, dass er es schätzte, in Ruhe gelassen zu werden und, wenn man ihm den Gefallen tat, auch seinerseits alle Leute in Ruhe ließ. Rudolf Büchel brachte immerhin aus dem Hotelier heraus, dass der Gast Mangold für eine Woche im Voraus bezahlt habe und eben dessentwegen seine Zeit inner- und außerhalb des Hotels verbringen könne, wie ihm das beliebe. Ihn, den Hotelier Perlacher, gehe das wirklich nichts an, was die Gäste den lieben langen Tag (und die Nacht) so trieben. Rudolf Büchel verstand, welcher Art das Hotel »Perlacher« war, und nahm sich ein Zimmer. Noch an der Rezeption verfasste er eine Nachricht für Herrn Mangold, die Perlacher in das Fach mit der Nummer 16 steckte. Rudolf bekam ein Zimmer im ersten Stock, wo auch Herr Mangold nächtigte. Herr Perlacher verschwand in den Tiefen seines Hotels, Rudolf im ersten Stock.

Das Zimmer war geräumiger als erwartet, fast quadratisch. Bett, Sekretär, Kleiderschrank und sogar ein grüner Polstersessel mit Glastischchen am französischen Fenster, das einen wunderbaren Blick auf die Kette der Schweizer Berge im Westen bot. Bis dahin waren es ein paar Kilometer, näher lag der Parkplatz des »Perlacher« und dahinter eine Siedlung mit Einfamilienhäusern, die sich gegen das Hotel durch hohe Thujenhecken abgeschirmt hatte. Rudolf öffnete das Fenster, setzte sich in den Lehnstuhl und beschloss zu warten. Er musste nur den Parkplatz beobachten, kein Neuankömmling würde ihm entgehen. Natürlich bestand eine gewisse Wahrscheinlichkeit, dass es sich der Österreicher anders überlegt hatte und verschwunden war. In diesem Fall würde der Hotelier Perlacher genau am letzten Tag der vorausbezahlten Woche das Mangold'sche Zimmer mit seinem Generalschlüssel öffnen und darin nichts finden, was der Verschwundene etwa zurückgelassen hätte. Aber warum sollte Mangold so etwas tun? War er nach Hause gefahren (wo immer dieses Zuhause liegen mochte) und hatte seinen Auftraggebern (oder Vorgesetzten, wie auch immer …) erzählt: »Tut mir leid, die Sache ist schiefgelaufen, dieser Büchel ist cleverer, als ich gedacht hatte, er hat meinen Mitarbeiter erschossen und mich gezwungen, den in die Schlucht zu werfen. Ich konnte fliehen …« Und was würden die Oberen darauf antworten? »Mach dir nichts draus, kann jedem einmal passieren, fährst halt hin und probierst es noch einmal!« Diesen Verlauf des Gesprächs hielt Rudolf für hochgradig unwahrscheinlich. Das waren sicher keine Leute, die auf Fehler mit Verständnis reagieren. Mangold hatte also den Mund gehalten. Und war hierhergefahren – um was zu tun? Die Leiche des armen Balkan aus den Trümmern der Rappenlochschluchtbrücke herauszuziehen? Wenig wahrscheinlich. Was sollte er sonst tun? Fotos vom Felssturz nach Hause schicken? Mit einem Mail: »Tut mir leid, der Büchel liegt irgendwo in dem Trümmerhaufen. Wir müssen warten, bis die Stadt Dornbirn das ganze Zeug wegräumt, geht leider nicht anders.« Das konnte Monate dauern. Der Abschreckungseffekt wäre dann auch weg, die Gliedmaßenzertrümmerungen der Leiche würde man auf den Einsturz der Brücke zurückführen, der eben doch nicht ohne Opfer vor sich gegangen war.

Wenn er es genau überlegte, war das für ihn selber nicht so schlecht. Rudolf Büchel war verschwunden, er wohnte unter dem Namen Manfred Steiner im Hotel »Perlacher«. So war es mit dem Österreicher abgesprochen. Der Identitätswechsel diente als Vorsichtsmaßnahme, falls Mangolds Chefs Erkundigungen einzogen. Aber, wenn das alles einigermaßen glattlief – warum meldete sich der Österreicher nicht? Er brauchte ihn. Eigentlich brauchte er nur seine Kompetenz als Verhörspezialist. Für den Lässer. Vor diesem Job graute ihm, das konnte er nicht selber machen, das würde er nicht selber machen, auf keinen Fall. Vorgestellt hatte er sich, dass Mangold (vielleicht mit einem neuen Balkan als Gehilfen) zu Ewald Lässer gehen und ihn dann … nun, dazu bringen würde, mit der Wahrheit herauszurücken. Was er nämlich an dem Verfahren für einen Scheiß gebaut hatte, dass der Kunde so wütend darauf reagierte; schließlich war er, Rudolf Büchel, dadurch in Lebensgefahr geraten und mit knapper Not entkommen. Da konnte niemand von ihm, Rudolf Büchel, Nachsicht und Mitleid erwarten. Nur: selber aus dem guten Ewald die Wahrheit herausprügeln, das konnte er auch nicht.

Er ging im Zimmer auf und ab. Ganz in der Nähe hätte ihn jemand umfassend über das Schicksal des Herrn Mangold informieren können. Dieser Jemand saß nur zwei Nummern weiter in einem identisch eingerichteten Zimmer des Etablissements »Perlacher« und telefonierte.

»Er ist erst vor zwei Stunden angekommen, und er ist unser Mann.«

»Woher weißt du das?«

»Er hat bei der Rezeption dem Onkel Mangold eine Nachricht hinterlegen lassen.«

»Ich muss mich wiederholen«, sagte Matthäus Spielberger, »woher weißt du das?«

»Ich hab sie gelesen. Das ist hier sehr einfach. Der Perlacher ist meistens irgendwo im Hotel, das Kabuff, das er Rezeption nennt, frei zugänglich.«

»Na schön, was schreibt denn unser Freund?«

»Dass Mangold sich melden soll. Der Neue heißt übrigens Steiner, Manfred Steiner. Im Netz hab ich nichts Gescheites gefunden. Der Name kann auch falsch sein ...«

»Was schlägst du vor?«

Franz-Josef errötete vor Freude. Matthäus fragte ihn, was er, der Buchhalter Blum, vorschlug. In diesem Agentenstück. Man erkannte seine Kompetenz an. Wunderbar! Das hatte er nicht oft gehabt im Leben.

»Ich muss noch sein Auto überprüfen, dann wissen wir mehr. Und ich könnte Hilfe brauchen, falls er wegfährt ...«

»Ich schick dir den Lothar, der kann unten in der Nähe im Auto warten, den rufst du an.« Matthäus legte auf. Wie sie schon redeten miteinander – *ich schick dir den Lothar* – als ob er über Lothars Tageseinteilung bestimmen könnte ... am ehesten Zeit hatte er doch selber, fiel ihm ein, Lothar hatte immerhin Schnitzaufträge, wie kam er also auf Lothar? (Peratoner fiel aus, denn der fuhr nicht gern Wege, die er sonst nicht fuhr.) Ganz einfach: weil Franz-Josef *ihn* angerufen hatte, die natürliche Führungspersönlichkeit, oder? Quatsch! In diese Rolle war er nur gerutscht, weil er der Wirt war. In seinem Gasthaus trafen sie sich, er war, das ließ sich nicht leugnen, der Mittelpunkt ihrer Welt. Das behagte ihm nicht. Denn dadurch hatte er Verantwortung, er wollte aber keine Verantwortung. Er wollte seinen Gedanken nachhängen und Sterne beobachten. Und sie in Zukunft vielleicht fotografieren, was beträchtliche Investitionen ins Equipment erfordern würde – Investitionen, die das Gasthaus »Blaue Traube« schwerlich abwarf. Was Matthäus Spielberger nicht wollte, war die Führungsrolle in einem Quartett. Wen sollte er darstellen? D'Artagnan? Das war doch kindisch. Aber damit konnte er ihnen jetzt auch nicht kommen. Wie hatte es denn angefangen? Durch den Traum, den er ihnen erzählt hatte. Nachdem seine beiden Frauen nicht mit angemessenem Interesse reagiert und mithin seine Eitelkeit verletzt hatten.

Er schlug sich vier Mal mit der flachen Hand an die Stirn. Er war ein Idiot, aber schon ein kompletter. Dann gab er kurz in der Küche Bescheid, er »müsse noch wo hin«, und fuhr zum Hotel »Perlacher«. Er parkte nicht auf dem Parkplatz hinter dem Hotel, sondern in der Seitenstraße davor. Dann rief er Franz-Josef Blum auf dem Handy an. Der gab Typ und Nummer des Wagens durch, mit dem der angebliche Herr Steiner angekommen war. Das Auto, ein grauer Ford Escort, war auf einen Herrn Özan zugelassen.

»Dieser Steiner sieht auch nicht aus wie ein Türke«, sagte Franz-Josef.

»Wie sieht denn ein Türke aus?«, wollte Matthäus wissen.

»Schwarze Haare, Schnauzbart, türkisch halt – der Steiner, wenn er denn so heißt, könnte ganz klar als Produkt von so einer Nazizuchtanstalt durchgehen, wie hießen die gleich ...«

»Lebensborn.«

»Genau! Großgewachsen, germanischer Langschädel, naturblond, Augen wasserblau ... das kann nicht der Özan sein.«

»Du hast sicher recht. Aber woher hat er dann das Auto?«

»Gestohlen sicher nicht. Der Wagen ist zehn Jahre alt und mies beieinander, eine typische Türkenschüssel halt ...«

»Tz, tz, Franz-Josef, so was sagt man nicht!«

»Ja, Herr Lehrer, Tschuldigung, ich weiß, richtig sagt man: Pkw mit Migrationshintergrund!« Er lachte und legte auf.

Matthäus ärgerte sich. Blum gehörte natürlich wie viele Vorarlberger zur Kaste der Zwangsneurotiker, die ihr Gefährt jedes Wochenende mit einer Hingabe pflegen, die sie für etwas Lebendiges nie aufbringen könnten ... Türkenschüssel ... wenn es um Autopflege ging, könnte man seinen Suzuki mit größerem Recht so bezeichnen. Matthäus fuhr, egal, wie schlammig die Zufahrtswege zu dunklen Astro-Beobachtungsplätzen gewesen sein mochten, sein Auto nur in die Waschanlage, wenn er extrem gut aufgelegt war, also vielleicht einmal im Jahr. Schlamm ist schließlich etwas, das in der Sonne trocknet und dann durch die Erschütterungen des Fahrbetriebs wieder abfällt; Matthäus hatte noch nie von einem Auto gehört, das erstickt wäre, weil man es nicht regelmäßig gewaschen hat.

Und außerdem störte ihn die Art, wie Blum den Eigentümer des Ford Escort genannt hatte, reine Angeberei, weil Franz-Josef einen Schwager bei der Polizei hatte, den er alles fragen konnte. Dieser Josef Talhuber, der Bruder von Blums verstorbener Frau, tat in der Polizeiinspektion Dornbirn Dienst und war Franz-Josef völlig ergeben. Er bewunderte ihn wegen seiner künstlerischen Ader, hatte wohl selber eine – er spielte in irgendeiner der zahlreichen Blaskapellen Flügelhorn oder so ... wenn Franz-Josef etwas wissen wollte, rief er den Schwager an und erfuhr Interna, die nicht einmal den investigativsten Vertretern der lokalen Medien bekannt wurden. Josef Talhuber war unglücklich in seinem Beruf. Man konnte auch sagen: Er hasste die Polizei. Übergangen worden bei einer Beförderung oder so etwas, die näheren Umstände hatte Matthäus vergessen. Talhuber gehörte zu den Personen, mit denen es die Exekutive oft zu tun bekommt. Er war ein Querulant. Nur war er selber bei der Polizei. Die Weitergabe dienstlicher Informationen war sicher nicht bloß illegal, sondern ähnlich wie Hochverrat oder so, aber das kam nie ans Licht, denn der Schwager Franz-Josef erzählte diese Dinge nur seinen drei Freunden, und die erzählten es nicht weiter. Aus schlichtem Desinteresse.

Nachdem sie beschlossen hatten, den Hintergrund des Herrn Mangold aufzuklären, war Franz-Josef in seinem Element; er liebte das Kriminalistische. Matthäus wäre nach der denkwürdigen Bestattungsaktion am liebsten wieder zur Tagesordnung übergegangen und war überzeugt, es wäre ihm gelungen, die ganze Sache zu vergessen. Dazu war er imstande und wusste es. Manchmal erschauerte er vor sich selber, er konnte Unangenehmes so vollständig verdrängen, dass es ihm nur durch äußeren Einfluss wieder ins Bewusstsein kam. So »vergaß« er Arzt- und Finanzamttermine, was weiter keine Rolle spielte, weil Mathilde als sprechender (schimpfender) Terminkalender fungierte. Bei der gegenwärtigen Sache war es anders, Mathilde wusste von nichts und durfte nichts davon wissen. Und »den Kopf in den Sand stecken«, wie Franz-Josef das nannte, kam nicht in Frage. »Wir müssen auf alles gefasst sein«, sagte er, »wenn die vielleicht noch einen schicken!«

»Wer *die*?«, wollte Matthäus wissen.

»Da haben wir's ja schon! Das wissen wir nicht, wer die sind. Gar nichts wissen wir! Drum müssen wir es herausbekommen.«

Matthäus sagte nichts darauf. Er hätte seinen Traum nicht erzählen sollen, damit hatte alles angefangen. Nämlich nicht mit seinem Traum, sondern mit seiner Bekanntmachung. Gut – mit seinem Kopf war etwas los, oder besser: schlecht – aber was ging das andere Leute an? Was brachte es, die Zukunft zu sehen? Nichts Gutes. Kassandra fiel ihm ein, aber deren Problem hatte er nicht. Matthäus war eine umgedrehte Kassandra: Ihm wurde geglaubt, darin lag die Schwierigkeit. Hätten sie ihm nicht geglaubt, seine Freunde, hätte es keinen Ausflug in die Rappenlochschlucht und infolgedessen keine Begegnung mit dem zweifelhaften Herrn Mangold gegeben, den dann Lothar Moosmann auch nicht dilettantisch hätte verfolgen und später durchaus fachmännisch hätte umbringen können. Wohin eine Sache führen würde, die so angefangen hatte, war abzusehen: in eine Welt bis dato nicht vorstellbarer Schwierigkeiten, so war das! Denn was tat er mittlerweile? Er saß in seinem Auto und wartete darauf, dass ein ihm völlig unbekannter Germanentyp mit einem Ford Escort türkischer Provenienz – was tat? Irgendwohin fuhr. Und er, Matthäus Spielberger, musste ihn verfolgen. Ohne zu wissen, wie man das genau macht, dieses Verfolgen. Es fehlte ihm jede Ausbildung. Wobei man ja am Beispiel des Holzschnitzers Lothar Moosmann schön hatte sehen können, wohin es führt, wenn

Leute etwas machen, von dem sie keine Ahnung haben. Für Lothar war es glimpflich ausgegangen, Matthäus sah für sich selber schwärzer. Er hatte nämlich keinen Lochbeitel, oder wie das Ding hieß, im Ärmel, und auch mit einem solchen hätte er es nicht verstanden, geschickt damit umzugehen. Glatter Wahnsinn. Er sollte heimfahren. Das Handy läutete.

»Pass auf, er steigt grad ins Auto, er muss gleich rauskommen!« Franz-Josefs Stimme war kaum zu erkennen. Ein viel jüngerer Mann sprach da, voll Spannkraft und Energie.

»Ja«, sagte Matthäus. Seine Stimme klang sogar ihm selber dumpf. »Ich fahr ihm nach. Das heißt, ich probier's halt. Hab das ja noch nie gemacht ...«

Der Ford Escort kam aus der Einfahrt und bog nach rechts ab, fort von Matthäus. Der stand schon richtig, musste nur nachfahren. Er seufzte und fuhr dem anderen Auto nach. Nach hundert Metern setzte er den Hut auf, ein abgewetztes Filzexemplar, grau und speckig. Genau die Art Hut, die man dreißig Jahre oder länger in Verwendung hat. Bei Arbeiten im Freien, wenn es regnet. Männer mit so einem Hut fahren Traktor oder echte Geländewagen, keine aufgemotzten SUVs; sie sind vom Land, kennen das Land und sonst nichts. Sie fahren ins Holz oder aufs Feld oder ins Gasthaus oder zum Wildmetzger oder zum Raiffeisen-Lagerhaus, um fünfzig Kilo Hühnerfutter zu holen. Oder halt fünfzig Kilo von etwas anderem, keinesfalls aber eine geringere Menge. Vor allem fahren diese Männer langsam. Und sie verfolgen keine anderen Autos. Matthäus war auf die Idee mit dem Hut stolz. Tarnen und täuschen. Niemand käme auf die Idee, der »Mann mit Hut«, der prototypische hinterwäldlerische Autofahrer, der seinen Wagen wie einen Traktor fährt, würde jemanden verfolgen. Wer nur halbwegs mit den Landessitten vertraut war, würde sich vor einem huttragenden Autofahrer sicher vor Verfolgung fühlen – weil der durch seine behäbige Fahrweise einen echten Verfolger behindern würde. Und *hinterwäldlerisch* war in Vorarlberg auch eine irreführende Bezeichnung, gab es doch als Teil des Bregenzer Waldes, der einen großen Teil der Landesfläche einnahm, wirklich einen *Hinterwald* (zum Unterschied vom *Vorderwald*); die Automobilisten von dort sind auch berüchtigt, aber nicht wegen Langsamkeit, sondern weil sie alle fahren wie eine gesengte Sau.

Matthäus grinste, als ihm diese Dinge durch den Kopf gingen. Ich bin dazu ungeeignet, dachte er, für solche Beschattungsaufträge, ich hätte doch den Schnitzer herschicken sollen ... die Sache war schlicht zu langweilig, er konnte sich kaum konzentrieren. Sie fuhren auf der B190 Richtung Süden, das war weiter keine Kunst, hier einem Wagen zu folgen, er bog nirgends ab. Entweder merkt er nichts, dachte Matthäus, oder er lockt mich in eine Falle. Oder so.

Er rief Lothar Moosmann an und bat um Unterstützung. »Ich bin dem nicht gewachsen«, sagte er, »ich verhau alles, das seh ich jetzt selber ein. Der Franz-Josef hat sowieso dich als Verfolger vorgeschlagen!«

»Wo bist du jetzt?«, wollte Lothar wissen.

»In Götzis. Ein blauer Escort, er bleibt stur auf der Hauptstraße ...«

»Ich komm über die Autobahn. Wenn er abbiegt, rufst du mich an!« Damit legte er auf und breitete ein Tuch über die Marienfigur, an deren feinen Gesichtszügen er die letzten zwei Stunden gearbeitet hatte. »Du übertreibst«, sagte er laut (wenn er allein war, sprach er oft mit sich selber). Es war ihm gelungen, in das Gesicht der Jungfrau einen bittersüßen Schmerz hineinzuschnitzen, der in die Nähe der Karikatur kam. »Irgendwann merken die das. Dann bist du am Arsch, lieber Freund! Nein, sie werden nicht sagen, dass du dich über die Figuren lustig machst, das können sie nicht einmal denken. Sie werden einen Vorwand finden und du wirst keinen Auftrag mehr kriegen, du blödes Arschloch, keinen einzigen! Warum kannst du dich nicht zurückhalten?«

Er suchte ein paar Sachen zusammen und stieg in seinen Landy. Kurz darauf raste er mit hundertvierzig auf der Autobahn nach Süden.

»Und wenn an der Sache wider Erwarten doch was dran ist und er existiert, dann hab ich erst recht den Scherben auf, wo ich seine Mutter so verhunzt hab … aber vielleicht gfällt's ihm ja auch! Weil er denselben miesen Geschmack hat wie seine Anhänger – wie der Herr, so's Gscherr!« Er begann zu lachen. Schon ging es ihm besser. Wie immer nach einer seiner kindischen Lästerungen. Im Grunde seines Herzens wusste er auch, dass die Madonna die beste war, die er je geschaffen hatte, dass es kein Kitsch war, was er erschuf, sondern von seinen Schweizer Auftraggebern als Kunstwerk beurteilt wurde. Natürlich hält ein Haufen Leute die Schweizer für merkwürdige Exoten, zurückgebliebene Bergler. Lothar wusste aus langer Erfahrung, dass dies nicht stimmte. Die Schweizer hatten einen eiskalten Blick fürs Wesentliche, für das, was wirklich der Fall war. Die zahlten nicht viele tausend gute Franken für Mist. Wenn die für etwas zahlten, dann war es gut. »Ich muss gut sein!«, schrie er gegen das Fahrgeräusch in seinem martialischen Geländewagen an, »wenn ich nicht gut wäre, täten die mich nicht bezahlen. Der Matthäus hat recht. Ich bin Künstler, hört ihr, Künstler!« Das schrie er in Richtung des rechten Seitenfensters einem Familienvater aus Düsseldorf in einem vollbepackten und -besetzten Audi zu, während er ihn überholte.

Dann der Anruf von Matthäus, der Ford Escort sei bei der Ausfahrt Altach-Mäder runter von der Autobahn, er hinterher. Gleich darauf nahm Lothar diese Ausfahrt. Die enge Abbiegespur mündete in eine Querstraße. Links ging's nach Mäder, rechts nach Götzis, da konnte man es sich aussuchen, wenn man den verfolgten Wagen nicht hatte abbiegen sehen. Eine Münze werfen. Er war wütend auf Matthäus und rief ihn an.
»Wo bist du jetzt, Herrschaftszeiten?«
»Richtung Mäder, wieso …?«
»Und woher soll ich das wissen? Sag halt das nächste Mal gleich, wo ihr abbiegt!« Lothar legte auf und bog nach links Richtung Mäder ein. Sie waren keine Profis, sondern blutige Amateure. Bei so einer Verfolgungsjagd lässt man das Handy an und informiert sich gegenseitig und rechtzeitig. Das ist alles eine Schnapsidee, dachte er. Learnig by doing. Alles Quatsch. In diesem Metier geht das nicht. Man kann als Anfänger nicht »Verfolgung eines Verdächtigen« lernen, indem man einen Verdächtigen verfolgt. Das letzte Mal hatte es dabei einen Toten gegeben. Reines Glück, dass nicht er selber der Tote war. Er hätte sich auf die verrückte Idee nicht einlassen sollen. Aber da war es halt gegangen, wie es schon seit vielen Jahren ging: Wenn es mit Matthäus oder den anderen zu tun hatte, schwieg die Vernunft. Aber was sollte er sonst tun? Ohne seine Freunde wäre er allein mit seinen Josefs und Marias und Annas, nicht zu vergessen die Märtyrer. Alle aus Holz. Am schlimmsten Sebastian … eine gute Umgebung zum Verrücktwerden, wenn man sonst niemanden hatte. Er wollte diesen Job nicht vermasseln, auf keinen Fall.

Er rief Matthäus an. »Hör zu, lass das Handy an, leg's halt auf den Nebensitz, sonst wird das nichts … wo ist er jetzt?«
»Fährt stur durch Mäder durch …«

»Okay, ich komme!«

Lothar stieg aufs Gas. Auf der geraden Strecke westlich des Kummenbergs sah er den Spielberger'schen Suzuki vor sich.

»Ich überhol dich jetzt, lass dich zurückfallen!«, brüllte er ins Mikrofon der Freisprechanlage.

»Was?« Matthäus hatte nicht recht verstanden, weil das Handy neben ihm lag, Lothar wusste das. Er schaltete einen Gang herunter, gab Gas und fuhr an Matthäus vorbei. Der gute Matthäus war ein gesetzestreuer Bürger und hielt die Straßenverkehrsordnung peinlich ein. Nie schneller als erlaubt unterwegs und so weiter, Telefonieren beim Autofahren streng verboten, ganz klar. Matthäus war immer allein im Auto, Beifahrer hielten es nicht lang aus. Matthäus hatte panische Angst, den Führerschein zu verlieren. Sonst, fiel Lothar ein, ist er allerdings nicht so pingelig. Beim Entsorgen von Leichen zum Beispiel. Das verstößt doch garantiert auch gegen irgendwelche Vorschriften, wenn man jemanden einfach im Wald verbuddelt. Wahrscheinlich sah Matthäus das nicht so eng, weil dabei kein Führerscheinentzug droht – oder vielleicht doch, weil ja die Leiche in seinem Auto transportiert worden war?

Fast hätte er das Abbiegen des Ford übersehen.

Ich bin ein Arschloch!, schimpfte er mit sich selber. Mach mich lustig über den Matthäus, ausgerechnet über den Mann, der mir den Arsch gerettet hat! Was für eine verkommene Existenz bin ich doch … er schniefte laut, Wasser trat ihm in die Augen, das häufte sich in letzter Zeit, diese Stimmungsschwankungen, rauf, runter, rauf, runter. Wie auf der Achterbahn. Ich bin dafür nicht geeignet … wo war er jetzt überhaupt? Den Ford Escort hatte er nicht verloren. Der zockelte zweihundert Meter vor ihm durch die Straßen der Gemeinde Koblach, aber wie er auf diese Straßen gekommen war, wusste

Lothar nicht, er hatte sich die Abfolge von Abbiegevorgängen nicht gemerkt. Jetzt, als Büchel vor einem Einfamilienhaus hielt, blieb ihm nichts anderes übrig, als mit ortsüblichem Tempo daran vorbeizufahren. In die nächste Querstraße bog er ein und hielt an.

»Er ist stehen geblieben«, meldete er Matthäus übers Handy.

»Wo denn? Was macht er?«

»Vor einem Haus. Was er macht, konnte ich nicht sehen, ich musste vorbeifahren, damit es nicht auffällt.«

»Und wo ist das Haus?«

»Ich weiß nicht genau … irgendwo in Koblach Richtung Gisingen. Jedenfalls links von der Hauptstraße.« Statt in Gelächter auszubrechen, sagte Matthäus Spielberger nur: »Okay, ich bin gleich da.« Lothar spürte, wie ihm der Schweiß ausbrach. Er betrachtete sein Gesicht im Rückspiegel. Es war krebsrot. Vor Wut auf sich selber. Am liebsten hätte er seinen blöden Schädel aufs Lenkrad gehauen, wieder und wieder bis zur Bewusstlosigkeit. Aber das wäre in einer ruhigen Wohnstraße aufgefallen. Er kramte im Handschuhfach nach Papieren, die er studieren konnte – immer noch besser, als einfach im Auto zu sitzen und nichts zu tun. Dann könnte er gleich »Detektei Moosmann« auf die Türen pinseln. In so einer Gegend saßen die Fahrer nicht einfach im Auto. Vor allem nicht, wenn man sie nicht kannte.

Matthäus' Stimmung hatte sich sehr verbessert. Alles war auf dem besten Wege, auszugehen wie das Hornberger Schießen. Dank Lothar Moosmann. Der von der Observierung verdächtiger Personen nichts, aber schon gar nichts verstand. »… jedenfalls links von der Hauptstraße …« War es denn möglich? Wie konnte ein intelligenter Mensch mit hohen künstlerischen Fähigkeiten so versagen, ein Mann der Praxis, der mit den Händen arbeitete, kein weltfremder Intellektueller! Den Ford Ecsort in der Flächengemeinde Koblach zu suchen, war nicht ganz so schlimm wie das mit der Nadel im Heuhaufen, praktisch aber nahe dran. Vor allem, wenn er sich nun seinerseits ein bisschen blöd anstellte. Er parkte den Suzuki irgendwo und ging ein Stück spazieren. So würde die Sache ein Ende finden, hier und heute. Basta! Er hatte die Nase voll. Bei der Beerdigungsaktion war es ihm klargeworden: Aus dieser Sache würde nichts Positives entstehen, nie und nimmer. Auch wenn sich drei Leute einigermaßen vernünftig verhielten, würde der vierte, seines Zeichens Herrgottschnitzer, dafür sorgen, dass sie noch tiefer in die Bredouille kamen. Indem er – wer weiß? – wieder mit einem spitzen Werkzeug, dessen korrekte Bezeichnung auch in der »Millionenshow« kein Schwein wissen würde, in der Gegend herumfuchtelte, wobei wieder jemandes Leber in die Quere kommen würde. Oder der Hals ... das musste aufhören. Und das würde aufhören. Er überlegte sich Sätze gerechter, dennoch halb unterdrückter Empörung, damit der Freund nicht beleidigt sein würde. »Bitte, wie soll ich denn da jemanden finden, wenn du dir nicht merkst, wo du abgebogen bist? Überhaupt war das sowieso eine Schnapsidee, eine Observierung ohne Navi ...« Etwas in der Art würde er sagen. In einer halben Stunde. Das Handy schaltete er ab. Warum? Aus Blödheit, würde er sagen. Tut mir leid, weiß selber nicht, was ich mir dabei gedacht hab ... mit einem Partner wie Lothar Moosmann konnte man sich schon eine gehörige Portion eigene Idiotie leisten. Sie würden, nachdem Büchel unauffindbar in den Weiten Koblachs verschwunden war, wieder nach Dornbirn fahren. Blieben der Buchhalter und der Chemiker. Die beiden würden sehr enttäuscht sein, aber einsehen, dass man mit dem Duo

Spielberger/Moosmann keine konspirative Tätigkeit entfalten konnte. Und ohne die zwei Versager war an eine ordentliche Observation nicht zu denken mit nur einem Fahrzeug. Denn Peratoner hatte – gepriesen sei der Herr! – einen Widerwillen gegen das Autofahren. Also würde mit ein bisschen Glück auch der gute Franz-Josef Blum einsehen, dass es nichts brachte, tagelang im Hotel »Perlacher« zu hocken und darauf zu warten, dass der große Germane Büchel, dessen Verbindung zum »Unfallopfer«, seien wir ehrlich, höchst hypothetisch war, irgendetwas Auffälliges anstellte.

Vielleicht wäre es so ausgegangen, wenn sich Matthäus Spielberger darauf beschränkt hätte, im Auto sitzen zu bleiben. Aber er musste ja spazieren gehen. »Wie kommst denn du hierher?«, fragte ihn Lothar, der eben um die Ecke bog, sodass ihm Matthäus unmöglich ausweichen konnte.

»Zufall, reiner Zufall …«

»Ist ja egal. Jedenfalls steht der Ecsort ganz in der Nähe, nur eine Straße weiter.«

»Und du findest hin?«

Lothar hatte keinen Sinn für Ironie. »Klar, Schweizer Straße 24, hab ich schon gecheckt!«

»Aha, gecheckt. Und was machen wir jetzt?«

»Wir gehen hin und … und nähern uns dem Haus. Dann sehen wir schon … komm jetzt!« Matthäus ging mit. *Wir nähern uns dem Haus.* Wo hatte er das her? Sicher nicht aus Agententhrillern; Matthäus mochte nicht glauben, dass sich die Autoren dieses populären Genres so geschwollen ausdrückten.

»Na schön«, sagte er, »nähern wir uns also. Und was machen wir, wenn wir uns genähert haben?«

»Wir observieren.«

»Aha. Von der Straße aus?«

»Ich verstehe nicht, was du meinst, hör aber einen aufsässigen Unterton heraus, Herrgottzack!«

»Tut mir leid, Herr Korporal, dass der Unterton so als Insubordination daherkommt, gemeint ist einfach der Ton des gesunden Menschenverstands ... was soll denn das heißen, *observieren*? Sich vor das Haus stellen und hinschauen?«

»Jetzt sei halt nicht gleich so beleidigt, Menschenskind! Wir gehen hin, und dann sehen wir schon ...« Matthäus sagte nichts mehr. Was sie in der Schweizer Straße 24 zu sehen bekamen, war ein modernes Vorarlberger Einfamilienhaus, also eine überdimensionale Holzkiste mit sparsam eingeschnittenen Fensterlöchern, an denen der Fachmann auf sogenannten Passivhausstandard schließen durfte – also ein Haus, das im Idealfall mit der Abwärme von vier Personen und einem großen Hund beheizt werden konnte. Das Haus lag in der Mitte eines Gartens mit Apfelbäumen und zeigte auf der Westseite schwärzliche Verfärbungen der Holzfassade. In der Einfahrt standen zwei Autos, das hintere ein blauer Ford Escort.

»Bingo!«, rief Lothar. »Das ist das Auto!«

Matthäus war irritiert. »Wieso soll es nicht das Auto sein? Du hast doch gesagt, er hat vor einem Haus geparkt ...«

»Ja, schon, es ist dieses Haus, keine Frage, aber er hätte ja währenddessen wegfahren können, oder?«

»Während was?«

»Während ich zu Fuß unterwegs war, um nicht als Sitzender in einem geparkten Wagen aufzufallen, verstehst du?«

Das hatte eine gewisse Logik und hörte sich gleichzeitig vollkommen bescheuert an. Wir verstehen halt nix von der Observierung, dachte Matthäus, er nicht und ich nicht. Nur ich weiß es und er nicht. Er wechselte das Thema.

»Das Haus sieht schäbig aus.«

»Das Schwarze ist ein Biofilm, irgendwelche Algen oder so, typisch fürs Rheintal. Hätte man durch Imprägnierung verhindern können, wenn der Ökoheini, der es gebaut hat, das zugelassen hätte. Hat er aber nicht, wegen Chemie und so ... siehst du, das meine ich mit Observieren. Schon der erste Eindruck erzählt uns viel über den Bewohner, wenn man weiß, worauf man achten muss.« Mit seiner Einschätzung lag Lothar Moosmann komplett daneben, aber das konnte er noch nicht wissen. Sie gingen an dem Haus vorbei und bogen in den nächsten Weg ein. »Und das war es jetzt?«, fragte Matthäus. »Wir gehen einmal dran vorbei und wissen, dass der Häuslebauer nichts von Imprägnierung hält?«

»Blödsinn! Das war nur die erste Phase. Jetzt gehen wir hin und ... und sehen weiter.«

Sie machten sich lächerlich, das wurde Matthäus in diesem Augenblick klar. Er bat Lothar zu warten, rief Franz-Josef Blum an und schilderte die Lage.

»Frechheit siegt«, empfahl der. »Ihr geht auf das Haus zu, schaut es euch von allen Seiten an, und wenn euch jemand fragt, was ihr da verloren habt, dann sagt einfach, ihr wollt selber bauen, größeres Projekt, und seht euch jetzt im ganzen Land Häuser an – dieses spezielle erregt euer besonderes Interesse, weil es eurem Traumhaus entspricht, bla, bla, bla. Ganz einfach. Bei uns gehört Neugier auf fremde Häuser zum Volkscharakter, das fällt nicht auf!« Matthäus bedankte sich und beendete das Gespräch. Der Buchhalter hatte recht, warum war er nicht selber draufgekommen? Anderswo kamen die Leute über ihre Kinder, Hunde oder Autos ins Gespräch, in Vorarlberg über ihre Häuser. Jeder Bauherr in spe fuhr im ganzen Land herum, um Häuser anzuschauen. Lothar war von der Idee begeistert und nannte Franz-Josef Blum ein Genie.

Sie gingen über die Einfahrt auf das Haus Schweizer Straße 24 zu.

Im Sommer wäre eine unbemerkte Annäherung leichter gewesen. Wie überall im ländlichen Siedlungsgebiet dominierten Bäume und Sträucher die Flächen zwischen den Häusern. Jetzt in der kalten und kahlen Jahreszeit fehlte das Blattwerk und damit der Sichtschutz. Matthäus und Lothar näherten sich dem Haus mit forschen Schritten, wobei sie so taten, als würden sie miteinander heftig diskutieren, fast schon streiten. Beim Haus deutete nichts auf den oder die Bewohner. Im Garten lag noch Schnee, von der Zufahrt hatte er sich zurückgezogen, auch ein Streifen rund ums Haus war aper. Sie betrachteten erst die Vorderseite, fuchtelten herum, wiesen einander auf architektonische Details hin: gewärtig, jeden Augenblick die Haustür aufgehen und einen gewissen Ewald Lässer heraustreten zu sehen. Dieser Name stand am Postkasten neben der Tür. Nichts geschah.

»Die beobachten uns durch die Gardinen«, flüsterte Lothar.

»Durch welche Gardinen denn? Ich seh keine. Auf der Seite sind ja auch kaum Fenster.« Beide wohnten in alten, geerbten Häusern, mit den Usancen zeitgenössischer Vorarlberger Baukunst waren sie nicht vertraut, sonst wäre ihnen gleich aufgefallen, dass sie sich auf der Wärmeverluste durch wenige und winzige Öffnungen minimierenden Nordseite des Gebäudes befanden, da gab es außer der Tür nur drei Breitschlitze im oberen Stock. Lothar ging links ums Haus herum. Er stoppte eben noch rechtzeitig. Mit einem weiteren Schritt wäre er den beiden Herren sichtbar geworden, die auf der Südseite des Hauses standen. Nicht *vor* dem Haus – oder eigentlich doch, denn die gesamte Südfassade war verglast und um die Hausecken auch noch einen Meter; die Glasfront aber durch Türen und integrierte Sonnenkollektoren unterbrochen, sodass man, wie bei solchen Häusern typisch, nicht so genau sagen konnte, wo das Äußere aufhört und das Innere anfängt. Die beiden standen etwa in der Mitte des verglasten, mit Gartenmöbeln und einer Hängematte möblierten Hausteils, in dem die Bewohner Vorarlberger Solarhäuser beim ersten Strahl der schwächlichen Februarsonne sich ohne Pullover aufzuhalten pflegen, um den Nachbarn zu signalisieren, wie gemütlich, licht und warm sie es haben, dank der fortschrittlichen Solarhausarchitektur, wohingegen die konservativen Nachbarn in ihren Bünzlihäusern noch die dreißig Jahre alte Ölheizung rennen lassen müssen.

Lothar drückte sich an die verwitterte Holzfassade. Die Personen im verglasten Teil des Hauses hatten allerdings für dieses Mal nicht die Absicht, die Nachbarn zu ärgern. Sondern ärgerten sich gegenseitig.

Sie stritten miteinander.

So laut, dass die Lauscher auf der Ostseite einiges mitbekamen. Denn hier gab es in der schmalen Verglasung eine weitere Tür, die halb offen stand, wahrscheinlich um zu lüften. Lothar konnte nicht alles verstehen, aber doch einiges.

»… wenn ich dir doch sage, das hatte alles Hand und Fuß, das war wasserdicht konstruiert, ich versteh überhaupt nicht, wie du auf die Idee kommst …« Der andere unterbrach, was er sagte, war nicht zu verstehen, er stand weiter weg. Lothar Moosmann spähte um die verglaste Ecke. Der weiter Entfernte stützte sich auf die Lehne eines Korbstuhls. Groß, blond, beeindruckend. Der andere stand näher, diesseits des großen Tisches, und wandte Lothar den Rücken zu. Er war kleiner, trug eine Bürstenfrisur und war weniger beeindruckend, jedenfalls von hinten. Und er war unruhig. Blieb nicht stehen, sondern lief auf seiner Seite des verglasten Raumes hin und her, dabei war er für Lothar manchmal besser zu verstehen, dann wieder schlechter, und häufig wurde seine Rede von dem anderen unterbrochen, den Lothar überhaupt nicht verstand. Die Debatte war an ihr Ende gekommen, der germanische Typ wandte sich zum Gehen. »Wir sind noch nicht fertig«, verstand Lothar, der sich etwas zu weit vorgebeugt hatte. Und entdeckt wurde.

»He, Sie da! Was wollen Sie hier? Wer sind Sie?« Der Blonde hatte Lothar entdeckt, der schnell schaltete, einen großen Schritt nach vorn machte und demonstrativ an die offene Glastür klopfte. Matthäus staunte über das Folgende. Der ewig fluchende, schlechtgelaunte Choleriker wandelte sich in Sekundenschnelle zum freundlich lächelnden Zeitgenossen, der wahrscheinlich Fürchtegott Harmlos hieß und keiner Fliege etwas zuleide tun konnte. Matthäus, sanft am Ärmel ins Gesichtsfeld der Streitparteien gezogen, erfuhr die auf den ersten Anschein von Franz-Josef Blum erfundene, in Wahrheit aber aus der innersten Tiefe des Bünzliwesens emporgestiegene Geschichte von der Suche eines Bauwilligen nach dem Öko-Bio-Haus mit den ultimativ niedrigen Heizkosten – und hier, in der Gemarkung der Gemeinde Koblach, habe er, der alte Freund der Familie, nach vielem Umhören und Hinweisennachgehen, endlich das Beispielhaus gefunden. Ob das stimme mit den niedrigen Kosten? Und – wenn man das fragen dürfe – wie hoch sie denn seien?

»Fast null«, sagte Ewald Lässer aus einem landesspezifischen Reflex heraus, der es dem geborenen Vorarlberger unmöglich macht, einer Diskussion über sein Heim auszuweichen, wenn diese mit einem Kompliment eingeleitet wird.

Eine solche Diskussion entspann sich nun zwischen Lothar und Ewald Lässer. Rudolf Büchel, der auf die linke Seite gewechselt hatte, nahm in Bezug auf das Passivhaus eine freundlich-neutrale Haltung ein. Matthäus Spielberger sagte nichts, keinen Ton, sondern starrte Rudolf Büchel an. Ewald Lässer outete sich als Konvertit (er hatte früher nicht viel von dem Ökozeug gehalten, wie er zugab), Lothar Moosmann zeigte sich als in Energiefragen vor Neugier überquellender Vorarlberger Grünapostel – das sind die Leute, die einem noch nach einem Vierteljahrhundert mit leuchtenden Augen erzählen, wie sich die Hand des skeptischen Freundes rot verfärbte, als er, mit einem spöttischen Spruch auf den Lippen, den Auslass des nach seiner Ansicht wohl kaum lauwarmen Kollektors angepackt und sich an dem achtzig Grad heißen Rohr ordentlich die Pfoten verbrannt hatte, ha, ha!

Matthäus nahm gar keine Haltung ein, er bemühte sich, den Schock zu verarbeiten, den der Anblick Rudolf Büchels bei ihm ausgelöst hatte. In der Rolle des zukünftigen Bauherrn, der beraten werden muss, brauchte er auch nicht zu reden. Reden taten die anderen.

Natürlich hatte Ewald Lässer die beiden Herren herein- und ins Kellergeschoss gebeten, wo sich der Heizraum befand. Man wirft den Energiesparern oft vor, sie betrieben das Heizen ihrer Häuser nicht als notwendiges Übel, auch nicht als Hobby, sondern als Religion. In dieser Diktion wäre der Heizraum das Innerste des Tempels, das Allerheiligste; weil es sich aber um eine weltoffene Religion handelt, haben dort nicht nur die Hohepriester Zutritt, sondern auch Adepten, Zweifler und ungläubige Heiden, ja, sogar Frauen – obwohl man die nur selten hineinkriegt. In Ewald Lässers Fall war das Ganze durch die Kombination einer thermischen und einer photovoltaischen

Solaranlage mit dem passivhausüblichen Wärmerückgewinnungsgerödel erheblich komplizierter als bei anderen Energiesparhäusern. Der Heizraum glich der Kommandozentrale eines modernen U-Boots. Ewald Lässer erklärte, die anderen gaben sich beeindruckt. Soll heißen, sie taten so. Büchel schien ein bestimmtes Misstrauen gegen die beiden Häuslebauer zu hegen, Matthäus hielt sich im Hintergrund. Vorne standen Lässer und der Schnitzer ins Gespräch verwickelt. Lothar ließ sich alles ganz genau erklären, der Hausherr tat das gern; man merkte, dass er dazu nicht oft Gelegenheit hatte, sie betraten den Heizraum, Büchel hinterher. Der konzentrierte seine Aufmerksamkeit auf Lothar Moosmann, Matthäus war es gelungen, jene Miene einer Art trottelhaften Urvertrauens aufzusetzen, die Menschen wie Büchel wie vor einer Behinderung zurückweichen ließ.

Matthäus fiel auf, dass der Keller viel größer war, als der Grundriss des Hauses vermuten ließ. Auf dem Gang, der zum Heizraum führte, gab es eine Tür – der Raum dahinter musste schon unter dem Vorgarten liegen. Die Tür stand einen Spalt offen. Matthäus machte sie weiter auf und schaute hinein.

Rohre. Der ganze Raum war voller Rohre. Aus Glas, aus Metall, das war der herrschende Eindruck. Diese Rohre waren natürlich alle miteinander verbunden, bildeten ein unüberschaubares Geflecht in einer riesigen Apparatur, die das ganze Volumen einnahm und den Blick auf die Rückwand verstellte, sodass Matthäus die Größe des Raumes nicht abschätzen konnte … er zog die Tür wieder zu und gesellte sich zu den anderen, klopfte Lothar auf die Schulter. »Wir müssen den Herrn Lässer jetzt einmal in Ruhe lassen, Egon, wir haben ihn lang genug behelligt!« »Egon« reagierte verzögert, weil er ja gar nicht so hieß und sie vor ihrem konspirativen Einsatz keine Decknamen ausgemacht hatten. Das war aber auch schon egal, den beiden zu Täuschenden schien nichts aufzufallen. Als »Egon« endlich kapiert hatte, ging in dem Neonlicht des Kellers die Sonne auf – mental gewissermaßen. Jemand war herabgekommen. Eine junge Frau.

»Ach, da bist du!« Sie kam auf die Gruppe zu, umarmte Ewald Lässer. »Willst du mich nicht vorstellen?« Alle gaben ihr reihum die Hand.

»Rudolf Büchel, angenehm.«

»Egon Hämmerle ...«

»Franz Hiebeler.« Wie um alles in der Welt kam er auf diesen Namen? Man erfuhr, dass die Göttin, die ohne Umstände aus den lichten Höhen in die Unterwelt abgestiegen war, Agathe Moser hieß und Lässers Freundin war. So unterschiedlich die drei anderen Männer waren, in diesem Augenblick verdichtete sich ihr Denken zu einer gemeinsamen Frage, die fast körperlich im Raum zwischen ihnen stand, nur unter Aufbietung letzter Reserven unterdrückt wurde.

Wieso?

Wie kam einer wie Lässer zu so einer Frau? Lothar und Büchel musterten ihn und konnten es nicht glauben, Matthäus versank in der Betrachtung der Frau. Schön. Aber schön war kein adäquater Ausdruck, denn Matthäus wusste, so wie er seinen Namen wusste, dass die Seele dieser Frau noch viel schöner war als ihr Körper, und diese Schönheit schimmerte als überirdisches Leuchten durch die äußere Hülle, tauchte den lächerlichen Heizraum in sanftes Licht und adelte die prosaische Umgebung zum Tempel, wie sie, das war Matthäus völlig klar, auch einen Schweinestall zum Interieur eines Palastes gemacht hätte.

Sie war mittelgroß, blond und trug ein einfaches, weißes

Leinenkleid. Ein Engel halt, was soll man da groß sagen, nur ohne Flügel. Was wollte die von Ewald Lässer, dem Geringsten unter den Geringen? Matthäus sah, wie Büchel den Kopf schüttelte, ganz leicht nur, eine Andeutung, aber unaufhörlich. Vielleicht hat er einen Schock erlitten. Oder gleich einen Hirnschlag. Ihm selber brach der Schweiß aus, fast wäre ihm der kleine Gegenstand, den er mit der Rechten umklammerte, entglitten. Er hätte ihn ihr ohne Umstände und Einwände auf ihr Verlangen ausgehändigt. Aber sie fragte nicht danach, sie hatte ihn nicht bemerkt, diesen kleinen Gegenstand.

Büchel verabschiedete sich, seine Miene zeigte düstere Missbilligung, Matthäus verstand das. Ewald Lässer und die Göttin – wer sich bis jetzt einen Glaubensrest an eine gerechte Welt bewahrt hatte, verlor nun auch diesen. Und wer nie an die Gerechtigkeit geglaubt hatte, wie Büchel, machte jetzt ein Gesicht wie Büchel. Auch Lothar und Matthäus verabschiedeten sich, Lothar wortreich und freundlich, Matthäus mit einem Gemurmel. Als sie draußen waren, sahen sie Büchel in dem alten Escort wegfahren.

»Man sieht es den Leuten nicht an«, sagte Lothar. »Der erste Eindruck täuscht meistens. Obwohl der Volksmund das Gegenteil behauptet.«

»Wie meinst du das?«

»Diese Agathe ... wie hieß sie noch?«

»Moser.«

»Wie auch immer. Sie und dieser Lässer ... nein, nein!« Er schüttelte den Kopf. »Das kann nicht sein, das kann nicht sein ... wieso rennst du denn so?« Er bemühte sich, Matthäus einzuholen, der das Lässer'sche Grundstück im Geschwindschritt verließ.

»Ich will weg hier!«

»Warum so eilig? Herrgottzack, jetzt wart halt!«

Aber Matthäus Spielberger wartete nicht, sondern machte, dass er zum Auto kam. Erst dort fühlte er sich besser.

»Ist dir an dem Büchel was aufgefallen?«, fragte er Lothar, der den Motor anließ.

»Natürlich. Im *Perlacher* nennt er sich *Steiner*, hier nennt er sich *Büchel*. Das eine kann so falsch sein wie das andere.«

»Ja, das auch«, sagte Matthäus. »Aber das ist ein vorhersehbares Detail gewesen. Als ich ihn gesehen hab, war mir klar, dass der falsche Namen verwendet.«

»Wieso?«

»Er ist der zweite Mann. Aus meinem Traum. Der Beifahrer.«

Matthäus wurde nach vorn in die Gurte gedrückt. Lothar hatte den Wagen zum Stehen gebracht, sogar für seine Fahrweise abrupt.

»Bist du sicher?!«

»Hundertprozentig. Dieser Büchel oder Steiner oder wie immer er heißt, hat dem Mangold geholfen, den nackten Mann über die Brücke zu stoßen.«

Lothar Moosmann schwieg eine Weile. Er dachte an seinen neuen Hohlbeitel im Hemdsärmel und sah sich zu, wie er die Spitze dem Steiner/Büchel in die Seite trieb. Verrückt, warum sollte das geschehen? Aber so verrückt war es gar nicht. Wie war es denn beim ersten Mal gewesen, bei dem Mann, der angeblich *Mangold* hieß? Den sein Freund Matthäus auch nur geträumt hatte?

»Was sagst du dazu?«, fragte Matthäus.

»Was?«

»Hörst du nicht zu? Ich hab gesagt, da ist noch ein größerer Keller neben dem anderen. Mit einem Haufen Rohre drin,

Apparate ... was hältst du davon?« Er zeigte ihm das Display des Handys, das er immer noch in der Hand hielt.

»Ich hab nur vier Fotos machen können, mehr Zeit war nicht. Büchel war sowieso schon misstrauisch.«

»Ich kann da nichts erkennen, die Dinger sind viel zu klein ... sieht aber nicht aus wie der typische Vorarlberger Heimwerkerkeller.«

»Keine Fräsmaschine, kein Holzspalter, keine Werkbank. Das ist was für den Peratoner, soll er draus schlau werden.« Sie fuhren, jeder in seinem Wagen, heim. Lothar in die Werkstatt, Matthäus in sein Wirtshaus. Unterwegs rief er Franz-Josef Blum an und berichtete, was vorgefallen war. Der versprach, gleich in die »Blaue Traube« zu kommen.

3

Als der Oberst in der »Blauen Traube« eintraf, erregte er keinerlei Aufsehen. Hochgewachsen, das schon, aber äußerlich unattraktiv wie die meisten Menschen. Matthäus Spielberger dachte später manchmal darüber nach, wie lang ihm wohl dieser Mensch *nicht* aufgefallen wäre – wie viele Tage oder Wochen er seine Biere trinken und seinen Wurstsalat hätte essen können, bis einer von seinen Stammgästen gefragt hätte: Wer ist eigentlich der Typ mit der Halbglatze, kennt ihr den?

Aber dazu kam es ja nicht. Der Typ mit der Halbglatze stellte sich gleich am ersten Abend vor. Das heißt: Richtig vorstellen tat er sich natürlich nicht, er kam mit einem Begleiter, der kein Wort sprach, ins Gasthaus, und setzte sich an den freien Tisch direkt bei der Theke, wo sonst nie jemand sitzt. Bei Mathilde bestellte er zwei Bier und fragte nach dem Wirt. Es kam Matthäus aus der Küche, und es kamen drei andere von einem Nachbartisch, die sich schweigend zum Oberst und seinem Begleiter setzten. Auch Matthäus setzte sich.

»Haben Sie mich erwartet?«, fragte der Oberst.

»Kommt drauf an, wer Sie sind«, sagte Lothar.

»Ich bin Ermittler – privater Ermittler.« Sein Deutsch klang akzentfrei. »Mein Name ist Hoffmann, das ist mein Fahrer Juri. Er ist Russe und spricht nicht so gut Deutsch, aber er versteht alles. Nicht wahr, Juri?« Juri lächelte. Er maß etwa einen Meter neunzig und bestand vorwiegend aus Muskeln, die sich unter seinem Jackett abzeichneten. Wenn man sie angreift, dachte Lothar, fühlen sie sich an wie Holz. Unnachgiebig. Der Kopf breit, die Augen standen weit auseinander, obendrauf eine flachsblonde Bürstenfrisur. Er hätte sich ein Schild umhängen können: *Staatlich geprüfter Russenmafia-Schlagetot*.

»Brauchen Sie denn einen Leibwächter?«, fragte Franz-Josef.

»Es gibt erstens eine Menge böser Menschen«, sagte Hoffmann, »und zweitens eine noch größere Menge nervöser Menschen. Ich meine damit, dass sie sich furchtbar aufregen, wenn man nur eine simple Auskunft will. Juri trägt in solchen Fällen zur Beruhigung bei. Er hat viel psychologisches Einfühlungsvermögen. Nicht wahr, Juri?« Juri nickte lächelnd. Die anderen vier lächelten auch. Das psychologische Einfühlungsvermögen des Genossen Juri konnten sich alle vorstellen.

»Das bringt mich gleich auf den Grund meines Hierseins«, formulierte Hoffmann etwas umständlich, »kennen Sie diesen Mann?« Er zeigte der Runde ein Foto. Es ging von Hand zu Hand. Ehe Matthäus *nein* sagen konnte, sagte Lothar Moosmann: »Ja, den kennen wir. Das ist der Herr Büchel.« Der Oberst riss die Augen auf, einen winzigen Moment nur, aber Matthäus hatte es gesehen. Die Überraschung des »Ermittlers« hinderte ihn, die Überraschung auf den Gesichtern der drei anderen zu merken. Aber Juri hatte sie bemerkt. Und das wiederum hatte Dr. Peratoner bemerkt, der von seiner Zeit als Lehrperson ein Gespür dafür entwickelt hatte, wer gut lügen konnte und wer nicht. Lothar konnte es hervorragend, Franz-Josef und Matthäus weit weniger.

»Das heißt, das hat er halt gesagt, dass er Büchel heißt …«
»Wieso zweifeln Sie daran?«, wollte der Oberst wissen.

»Es war nur so ein Gefühl, dass mit dem was nicht stimmt ...«

»Du verwirrst den Herrn Detektiv doch nur!«, mischte sich Lothar ein. »Wie du das erzählst! Wir haben diesen Herrn in der Rappenlochschlucht getroffen, das ist hier ganz in der Nähe, ein einmaliges Naturschauspiel, nur leider ist der Wanderweg jetzt gesperrt, weil die Brücke eingestürzt ist ...«

»Welche Brücke?«

»Die über die Schlucht ins Ebnit führt. Kennen Sie das Ebnit?«

»Nein ...«

»Müssen Sie unbedingt hinfahren, es ist wirklich sehr schön dort, sehenswert – ich meine, wenn Ihnen Zeit dazu bleibt.«

»Ich denke, die Brücke ist eingestürzt?«

»Ja, inzwischen gibt es natürlich schon lang eine neue! Nur der Felssturz ist noch da. Den wollten wir uns ansehen. Also sind wir über die Absperrung. Und dann dem Herrn Büchel begegnet ...«

»Was wollte er denn dort, der Herr ... Büchel?«, fragte Hoffmann. Auf Juris Stirn hatte sich eine Querfalte gebildet. Es war nicht klar, ob er intensiv nachdachte oder gerade sehr wütend wurde.

»Ja, da redete er seltsam herum«, mischte sich Dr. Peratoner ein. »Von wegen Interesse für Geologie und so weiter ... ich meine, wenn jemand wirklich so ein Interesse hat, macht er doch Fotos, oder? Aber dieser Herr Büchel hatte keine Kamera dabei. Und dass er sich gleich vorstellte – das ist hier nicht üblich.«

»Nein?«

»Hierzulande können Sie eine halbe Stunde mit jemandem reden, den Sie getroffen haben, ohne zu wissen, wie er heißt«, sagte Matthäus. »Wenn man sich gleich mit dem Namen aufdrängt, ist das … wie soll ich sagen …«

»Aufdringlich halt!«, rief Lothar. »Aber was ist jetzt mit diesem Büchel? Was hat er angestellt?« Lothar beugte sich voll Erwartung vor.

»Er hat Geld unterschlagen«, sagte Hoffmann. Juri nickte, in seinem Gesicht spiegelte sich tiefe Traurigkeit.

»Viel Geld?«, wollte Lothar wissen.

»Sehr viel. Millionen. Wo, kann ich Ihnen nicht sagen.«

»Aber dann ist ja klar, was er in Vorarlberg wollte«, sagte Franz-Josef. »In die Schweiz oder nach Liechtenstein. Das Geld unterbringen, das wollen sie doch alle!«

»Ja, das ist eine Möglichkeit.« Überzeugt klang Hoffmann nicht.

»Also hast du recht gehabt mit deinem Verdacht«, wandte sich Lothar an Dr. Peratoner. »Hätt' ich nie gedacht, dass der …« Er ließ den Satz unvollendet.

»Ich habe ein Gespür für Menschen.« Dieser selbstgefällige Ton, dachte Matthäus. Und wie beeindruckt Lothar ist. Alle beide Lügner.

»Sie sollten sich vielleicht an die Polizei wenden«, sagte Franz-Josef, der sich bisher zurückgehalten hatte, »ich könnte Ihnen das vermitteln. Mein Schwager ist bei der Kriminalpolizei.«

»Ach, das wird nicht nötig sein«, antwortete der Oberst mit einer gewissen Hast. »Wissen Sie, wir wurden eben vor der Polizei eingeschaltet, um eine Regelung in beiderseitigem Interesse zu erreichen, eine … wie sagt man …?«

»Gütliche Regelung«, half Franz-Josef aus.

»Genau, eine gütliche Regelung … ich hoffe, Herr … Büchel ist so vernünftig, darauf einzugehen.«

»Das hoffen wir auch, Herr ... Hoffmann«, sagte Franz-Josef. Seine Stimme war leise und kalt. »Weil wir nämlich hier keine Scherereien wollen, verstehen Sie?«

»Keine Scherereien, ganz klar«, wiederholte Hoffmann, von dem niemand am Tisch glaubte, dass er wirklich Hoffmann hieß.

»Lassen Sie doch das Foto da!«, rief Lothar. »Und eine Nummer, wo wir Sie erreichen können, falls dieser Büchel auftaucht!« Hoffmann nickte, legte eine Visitenkarte auf den Tisch. *Albert Hoffmann* stand darauf, *Meganeura GmbH*. Dazu eine Wiener Adresse und eine Mobilnummer. Matthäus fürchtete, Lothar könnte es übertrieben haben mit seiner Darstellung des harm- und hirnlosen Provinzidioten, aber Hoffmann schien alles zu schlucken, was ihm vorgespielt wurde. Sicher sein konnte man sich natürlich nicht.

Die beiden Herren tranken ihr Bier aus und verabschiedeten sich. Die vier bleiben sitzen. Zunächst sagte niemand etwas. Alle schienen die entstandene Lage zu überdenken. Bis Matthäus es nicht länger aushielt.

»Welcher Teufel hat dich denn geritten?«, fragte er über den Tisch hin, ohne sich an jemand Bestimmten zu wenden. Lothar wusste auch so, dass er gemeint war.

»Ist mir halt als Erstes eingefallen. Könnte doch so gewesen sein, oder? Dass der sich als Büchel vorstellt ...«

»Aber das ist er doch nicht ...« Matthäus kam sich hilflos vor. Wohin würde diese ganze Lügerei noch führen? Er fixierte den Mann auf dem Foto. Die etwas eng stehenden Augen, die insgesamt südosteuropäische Anmutung. Warum sollte so einer ausgerechnet *Büchel* heißen? Andererseits war *Mangold* auch nicht glaubwürdiger ...

»Was hätte ich denn sagen sollen? Nein, den haben wir nie

gesehen? Das kannst du vergessen. Der hat doch diesen ... diesen Hoffmann über uns informiert. Wie sonst käme er denn her, ausgerechnet in dieses Gasthaus? Und bringt gleich seinen Gorilla mit?«

»Da hat Freund Lothar völlig recht«, mischte sich Peratoner ein. »Juri dient als Hinweis auf unangenehme Geschehnisse beim Lügen ... was dem Gasthaus passieren könnte oder Frau und Kind ...«

»Und die reine Wahrheit?«, rief Lothar. »Verdammt, hätt ich sagen sollen: *Ja, den kenn ich, nur leider hab ich ihn umgebracht, aber wirklich nur aus Versehen, großes Ehrenwort?*« Darauf sagte niemand mehr etwas. Sie saßen nur um den Tisch herum und starrten auf das Foto. Eine Art Schockstarre, befand Matthäus. Um sie zu überwinden, servierte er vier Bier und vier Portionen Lumpensalat mit Gebäck. Als sie den aufgegessen hatten, kam das Gespräch wieder in Gang.

»Die Lage«, begann Dr. Peratoner, »ist für uns nicht so übel, wie das Auftauchen dieses obskuren Hoffmann anfangs vermuten ließ.«

»Und wieso?«, fragte Franz-Josef.

»Nun, der echte Büchel und der verblichene Mangold – bleiben wir der Einfachheit halber bei dem lächerlichen Tarnnamen – diese beiden hatten miteinander zu tun, wie uns Freund Matthäus versicherte. Der Büchel war doch der zweite Mann in deinem Traum?«

»Ja, schon, hab ich doch gesagt!«

»Der Verdacht ist von uns abgelenkt!« Lothar Moosmann lachte. »Dann war es doch keine so schlechte Idee von mir, den armen Mangold als Büchel zu identifizieren!«

»Dieser Typ eben, der sich *Hoffmann* nennt«, sagte Franz-Josef, »ist hinter dem Mangold her – und hinter dem Büchel sicher auch. Und irgendwen haben die sauberen Herrschaften in der Rappenlochschlucht verschwinden lassen ... ich wüsste nur gern, wie das alles zusammenhängt.«

»Da kann ich vielleicht behilflich sein«, sagte Matthäus. Er brachte vier große Papierabzüge der Fotos, die er mit der Handykamera im Hause Ewald Lässers geschossen hatte. Die Bilder gingen reihum. Bei Dr. Peratoner blieben sie hängen.

»Was hat der Lässer genau gesagt?«, wollte er von Lothar wissen. »Worum ist es da gegangen?«

»Wort für Wort wiederholen kann ich's nicht, aber dem Sinn nach: Der Büchel hat dem Lässer irgendwas vorgeworfen, ich hab das so verstanden, dass der Lässer eine Arbeit schlecht gemacht hat, die ihm der Büchel angeschafft hat. Hat gesagt, er kann sich das nicht erklären, alles sei *wasserdicht konstruiert* gewesen, an das erinnere ich mich noch ...«

»So, so«, murmelte Dr. Peratoner. »Wasserdicht konstruiert ...«

»Ein U-Boot?« Franz-Josefs Züge erheiterten sich. Das sah schlimmer aus als seine übliche Miene steter Bekümmerung. »Genau: Der Lässer hat denen ein U-Boot konstruiert, für Drogentransporte wahrscheinlich – und beim ersten Einsatz ist es abgesoffen. Jetzt sind sie natürlich sauer! In seiner Haut möcht ich nicht stecken ...«

»Und wo hat er das U-Boot getestet – im Bodensee?«, wollte Lothar wissen.

»Geb ich zu, das ist eine Schwachstelle in meiner Theorie – andererseits: Vielleicht ist es ja gerade deshalb untergegangen. Wegen unzureichender Erprobung!« Alle lachten. Nur Dr. Peratoner lachte nicht.

»Auf den Fotos ist jedenfalls kein U-Boot«, sagte Matthäus. »Und was das für ein Zeug sein soll, weiß ich auch nicht.«

»Ja, wenn wir jetzt allein wären, täten wir blöd ausschauen«, meinte Lothar Moosmann. »Aber wir haben Glück, weil wir haben einen echten Chemiedoktor! Der wird es wissen. Wofür sonst hat man ihn so lang studieren lassen?«

Der Angesprochene, der sonst jedes Mal bei Anspielungen auf seine Studiendauer sauer reagierte, blieb friedlich. Die anderen sahen einander an.

»Diese Säulen«, sagte der Chemiker schließlich, »seht ihr die?«

Die anderen beugten sich über die Fotos. »Was für Säulen?«, fragte Matthäus. »Ich kann dir versichern, da waren keine Säulen in dem Keller, nur eine freitragende Betondecke ...«

»Nein, nein, das mein ich nicht! Diese senkrechten Rohre da ...«

»Die Glaszylinder?«

»Ja, die! Die nennt man *Säulen*. In der Chromatografie ... das ist ein Trennverfahren. Durch die Säulen, also die Rohre, fließt ein Lösungsmittel, in dem ein Gemisch von Stoffen aufgelöst ist. In den Rohren befindet sich eine Substanz, die diese Stoffe absorbiert und festhält.«

»Und was wird dann getrennt?«

»Die Stoffe in der Lösung. Die absorbierende Substanz, das Absorbens, hält die Stoffe nämlich nicht für immer fest, sondern nur eine Zeitlang. Den einen Stoff länger, den anderen kürzer ...«

»Ach so!«, rief Lothar. »Dann kommt der eine Stoff früher raus, der andere später, dann muss ich hinten nur im richtigen Augenblick den Kübel wechseln, dann hab ich sie getrennt, die Stoffe. Wie beim Schnapsbrennen!«

»So ist es ...« Dr. Peratoner unterdrückte im letzten Moment eine Äußerung betreffend die überragende Auffassungsgabe des Schnitzers, denn damit würde der ein Jahr lang angeben, was Peratoner unerträglich gefunden hätte.

»Also schön«, sagte Matthäus. »Der Lässer trennt ein Gemisch auf. Na und? Die Methode wird er ja nicht erfunden haben, oder?«

»Wo denkst du hin! Erfunden hat das Verfahren der Russe Tswett im Jahre 1903. Es ist heute Laborstandard in Tausenden Spielarten, es gibt eigene Fachjournale dafür ...«

»Warum steht die Anlage dann in einem Geheimkeller?«, fragte Lothar.

»Es geht nicht um das Verfahren an sich«, antwortete Dr. Peratoner, »sondern um eine spezielle Abart davon. Die wurde erfunden, um ein spezielles Gemisch zu trennen. Ja, ein spezielles Gemisch ...« Ein Gedanke tauchte im Hintergrund seines Bewusstseins auf, ein lächerlicher und erschreckender Gedanke, lächerlich und erschreckend zur gleichen Zeit, aber Dr. Peratoner hatte keine Zeit, ihn zu fassen, diesen Gedanken, weil Franz-Josef Blum direkt an seinem rechten Ohr dazwischenquatschte.

»Drogen? Exotische Drogen, meine ich ...«

»Mir sind keine Drogen bekannt, die eine so aufwendige Trennung erfordern würden ... versteht ihr: So einen Riesenapparat nimmt man, wenn entweder die Trennung sehr schwierig ist, oder wenn sie eher leicht ist, man aber große Mengen auftrennen will. Wie in einer Fabrik.« Wieder war der Gedanke in der Nähe. Schwierige Trennung ... wie in einer Fabrik ... das spukte im Hintergrund seiner Gedanken herum, er konnte aber nichts festmachen, weil jetzt die anderen alle redeten, viel zu nah an seinem Kopf, weil sie alle auf seine Tischseite gekommen waren und sich über die verdammten Fotos beugten. Sie waren auch nicht ganz scharf, diese Fotos, und unterbelichtet. Im Hintergrund, an der Rückwand des Kellers, stand so etwas wie ein Metallschrank mit kleinen Lichtern. Weil an Metallschränken selten Lämpchen angebracht sind, war das wohl eher ein Apparat, vielleicht ein Gerät zur Überwachung des Trennvorgangs, aber welcher Art das sein sollte, war unmöglich zu erkennen. Dr. Peratoner versuchte sich zu konzentrieren, aber vergeblich. Der bestimmte Gedanke kam abhanden, er verlor sich im Hintergrund des Bewusstseins, als sei dort eine Öffnung oder Tür, durch die neue Gedanken hereinkamen und andere, denen es in dieser Wesenheit nicht gefiel (vielleicht, weil man sie nicht entsprechend gewürdigt hatte), in die Unendlichkeit des geistigen Raumes entwichen. Die Vorstellung deprimierte ihn.

»Wir müssen dort halt noch einmal hin und uns die Sache genauer anschauen«, sagte er dann. Im selben Augenblick krachte die Tischplatte neben den Fotos, sodass die Bestecke in den leeren Lumpensalattellern schepperten. Matthäus hatte mit der Faust auf den Tisch gehauen. Und brüllen tat er jetzt auch noch!

»Schluss, aus, Ende! Verdammt, seid ihr alle blöd oder was? Wir müssen nirgends hin und schauen uns gar nichts an, verstanden?« Er stützte sich mit beiden Armen auf den Tisch, als habe ihn eine plötzliche Schwäche überfallen. »Wir sind mit knapper Not an einer Katastrophe vorbeigeschrammt. Weil wir unsere Nase in Dinge gesteckt haben, die uns nichts angehen ...«

»Angefangen hat es aber mit deinem Traum ...!«, warf der Schnitzer ein.

»Ja, ja, ja! Das ist mir durchaus klar, Meister Lothar! Und ich bedaure zutiefst, euch damit belästigt und beunruhigt zu haben ...«

»Wir waren gar nicht beunruhigt ...«

»Schluss jetzt! Keine Debatte mehr. Ich will nichts mehr von der Geschichte hören.« Er setzte sich. Die anderen blieben stumm. »Ich habe zwei Leute im Traum gesehen, die eine übel zugerichtete Leiche in die Rappenlochschlucht werfen. Ihr nehmt ja wohl nicht an, dass die ein Opfer von einem normalen Verkehrsunfall war! Na schön. Den Fahrer seh ich dann ein paar Wochen später bei unserem Ausflug aus der Schlucht rauskommen. Statt sich ruhig zu verhalten, rennt ihm der Lothar hinterher ...«

»Ach, das ist eine Freude! Die liebe Angelika bringt uns ein Bier!«, rief Lothar Moosmann so laut, dass er den Wirt übertönte. Der drehte sich um, Angelika stand hinter ihm. Bier hatte sie keines dabei.

»Wir haben doch gar nichts bestellt ...« Etwas Besseres fiel ihm nicht ein.

»Du hast *wen* gesehen?« Ihre Stimme klang spitz, kurz vor der Hysterie.

»Den Typ aus meinem Traum ...«

»Und das sagst du uns nicht?«, schrie sie.

»Was ist denn los?«, wollte Mathilde wissen, die aus der Küche kam. Es folgte ein allgemeines Durcheinanderreden aus Erklärungen, Vorwürfen und Entschuldigungen, was dadurch kompliziert wurde, dass Lothar und Franz-Josef »alle Schuld auf sich nahmen«, wie sie mehrfach beteuerten, weil ja der Matthäus »überhaupt nichts dafürkönne«. Nur Dr. Peratoner schwieg. Aufgrund seines Organs setzte sich Lothar durch: »Er hat euch nichts gesagt, weil er euch nicht beunruhigen wollte, das ist die Wahrheit! Wir sind ganz schön erschrocken, wie plötzlich dieser ... diese Figur aus seinem Traum hier auftaucht ...«

»Ich denke, ihr habt ihn in der Schlucht gesehen?« Sie hatte zu gut aufgepasst, aber Lothar war im Umgang mit der Wahrheit so geschickt wie mit dem Lochbeitel.

»Das stimmt, wir wollten nachsehen, was da los ist ...«

»Ob da wirklich eine Leiche liegt?« Das hatte sie also auch schon mitgekriegt. Lothar wusste nicht, ab wann sie im Raum gewesen war, Matthäus hatte ihm die Sicht verstellt.

»Ja, aber da war gar nichts, nur ein Riesenhaufen Geröll. Ziemlich hoch. Ich meine, wenn man da wirklich eine Leiche runterschmeißt, liegt sie obendrauf, keine ... was wird das sein? ... keine zehn Meter unter der Brücke, bitte, wer macht denn so was? Kann doch gar nicht sein. Es ist ein Traum, vergessen wir das nicht! Erstaunlich war eben nur, dass dieser Mann dort auftaucht ...« Und danach auch noch hier, wollte er sagen, verkniff es sich aber im letzten Moment. »Ich bin ihm nachgegangen, hab ihn aber verloren.« Angelika und Mathilde sahen so aus, als ob sie es schluckten. Lothar beglückwünschte sich. Er hatte in seiner Geschichte das Böse von der »Blauen Traube« abgelenkt. Es gab keine Verbindung zwischen unheimlichen Traumgestalten und dem Gasthaus. Doch, eine: den Wirt, der solche Träume hatte. Der Wirt schwieg.

Allmählich beruhigten sich alle, Angelika brachte Getränke, und Franz-Josef Blum, der schlecht lügen konnte, bestellte ein kleines Gulasch, bei dessen Verzehr ihn wohl niemand mit Nachfragen stören würde. Mathilde und Angelika verlangten, von nun an in alles eingeweiht zu werden, was ungewöhnliche Träume samt Personal betraf, vor allem, wenn dieses dann auch in der Realität auftauchte.

Arschknapp, dachte Matthäus, das ist grad noch so eben vorbeigegangen, aber wirklich nur noch so eben. So kann es nicht weitergehen ... ein Gasthaus ist nicht der Ort für solche

Verwicklungen. Sie hätte nur zehn Sekunden früher aus der Küche kommen müssen, dann hätte sie ein paar Sätze mitgehört, die sich auch vom talentierten Lügenbold Lothar Moosmann nicht hätten aus der Welt schaffen lassen. Das Gasthaus begann sich zu füllen, Ehefrau und Tochter waren in der Küche verschwunden. Matthäus stand auf.

»Das Ganze ist hier und jetzt zu Ende«, sagte er. »Aus und Schluss!«

»Wie meinst du das?«, wollte Lothar wissen.

»Wie ich es sage. Gut, ich hatte diesen Traum. Und hab ihn euch erzählt. Meine Entscheidung, meine Schuld, gebe ich zu. Und ich bin auch mitgegangen auf diesen hirnrissigen Ausflug in die Rappenlochschlucht.« Er drehte sich um, aber diesmal stand keine Tochter hinter ihm. »Wo wir dem Mangold begegnen. Okay, der ist aus meinem Traum, ich kann es nicht leugnen. Aber damit hätten wir es ja auch gut sein lassen können, oder? – Aber nein, es müssen ja einige Herrschaften unbedingt Detektiv spielen! Und wer taucht dabei auf? Der zweite Mann aus meinem Traum, der Beifahrer. Der hat uns jetzt gesehen, den Lothar und mich. Was glaubt ihr, wird der machen? Wie hab ich dort geheißen? Hiebeler? Prima Tarnung! Wie hat uns denn der Mangold gefunden? Durch Zufall oder was? Ich frage mich, wie wir diesen Büchel loswerden, wenn er herkommt. Soll ihn der Lothar abstechen wie den anderen, gleich hier in der *Blauen Traube*? Geht sicher ganz leicht, wenn ich ihn festhalte, wir sind ja zu dritt. Bleibt dann halt noch der Herr Hoffmann mit seinem Gorilla. Das wird nicht so einfach, da müssten wir ganz entschieden aufrüsten …« Er begann zu lachen. Es klang nicht fröhlich.

»Es steht euch natürlich frei, in dieser Sache zu tun oder zu lassen, was euch beliebt«, fuhr er mit ruhiger Stimme fort. »Ihr könnt diesem Büchel nachspionieren, bei dem Lässer einbrechen, euch mit dem Hoffmann treffen, was immer ihr wollt, bitte sehr! Aber nicht hier, verstanden? Wenn der Hoffmann mit seinem Adlatus noch einmal hier auftaucht, rufe ich die Polizei!«

Lothar kicherte. »Zeigst du ihnen dann dein Fernrohr?«

Matthäus blieb kalt. »Aber sicher! Außerdem zeige ich ihnen eine Stelle im Wald und gebe den Rat, eine bestimmte Schnitzwerkstatt DNA-mäßig mit dem abzugleichen, was sie dort finden werden. An der bewussten Stelle im Wald.«

»Schon gut, reg dich nicht auf!« Lothar hob die Hände. »War bloß ein Witz.«

»Dann ist mir die Komik daran entgangen«, sagte Matthäus. »Und was euch betrifft: Eure Aktivitäten in dieser Sache verlegt ihr gefälligst aus diesem Gasthaus hinaus. Soll heißen: Planung, Verabredung zu irgendwelchen Überwachungsaktionen, Einbrüchen und so weiter finden ausschließlich außerhalb der *Blauen Traube* statt. Sollte ich dahinterkommen, dass in diesem Haus in dieser Sache konspiriert wird ...«, er machte eine Pause, »... dann schmeiß ich euch raus. Alle drei.«

Das war deutlich. Franz-Josef murmelte etwas Beruhigendes, Matthäus stand auf, sagte, er müsse noch etwas im Lager erledigen, und verließ den Tisch. Das mit dem Lager war natürlich Quatsch, Matthäus kannte sich im Keller seines Gasthauses, das als Lagerraum diente, so aus wie im Lager des »Interspar«, nämlich gar nicht. Vorratshaltung war die Sache Mathildes, Matthäus besorgte die Sachen nur in ihrem Auftrag und räumte sie dort ein, wo sie es anordnete.

Aber Matthäus war der Wirt.

»Verfluchte Scheiße, wie redet der denn mit uns?«, ereiferte sich Lothar und stand auf. »Wer glaubt er denn, wer er ist?«

»Der Wirt«, sagte Franz-Josef Blum. »Er ist der Wirt. Er kann Lokalverbot aussprechen, wann immer er will und gegen wen er will.«

»Wir könnten uns im *Löwen* treffen«, schlug Dr. Peratoner vor.

»Der Lumpensalat im *Löwen* ist unter aller Sau«, sagte Lothar, »ertrinkt in Essig ...«

»Außerdem zu teuer«, sagte Franz-Josef Blum. Damit war die Phase des Aufbegehrens – wenn man das überhaupt so nennen will – nach einer knappen Minute auch schon vorbei. Sie sprachen noch ein bisschen über das Wetter, dann über einen Schnitzauftrag für Lothar (einen heiligen Josef), und dann gingen sie heim. Matthäus war nicht mehr aufgetaucht.

In dieser Nacht schlief Matthäus Spielberger schlecht. Sein Gewissen machte ihm zu schaffen. So wie an diesem Abend hatte er mit seinen Freunden noch nie geredet. Er hatte den Wirt heraushängen lassen, mit Lokalverbot gedroht und war dann verschwunden, ohne ihnen Gelegenheit zur Verteidigung zu geben. Das war abscheulich. Als Entschuldigung hätte er nur vorbringen können, dass er sich im Zustand der Panik befand, seit dem Auftauchen dieses Hoffmann in seinem Gasthaus. Hätte er vorbringen können – wenn er dageblieben wäre, wenn er sich nicht im Keller verkrochen und Kisten mit Grünem Veltliner von einem Regal ins andere geräumt hätte. Was er brauchte, waren gute Ratschläge. Oder wenigstens einen. Denn die Panik hatte nicht nachgelassen. Er hatte den Kopf in den Sand gesteckt wie die Strauße bei Gefahr ... das heißt, angeblich machen sie das ja gar nicht ... Peratoner wüsste sicher etwas darüber. Aber Dr. Peratoner war nicht da. Vielleicht kam er auch nicht wieder. Vielleicht kamen ja auch die anderen beiden nicht wieder. Die »Blaue Traube« war nicht das einzige Gasthaus in Dornbirn.

Er warf sich hin und her. Ich hab's vermasselt, dachte er, ich hab die Nerven weggeschmissen und die einzigen Freunde vergrault, die ich habe. Diesen bitteren Gedanken wälzte er in seinem Kopf hin und her, versuchte, etwas anderes daraus zu konstruieren, etwas Positives, aber es gelang ihm nicht.

Irgendwann muss er doch eingeschlafen sein, denn Matthäus hatte einen Traum. Nein, keinen normalen, sondern wieder so einen speziellen Traum wie den von der Rappenlochschluchtbrücke. Das Setting war dieses Mal ganz anders, aber er erkannte die Machart wieder, die Handschrift des Regisseurs. Den – für einen Traum – abnormen Realismus. Diesmal sogar mit Ton. Träumend fiel ihm ein, dass beim letzten Mal keine Tonspur dabei gewesen war: Der geschundene Körper war lautlos in die Schlucht gestürzt, das Auto der Verbrecher hatte sich lautlos bewegt, niemand hatte gesprochen. Dieses Mal sprach jemand. Laut und deutlich. Ohne Rauschen. Dieser Büchel in ein Mobiltelefon. Matthäus stand direkt daneben und verstand jedes Wort, wusste, worum es ging. Das wusste er auch noch nach dem Aufwachen, aber er konnte keinen einzigen Satz Büchels wiedergeben, nicht ein Wort. Nur den Inhalt. Bei dem es auf wortgetreue Wiedergabe nicht ankam. Es war auch so klar, worum es ging. Um Erpressung. Obwohl Matthäus ganz naturgetreu nicht hören konnte, was der am anderen Ende der Verbindung sagte, war ihm klar, wer das war. Ewald Lässer, die arme Sau. Büchel sagte, er solle jetzt endlich mit der Wahrheit herausrücken, sonst sehe er seine Agathe nie wieder. Dabei schaute der Erpresser Büchel auf eine Bodenluke, und der unsichtbar anwesende »Traumzeuge« Matthäus Spielberger (wie sonst soll man so jemanden nennen?) schaute auch dorthin. Es unterlag keinem Zweifel, dass besagte Agathe sich unterhalb der Luke in einer Art Keller befand. Denn die Szene spielte sich im Erdgeschoss ab. Und, ja, in einem Jagdhaus. Darauf deuteten erstens die Geweihe an den Wänden und zweitens die übermäßige Verwendung von Holz. Unten Schiffbodenparkett, oben eine Kassettendecke, die Wände getäfelt. Keine alte Jagdhütte, sondern eine moderne, denn die Fenster waren groß und das verbaute Holz hell. Offenbar der Wohnraum. Neben der Luke ein rustikaler Teppich. Er lag allerdings schief, eine Ecke war umgeschlagen. Die Fensterscheiben an zwei Seiten des Raumes zeigten Schlieren, die Tischplatte zahllose Ringe von abgestellten Gläsern. Im Zimmer lag jene Aura leichter Vernachlässigung, wie sie sich in einem Raum einstellt, in dem nur Männer wohnen.

Matthäus hatte in seinem Traum Zeit, all dies festzustellen, weil auf der Handlungsebene nicht mehr viel passierte. Büchel hatte das Gespräch beendet und am Tisch Platz genommen. Sonst tat er nichts. Er schien nur aus dem Fenster zu stieren. Vielleicht wartete er auf einen Rückruf. Im Traum spähte Matthäus bei dem einen Fenster hinaus. Später, als er aufgewacht war, dachte er darüber nach, wie sich nun alles entwickeln würde, wenn er zum anderen Fenster hinausgeschaut hätte. Von dort kam nicht viel Licht in den Raum, vor dem Fenster stand Nadelwald in ein paar Metern Entfernung, das konnte überall in Mitteleuropa sein – aber hinter dem helleren Fenster zeigte sich eine Landschaft, die konnte nicht überall in Mitteleuropa sein, sondern nur an einer ganz bestimmten Stelle, und das Dumme war, dass Matthäus diese Stelle kannte. Eine Freifläche, ein von Bäumen gesäumter Bach, dann eine leicht ansteigende Weide, am oberen Ende langgestreckte Gebäude und dahinter steiler Bergwald. Von der Weide war nichts zu sehen, weil Schnee darauf lag, die ganze Landschaft war verschneit, aber Matthäus wusste von dem Gras unter dem Schnee und wusste, welchen Zweck die Gebäude im Sommer erfüllten. Er wusste, von wo aus er diese Szene im Traum betrachtete, ja, er wusste sogar, aus welchem Haus sich dieser Anblick bot, obwohl er dieses spezielle Haus noch nie betreten hatte. Das Haus war so real wie die Landschaft, die er gut kannte. Es war das neue Jagdhaus im Talschluss des Gamperdonatals. Sogar dieser Büchel passte zwanglos hierher. Im neuen Jagdhaus wohnte der Jagdpächter, gewöhnlich ein ausländischer Industrieller, die hohe Jagdpacht bildete einen wichtigen Posten im Budget der »Agrargemeinschaft«, der das ganze Tal seit den Tagen Kaiser Maximilians gehörte, eine andere Einnahmequelle war die »Alp Gamperdona«, deren Wirtschaftsgebäude er durch das Fenster sehen konnte, angeblich das größte geschlossene Alpgebiet Europas, aber gottlob fast allen Europäern unbekannt.

Matthäus Spielberger wusste das alles, weil er als Kind oft in diesem Tal gewesen war, endlose Ferien in der Alphütte eines Onkels, denn in dem kreisförmigen Talkessel gab es rund zweihundert Hütten der Mitglieder der Agrargemeinschaft, die sie als Feriendomizile vermieteten oder selber nutzten. Buchen konnte man sie nicht, man musste jemanden kennen. Die Hütten waren Privatbesitz, der Grund, auf dem sie standen, gehörte aber der Gemeinschaft, Einzäunungen waren verboten. Das alles ging ihm durch den Kopf, zusammen mit Erinnerungen an Ferientage, an Kinderspiele, Räuber und Gendarm im Wald, alles sah er deutlich vor sich, den Toni, der mit sechzehn an Leukämie gestorben war, und die Margarete, die er geküsst hatte, ganz in der Nähe der Säge. Die hatte dann nach Wien geheiratet. Vierzig Jahre her. Dann merkte er, dass er auf dem Rücken lag und mit offenen Augen ins Dunkel seines Schlafzimmers starrte, seine Wangen waren nass. Der Traum hatte sich still verabschiedet und den Erinnerungen Platz gemacht, aber seinen Modus zurückgelassen, den hyperrealistischen Dokumentarfilmmodus; es hat einen Grund, dachte er, warum die gewöhnlichen Erinnerungen so unklar sind, so verschwommen und blass. Wenn uns alles wieder so einfiele, wie es gewesen ist, hielten wir es nicht aus, wir könnten nicht mehr aufhören zu weinen.

Er atmete schwer, stand auf, blieb ein paar Minuten auf der Bettkante sitzen. Toni und Margarete verabschiedeten sich wieder in die Provinz Nimmermehr im nebligen Reich des Damals und nahmen die Emotionen mit sich fort. Nur der Ursprungstraum blieb klar und deutlich, aber zum Glück ohne Gefühlsbegleitung. Das neue Jagdhaus mit Büchel und dieser Agathe.

Er stand auf, ging ins Bad und trank ein Glas Wasser.

Er könnte natürlich den Mund halten. Einen Augenblick stellte er sich vor, wie das wäre. Büchel schalten und walten lassen. Agathe in ihrem Kellerverließ. Was gingen ihn diese Leute an? Was hatte es denn gebracht beim letzten Mal, den Traum zu erzählen? Was hatte das gebracht? Einen Haufen Ärger, wenn man eine Leiche und deren gesetzeswidrige Entsorgung als »Ärger« bezeichnen wollte, der reine Euphemismus, vor allem, wenn er es mit dem verglich, was ihm bevorstand, wenn die zuständigen Behörden dahinterkamen. Die Beschlagnahme seines Dobson als Beweismittel war da noch die geringste Unannehmlichkeit …

Er legte sich wieder hin und starrte an die dunkle Decke. Es hatte alles keinen Zweck. Er musste es den anderen sagen.

Weil er nicht wusste, wie er sonst diese Agathe aus ihrem Gefängnis befreien könnte. Sie wurde dort gegen ihren Willen festgehalten. Es war ja nicht so, dass sie etwa mit dem Büchel durchgebrannt wäre – in dem Fall ginge ihn das alles nichts an. Das heißt ... er setzte sich auf. Was heißt hier »durchgebrannt« oder »festgehalten«? Sein Traum hatte das letzte Mal die Zukunft gezeigt, ja natürlich: die Sache mit dem Schnee ... als er die Entsorgungsaktion auf der Brücke geträumt hatte, war der Schnee, der im Traum die Brücke bedeckte, noch gar nicht gefallen! Der zeitliche Abstand? Sicher zwei Wochen, wenn nicht mehr. Also lag auch die Entführung der Agathe ... wie hieß sie noch? ... jedenfalls in der Zukunft, war also noch gar nicht erfolgt. In diesem Fall musste man sie verhindern, ganz klar! Und dank seiner besonderen Fähigkeit konnte man sie auch verhindern! Gleich morgen würde er die entsprechenden Schritte einleiten. Er legte sich wieder hin und schlief ein.

*

Als Rudolf Büchel die Tür seines Appartements öffnete, wusste er gleich, dass es ein Fehler war. Er wollte sie schnell wieder zumachen, aber die beiden, die draußen standen, waren Profis; einer hatte seinen Fuß vorgestellt und gab Büchel einen Stoß vor die Brust, einen ganz leichten Schubser, sodass er zwei Meter zurücktaumelte, weg von der Tür, durch die nun seine Besucher hereinkamen, ohne sich dabei besonders zu beeilen. Büchel verfluchte sich. Wie hatte er so blöd sein können und die Tür aufmachen, einfach so, weil jemand geläutet hatte? Das lag alles nur daran, dass er seit Tagen über Ewald Lässer nachdachte. Der Typ absorbierte seine ganze Aufmerksamkeit, ließ ihn unvorsichtig werden. Er wich in die Wohnung zurück.

Der Erste war groß und breitschultrig, der Zweite dahinter noch größer und breitschultriger, der schien gerade so eben durch die Tür zu passen. Die Kurzhaarfrisuren bei beiden ähnlich, eisgrau beim Vorderen, dunkelblond beim anderen. Das war wohl der Gehilfe. Er machte die Tür zu. Beide trugen Jeans und Windjacken.

»Wo ist Mangold?«, fragte der Anführer. Starker Akzent. Südosteuropa.

»Ich habe keine Ahnung! Er meldet sich nicht. Wie vom Erdboden verschluckt.«

»Was? Vom … Erdboden verschluckt?«

»Das ist so eine Redensart …«

»Verstehe. Setz dich.« Büchel tat, wie ihm geheißen. Also würde erst geredet werden. Vor dem Zuschlagen. Aber vielleicht waren das ja auch keine Schläger, vielleicht sahen die nur alle so aus in dem Metier. Sie setzten sich an den Küchentisch. Der Gehilfe links von Büchel, der Anführer gegenüber. Er lächelte. »Vom … Erdboden verschluckt … witzig … und manchmal stimmt es auch!« Er lachte. Büchel erlaubte sich ein schüchternes Lächeln. Der Gehilfe lächelte auch, nahm Büchels linke Hand und packte mit seiner rechten den kleinen Finger.

»Wir haben eine Regel«, sage der eisgraue Wortführer. »Bei jeder Lüge bricht er dir einen Finger. Mit dem kleinen fangen wir an. Und das macht er so, dass der Finger nicht mehr richtig zusammenwächst, es wird eine Ver… äh … Verstellung.«

»Eine Entstellung«, half ihm Rudolf Büchel. Der Anführer war nicht böse über die Korrektur. »Ent-Stellung. Danke! Die Sprache ist schwer … was wollte ich sagen … ach ja: An den

Fingern sieht dann jeder, dass du Anatol angelogen hast. Und wie oft. Anatol, das bin ich.«

»Verstehe ...«

»Also fangen wir an: Wieso hat dich Mangold nicht umgebracht?«

»Ich konnte ihn überzeugen, es nicht zu tun.«

»Wie?«

»Der andere war tot, dieser ... Balkan. Mangold hat ihn so genannt. Ich hab ihn erschossen. Es gab ein Handgemenge ... nein, nicht ganz richtig, es war eher ... eine günstige Gelegenheit.« Der Gehilfe blickte den Anführer an. Fragen musste er nichts, Büchel verstand auch so: Zog dieses Geständnis Sanktionen auf der Fingerbrechebene nach sich oder schon auf der Rippenbrechebene oder sogar Milzrissebene? Aber der Anführer winkte ab.

»Und dann ist Mangold zu dir übergelaufen?«

»Ja. Ich hab ihm Geld versprochen.« Das war jetzt gelogen, aber im Grunde auch wieder nicht. Auf Geld wäre es hinausgelaufen im nächsten Schritt. Darauf lief es ja immer hinaus. »Mangold wollte nachsehen, warum die Leiche nicht auftaucht. Unter der Brücke ...«

»Ja, diese Brücke. Und die Leiche war Balkan?«

»Ja, genau. Balkan war ja tot, oder? Wir mussten ihn sowieso loswerden ...«

»Und wieso ist er dann nicht aufgetaucht im Fluss?« Büchel erklärte die näheren Umstände des Felssturzes, von dem Mangold nichts gewusst habe, und fürchtete die ganze Zeit um seinen kleinen Finger, aber der Griff des Gehilfen lockerte sich, das erstaunte ihn.

»Bis jetzt hast du die Wahrheit gesagt.« Der Mann klang zufrieden, sogar erfreut. »Wir waren dort, haben uns alles angeschaut. Hätte Mangold auch tun sollen.« Er verstummte, schien nachzudenken. Rudolf Büchel verzichtete darauf, das Gespräch durch eine Bemerkung fortzuführen. Er hatte das Gefühl, dass sich jeder Kommentar verbot.

»Wie ist das jetzt mit dem Geld?«, fragte Anatol. »Davon sind wir ja ausgegangen, du solltest das Geld zurückzahlen, was du schuldest.«

»Das Geld hab ich … *ausgegeben* kann man nicht sagen: Ich hab Schulden zurückgezahlt. Spielschulden.«

»Das wissen wir schon. Wir haben uns erkundigt. Wegen so Schulden hast du die ganze Sache ja angefangen.« Rudolf Büchel nickte. Der Druck um den kleinen Finger nahm wieder zu. »Ja, stimmt!«, beeilte er sich zu versichern.

»Also schön. Dein Verfahren funktioniert nicht … und bevor du jetzt erklären willst irgendwas – muss man dabei bedenken dies und das … oder so – glaub mir, das ist ganz schlechte Idee. Wir wollen von dem Mist nix mehr hören.« Der Gehilfe rüttelte auf eine Weise an Büchels kleinem Finger, die ihn aufschreien ließ. »Und es gibt keine anderen, die schuld sind, weil sie das gemacht und das nicht gemacht haben, hast du verstanden? Wir rennen unserem Geld nicht hinterher im Kreis, wir bleiben bei dir.«

Der Schmerz ließ nach, und Rudolf Büchel verzichtete darauf, Ewald Lässer und dessen mutmaßliche Verfehlungen zur Sprache zu bringen. Anatol war in seinen Aussagen, was dies betraf, sehr bestimmt.

»Wir betrachten das Ganze als Kreditgeschäft« sagte Anatol.

»Ein Kreditgeschäft …?«

»Wir haben dir einen Kredit gegeben, und den musst du jetzt zurückzahlen. Du hast uns nix verkauft, okay? Nix verkauft, keine Probe gegeben oder so was. Da war gar nix!«

»Verstehe, ein Kredit, ein ganz normaler Kredit, kein Kauf, kein gar nichts. Aber ich hab doch gesagt, ich hab das Geld nicht mehr ...«

»Ja, ja, schon klar, du hast das Geld nicht mehr, du hast damit Schulden bezahlt. Bei Leuten.«

»Ja, so war das ...«

»Siehst du, ein Fehler, machen solche wie du immer wieder. Spielen mit Leuten, vor denen sie große Angst haben, und leihen dann Geld aus. Von uns – obwohl sie noch viel mehr Angst haben sollten vor uns. Das ist blöd, oder nicht?« Rudolf Büchel in seiner neuen Rolle als dummer Schuldner eines Wucherers beeilte sich zu versichern, das sei wirklich blöd.

»Und wie geht das dann weiter?«, fragte er. »Ihr bringt die Leute um?«

»So dumm werden wir sein! Wir bringen niemanden um. Normal. Außer, lässt sich gar nicht vermeiden. Aber keine Leute, die uns Geld schulden. Sonst können sie uns ja das Geld nicht zurückzahlen. Mit Zinsen.«

»Und woher kriegen dann diese Leute das Geld?«

»Sie machen was Kriminelles!« Anatol lächelte, seine Stimme klang so fröhlich wie die der jungen Dame am Telefon, die einem mitteilt, man habe in einem Preisausschreiben gewonnen. »Sie besorgen sich das Geld halt irgendwie und zahlen es zurück. Klare Rechnung, gute Freundschaft.«

»Soll ich eine Bank ausrauben?«

»Du? Eine Bank?« Anatol musterte ihn. »Was meinst du?«, wandte er sich an den Gehilfen. Der schüttelte den Kopf, ohne Rudolf Büchel zu mustern. Nein, für einen Bankjob würden sie ihn nicht auswählen. Einen Augenblick war Rudolf Büchel beleidigt. Hatte er nicht zugegeben, diesen Balkan umgebracht zu haben? Kaltblütig? War man damit etwa nicht für einen

Überfall qualifiziert? Wahrscheinlich nur die üblichen Vorurteile von Berufsverbrechern gegenüber Quereinsteigern. Er verzichtete darauf, das Thema zur Sprache zu bringen. Er riss sich ja auch nicht darum, eine Bank zu überfallen.

»Ich bin ein bisschen schwer von Begriff«, sagte er dann, »aber ich hab das Gefühl, du willst noch auf etwas hinaus ...«

»Ja, dein Gefühl sagt dir Wahrheit! Du machst was Kriminelles, was dir liegt.«

»Was denn?«

»Du verkaufst jemandem dieses Verfahren. Hast du ja schon gemacht. Musst du nur mit dem Preis raufgehen ein bisschen wegen Zinsen. Unsere Zinsen, verstehst du? Zehn Prozent.«

»Na ja, das geht ja noch, zehn Prozent ...«

»Pro Monat natürlich.«

Büchel sackte zusammen. Er verlor alle Farbe. Anatol merkte es. »Jetzt bist du entsetzt, verständlich. Aber wir sind schließlich nicht die Sparkasse. Dort kriegst du gar kein Geld.« Anatol wiegte seinen massigen Totschlägerschädel hin und her. »Früher haben wir Leuten wie dir einfach die Scheiße rausgeprügelt, immer wieder, bis sie waren Krüppel. Die meisten sind dann abgekratzt und hat keiner nur einen Pfennig gesehen. Ich sag immer: Aus einem Stein kannst du keine Milch pressen. Das Totschlagen bringt nichts. Schreckt die übrigen Idioten nicht ab, Geld leihen, das sie dann nicht zahlen können zurück ... Abschreckung funktioniert überhaupt nicht, aber leider nicht alle Leute sehen das ein ...« Er schien über Unerfreuliches nachzudenken. Ideologische Gegensätze im Wuchergewerbe? Gab es dort auch eine Gruppe harter Marktliberaler und auf der anderen Seite Keynesianer? Fast schien es so; Anatol jedenfalls outete sich als Befürworter einer Politik des billigen Geldes.

»Du verkaufst dein Verfahren einfach noch einmal, ich weiß auch, an wen. Das heißt, ich hab einen Kunden für dich.« Rudolf Büchel starrte ihn mit großen Augen an.

»Siehst du, jetzt staunst du! Statt dich krumm und lahm zu prügeln, verschaffen wir dir Möglichkeit, deine Schulden abzahlen! Was sagst du?«

»Ich bin überwältigt ...«

»Der wird bald auf dich zukommen, aber verhandeln musst du selber mit dem, können wir dir nicht alles abnehmen.«

»Aber was ist, wenn das Ding wieder nicht funktioniert? Ich meine, auf lange Sicht ...«

Anatol lachte. »Wenn dein neuer Kunde kommt: Ratsam, ihn überzeugen, dass die Sache funktioniert. Wir wissen beide, dass in Wirklichkeit nicht funktioniert, aber du musst regeln mit deinen Leuten. Denk dir aus was Überzeugendes. Beim ersten Mal es hat auch geklappt. – Und mach keinen Blödsinn – Südamerika oder so! Dafür hast du nicht das Geld, und vergiss nicht die Zinsen. Sechs Monate, zehn Prozent im Monat. Wir melden uns dann.«

»Wie kann ich euch erreichen, wenn etwas ...«

»Gar nicht. Und der Satz, den du grad sagen willst, ist ganz falsch. Wenn etwas schiefgeht, dazwischenkommt oder so. Das gibt es nicht, hörst du? Wir stehen auf der Matte, wenn du das Geld hast, holen es. Du wirst es dann haben. Wirst du dir merken? Wahrscheinlich nicht. Er gibt dir eine Gedächtnisstütze. Ist sicherer so.« Anatol hatte seine Rede kaum beendet, da schrie Rudolf Büchel laut auf, der Gehilfe hatte ihm mit einem einzigen Griff den Finger gebrochen. Der stand jetzt ab wie ein Maschinenteil, das man falsch eingebaut hatte. Der Gehilfe stand auf, Anatol auch.

»Schönen Tag noch!«, wünschte Anatol. Dann waren die beiden weg. Büchel band sich unter Wimmern ein Tuch um die Hand und rief ein Taxi, das ihn in die Klinik bringen sollte.

Er verließ sie zwei Stunden später mit eingegipster Hand. Den Großteil der zwei Stunden hatte er mit Warten verbracht. Gesagt hatte er, dass er gegen eine Tür gelaufen war, das wurde weder hinterfragt noch kommentiert. Der Bruch wurde unter örtlicher Betäubung eingerichtet und versorgt.

Während er wartete, dachte Rudolf Büchel nach. So intensiv wie seit 1993 nicht mehr, als er dem »Slowaken« hundertsiebzigtausend Schilling geschuldet hatte. Knapp zwölftausend Euro, klingt heute lächerlich, aber damals war das eine Menge Heu, und der Slowake fand daran überhaupt nichts Lächerliches. Rudolfs Vater hatte über die Hausbank einen günstigen Kredit besorgt (einfach selber zahlen wollte er aus erzieherischen Gründen nicht); den musste er monatlich abstottern. In Wahrheit wurde der Kredit lang vor der Zeit mit Spielgewinnen getilgt, wovon der alte Büchel nichts wissen durfte. Ich bin der einzige missratene Sohn der Geschichte, dachte Rudolf oft, der nicht seine Schulden leugnen muss, sondern den Umstand, dass er *keine* Schulden mehr hat. Damals wenigstens ... diese Schulden gab es nicht mehr, den Vater Büchel gab es nicht mehr, den Schilling gab es nicht mehr und den »Slowaken« auch nicht. Der war ein paar Jahre später in Bratislava ertrunken. In der Donau beim Baden. – Das war alles ewig her.

Alles war schiefgelaufen, weil Ewald Lässer Mist gebaut hatte. Nur, auf welche Weise, welche Art Mist? Die einfachste Erklärung war natürlich die, dass der gute Ewald ihn, Rudolf Büchel, betrogen hatte. In diesem Fall gab es kein wie immer geartetes »Verfahren« – und die Probe, die die Funktionstüchtigkeit der Anlage beweisen sollte, hatte er sich von wo auch immer besorgt. Aber: Wie wahrscheinlich war das? Materialproben von der Art, um die es hier ging, wurden nicht einfach so gehandelt, das hatte Rudolf bei seinen eigenen Recherchen herausgefunden. Es war schon für ihn, als er die Sache das erste Mal verkaufen wollte, schwer gewesen, an die richtigen Leute heranzukommen. Auch im Reich des Kriminellen gibt es eine strenge Hierarchie – nur seine Kontakte zu recht potenten Geldgebern im Spielermilieu hatten ihn über einige Umwege mit jenen Personen in Kontakt gebracht, die an seinem Verfahren (besser: Lässers Verfahren) Interesse bekundet hatten. Dieser Lässer kannte aber keine Spieler, auch sonst keine Halb- oder Viertelkriminellen, von schwereren Kalibern zu schweigen. Und übers Internet hatte er es auch nicht versucht, da war sich Rudolf sicher. Lässer war Chemotechniker, kein IT-Freak. In einer Zeit, in der die Superrechner der NSA das globale Netz Tag und Nacht nach verdächtigen Inhalten durchforsteten, konnte man Geschäfte dieser Art überhaupt nur noch mündlich tätigen. Wie vor fünfhundert Jahren mit Boten. Nur reiten mussten die nicht mehr. Kein Telefon, keine elektronische Kommunikation.

Nein, Lässer hatte ihn nicht wissentlich betrogen. Mit Betonung auf *wissentlich*. Er hatte sich einfach geirrt, etwas versaubeutelt bei der Übermittlung der Pläne. Ein Detail. Denn dass dieses Verfahren im Prinzip lieferte, was es sollte, bewies ja die hergestellte Probe. Und warum schwor der Typ dann Stein und Bein, es sei alles in Ordnung? Ganz einfach: aus Selbstüberschätzung, verletzter Eitelkeit, oder wie immer man das nennen wollte. Seine Bedeutsamkeit, der Herr Diplomsuperingenieur, hatte einen banalen Fehler gemacht und konnte es nicht zugeben. Nicht einmal die Möglichkeit in Erwägung ziehen! Wegen angeborener Unfehlbarkeit. – Je länger Rudolf Büchel darüber nachdachte, desto mehr wuchs seine Wut. Er verließ die Wohnung, die nun nicht mehr anonym war, nur noch klein, und fuhr mit dauernd überhöhter Geschwindigkeit in die Schweiz.

*

Natürlich hatte sich Matthäus mit seinen Mitstreitern wieder versöhnt. Er hatte sie am Vormittag angerufen, eigentlich noch am Morgen, gleich nach dem Aufstehen. Jedem von ihnen hatte er gesagt, er müsse eine wichtige Mitteilung machen, sie sollten zum Mittagessen in die »Blaue Traube« kommen. Einzig Dr. Peratoner erwog die in die Frage gekleidete spitze Bemerkung anzubringen, ob sie das besagte Gasthaus denn auch betreten dürften, verkniff es sich aber, woran ein Unterton in Matthäus Spielbergers Stimme schuld war. Matthäus war nicht nach Scherzen, das konnte man hören. Er betrat den Raum erst, als alle versammelt waren. *Alle* hieß in diesem Fall auch Mathilde und Angelika, die er dazugebeten hatte. Weil Mathilde in der Küche unabkömmlich war, musste die Sache ohne Präliminarien über die Bühne gehen – zum Beispiel blieb jetzt keine Zeit, vergangene Missverständnisse zu klären wie ein angedrohtes (oder sogar ausgesprochenes?) Lokalverbot und andere unerfreuliche Dinge.

Erst als alle um den hintersten Tisch versammelt saßen, kam Matthäus aus der Küche. Er trug, wie es sonst nicht seine Art war, eine große, bis zum Boden reichende Lederschürze. Er trug sie wie die Uniform des Schankwirts, der den ganzen Tag schwere Fässer bewegt. Mathilde war irritiert.

»Warum hast du die Schürze an? Die hast du doch die längste Zeit nicht mehr …«

»Ich habe wieder geträumt.«

»Deswegen ziehst du die Schürze an?«

Darauf ging Matthäus nicht ein. Er erzählte nur den Traum der letzten Nacht.

Allerdings nicht den ganzen Traum. Besser: den ganzen Traum, aber nicht mit allen Details. Er sah erst später ein, dass es auf ein spezielles Detail angekommen wäre – irgendeine verborgene Instanz in seinem Kopf hatte im letzten Moment noch eine »Berichtigung« oder »Klärung« in seine Aussage hineinreklamiert, die einfach darin bestand, die Sache zusammenzufassen, gewissermaßen zu straffen, wodurch manches wegfiel, was den Hörer der Kunde nur verwirren würde. Das Modell verschiedener Instanzen des Bewusstseins kommt sehr gelegen, wenn man die Verantwortung für das eigene Sagen und Tun ein bisschen scheut. Man kann sich dann auf interne Konflikte zwischen diesen psychischen Instanzen berufen, ein »Einerseits – Andererseits« – die Entsprechung der Einwände der bekannten Hofräte Hinsichtl und Rücksichtl, die seit Jahrhunderten die österreichische Politik vor haltlosem Aktionismus bewahrt haben. Diese Hofräte hatten sich auch in Matthäus Spielbergers Hirn ein Büro eingerichtet. Denn bitte, nicht wahr: Matthäus war in diesem Haus, wo Büchel telefonierte, *nie* gewesen, wie von dort aus die Landschaft draußen aussah, war eine *Interpretation* des Matthäus Spielberger, der hier, seien wir doch ehrlich, lang zurückreichende Kindheitserinnerungen entsprechender Vagheit in den Traum hineinmischte; das wäre doch möglich, oder? Und konnte er auf dieser Basis mit hundertprozentiger Sicherheit anderen gegenüber behaupten, der Schauplatz seines Traums sei das Jagdhaus der Agrargemeinschaft Nenzing im Gamperdonatal gewesen? Nein, das konnte er nicht! Also vermied er bei seiner Traumnacherzählung eine konkrete Ortsbezeichnung, sprach nur von einem Holzhaus (vielleicht einer Jagdhütte) »auf einer Alp« (keiner bestimmten). Damit hatte er die Wahrheit gesagt, nur nicht die ganze. Ein Kompromiss zwischen Schweigen und rückhaltloser Offenheit, die doch nur zum sofortigen Aufbruch ins Gamperdonatal und ähnlich überstürzten Aktionen à la Lothar Moosmann führen würde. Man wird einwenden, das sei die Ausrede eines Feiglings – Matthäus Spielberger wird das sogar zugeben, aber mit der Frage kontern, ob man selber schon einmal jemand gewaltsam zu Tode Gekommenen in tiefer Nacht im Wald verscharrt habe? Mit der Gefahr des Existenzverlustes bei Entdeckung? – Bitte: Was antwortet man da?

Nach seiner gerafften Erzählung blieb am Tisch alles still. Dr. Peratoner war der Erste, der sich gefangen hatte.

»Wir sollen diesen Lässer also warnen?«, fragte er.

»Der Traum zeigt die Zukunft«, sagte Matthäus. »Die Entführung ist also noch nicht passiert. Insofern könnten wir ...«

»Wieso hast du mir nichts davon erzählt!«, rief Mathilde. Sie wirkte aufgebracht.

»Das tu ich doch grad«, sagte Matthäus.

»Ja, im Wirtshaus! Ich bin deine Frau, Herrschaftszeiten! Und ich will wissen, wie es dir geht, bevor's im Gemeindeblatt steht!« Sie sprang auf und rannte in die Küche, ihre Tochter hinterher, dann mit kaum merklicher Verzögerung ihr Mann. Auch Lothar Moosmann war aufgestanden.

»Auch noch hinterher?«, wollte Franz-Josef Blum wissen. »Glaubst du, die brauchen einen Familiencoach?«

»Ach, halt doch dein blödes Maul!« Lothar war rot angelaufen, weil ihn der Buchhalter wieder einmal bei einer ritterlichen Aktion für die angebetete »Lecherin« erwischt hatte. Franz-Josef grinste. Dr. Peratoner starrte die Wand auf der anderen Tischseite an, wer seine Augen beobachtete, konnte aber sehen, dass sein Blick durch die Wand hindurch ins Reich der reinen Möglichkeiten ging.

»Wir haben, wenn ich das richtig einschätze, folgende Optionen: Wir fahren auf der Stelle zu diesem Lässer und warnen ihn vor der Entführung seiner Freundin durch den zwielichtigen Büchel. Weniger umständlich wäre es freilich, die Dame selber zu warnen, wir wissen aber nicht, wo sie wohnt ...«

»Aber wie sie heißt, wissen wir schon«, sagte Franz-Josef und suchte auf seinem Superhandy mit Internetanschluss im Vorarlberger Telefonbuch nach Agathe Moser.

»Kein Eintrag«, murmelte er.

»Und selbst wenn«, sagte Lothar, »was würdest du ihr, verdammt noch einmal, sagen? Hallo, mein Freund hat geträumt, dass Sie entführt werden, passen Sie bloß auf! Das ist doch verrückt!«

»Und hinfahren zu diesem Lässer ist die bessere Idee?«

»Ihr habt mich unterbrochen«, sagte Dr. Peratoner. »Ich sprach von mehreren Optionen. Die zweite bestünde darin, diesen Büchel selber aufzusuchen und ihm auf den Zahn zu fühlen.«

»Das ist eine Firma in Altstätten, die *Büma*, das hab ich schon gecheckt«, bestätigte Franz-Josef.

»Ja, das ist eine ganz tolle Idee!«, rief der Schnitzer. »Seid ihr völlig verblödet oder was? Was wollt ihr ihm denn sagen? Sie wollen die Frau Moser entführen, um ihren Freund zu erpressen? Lassen Sie das sein, sonst holen wir die Polizei?«

»Natürlich haben wir nichts dergleichen vor, es besteht

auch kein Grund, sich deswegen so zu exaltieren und ausfällig zu werden«, beruhigte der Chemiker. »Die dritte Option bestünde übrigens darin, nichts zu tun und den Dingen ihren Lauf zu lassen.«

»Das ist doch nicht dein Ernst?« Das kam fast im Chor von den beiden anderen.

»Überlegt doch einen Augenblick in aller Ruhe«, bat Dr. Peratoner. »Freund Matthäus kommt durch seine neu erworbene Gabe der Prophetie anständig in die Bredouille, das könnt ihr nicht leugnen. Nun weihte er schon die Familie ein, was ich an seiner Stelle füglich unterlassen hätte ...«

»Warum?«, wollte Lothar wissen.

»Weil er nicht mehr frei in seinen Entscheidungen ist! Er ist darauf bedacht, eher schon gezwungen, Rücksicht zu nehmen ...«

»Wohl wahr«, stimmte Franz-Josef zu. Seine Stimme klang belegt. Er dachte an seine Frau und viele andere Dinge. Wenn seine Frau noch lebte, hätte er die anderen nie kennengelernt. Und nie mitgeholfen, eine Leiche verschwinden zu lassen, die einer von diesen anderen produziert hatte. Aber in diesem Augenblick wusste er nicht, ob das so schlecht war. Und das andere Leben an der Seite einer gesunden Frau besser gewesen wäre. Der Gedanke erschreckte ihn.

Die Familie Spielberger kehrte aus der Küche zurück, die beiden Frauen voran. Das gab dem nachfolgenden Matthäus Gelegenheit, den Zeigefinger auf den Mund zu legen, was von seinen Kumpanen bemerkt und beherzigt wurde. Keine Erwähnung des Herrn Mangold und seines Endes also. Matthäus wollte Beunruhigung seiner Frauen vermeiden, die anderen verstanden das, sie hätten genauso gehandelt, wenn sie Frauen gehabt hätten.

Die nachfolgende Debatte drehte sich auf merkwürdige Weise im Kreis, wobei sie immer wieder die von Dr. Peratoner aufgezeigten Optionen berührten, immer wieder dieselben, wie die Figuren auf einem Karussell. Aber neue kamen nicht hinzu, und keinem gelang es, vom Ringelspiel herabzusteigen. Es lag auch an der Anwesenheit der beiden Frauen, die nicht viel sagten, nur Zwischenfragen stellten. Da es sich um die Wirtin und ihre Tochter handelte, konnte man sie nicht gut ausschließen, nur der Vater und Ehemann hätte das gekonnt, der machte aber dazu keine Anstalten. Auch er sprach nicht viel, ließ die Freunde reden, die sich bei allem, was sie sagten, darauf konzentrierten, nur ja den Herrn Mangold und sein Schicksal außen vor zu lassen, als sei er eine unbedeutende Nebenfigur, auf die es nicht ankam. Die Fixierung der drei Kumpane darauf, ihren Anführer nicht zu verraten, mochte der Grund sein, dass ihnen in der aktuellen Lage nichts einfiel, was aus dem Karussell der Argumente herausführte. Sie hofften, die Frauen würden sich aus Langeweile wieder in die Küche zurückziehen, das geschah aber nicht. Die Debatte erlahmte, sie kamen auf keinen grünen Zweig. Lothar Moosmann fiel ein, dass in der Werkstatt noch eine wichtige Arbeit wartete; man vertagte sich. Franz-Josef und der Chemiker begleiteten den Schnitzer zu seinem Auto.

»Warum sind die sitzen geblieben, Herrgott!«, ereiferte sich Lothar.

Dr. Peratoner sagte: »Daran sind wir selber schuld. Wir glaubten Matthäus alles, was er von sich gab. Sein Traum ist für uns real. Diese Überzeugung machte Eindruck, übertrug sich auf seine Frauen. Ohne uns nähmen sie doch nichts ernst von seinen Traumerzählungen.«

Dagegen ließ sich nichts vorbringen. Sie verabschiedeten

sich und gingen ihrer Wege, das heißt, Dr. Peratoner ging, die beiden anderen stiegen in ihre Autos.

*

Angelika Spielberger wartete, bis der Chemiker vom Vorplatz des Wirtshauses in der schmalen Gasse verschwunden war, die zu seinem Haus führte. Dann setzte sie sich in ihren Seat und fuhr Richtung Autobahn. Sie ging nicht aus, wie sie ihren Eltern mitgeteilt hatte, suchte also nicht einen der Clubs im Rheintal auf, wo sie sich mit ihren Bekannten traf. Nähere Beschreibungen können wir uns aber sparen, weil diese Leute zwar zahlreich, aber in ihrer Gesamtheit nicht halb so interessant waren wie ein Einziger aus der Runde ihres Vaters. Sie waren halt da und boten eine Art Simulation von Urbanität, genau wie die Clubs, die Lokale, die Galerien und Kleintheater und sonstigen kulturellen Brennpunkte des Vorarlberger Rheintals. Angelika vermisste Wien, wo sie studiert hatte. Sie wäre auch dortgeblieben. Aber Richard hatte unbedingt zurückwollen nach Feldkirch. Also war sie mit zurückgekommen. Ein schwerer Fehler, wie ihr nun bitter bewusst war. Nicht wegen Richard, der sich auch im großstädtischen Umfeld schließlich und endlich als Reinfall erwiesen hätte, nein, das Heimkommen selber war der Fehler, daran konnten auch Siegfried und Heinz und noch ein paar andere nichts ändern, die Richards Rolle eingenommen hatten, zuletzt Erich. Sie wusste selber, dass sie sich schnell verliebte und schnell enttäuscht wurde. Sie hatte keinen Blick für Männer, das war ein Fehler, mit dem sie leben musste. Woran war es aber gelegen, dass es mit Richard in Wien immerhin drei Jahre gutgegangen, nach der Rückkehr in Vorarlberg aber schon nach einem halben Jahr aus gewesen war? Wie konnte ein Mann, der nicht das Talent zur Verstellung besaß (das musste sie zugeben), drei Jahre verbergen, dass er ein egomanischer Vollpfosten war – und wieso gelang ihm das in heimatlichen Gefilden nicht mehr? – Es lag am Umfeld. An Wien und Vorarlberg. Anders konnte sie es sich nicht erklären.

Sie war froh, dass dieser Abend etwas anderes bieten würde als Abhängen in einer Lokalität, die doch nur Ersatz sein konnte. Außerdem war da noch Ramón. Sie hatte Ramón vor ein paar Wochen kennengelernt. Ramón war Ingenieur, seine Eltern hatten ein Hotel an der Costa Brava, das er aber nicht übernehmen würde. Er würde vielmehr in der Softwareschmiede in Bregenz sein Glück machen. Eine kleine, aber feine Firma mit viel Zukunft. Ramón gefiel ihr. Er hatte nach einem glänzenden Studienabschluss in Madrid keine Anstellung gefunden und sofort beschlossen, ins Ausland zu gehen. So war er nach Bregenz gekommen. In der Firma wurde Englisch gesprochen, das war für ihn kein Problem, er besuchte einen Deutschkurs und tat sich schwer. Angelika hatte ihn in einem Lokal kennengelernt und angesprochen, als sie ihn mit einem Freund reden hörte – es war ein Steakrestaurant, eigentlich argentinisch, aber dort traf sich die winzige spanischsprachige Gemeinde. Soll heißen: die Mitglieder, die sich die Preise leisten konnten. Angelika konnte Spanisch. Leidlich, wie sie selber, die dazu neigte, sich runterzumachen, zugeben musste. Ramón sagte, sie sei perfekt.

Er gefiel ihr. Das war auch keine Kunst. Er schien vom spanischen Tourismusministerium entworfen zu sein, entsprach dem mitteleuropäischen Klischee des Spaniers in jeder Beziehung. Den westgotischen Langschädel auf sehnigem Körper, nur schwarzhaarig statt blond, sinnliche Lippen, dunkle

Augen, in denen ein geheimes Feuer brannte ... und so weiter halt. Gott sei Dank war er dann gar nicht so. Sondern interessant. Und heißen tat er: Ramón Rodriguez Villafuerte. Bei Nennung dieses Namens fiel Angelika ein, dass all ihre männlichen Bekannten, sie mochten offiziell heißen, wie sie mochten, im Geheimen alle miteinander »Bünzli« hießen, obwohl sie noch nicht einmal Schweizer waren. Ramón gefiel ihr auch wegen der Ähnlichkeit der Schicksale. Er hatte keine Lust auf den Beherbergungsbetrieb seiner Eltern, sie hatte keine Lust, den Rest ihrer Tage in der »Blauen Traube« Schnitzel zu backen. Er hatte Informatik studiert, sie Kunstgeschichte, nun gut, das bot kein überbordendes Füllhorn an Gemeinsamkeiten, aber davon hatte sie ohnehin genug: All diese Kleinkünstler und Musiker und Theatermacher und Maler und Literaten – die ganze Szene hing ihr schon einen halben Kilometer zum Hals heraus. Nicht, weil sie alle schlecht gewesen wären (sie waren im Schnitt nicht schlechter als die Wiener Pendants), sondern ... sondern (sie musste sich zum wesentlichen Punkt innerlich aufraffen) – sondern wegen der Aura, die sie alle umgab.

Es war die Aura der Vergeblichkeit, der stumpfe Schatten des Scheiterns. Diese bedrohliche Dämmerung hing nicht über Ramón, das war klar und deutlich zu sehen. Ihn umgab überhaupt keine Aura. Er war etwas Neues. Er *tat* etwas. Schön, ihre anderen Bekannten taten auch etwas, manche sehr viel – aber das würde alles ohne Folgen bleiben. Sie veränderten nichts. Sie schlugen nur die Zeit tot. Bei Ramón hatte sie die Empfindung, alles, was er machte, werde zu einem Ergebnis führen, zu etwas Realem. Zu einem Ziel, das etwas *bedeutete*. Was dagegen die anderen hervorbrachten, war bedeutungslos.

Sie hatte sich nicht in ihn verliebt. Noch nicht. Das würde vielleicht noch kommen oder nicht. Es spielte keine Rolle. Wichtig war, dass er ein Vorbild bot. Wie man das Leben anpackte. Wie man etwas tat. Dass man überhaupt etwas tat, etwas Wirkliches. Und nicht nur so tat, als ob.

Und sie, Dr. Angelika Spielberger, Kunsthistorikerin und Gastwirtstochter, würde ab jetzt auch nicht mehr nur so tun, als ob. Sie würde es wenigstens probieren. Denn eines war ihr klar: Sie musste aus dem Dunstkreis ihrer gewohnten Umgebung heraus! Weg von den Pseudos, die sie umgaben wie ein Fliegenschwarm, und weg von der »Blauen Traube« – also schön, die Abnabelung vom Gasthaus hatte nicht die Priorität, das konnte warten. So lange, bis sie eine adäquate Beschäftigung gefunden hatte. Eine Stelle. Eine Arbeit. Aber ihr Umfeld konnte sie gleich ändern und ihr Verhalten auch. Also fuhr sie nicht in einen Club, sondern nach Koblach. In die Schweizer Straße 24. Die Adresse hatte sie aus den Gesprächen im Wirtshaus behalten. Sie merkte sich alles beim ersten Anhören oder Lesen und vergaß nichts. Deshalb hatte sie sich in der Schule leichtgetan, an der Uni auch. Matthäus wusste um die Auffassungsgabe seiner Tochter und sah im Studium der Kunstgeschichte eine Verschwendung – nicht wegen der Kunst, dagegen hatte er nichts, nach seinem Dafürhalten hätte sie aber etwas mit enormen Stoffmassen studieren sollen, Medizin zum Beispiel. Gesagt hatte er nie etwas.

Angelika Spielberger fand mit dem Navi den direkten Weg in die Schweizer Straße 24. Sie stellte das Auto ab und läutete an der Tür. Ewald Lässer machte auf. Er lächelte sie an und sah dabei ein wenig blöde aus. Angelika war ein bisschen irritiert. Den Gesichtsausdruck kannte sie: So sahen Männer unmittelbar nach einem über alle Maßen befriedigenden Geschlechtsakt aus, und zwar Männer, die solche Akte nicht sehr oft erlebten. Bescheuert.

»Sind Sie Herr Lässer?«

»Ja, warten Sie bitte – nur einen Augenblick ...«

Er verschwand in der Tiefe des Hauses und kehrte mit einer Geldtasche zurück. Die hielt er in der einen Hand, in der anderen einen Zwanziger.

»Haben Sie eine Liste?«, fragte er. »Zum Unterschreiben?«

»Was? Ach so, nein, hab ich nicht. Ich komm auch nicht zum Sammeln. Ich muss mit Ihnen reden.«

»Hören Sie, wenn es um die Bibel geht oder um Jesus, da verschwenden Sie bei mir nur Ihre Zeit, tut mir leid ...« Er lächelte wieder. Ich könnte ihm den Zwanziger abnehmen und das Portemonnaie gleich dazu, er würde sich nicht wehren und nachher nicht die Polizei rufen. Der ist in diesem frisch gefickten Zustand, nicht ganz bei sich, tut mir leid, so ist es doch! In diesem speziellen Zustand war sie selber schon länger nicht mehr gewesen. Das ärgerte sie.

»Nein, es geht nicht um die Bibel oder den Herrn Jesus, es geht um Ihre Freundin. Können wir reingehen?« Sie wartete keine Antwort ab und ging an ihm vorbei durch den Flur ins große Solarwohnzimmer. Agathe Moser erhob sich aus dem Sessel, in dem sie geruht hatte, und schwebte auf Angelika zu. Sie trug ein langes Kleid aus fließendem Material, hellblau. Rund um das göttlich schöne Antlitz der Strahlenkranz des perfekten Blondhaars. Ach, so ist das, dachte Angelika. Ein einziger Blick genügte. Wie bei Schachspielern, die ja auch nicht fünfundzwanzigtausend Varianten durchrechnen wie der stumpfsinnige Computer, sondern aufgrund ihrer gesteigerten Gestaltwahrnehmung einfach *sehen*, was los ist – so fügte sich bei Angelika das Bild dieser Frau in Sekundenbruchteilen mit den zahllosen Puzzleteilchen, die sie von der ganzen Geschichte mitbekommen hatte. Denn was bei Lothar Moosmann eine dunkle Ahnung gewesen war, eine untergründige Irritation (was stimmt nicht an diesem Bild?), das war bei Angelika Spielberger ein einfacher klinischer Befund. Gar nichts stimmte an dem Bild, das Agathe Moser und Ewald Lässer darstellte. Sie konnten unter normalen physikalischen Verhältnissen nicht im selben Bild vorkommen. Taten sie es doch, war Geld im Spiel. Viel Geld. Wenn eine Frau wie diese Moser mit dem Gnom schlief, der die Tür geöffnet hatte, erwartete sie sich Millionen. Und musste sich dieser Summen sehr sicher sein, denn solche Frauen arbeiteten nicht mit Eventualitäten, das hatten sie nicht nötig. Sie bauten auf Gewissheiten. Diese Agathe tat das jedenfalls. Sie begrüßte Angelika mit jener jovialen Freundlichkeit, die manche Monarchen beim Kontakt mit dem gewöhnlichen Volk zeigen: Alle wissen, dass der Abstand zwischen uns unüberbrückbar ist, aber jetzt tun wir so, als spiele das keine Rolle! Angelika war von kreatürlicher Abneigung gegen Frau Moser erfüllt, aber das half jetzt auch nichts. Sie war hergekommen, um ein gutes Werk zu tun, da konnte sie sich nicht mit einer erfundenen Geschichte aus der Affäre ziehen. Außerdem würde ihr so eine Geschichte auf die Schnelle nicht einfallen. Sie kam sich überrumpelt vor und atmete tief durch.

»Sie sagt, es geht um dich«, hörte sie Ewald Lässer in ihrem Rücken.

»Wollen Sie sich nicht setzen?« Natürlich: dieses Schlafzimmer-Timbre der Stimme, die Frau Moser zur Spitzenverkäuferin wovon auch immer gemacht hätte, sogar bei weiblichen Kunden. Die Welt ist nicht gerecht, dachte Angelika, deren eigene Stimme ihr immer zu hoch klang, zu hoch und zu dünn.

Desto höher und dünner, je mehr sie sich aufregte. Sie nahm auf dem angebotenen Sessel Platz, das Pärchen setzte sich ihr gegenüber auf die Couch. Wieso fällt ihm das nicht auf? Klar, er sah sich ja nicht neben ihr, aber Angelika sah die beiden vor sich. Die Prinzessin und der ... was? Der Grottenolm. Aber das war alles kein Kriterium. Frau Agathe Moser hatte es nicht verdient, in Lebensgefahr zu geraten, nur weil sie schön war. Wo kämen wir denn hin, wenn unsere Bereitschaft, Hilfe zu leisten, von der äußeren Erscheinung des Hilfsbedürftigen abhinge? Na, genau dorthin, wo wir seit ungefähr zehntausend Jahren schon sind ... sie zwang sich zur Ruhe.

»Sie sind in Gefahr«, begann sie. »Sie, Frau Moser. Der Kompagnon Ihres ... Ihres Partners, ein gewisser Büchel, wird Sie entführen.«

Darauf sagte zuerst niemand etwas. Lässer hatte die Brauen hochgezogen, an der Miene der Göttin Agathe war keine Veränderung abzulesen. Die in sich ruhende Herrscherin, dachte Angelika. Kleopatra hat sicher auch bei keiner Meldung das Gesicht verzogen.

»Warum sollte er das tun?«, fragte Lässer.

»Er will Sie erpressen.«

»Er will Lösegeld von mir?« Ewald Lässer zeigte den Anflug eines Lächelns. Der Gedanke schien ihn zu amüsieren.

»Nein, natürlich geht es nicht um Geld. Er will eine Information von Ihnen, etwas, das mit Ihrem gemeinsamen Geschäft zusammenhängt.« Das Lächeln Ewald Lässers erstarb.

»Hat er Sie geschickt?«, fragte Agathe Moser.

»Was? Wieso denn ...?«

»Um uns Angst zu machen.«

»Nein, er hat mich nicht geschickt! Ich kenne ihn nicht persönlich, ich habe ihn auch noch nie gesehen.«

»Woher wissen Sie dann von seinen ... Plänen?«, fragte Ewald Lässer.

»Von meinem Vater. Seit einer Kopfverletzung hat er prophetische Träume, in diesen kann er die Zukunft ...«

»Er hat, bitte, was?!«

»Sie haben schon verstanden. Prophetische Träume.« Die beiden anderen begannen gleichzeitig zu reden, aber darauf ließ sich Angelika nicht ein, sondern stand auf und schnitt ihnen mit einer schnellen, waagrechten Handkantengeste das Wort ab. »Hören Sie zu! Die ganze Debatte von wegen, das gibt es nicht, das ist nicht möglich, nicht wissenschaftlich erwiesen und so weiter: Sparen Sie sich das! Schieben Sie sich die Wissenschaft gegenseitig in den Arsch!« Nichts erzeugt so schnell ein peinliches Schweigen wie eine Frau, die verbal aus der Rolle fällt. Wenn die Frau *nicht* betrunken ist, wird das Schweigen abgrundtief.

»Ich sage Ihnen das nicht, weil Sie mir sympathisch sind oder um mich wichtig zu machen. Ich sage es Ihnen, weil es die Wahrheit ist. Mein Vater hat diese Fähigkeit und leidet darunter. Und was den Herrn Büchel betrifft: In einem anderen Traum hat er gesehen, wie er eine Leiche in die Rappenlochschlucht wirft! Er ist also zu einigem fähig ...« Sie schwieg und setzte sich wieder. Die beiden lächelten ihr zu.

»Was ich nicht verstehe«, sagte Agathe Moser in dem Tonfall, den man verirrten Kindern gegenüber anschlägt, »Sie sagen, er hat Herrn Büchel im Traum gesehen. Woher wusste er denn, dass es Herr Büchel war? Kennt er ihn von früher?«

»Nein, er hat ihn nicht gekannt. Erst kennengelernt im Rahmen von Ermittlungen ...«

»Was denn für Ermittlungen?«, wollte Ewald Lässer wissen.

»Wenn Sie so etwas träumen, dann halten Sie das natürlich

nicht von Anfang an für real. Mein Vater ist nicht verrückt, wenn Sie das glauben sollten. Er hat es nicht ernst genommen. Aber dann ist er einer Person begegnet, die er aus dem Traum kannte. Da wird man dann stutzig ...«

»Verständlich.« Sie hatte jetzt Agathe Mosers Aufmerksamkeit. »Und die Person war Herr Büchel?«

»Nein, sein Begleiter. Der ist untergetaucht. Er hat dann mit Nachforschungen begonnen und ist auf Herrn Büchel gekommen. Und auf Sie.« Sie deutete mit dem Finger auf Ewald Lässer. Der schien unangenehm berührt. Jetzt hatte sie auch seine Aufmerksamkeit.

»Er weiß nur nicht, was er tun soll. Er kann ja nicht zur Polizei gehen – um ein noch nicht geschehenes Verbrechen anzuzeigen. So ein Fall ist einmalig, die Sache macht ihn fertig. Deshalb bin ich hier. Ich gebe die Information an Sie weiter, an Sie beide. Es ist jetzt Ihre Sache, was Sie daraus machen.«

»Sie wollten vollendete Tatsachen schaffen«, sagte Agathe Moser.

»So ist es. Und mein Name ist Angelika Spielberger, mein Vater ist der Wirt der *Blauen Traube* in Dornbirn. Für den Fall, dass Sie ihn persönlich fragen wollen.« Sie stand wieder auf, um zu gehen.

»Moment noch«, wandte Ewald Lässer ein. »weil wir gerade von *vollendeten Tatsachen* sprechen. Sie sagten doch, das sind prophetische Träume, zeigen Ihrem Herrn Papa also Ereignisse der Zukunft?«

»Worauf wollen Sie hinaus?«

»Bei der Zukunft ist es immer wichtig zu wissen, wie weit sie weg ist – die Zukunft, meine ich. Das ist in diesem Fall durchaus nicht klar. Ich meine: Sind das zwei Tage, zwei Wochen? Oder zwei Jahre? Wenn eine Leiche in die Rappenlochschlucht geworfen worden wäre – hätte man das inzwischen nicht bemerkt?«

»Ja, schon, aber unter der Brücke ist doch der Felssturz, eine Leiche kommt gar nicht ins Wasser runter, darum wurde sie nicht gefunden...«

»Oder aber, weil es sie noch gar nicht gibt, diese Leiche! Weil der Unbekannte und Rudolf Büchel, aus welchen Gründen immer, erst in nicht näher bekannter Zukunft eine Leiche dort hinunterschmeißen werden!« Seine Augen leuchteten, das Thema hatte ihn gepackt. »Das ist übrigens das Problem bei den meisten Prophezeiungen. Man weiß nicht, auf welches Datum sie sich beziehen. Der Vorfall in der Rappenlochschlucht kann morgen passieren, in einer Woche oder in fünf Jahren. Wir wissen es nicht, und Ihr Vater weiß es auch nicht.«

Diesen Punkt hatten sie alle übersehen. Sie hasste ihn. Einer dieser Eierköpfe, die an jeder Sache sofort den Knackpunkt erfassen. Er ließ ihr keine Zeit zum Nachdenken.

»Wenn der Vorfall auf der Brücke zeitlich nicht bestimmbar ist, dann gilt das auch für die Entführung. Das Problem verkompliziert sich noch. Sie gehen davon aus, dass die Brückensache schon passiert ist, die Entführung aber noch nicht. – Schatz, du wüsstest es doch, wenn man dich entführt hätte?«, wandte er sich an seine Freundin. Sie lächelte.

»Das wär mir aufgefallen.«

»Eben. Das ist Fakt. Unsicher ist die Brückengeschichte. Sie nehmen an, dass diese Dinge zusammengehören. Erst Brücke mit Leiche, dann Entführung. Aber woher kennt ihr Vater die Reihenfolge?«

»Er hat erst von der Brücke geträumt, dann von der Entführung...«

»Und daraus schließen Sie, die Dinge müssten sich auch

in dieser Folge abspielen?« Der Einwand verwirrte Angelika. Über die Reihenfolge hatte sie noch nie nachgedacht. Was war das überhaupt für eine verquere Idee? Natürlich zeigt der frühere Traum das frühere Ereignis, der spätere Traum das spätere ... sie merkte, wie absurd sich das anhörte. Ewald Lässer lächelte sie an. Er schien ihre Gedanken zu lesen.

»Sehen Sie, Frau Spielberger, ich zweifle nicht an Ihrem Vater – ich glaube ihm, dass er genau das geträumt hat, was er Ihnen erzählt. Das Problem ist die Interpretation. Warum sollen das eigentlich prophetische Träume sein? Warum können es nicht genauso Symbolerzählungen sein wie normale Träume?«

»Und woher kennt er dann Herrn Büchel?«

»Den kann er doch irgendwo gesehen haben! Rudolf Büchel stammt aus der Schweiz, ist aber oft in Vorarlberg. Eine zufällige Begegnung im Supermarkt, vielleicht in eurem Gasthaus ... ohne bewusste Erinnerung, verstehen Sie? Ihr Herr Vater wird sich bestimmt nicht an jeden einzelnen Gast des letzten halben Jahres erinnern. Das Unterbewusste nimmt sich ein Gesicht heraus und baut es in einen Traum ein, das kommt doch laufend vor.«

»Und warum kommst dann du in seinem Traum vor? Und ich?« Agathe Moser hatte bis jetzt nur zugehört. Sie schien zu schwanken, wem sie glauben sollte. Klar, dachte Angelika, sie wird ja auch unmittelbar bedroht; Lässer dagegen will alles nur zerpflücken. Das machte er nicht schlecht, sie musste es zugeben. Das Unterbewusste ist ein wunderbarer Joker, beliebt bei allen, die vom Seelenleben des Menschen keine Ahnung haben.

Ewald hatte über den Einwand seiner Geliebten nachgedacht. Aber nicht lang. Intelligenten Menschen fällt immer was ein.

»Ja, komm ich denn vor in diesem zweiten Traum? Das müssten wir den Herrn Spielberger persönlich fragen. Er sieht den Rudolf Büchel telefonieren, angeblich mit mir. Aber was hat er gesagt? Hat Ihr Vater gehört, was der Büchel ins Telefon spricht, ich meine wörtlich, so, wie wir etwas im Radio hören – oder ist die Erpressung nur die Schlussfolgerung aus dem Gehörten? Fallen die Namen *Ewald* und *Agathe*?«

»Das weiß ich nicht«, sagte Angelika, »ich weiß nur ...«

»Warten Sie«, unterbrach Lässer, »damit das klar ist: Es sind Träume über Verbrechen. Es gibt aber keine Beweise dafür. Keine Leiche und keine Entführung. Sie behaupten, es sind Prophezeiungen – aber das sagen Sie nur von der Entführung. Die Sache mit der Leiche auf der Brücke hätte schon stattgefunden. Warum der Unterschied? Mir kommt es so vor, als sollte dadurch die Dringlichkeit der Warnung betont werden. Wenn Büchel schon eine Leiche entsorgt *hat*, trauen wir ihm eher zu, dass er eine Entführung machen *wird* ...«

Angelika reichte es. »Hören Sie, es ist mir schon klar, dass es Leuten wie Ihnen Spaß macht, Ihre intellektuelle Überlegenheit zu demonstrieren, aber glauben Sie mir, damit verschwenden Sie bei mir nur Zeit und Mühe! Sie sind sicher ein Genie, bravo, gratuliere! Ich glaub's ja, Sie hätten mir das nicht beweisen müssen! An der Qualität seiner Prophezeiungen müsste mein Vater noch sehr arbeiten, kein Thema, wenn er eine Karriere in dem Metier vorhätte. Hat er aber nicht. Die Sache ist ihm wahnsinnig lästig. Moralisches Dilemma, verstehen Sie? Dauernd irgendwelche Leute, die einen für verrückt halten. Ich hab ihm die Sache nur abgenommen. Ich hab Sie gewarnt, der Moral ist Genüge getan, Schluss, aus! Er wird sauer sein, wenn ich es ihm erzähle, in Wahrheit aber erleichtert. Nur darum geht es mir. – Und nun leben Sie wohl und fahren Sie – von mir aus – zur Hölle! – Und Sie auch!« Die letzten Worte waren an Frau Agathe Moser gerichtet. Angelika drehte sich auf dem Absatz um und verließ das Lässer'sche Supersolarhaus.

Oft wissen wir schon einen Tag später nicht mehr, was wir zu jemandem wörtlich gesagt haben; normalerweise ging es auch Angelika Spielberger so. Normalerweise ist es ja auch nicht wichtig. Aber es würde ihr wieder einfallen, was Sie zu Ewald Lässer und Agathe Moser gesagt hatte, und aus Gründen, die nur zu bald klar werden, würde sie ein geheimes Grauen befallen. Denn obwohl die Wünsche der Menschen sich so selten erfüllen, dass wir glauben, das Wünschen sei vollkommen vergeblich, so gibt es auch in dieser Sache, wie sonst in der Welt, keine hundert Prozent – und manche Wünsche gehen in Erfüllung.

*

… Ich hab Sie gewarnt, der Moral ist Genüge getan, Schluss, aus! Er wird sauer sein, wenn ich es ihm erzähle, in Wahrheit aber erleichtert. Nur darum geht es mir. – Und nun leben Sie wohl und fahren Sie – von mir aus – zur Hölle! – Und Sie auch!

Rudolf Büchel machte das Gerät aus. Die Tonqualität war erstaunlich gut, für ein Mikro, kleiner als ein Streichholzkopf. Er hatte sich die Debatte schon zwei Mal angehört und war jedes Mal zum selben Schluss gekommen: Der Vorschlag dieser Frau Spielberger war die Lösung seines Problems. Natürlich lag der Gedanke nahe; dass er nicht selber draufgekommen war, führte er auf eine innere Hemmung zurück. Die Hemmung, seinem ältesten Freund so etwas anzutun. Und, ja, doch: Ewald Lässer war so etwas wie ein Freund. Der einzige, den er jemals gehabt hatte, und ein sicherer Anker in den vielfältigen Stürmen seines Lebens. Jemand, der ihn aus Schwierigkeiten immer wieder herausgehaut hatte. – Aber irgendwann ging auch so eine Freundschaft zu Ende. Nicht aus Überdruss oder »Auseinanderleben«, nicht wegen einer Frau, nicht wegen eines Missverständnisses oder wegen sonst einem Scheiß, nein, sondern weil einer der beiden Mist gebaut hatte. Und dieser eine war Ewald Lässer.

Er betrachtete seine eingegipste Hand. Er konnte sich keine Skrupel mehr leisten. Skrupel waren ein ökonomisches, kein moralisches Problem, ein Luxus, den man sich eben leisten können musste, keine Frage von Gut und Böse. Er musste nun handeln, sehr entschlossen und schnell. Vor allem, weil ja zwei Parteien involviert waren, mindestens zwei. Zum einen Anatol, der Vertreter der früheren Kundschaft, zum anderen jemand, der die Spielbergertochter vorgeschickt hatte. Aber wer sollte das sein? Über diesen Punkt dachte er lange nach.

Der gewöhnliche Ausgangspunkt der Überlegung ist bei so einer Sache natürlich der, dass es sich um einen Schwindel handelt. Es gibt keine Hellseher, das sind alles Betrüger oder Scharlatane. Das ist sozusagen die Nullhypothese. Für gewöhnlich brauchbar, weil sich bald herausstellte, wer Interesse hatte, auf diese spezielle Art zu lügen. Dabei ging es immer um Geld. Nur führte in seinem Fall die Nullhypothese in ein undurchdringliches Dickicht von Motiven und kausalen Verschlingungen, schlimmer war: Sie war begleitet von einem Rattenschwanz willkürlicher Annahmen. Angenommen, jemand wollte ihn dazu bringen, über Frau Spielberger die Agathe Moser zu entführen – dann musste derjenige wissen, dass er bei seinem letzten Besuch im Hause Lässer Wanzen angebracht hatte. Wer sollte das sein? Lässer kam nicht in Frage, seine Freundin auch nicht. Weiters angenommen, besagter Jemand habe sich diese merkwürdige Geschichte mit einem prophetischen Traum ausgedacht, um ihn, Rudolf Büchel, zu dieser Entführung zu veranlassen, dann müsste diese geheimnisvolle Person davon überzeugt sein, man könne aus Ewald Lässer wirklich ein Geheimnis herauspressen. Den Fehler, den er bei dem Verfahren begangen hatte. Dahinter würde aber die Überzeugung stehen, das Verfahren sei im Prinzip in Ordnung und die Millionen wert, die bestimmte Leute dafür zahlen würden. Aber einen solchen Jemand konnte Rudolf Büchel ringsum nirgends ausmachen. Der Einzige, der an Lässer und sein Verfahren glaubte, war er selber.

An dieser Stelle blieb nichts übrig, als es zuzugeben: Wenn jede rationale Erklärung versagt, bleibt eben die irrationale übrig. Was diese Spielbergertochter über ihren Vater erzählt hatte, war buchstäblich wahr. Nur: Wer würde es glauben? Ewald Lässer nicht. Und das potenzielle Opfer, diese Agathe Moser? Die wahrscheinlich auch nicht; sie machte ihm überhaupt den Eindruck, nicht allzu viel zu denken.

Dafür dachte Rudolf Büchel jetzt umso mehr nach. Bei einer Entführung braucht man ein Versteck für die Geisel. Er hatte so ein Versteck. Wenn der Wirt der »Blauen Traube« tatsächlich in die Zukunft schauen konnte, müsste er ihn dort gesehen haben. Aber über den Ort hatte die Tochter nichts gesagt. »Irgendwo in den Alpen« – das war die Formulierung. In Österreich war das zu unpräzise. Andererseits könnte man sein Versteck bei ernsthafter Recherche ausmachen. Die Begriffe »Büchel« und »Alpen« waren durch die Jahrzehnte währende Jagdpacht seines Vaters im Gamperdonatal verbunden, was jedem Einwohner der Gemeinde Nenzing bekannt war. Büchel senior war gern auf die Jagd gegangen und hatte dort

Geschäftsabschlüsse eingefädelt. Die Jagd war auch das einzige Interesse, das der alte und der junge Büchel teilten; Rudolf ging auch jetzt noch gern dorthin, nur die Geschäftsabschlüsse tätigten andere. Aber als Aushängeschild der Firma und Stimmungsmacher war er hochwillkommen – es war ja nicht so, wie sich das der kleine Maxl vorstellt, dass all diese Jagdgäste wie die Geier hinter ihren Geschäftsinteressen her waren. Die wussten, warum sie eingeladen wurden, aber sie gingen auch alle gern auf die Jagd. Und Jagd erfordert eine gewisse Atmosphäre herrschaftlicher Machtausübung, einen Stil des Umgangs miteinander und mit dem Personal – all das konnte Rudolf Büchel allein durch seine Anwesenheit erzeugen, er vermittelte eine gewisse ungekünstelte Leutseligkeit. Es war, mit einem Wort, die Atmosphäre, die der junge Büchel schuf, die seine Einladungen begehrt machten.

Kein Zweifel – wer nachforschte, kam bald auf das Jagdhaus in diesem Tal, auch die Polizei, so sie denn Nachforschungen anstellen wollte. Wenn sie einem Hellseher Glauben schenkte. Dazu müsste sich Herr Spielberger erst einmal zur nächstgelegenen Polizeiinspektion begeben, um – was anzuzeigen? Eine Entführung, die aber, bitte, erst in der Zukunft stattfinden wird; wann genau, wird er leider nicht sagen können. Die Polizei würde in diesem Fall nicht viel unternehmen. Höchstens den Amtsarzt zuziehen, um festzustellen, ob von Herrn Spielberger eine Gefahr für andere oder ihn selber ausgeht. Der Wirt konnte sich diese Entwicklung der Dinge wohl selber vorstellen; nach der Schilderung der Tochter war das ja kein Fanatiker mit Sendungsbewusstsein, sondern ein gewöhnlicher Brotesser, den ein böses Geschick mit der Gabe prophetischer Träume traktierte. Er würde also die Polizeiinspektion meiden wie der Teufel das Weihwasser.

Blieb die Möglichkeit, dass Ewald Lässer zur Polizei ging. Das konnte man mit Schilderungen der Eingriffe, die man an Agathe vornehmen würde, verhindern. Und, nein, nicht sein alter Freund Rudolf Büchel würde sich betätigen, sondern ein eigens zu diesem Behufe gedungener Spezialist aus ... sagen wir: Tschetschenien.

Je länger er darüber nachdachte, desto besser gefiel ihm der Plan. Er rief Ewald Lässer an. Sie müssten reden, sagte er, das letzte Mal sei er wohl etwas aus der Haut gefahren, wofür er sich entschuldigen möchte, sie müssten einfach gemeinsam den Fehler suchen. Lässer klang nicht begeistert, war aber einverstanden.

*

Der Mann mit der Halbglatze beeindruckte Anatol nicht. Solche Typen kannte er von zu Hause als Mittelsmänner und Anwälte der Organisation. Er saß an einem kleinen Tisch des Cafés »Zanona« in Feldkirch und las den »Standard«. Anatol trat an den Tisch und setzte sich. Gesprochen wurde nichts. Anatol legte die Aktentasche auf den Tisch und entnahm ihr ein Bündel Papiere. Der Glatzkopf begann sie zu studieren. Wortlos und sehr gründlich. Auch Anatol begriff, dass Reden die Sache nicht fördern würde. Er begann sich zu langweilen, dabei war er erst eine halbe Minute hier. Dieser Aktenhengst würde das alles durchlesen von der ersten bis zur letzten Seite. So schlimm wurde es nicht.

»Das ist alles?«, fragte der Glatzkopf nach fünf Minuten.

»Das ist alles, was wir bekommen konnten«, bestätigte Anatol. Der Ton seines Gegenübers gefiel ihm nicht, dieses herablassende Anwaltsgetue. Anatol war Verhandlungen eines anderen Stils gewohnt. Sie waren kurz (die hier drohte, sich in die Länge zu ziehen), und es waren auch keine Verhandlungen im engeren Sinn, eher eine Klarlegung von Standpunkten, worauf man sich einigte oder aber eben nicht. Das Risiko des Scheiterns trug erfahrungsgemäß immer nur eine Partei. Nicht die, für die Anatol sprach. Er nahm dem Gegenüber die Papiere weg und stopfte sie wieder in seine Aktentasche. Sie hätten doch jemand anderen schicken sollen, für so ein eingebildetes Arschloch hatte er nicht die Nerven. Es stank ihm sowieso gewaltig, dass er die Trottelei des »Kleinen« ausbügeln musste, der den Kauf des sogenannten »Verfahrens« eingefädelt hatte. Jeder kleine Gauner mit ein bisschen gesundem Menschenverstand hätte doch gemerkt, dass es ein Schwindel war. Sah aus wie ein Schwindel, die Umstände waren wie bei einem Schwindel, also wird es wohl auch ein Schwindel sein, oder nicht?

Das war alles so erniedrigend. Was tat er hier? Er versuchte, einem Mittelsmann aus einem »Staat im mittleren Osten«, wie es in der Auskunft geheißen hatte, eine Sache zu verkaufen, die man zuvor selber gekauft hatte. Wie einen Gebrauchtwagen mit einem geheimen Schaden. Dass die Sache über Büchel lief, änderte nichts daran. Der »Kleine« hatte sich über den Tisch ziehen lassen wie ein Anfänger, und Anatol musste die Sache ausbügeln, weil der »Kleine« der Sohn vom Chef war und das nicht selber konnte, ausbügeln, reparieren, in Ordnung bringen. Das hatten sie ihm auf der Universität nicht beigebracht. Nur Sachen, die so hoch über allem standen, womit normale Menschen ihr Brot verdienten, dass er den Bodenkontakt verloren hatte. Und zwei Millionen dazu.

»Was machen Sie da?«, unterbrach der Glatzkopf Anatols trübe Gedanken.

»Ich ordne meine Unterlagen. Sie haben Sie durcheinandergebracht.«

»Sind Sie nicht mehr interessiert an unserem Geschäft?«

Anatol blickte auf. »Das könnte ich eher Sie fragen, lieber Herr! Bis jetzt haben Sie nur rumgemeckert …«

»Pass auf, was du sagst, Arschloch, und benimm dich!« Die Stimme kam von links hinten, wo ein Neuankömmling sich über Anatols Schulter beugte. Der hatte ihm die Hand auf die linke Schulter gelegt, aber Anatol spürte keine Hand, weil die Hand die Schulter gar nicht berührte, das sah von außen nur so aus. Was Anatol spürte, war etwas Starres, Mechanisches, das wahrscheinlich nur einen Zentimeter aus dem Ärmel ragte, von außen unsichtbar. Anatol begriff und sagte gar nichts. Diese Leute waren technisch auf der Höhe und große Angeber. Sie würden ihn, wenn sie wollten, mitten am Nachmittag im Café »Zanona« mit einem Elektroschocker außer Gefecht setzen. Einfach, um zu beweisen, dass sie es konnten. Er hätte dann eben einen Kreislaufzusammenbruch erlitten. Sie würden sich mit Verweis auf ihre diplomatische Immunität aus der Affäre ziehen, wenn es hart auf hart kam. Aber dazu würde es gar nicht kommen. Sie könnten sich im allgemeinen Aufruhr auch mit seiner Aktentasche aus dem Staub machen. Die enthielt allerdings keine konkreten Hinweise auf den Verkäufer, nur eine sehr allgemein gehaltene Beschreibung des Verfahrens. Die beiden mussten das wissen. Ach ja, sie wussten es auch. Der Neuankömmling nahm die Hand von Anatols Schulter und setzte sich neben ihn. »Benimm dich«, sagte er. »Sonst bring ich dir Benehmen bei.« Anatol genügte ein Seitenblick. Er kannte den Typ. Ein Folterer. Pervers. Man brauchte solche Leute. Aber früher oder später wurden sie umgebracht. Die meisten früher.

»Alle Achtung!«, sagte er. »Ich bin beeindruckt. Hören Sie, ich bin in dieser Sache nur der Vermittler, und ich verstehe auch nichts von den technischen Details ...«

»Wieso nutzt ihr das Verfahren nicht selber?«, fragte der Glatzkopf.

»Wir sind nicht in dieser Branche tätig. Es ist eine sehr spezielle Branche, das werden Sie zugeben. Für uns war es ein Zufallskauf, ein Schnäppchen, wenn Sie so wollen. Der Erfinder hat es über einen Mittelsmann angeboten – und wir haben zugegriffen ...«

»Ja, ihr habt zugegriffen ...« Der Glatzkopf rieb sich das Kinn, wie es Leute tun, die sehr nervös sind oder sehr intensiv nachdenken. Anatol hütete sich, dieses Nachdenken zu unterbrechen.

»Und der Erfinder will vier Millionen?«, fragte der Glatzkopf nach einer Weile.

»Nein, wir wollen vier Millionen! Die Sache gehört uns und läuft über uns.«

»Wozu brauchen wir dann diese Leute in ... wie heißt das ... Dornbirn?«

»Beratung! Das Verfahren ist so neu und revolutionär, dass Sie ohne Beratungsleistung des Erfinders nicht viel damit anfangen können. Wenn es einfach wäre, hätte es ja schon lang jemand anderer erfunden, nicht wahr?« Der Glatzkopf schwieg, starrte auf die Tischplatte. Was red ich denn da?, dachte Anatol. Hört sich an wie ein Verkäufer. Der – was – verkauft? Ach ja, einen neuartigen Staubsauger ... seine Stimmung sank. Die ganze Idee war blöd. Die hatten doch auch Wissenschaftler in diesen Staaten. Die ihnen erzählen würden, dass es eine Schnapsidee war oder, viel wahrscheinlicher, Betrug. Warum saßen sie dann hier, sogar mit Gorilla zur Einschüchterung?

Wegen der Gier. Wegen des unbezwingbaren, wahnsinnigen, verzehrenden Wunsches nach so einem Verfahren. Das sie ihrem Ziel, Israel in eine Wüste zu verwandeln, einen großen, einen entscheidenden Schritt näher bringen würde. Und New York in einen Haufen strahlender Asche – vergessen wir New York nicht! Deshalb saßen sie da. Um die Sache zu checken. Ob nicht vielleicht doch etwas dran sein könnte. Sie glaubten an die Wahrscheinlichkeit, an die Restchance. Wie Todkranke an Wunderheiler glauben.

Um New York täte es ihm leid. Er war dort gewesen, die Stadt gefiel ihm besser als jede andere, die er gesehen hatte, einschließlich aller Städte seiner Heimat, von denen jede einzelne sich bemühte, das mieseste, verkommenste Provinzkaff überhaupt zu sein. – Aber New York war nicht in Gefahr. Das Verfahren dieser Heinis war ein Schwindel; die Fanatiker, die den Glatzkopf zum Verhandeln geschickt hatten, würden das noch merken. Und die bauernschlauen Heinis würden merken, dass es keine gute Idee war, solche Leute an der Nase herumzuführen. Denn gegen die ganz normalen Geheimdienste aus jener Weltgegend war seine eigene Organisation die Heilsarmee.

»Wir brauchen einen Funktionsbeweis«, sagte der Glatzkopf. »Eine Materialprobe.«

»Natürlich, wir haben so eine Probe. Steht in den Unterlagen, die ich Ihnen …«

»Nein, Sie verstehen nicht! Wir brauchen eine neue Probe. Wir wollen das Verfahren in Aktion sehen. Mit eigenen Augen wollen wir sehen, dass es funktioniert.« Der Gorilla neben Anatol nickte heftig. Der überlegte. Dann sagte er: »Daraus kann man ablesen, dass Sie uns nicht trauen. Schön ist das nicht, aber gut, ich verstehe Ihren Standpunkt bis zu einem gewissen Grad ... ich werde das gleich klären, muss nur telefonieren.« Er stand auf und verschwand in Richtung der Toiletten.

»Hab ich übertrieben, was meinst du?«, fragte der glatzköpfige Oberst.

»Nein, Herr Oberst, durchaus nicht«, antwortete der Gorilla in devotem Ton, der nicht zu seiner Aufmachung und zu seinem Äußeren passte. Seine Stimme klang jetzt eher nach jemandem, der Rilke-Gedichte auswendig konnte. »Ohne direkten Kontakt hat es keinen Zweck« fuhr er fort. »Wir müssen wissen, wo sie die Probe herhaben. Es tut mir leid, aber wir müssen noch einmal dorthin.«

»Mit dem Gasthaus war ja nichts. Provinzdeppen, die am Rand hineingeraten sind. Das macht die Sache immer schwierig. Solche Leute rennen sozusagen aus reiner Blödheit in die Schusslinie, regelmäßig. Wir müssen die irgendwie raushalten ...«

»Der Polizeikontakt von diesem Blum stimmt, das hab ich überprüft. Ein Schwager bei der Kripo. Zwar keine hohe Ebene ...«

»Das reicht auch schon«, unterbrach ihn der Oberst, »ich will überhaupt keine Polizei dabeihaben, nicht einmal in der Nähe. Macht alles nur kompliziert. Wir gehen hin, stellen fest, wo das Leck für das Material ist, und stopfen es. Kein Aufsehen, keine Medien, keine Verwicklungen. Vor allem dürfen die Amerikaner nichts mitkriegen, das ist oberstes Gebot!« Er sah seinen Untergebenen mit strengem Blick an, als trage der sich seit langem mit dem Gedanken, die ganze Sache der amerikanischen National Security Agency zu stecken.

»Jawohl, Herr Oberst!«, sagte er mit leiser Stimme. »Oberstes Gebot.«

»Er kommt zurück«, sagte der Oberst. Der Gorilla (Major eines gewissen Auslandsgeheimdienstes) straffte sich, zog gleichsam die Attitüde des primitiven Schlägers wieder an wie einen Mantel. Anatol setzte sich. Er wirkte aufgekratzt. »Nächste Woche«, sagte er, »nächste Woche sind sie so weit. Für eine Vorführung. Das Ganze ist kompliziert und braucht eine gewisse Vorlaufzeit. Aus technischen Gründen.«

»Aus technischen Gründen, verstehe«, sagte der Oberst. »Gut, dann sagen Sie uns, wann diese Erfinder die Sache demonstrieren können. Dann schauen wir uns die Sache an.« Er nickte Anatol zu, der begriff, dass die Besprechung beendet war, und erhob sich. »Wir bleiben in Kontakt«, sagte er, nickte auch dem Gorilla freundlich zu und ging. Niemand sprach. Nach ein paar Minuten kam Juri aus dem hinteren Teil des Cafés an den Tisch und setzte sich. Er stellte einen Laptop vor sich ab.

»Der hat einfach angerufen«, sagte er. »Einfach so. Unglaublich!«

»Ja, ich weiß, unseren Kriminellen mangelt es ein bisschen an Raffinesse«, sagte der Oberst, »vergessen wir nicht, es sind volksnahe Elemente, wie schon der Genosse Stalin gesagt hat ...« Er wartete das pflichtschuldige Kichern der Untergebenen ab, fuhr fort: »Aber was ist rausgekommen, hat es gereicht?«

»Locker«, bestätigte Juri. »Das Signal war stark, alles kein Problem. Unser Posten sagt, es ist ein Wohnblock in Dornbirn. Er hört ihn dort ab.«

»Dann soll er sich ein bisschen beeilen, ich möchte wissen, wer der Typ wirklich ist.« Er winkte der Bedienung und zahlte. Dann verließen die drei das Café »Zanona« in Feldkirch in der sicheren Überzeugung, das nukleare Leck gefunden zu haben.

Es konnte sich nur noch um Tage handeln, bis es gestopft war. Selten war eine Erwartung so sehr von der Realität entfernt gewesen wie diese.

*

Rudolf Büchel war in Hochform. Jener eigenartige Zustand, den er höchst selten erreichte – immer in raren Augenblicken des Spiels, wenn ihn eine überirdische Klarheit erfüllte. Dann wusste er, was zu tun war, dann wusste er aber auch, dass sein Tun von einem durchschlagenden Erfolg gekrönt sein würde. Er wusste das so sicher wie seinen Namen oder den Wochentag, es konnte nicht anders sein. Und die anderen wussten es nicht.

Andere wären nach dem Anruf Anatols in Panik verfallen oder in Schreckstarre, hätten winselnd irgendwie herumgewuselt, nichts getan oder das Falsche und wären dem Unheil in die Hände gelaufen. Für Rudolf bedeutete die Ankündigung, die »Kunden« stünden gleichsam vor der Tür, nur den Anstoß zum Handeln. Als ob man einen Schalter umgelegt hätte. Die Schlaffheit und Entschlusslosigkeit, die ihn seit Tagen befallen hatte, verschwand mit dem Augenblick, Rudolf Büchel sprang in einen anderen Modus. Er holte ein Utensil aus dem Apothekerschrank im Badezimmer, verließ die Wohnung und ging zur Garage, wo sein großer SUV geparkt war. Es folgte ein kurzer Fußmarsch in die Innenstadt. Dort hatte er im Lager einer aufgelassenen Brennstoffhandlung sein Jagdauto geparkt, ein Monster mit Vierradantrieb und Differentialsperren, das alpinen Anforderungen gewachsen war. Damit fuhr er nach einem Zwischenhalt bei der Blumenhandlung »Lenz« nach Koblach.

Ewald Lässer war nicht erfreut, ihn zu sehen, nahm aber doch den Riesenstrauß entgegen.

»Für die Dame des Hauses«, sagte Rudolf, »und das hier ist für dich!« Damit überreichte er ihm eine Flasche mit dunkelgoldenem Inhalt; der Name auf dem Etikett ein keltisches Buchstabengeschwurbel, das keine mitteleuropäische Zunge aussprechen konnte, aber Ewald wusste, was das Wort bezeichnete. Seine Augen weiteten sich. Einer der besten schottischen Whiskys, die es gab. Single Cask, abartig teuer. Ewald Lässer atmete tief durch, und Rudolf Büchel hörte es. Gesprochen wurde nichts, Ewald drehte sich nur um und trug die Flasche ins Wohnzimmer. Das Schließen der Tür überließ er dem Besucher. Es war nicht nötig, etwas zu sagen, mit dem Geschenk – Überreichung und Annahme – war schon alles Nötige ausgetauscht. Entschuldigung und Verzeihung – so war es bisher dreißig Jahre lang zwischen Ewald und Rudolf gelaufen. Wenn Rudolf wieder einmal den Bogen überspannt und sich dem Freund gegenüber Unentschuldbares geleistet hatte, brachte er die Sache mit einem überteuerten Geschenk ins Reine. Wie mit diesem Whisky, den es in keinem normalen Geschäft zu kaufen gab. Der Import dauerte Wochen, wie Ewald wusste, viel länger, als ihr Zerwürfnis her war. Die Flasche hatte Rudolf also schon gehabt. Für solche Fälle. Selber mochte er keinen Whisky. Darin konnte man ein gewisses Maß an Berechnung sehen, aber Ewald Lässer war seinem Freund/Chef deswegen nicht gram. Über die Sache würde kein weiteres Wort verloren werden.

Agathe Moser, die mit der Dialektik dieses merkwürdigen Herr-Knecht-Verhältnisses noch nicht vertraut war, staunte über das wunderbare Einvernehmen zwischen den beiden. Da saßen sie und unterhielten sich über die Aufstiegschancen einer ihr völlig unbekannten regionalen Fußballmannschaft. Im selben Raum, wo vor ein paar Tagen Vorwürfe und Verdächtigungen die Atmosphäre verpestet hatten. Sie äußerte ihr Erstaunen aber nicht laut, denn sie hielt sich bei allem, was sie tat, an die Devise: keine Schlüsse, bevor man nicht mit allen, aber wirklich allen Umständen vertraut ist. Ewald taute auf. Das kam ihr gelegen, denn die letzten Tage hatte er unter der misslichen Stimmung gelitten. Sie allerdings nicht. Für sie war das nur eine weitere Facette der Umstände, die sich wieder ändern würden, weil sie das fortwährend taten. Sich ändern. Wesentlich war nur, dass sie selber sich nicht änderte.

»Den musst du probieren!«, rief Ewald, nachdem er ihr mit leuchtenden Augen einen Vortrag über die Vorzüge kleiner schottischer Brennereien im Allgemeinen und dieser einen im Besonderen gehalten hatte. Er lief in die Küche, um Gläser zu holen. Dann schenkte er ein. Für Agathe und sich selber, nur einen Fingerbreit. Rudolf Büchel hatte dankend abgelehnt, er mochte eben keinen Whisky. »Klingt jetzt blöd, aber mir wird schlecht davon«, erklärte er an Agathes Adresse, »ganz egal, welche Marke oder Sorte und so weiter, ich vertrag ihn einfach nicht. Habt ihr vielleicht eine Cola oder so?«

Natürlich hatten sie eine Cola, sogar Cola-Zitrone. Agathe ging in die Küche, um welche zu machen. Dann tranken alle, das Paar den Whisky, Rudolf Büchel seine Cola-Zitrone, deren Wohlgeschmack er lobte. Innerlich war er ganz ruhig. Gut, sie tranken jetzt etwas Ungeeignetes, aber so viel Zeit hatte er schon, eine günstige Gelegenheit abzuwarten. Laien hätten sich mit einem ausgeklügelten Plan ans Werk gemacht; solche Pläne scheitern an geringfügigen exogenen Faktoren, die man nicht vorhersehen kann. Rudolf Büchel tat das, was er jetzt tat, zum ersten Mal, dennoch war er kein Laie, seine Erfahrung als

Spieler ließ ihn gar nicht auf die Idee kommen, diese Sache zu planen, wie man einen Staatsbesuch plant – die laufen ja im großen Ganzen protokollmäßig ab. In dieser Situation konnte er nur improvisieren, was bedeutete, eine günstige Gelegenheit nicht erst zu erkennen, wenn sie sich bot, sondern zwei, drei Spielzüge vorher – und sie dann zu nutzen. Eine gewisse innere Ruhe war dafür unabdingbar. Man muss allerdings zugeben, dass Rudolf Büchel über diese Ruhe verfügte, weil er einen Plan B hatte – einen wirklichen Plan ohne Improvisation, falls die elegante, gleichsam spielerische Variante wider Erwarten nicht funktionieren sollte.

Aber sie funktionierte. Rudolf stellte wie schon viele Male vorher fest, dass einem die Opfer geradezu entgegenkommen – etwa wie Fische, die im ganzen Teich nach der einen Reuse suchen, um hineinzuschwimmen. Reale Fische machen das nicht, aber reale Menschen. Denn als die beiden ihren Single-Cask-Whisky ausgeschlürft hatten, fragte er: »Wollt ihr jetzt auch eine Cola? Ich mach euch eine, bleibt sitzen!«

»Cola ist im Kühlschrank!«, rief ihm Agathe nach. Also ging Rudolf, Kopfschütteln unterdrückend, in die Küche und machte sich an die Zubereitung dreier Gläser Cola-Zitrone. Wieso lassen sie mich das machen?, dachte er. Ich bin zwar oft in diesem Haus gewesen, aber irgendwas hergerichtet hab ich hier noch nie, warum auch? Das ist Sache des Hausherrn oder der Hausherrin. Die aber saßen beide auf ihrem Sofa, erfüllt von der wohligen Wärme eines zehn Jahre fassgelagerten schottischen Whiskys, und ließen alle Regeln über Bord gehen. Während er die Limonaden zubereitete, redete er unausgesetzt über die Chancen Altachs, in die Bundesliga aufzusteigen, behielt dabei die Küchentür im Auge. Dann servierte er die Getränke.

Nach einer Viertelstunde Plauderei verstummten die Gespräche, Stille wie in einer Kirche breitete sich aus. Rudolf Büchel war still aus freien Stücken, Ewald Lässer und seine Agathe aus pharmakologischen Gründen. Ewald brachte sie in die berühmte stabile Seitenlage, die er sich gemerkt hatte, obwohl der Führerscheinrotkreuzkurs schon Jahrzehnte her war. Agathe lag auf dem Sofa, Ewald auf dem Boden. Rudolf Büchel ging nach draußen und fuhr den großen SUV mit der Rückfront an die Haustür. Es dämmerte. Er wartete noch eine halbe Stunde, dann begann er mit dem Abtransport. Als er im Wagen saß, beglückwünschte er sich zu seiner sorgfältigen Vorbereitung. Eben *Vorbereitung*, nicht *Planung*. Ein Plan umfasst immer äußere Faktoren, die Reaktionen von Menschen zum Beispiel, die man mit einer gewissen Wahrscheinlichkeit erwarten darf, aber eben nicht vollständig vorhersehen kann, weshalb Pläne scheitern; eine Vorbereitung hängt nur von einem selber ab. Zu Rudolfs Vorbereitung dieses Nachmittags gehörten zwei Fläschchen mit je vier Milliliter Gamma-Butyrolacton, die Menge sollte stimmen, weil Überdosierungen zu Atemstillstand führen konnten, zumal, wenn vorher Alkohol genossen wurde. Zum Plan B, auf den er nicht zurückgreifen musste, gehörte eine Walther 7.65 PP hinten in seinem Hosenbund. Wäre die Zeit knapp geworden, hätte er seine Opfer eben zum Trinken gezwungen.

Auf der Autobahn kam er rasch voran. In Nenzing fuhr er auf die Bundestraße ab, ein paar Minuten später hatte er die verlassene Mautstelle erreicht. Hier montierte er die Ketten. Wenig später war er auf kurvenreicher, enger Schneefahrbahn unterwegs ins Gamperdonatal.

4

Als Ewald Lässer erwachte, fror er. Vor seinem Gesicht war etwas Nasses, Kühles. Die lederne Oberfläche des Sofas mit seinem eigenen Speichel und der kondensierten Atemfeuchtigkeit; beides kam seit Stunden aus dem offenen Mund. Er lag auf dem Sofa, halb auf dem Gesicht. Der Kopf tat weh. Er rappelte sich auf. Das Wohnzimmer lag im Dunkeln, die einzigen Lichter weit außerhalb beim Haus auf dem Nachbargrundstück. Ihm war schlecht, aber nicht sehr. Nicht wie nach Alkoholabstürzen bei jugendlichen Zechtouren. Nur so, als ob er zwei, drei Gläser zu viel getrunken hätte. Von billigem Wein. Er stand auf, torkelte in die Küche und schaltete die Kaffeemaschine ein. Auf der Anrichte stand eine Whiskyflasche, die ihm bekannt vorkam. Er studierte das Etikett. Von diesem Stoff kam der Kater nicht, das war sicher, die Flasche war auch noch fast voll. Irgendwer hatte sie mitgebracht, nähere Umstände fielen ihm aber nicht ein. Wo war der Wein? Oder Schnaps? Im Wohnzimmer standen keine Gläser. Hatte er noch abgeräumt, bevor er eingenickt war? Er konnte sich nicht erinnern. An nichts. Agathe war da gewesen, richtig, das wusste er noch. Am … am Nachmittag … war es schon Nachmittag gewesen? Zu Mittag hatten sie Pizza gegessen, das wusste er noch, aber dann kam ein Loch, da war nichts mehr; in dem Loch mussten sie wohl angefangen haben, etwas zu trinken. Oder nur er selber. Und Agathe hatte sich dann angewidert vom besoffenen Ewald abgewandt. Wie diese Sängerin im letzten Akt von »Hoffmanns Erzählungen«, das hatte er vor vielen Jahren bei den Bregenzer Festspielen gesehen. Beeindruckend. Tragisch eigentlich. Aber diese ... wie hieß sie noch? Stella, richtig ... komischer Name ... also diese Stella räumt aber bei »Lutter & Wegner« nicht die Sauerei auf, bevor sie mit dem Stadtrat Lindorf das Weite sucht, wie es Agathe offenbar in Ewalds Haus getan hatte. Keine leeren Gläser, keine Solettikrümel, keine Ringe auf der Tischplatte. Dass er in seinem Suff die teure Ledercouch vollsabberte, dafür konnte Agathe nichts. Sie hatte aufgeräumt, was eine erzürnte Frau nicht tun würde, wenn sie so erzürnt gewesen wäre, dass sie beschlossen hatte, nie mehr wiederzukommen.

Er verstand nur nicht, wie er sich hatte so heillos betrinken können. Und womit? Im Altglasfach seines Abfallbehälters fand er zwei leere Gurkengläser und zwei Weinflaschen, das schon, aber die waren dort seit Wochen, edler Burgunder, sehr teuer, nur mit Verstand zu trinken. Einen Kater hatte er davon nicht bekommen. Es fehlte jeder Hinweis auf Fuselartiges. Es sei denn, sie hatte die Flasche/die Flaschen mitgenommen. Warum sollte sie so etwas Seltsames tun? Und warum hatte sie ihn einschlafen lassen?

Er rief sie an. Die Automatenstimme meldete, der Teilnehmer sei nicht erreichbar. Abgeschaltetes Handy. Warum schaltete sie das Telefon ab? Wenn sie nicht mit ihm reden wollte, brauchte sie ja nicht abzunehmen. Also war sie wohl doch ziemlich wütend. Aber sie hatte aufgeräumt. Daran hielt er sich fest.

Er trank den Kaffee aus und ließ einen neuen durchlaufen. Er konnte nur warten. Das verdross ihn. Das Kopfweh verebbte, die Übelkeit war verschwunden, seine Laune aber sank. Er hasste es, wenn er nichts tun konnte. Er war es gewohnt, etwas zu tun. Sein ganzes Leben hatte er immer etwas getan, unternommen, versucht, begonnen und beendet. Die Idee, in ihre Wohnung zu fahren, verwarf er. Er war nicht gut bei Auseinandersetzungen. Und bei einer solchen, wie sie ihm mit Agathe bevorstand, erst recht nicht. Sich darauf einzulassen, wäre sehr unklug gewesen. Er setzte sich auf das Sofa, nachdem er den Speichelfleck, so gut es ging, abgewischt hatte.

Er vermisste sie. Jede Minute mehr. Er rief noch einmal an. Mit demselben Ergebnis wie zuvor. Er kannte Agathe erst ein paar Wochen. Er hatte sie beim Mittagessen kennengelernt. Im »Lingg« in Feldkirch. An einem Sonntag. Er ging nur am Sonntag auswärts essen. Unter der Woche aß er in der Firmenkantine. Außer Rudolf tauchte auf und nahm ihn auf eine seiner verrückten Exkursionen mit. Ewald ließ sich gern entführen. Die Arbeit in der Firma war erstens stinklangweilig und zweitens weit unter seinem Niveau.

Er war an seinem üblichen Tisch gesessen, wie üblich, allein. Sie hatte sich zu ihm gesetzt. Es war so ein Glück! Später fiel ihm auf, dass es noch ein, zwei freie Tische gegeben hatte; dennoch hatte sie sich an den seinen gesetzt. Ein paar Minuten später waren sie im Gespräch, er konnte sich nicht erinnern, aber sie musste mit dem Reden begonnen haben, denn er hätte so eine Frau nie angesprochen. Sie war überirdisch schön; als sie den Raum betreten hatte, war der Geräuschpegel im Lokal gesunken, deshalb bemerkte er ihren Eintritt überhaupt, weil er wegen der sich ausbreitenden Stille von der Suppe aufschaute. Und sie erblickte. Da hat sie ihn angesehen, den Blick noch kurz im Raum schweifen lassen und auf ihn zurückgelenkt, den Blick. So, als ob sie die anderen Optionen überprüft hätte. Wo es angenehm sein würde, zu sitzen und zu essen. So hatte sie ihn ausgewählt. Er spürte es nach ein paar Minuten; sie wollte sich unterhalten. Mit ihm. Später hatte sie es bestätigt. »Eine Augenblicksentscheidung«, erzählte sie, »es schien der interessanteste Tisch zu sein – du sahst aus wie ein intelligenter Mensch, nicht so gewöhnlich wie die anderen ... wie soll ich sagen ...«

»Lass nur, ich weiß, was du meinst!«, sagte er, und sie lachten beide.

So hatte es angefangen. Sie war sehr interessiert, erst vor kurzem aus Deutschland zugezogen. Die Bodenseeregion gefiel ihr, sagte sie, das weitere Umland wolle sie sich anschauen, sie sei auf der Suche nach einem Atelier, eigentlich auch nach einem passenden Ort, wo das Atelier dann sein sollte, es müsse beides zusammenpassen, sagte sie, der Ort müsse auch nicht spektakulär sein oder mondän oder etwas in dieser Art, das liege hinter ihr, ihr früheres Atelier sei in Berlin gewesen, von Großstädten habe sie jetzt genug, sie wolle sich neu orientieren, auch künstlerisch, sie sei Malerin, aber das interessiere ihn sicher nicht, sie entschuldige sich für ihre Offenheit, was er denn beruflich mache? – Er beeilte sich zu versichern, dass er die bildende Kunst faszinierend finde (was vollständig gelogen war), er sei bei einem Maschinenbauunternehmen in der Schweiz tätig, und ob sie schon etwas gefunden habe, einen Ort und/oder ein Atelier?

So kam eins zum anderen, sie lauschte den Ausführungen über seine Arbeit, nicht nur aus Höflichkeit, sie stellte intelligente Zwischenfragen. Sie saßen in den halben Nachmittag hinein im Gasthaus »Lingg« in der Marktgasse in Feldkirch. Dann brachen sie zu einer Besichtigungstour ins Vorderland auf; sie kannte sich überhaupt nicht aus, er checkte auf seinem Tablet-Computer, den er immer bei sich hatte, den Wohnungsmarkt. Das war nicht einfach, Ateliers wurden keine angeboten, man musste die Adressen einzeln aufsuchen und dann sehen, ob sich eventuell etwas umbauen oder adaptieren ließ. Am Abend hatten sich noch nichts gefunden, er lud sie ins »Alte Gericht« in Sulz ein, das Gebäude stammte aus dem 13. Jahrhundert, Agathe war beeindruckt. Sie war auch vom Vorderland beeindruckt, von Vorarlberg an sich, am meisten aber von Ewald. Und, ja, an diesem Abend waren sie schon Agathe und Ewald.

So hatte es angefangen.

Seither war sein Leben ein anderes geworden, und das frühere schien viele Jahre zurückzuliegen, so weit, dass er nicht mehr recht verstehen konnte, was er damals gedacht, getan, gefühlt hatte. Wie in einem Traum, den man nach dem Erwachen zwar noch erinnert, aber nicht mehr versteht; immer mehr Einzelheiten verschwinden, während der wache Tag fortschreitet, und die verbleibenden werden immer absurder.

Nun war alles anders. Auch sexuell. In dieser Hinsicht war er ein anderer geworden. Erwacht, entfaltet. Hier, in seinem Haus, hatten sie sich zum ersten Mal geliebt. Diese Erfahrung veränderte ihn völlig. Ja, man weiß es, man kann es beobachten: Die Raupe verpuppt sich, dann schlüpft ein Schmetterling, das eine geht aus dem anderen hervor, man kann zuschauen dabei – aber was sagt das schon? Es heißt nicht umsonst »Metamorphose«, dachte er oft, ein Wandel der Gestalt; aber das sagen wir ja nur, weil wir die Raupe gesehen haben und die Puppe, also nimmt man diesen Hilfsbegriff, Gestaltwandel – beide müssen ja etwas miteinander zu tun haben, die Raupe und der Schmetterling, aber wer käme auf die Idee, wenn niemand zugeschaut hätte? Aber die Raupe kann sich nicht vorstellen, was aus ihr werden wird, der Schmetterling nicht, was er früher gewesen ist. In Wahrheit weist alles darauf, dass die beiden nichts miteinander zu tun haben. Die

Raupe verschwindet, und etwas Neues entsteht. Nicht aus ihr, nur an ihrer Stelle ... so dachte er in den Wochen, die seither vergangen waren. Und dass er ohne Agathe nicht leben konnte.

Dann klingelte das Mobiltelefon.

Eine Minute später hatte er eine neue Metamorphose hinter sich. Von einem glücklichen Menschen zu einem von Panik gepeinigten. Der Unterschied war noch viel stärker als der zwischen Raupe und Schmetterling.

Er hatte ein bisschen Zeit. Nur ein bisschen. Bis morgen. Bis morgen.

Und einen Ausweg hatte er auch. »Blaue Traube« hieß das Gasthaus ... blöder Name, wahnsinnig einfallsreich, »Blaue Traube«! Wie sollen denn Trauben sonst gefärbt sein? Ach ja, es gab ja auch weiße – das wäre der Name für ein Wirtshaus! »Weiße Traube« – so ein Schild hatte er noch nie gesehen.

Er merkte, dass er anfing, rumzuspinnen, das ging ihm oft so bei Stress. Aber so würde er Agathe nicht loseisen können. Er setzte sich, atmete tief durch. Ein Glück, dass er nicht zur Hyperventilation neigte, er hatte darüber eine Doku auf N24 gesehen, oder bei Phoenix? Diese Leute müssen in einen Plastiksack atmen, sonst kriegen sie Krämpfe und verlieren das Bewusstsein in ganz kurzer Zeit ... respiratorische Alkalose. Das Blut wird alkalischer, der pH-Wert steigt, weil vermehrt Kohlendioxid abgeatmet wird. Bei *zu viel* Kohlensäure denkt das Stammhirn: Oha, schlechte Luft, U-Boot oder verschüttet, auf jeden Fall zu wenig Sauerstoff, also die Gefäße erweitern, damit mehr Blut reinkommt! Und bei *zu wenig* Kohlensäure denkt das Hirn gar nichts (weil zu »gute« Luft in der Natur nicht vorkommt) und macht sicherheitshalber einfach das Umgekehrte und verengt die Hirngefäße. Das Hirn wird trotz

Superatmung mit Sauerstoff unterversorgt. Es folgen Krämpfe und Tod.

Alles schön und gut, aber warum fiel ihm das jetzt ein? Was tue ich? Ich sitze auf meinem Ledersofa und memoriere die Erklärungen aus einer Fernsehdoku von vor fünf Monaten. Ich sollte etwas anderes tun. Okay, weil nämlich meine Geliebte entführt worden ist, mein Augenstern, der Sinn meines Lebens. Aber ich tue nichts und leide nicht an Hyperventilation ...

Die Lähmung, die ihn befallen hatte, wich nur langsam. Nur langsam konnte er sich bewegen, aufstehen, das Telefonbuch holen. Inzwischen war ihm wieder eingefallen, was er in der »Blauen Traube« wollte. Den Wirt. Spielmann ... irgendwas mit »Spiel« – den verrückten Hellseher. Agathe hätte sich den Namen gemerkt, das war klar, sie merkte sich alles, die klitzekleinsten Nebensächlichkeiten, aber Agathe konnte er nicht fragen, sie war nicht da, weil sein alter Freund Rudolf sie entführt hatte, nicht wahr, so stand die Sache. Und dieser Spiel... wie auch immer ... war nicht verrückt, sondern hatte die schlichte Wahrheit gesagt. Vorhergesagt. Wenn das möglich war. Aber Hellsehen war nicht möglich, es gab dafür keinen wissenschaftlichen Beweis, leider. Wenn der Wirt der »Blauen Traube« also von der kommenden Entführung wusste, dann nur, weil ihm Rudolf davon erzählt hatte. Die steckten unter einer Decke. Und warum war dann die Tochter mit ihren Warnungen aufgetaucht? Unstimmigkeiten in der Familie. Tochter will nicht, dass sich der Vater in kriminelle Machenschaften verwickeln lässt. Wie war der Büchel überhaupt auf den Wirt gekommen? Ganz einfach: Büchel brauchte ein Versteck für Agathe. Da kam ein Wirtshaus gelegen. Mit seinem Keller, uralt wahrscheinlich, zwei-, dreihundert Jahre, meterdicke Wände, schalldicht. Und der Wirt, warum machte der mit? Finanzielle Schwierigkeiten. Man kennt das doch, diese Familienbetriebe, die schon seit zwei Generationen am Rand des Abgrunds herumkrebsen ... letzte Verzweiflungstat vor dem endgültigen Aus. Ausgelöst durch einen Brief vom Finanzamt. Oder von der Krankenkasse. Pleite, Schande, Ehrverlust! Dann der Ausweg, den Keller vermietet. Nur für ein paar Tage ... alles passte zusammen. Es war eine brauchbare Arbeitshypothese. Nicht mehr, aber auch nicht weniger. Er würde sie überprüfen müssen. Verifizieren oder falsifizieren. Mit den geeigneten Instrumenten.

Er setzte sich an den Computer und suchte die »Blaue Traube« im Internet, fand aber nichts. Offenbar eines der Etablissements, die vom Dornbirner Tourismusverband wegen fehlenden Glamourfaktors unterschlagen werden. Er fand sie dann im Telefonbuch unter »Gasthäuser«. Er packte die geeigneten Instrumente ein und fuhr hin.

*

Als Erster erkannte Dr. Peratoner, dass der Mann verrückt war. Er saß direkt neben ihm am Stammtisch und hielt eine Doppelliterflasche in der Hand. Am Hals hielt er die Weißglasflasche über den Boden, den rechten Ellbogen auf die Stuhllehne gestützt, das schon, sodass die Flasche nur an einem kurzen Hebel saß, nicht einmal eine ganze Unterarmlänge – andererseits machte dieser Lässer keinen durchtrainierten Eindruck, sondern den des typischen Stubenhockers. Hemdsärmel bis zum Handgelenk, deswegen konnte man seine Armmuskeln nicht beurteilen und also auch nicht abschätzen, wie lange er die volle Flasche noch in der Luft halten konnte. Das

Gefäß selber wog sicher ein paar hundert Gramm, dazu kam der Inhalt, also zwei Kilo im Fall von Weißwein, wenn man den Liter großzügig mit einem Kilo ansetzte, aber es war eben kein Weißwein in der Flasche, sondern ein leicht gelbliches Öl, und wenn es das war, was Lässer behauptete, war es ein halbes Mal schwerer als Wasser oder Wein. Das ganze Gebinde kam dann schon an vier Kilo heran, Dr. Peratoner war sich nicht sicher, wie lang der Unglücksmensch so ein Gewicht an einem sich nach oben etwas verjüngenden Flaschenhals halten konnte. Noch dazu mit verschwitzter Hand. Schweißperlen standen zumindest auf seiner Stirn.

Lässer gegenüber saß Matthäus, aus dessen Gesicht alle Farbe gewichen war, neben ihm Mathilde, Franz-Josef Blum rechts von Peratoner, die vierte Seite war frei. Dort sollte eigentlich der Schnitzer sitzen, aber der war vor dem Zwischenfall aufs Klo gegangen und bis jetzt nicht wiedergekommen. »Zwischenfall« traf es gut, dachte Dr. Peratoner, das Charakteristikum solcher Ereignisse besteht darin, dass sich nachher aus den Zeugenaussagen keine kohärente Darstellung von dem gewinnen lässt, was wirklich vorgefallen ist. Vom aktuellen würde es allerdings überhaupt keine Beschreibung geben, keine stimmige und keine unstimmige, weil es nämlich keine Zeugen geben würde, die sich widersprechen könnten. Gar keine. Wenn Lässer die Flasche auf den schönen Riemenboden der »Blauen Traube« fallen ließ.

»Ist es das, was er behauptet?«, fragte Franz-Josef.

»Ich denke schon«, sagte Dr. Peratoner. »Es sieht jedenfalls so aus ...«

»Haben Sie es schon einmal gesehen?«, wollte Lässer wissen.

»Ja, schon ... aber nicht zwei Liter auf einmal. Ich bin Chemiker.«

»So, so, Chemiker!« Lässer schien das zu freuen. »Das läuft ja besser, als ich dachte.«

»Inwiefern?«, fragte Mathilde mit halb erstickter Stimme.

»Ich dachte schon, ich muss es demonstrieren. Mit einer Tropfpipette.« Er zog mit der linken Hand ein Glasröhrchen aus der Jackentasche. Am einen Ende lief es zu einer feinen Öffnung zusammen, am anderen Ende saß ein Gummihütchen.

»Es ist schwirig, mit der einen Hand die Flasche zu halten und mit der anderen die Probe zu entnehmen«, erklärte Lässer.

»Wozu eine Probe?«, fragte Mathilde.

»Er lässt dann einen Tropfen auf den Boden fallen«, erklärte Dr. Peratoner, »wie in dem Film *Lohn der Angst*, den jeder in unserem Alter sah, der Herr Lässer natürlich auch …«

»Ich hab den nicht gesehen«, sagte Mathilde.

»Wenn der Tropfen den Boden erreicht, detoniert er. Aus dem Krach sollen wir uns dann selber ausmalen, was passiert, wenn er die ganze Flasche fallen lässt.«

»Sie haben das sehr schön erklärt, Herr Chemiker«, lobte Ewald Lässer, »das spart Zeit. Also noch einmal: Wo ist sie?«

Mit dieser Frage war er vor fünf Minuten herausgerückt, als er sich unaufgefordert an den Stammtisch setzte. Zuvor hatte er Mathilde bei der Theke gleich nach Betreten des Gasthauses nach dem Wirt gefragt, dem Herrn Spielberger, und dabei einen breiten, schwarzen Koffer getragen, wie ihn Handwerker oder Vertreter mit sich führen, und dafür hatte sie ihn auch gehalten, für einen Vertreter, und an ihren Mann am Stammtisch verwiesen, denn erstens versäumte sie keine Gelegenheit, Matthäus den »Gastwirt« und »Hausherrn« spielen zu lassen, und zweitens war er im Abwimmeln lästiger Besucher besser als sie, der die Leute mit ihren Musterkoffern und Sammellisten zu schnell leid taten. Der Vertreter hatte sich dann ohne Umschweife zu Matthäus, Franz-Josef und Lukas gesetzt. Als sie wieder hinschaute, stand auf dem Boden eine Kühlbox und auf dem Tisch ein Doppelliter. Das wunderte sie, weil es diese Flaschen nicht mehr gab. Übertrieben kam ihr auch vor, dass der Weißwein so stark gekühlt wurde – war er das angepriesene Produkt oder das tragbare Kühlaggregat? Dann winkte sie der Mann zum Tisch, sie nahm Platz und bemerkte erst im Sitzen, dass aus dem Antlitz ihres Matthäus alle Farbe gewichen war. Dann wollte der Fremde wissen, wo Agathe Moser sei, die Frau dieses … dieses Lässer oder wie der hieß … erst da begriff sie, dass Lässer vor ihr saß. Mit zwei Litern Nitroglyzerin in einer Dopplerflasche. Und völlig verrückt.

»Sehen Sie«, sagte er jetzt, »es gibt zwei Ausgänge für diese Situation. Sie holen mir Agathe aus dem Keller – dann gehen wir beide weg und diese Flasche auch. Oder Sie sagen es mir nicht, dann bleib ich da und lass die Flasche fallen.« Sein Gesicht war ähnlich bleich wie das von Matthäus, es glänzte von Schweiß. »Es gibt ein Riesenloch im Fußboden, die Fenster gehen alle zu Bruch, ob eine Wand rausgeblasen wird, ist nicht sicher. Die Wirkung von Explosionen wird oft falsch dargestellt und übertrieben, sie nimmt mit der Entfernung quadratisch ab. Es gibt auch keinen Feuerball oder so, das gibt es nur im Kino. Es gibt nur einen unglaublich lauten Knall, der Ihnen allen das Trommelfell zerreißen wird, was Sie aber nicht zu stören braucht, weil auch Ihre Lunge reißt, verstehen Sie? Ich bin mir gar nicht sicher, ob Sie die Explosion überhaupt noch hören.«

»Aber dabei kommen Sie doch auch um!«, rief Mathilde.

»Sehr richtig, das ist mir aber wurscht. Ohne Agathe ist mir alles egal. Das Leben hat dann keinen Sinn mehr. Also, wo ist sie?«

»Nicht hier«, sagte Matthäus. Seine Stimme klang leise.

»Wie kommen Sie auf die Idee?«

»Weil Sie der Komplize von Rudolf Büchel sind. Der Ihren Keller angemietet hat. Für einen ganzen Haufen Geld. Dann haben Sie allmählich gemerkt, dass er es ernst meint, und haben kalte Füße gekriegt. Und die Tochter zu mir geschickt mit dieser lächerlichen Geschichte, prophetischer Traum und so weiter! Für wie blöd halten Sie mich eigentlich?«

»Das mit dem Traum ist wahr«, sagte Matthäus. »Aber geschickt habe ich niemanden, und die Angelika schon gar nicht. Ich wollte mich nicht einmischen. Es sollte ja erst in der Zukunft passieren, diese Entführung...« Er seufzte laut auf. Tränen liefen ihm übers Gesicht. Franz-Josef Blum staunte. Er hatte den Wirt der »Blauen Traube« noch nie weinen gesehen. Dr. Peratoner hatte sich zurückgelehnt, die Augen halb geschlossen. Er sah aus, als ob er unfreiwilliger Zeuge eines hässlichen familiären Zwistes geworden sei, aus irgendwelchen Etikettegründen aber nicht einfach weggehen konnte.

»Nehmen Sie Ihre Flasche und gehen Sie in den Keller«, fuhr Matthäus fort. »Ich geh mit, wir alle gehen mit, sogar voran. Im Keller können Sie dann jeden Winkel untersuchen, hinter jedes Regal schauen, jede Kiste umdrehen. Sie werden nichts finden. Weil Ihre Agathe eben nicht hier ist.«

»Aber Sie wissen, wo sie ist?«

Matthäus nickte. »Ich hab den Ort im Traum gesehen. Nicht Agathe, nur diesen Büchel, wie er telefoniert.«

»Ach ja? Und wo ist das?«

»Im Gamperdonatal bei Nenzing. Im Jagdhaus.«

Diese Mitteilung rief zunächst Schweigen hervor, kein

Schweigen der Überraschung, eher eines der Ratlosigkeit. Alle hatten zu tun, die Information mental zu verarbeiten. Mathilde fasste sich als Erste: »Davon hast du aber nichts gesagt ...«

»Ja, ich weiß! Und warum? Weil nur ein Haufen Ärger daraus entstehen würde. Genau die Art Ärger, die schon entstanden ist ...« Er wies auf die Dopplerflasche mit dem fatalen Inhalt. Ewald Lässer beobachtete die Runde mit zusammengekniffenen Augen. Er schien unschlüssig, was er nun glauben sollte und was nicht.

»Wieso wissen Sie, dass diese Hütte im Gamperdonatal ist?«, fragte er.

»Ich war als Kind oft dort. In den Ferien. Was soll die Frage? Sie halten das doch sowieso für ein abgekartetes Spiel.«

Ewald Lässer antwortete nicht. Die Büchels hatten dort eine Jagdhütte, das wusste er, das wusste jeder in der Firma. Als Gefängnis für ein Entführungsopfer wäre der Ort nicht schlecht gewählt. Jetzt im Winter gab es in dem Tal nur Jagdaufseher. Die alle von Büchel bezahlt wurden ... im Prinzip ein Hunderte Hektar großes Privatgrundstück des Herrn Büchel. Ins Tal hineinfahren konnten nur Mitglieder der Agrargemeinschaft; Fremde waren auf den Shuttlebus angewiesen. Der fuhr im Winter nicht. Der Jagdherr, der eine astronomisch hohe Pacht bezahlte, durfte mit seinem Supergeländewagen natürlich zu jeder Tages- und Nachtzeit hineinfahren. Besonders zu jeder Nachtzeit. Er hatte sicher einen Schlüssel für die Schranke ... ja, das Versteck war ideal. – Natürlich konnte das auch alles von Büchel mit diesem komischen Wirt abgesprochen sein. Aber warum hätten sie das tun sollen? Um ihn vom wahren Aufenthaltsort seiner Agathe abzulenken? In diesem Fall wäre sie ganz woanders. An einem deutlich unsichereren

Ort als dem Jagdhaus. Das wäre dumm, und Rudolf Büchel war nicht dumm. Wenn das ein Plan sein sollte – die Absprache mit dem Wirt, das Vorschicken der Tochter – dann war es ein ausgesprochen blöder Plan, etwas völlig Sinnloses. Zu diesem Schluss hätte er aber auch früher kommen können, fiel ihm ein. Wenn er klar hätte denken können. Aber das hat er nach dem Anruf von Büchel nicht fertiggebracht, klar zu denken. Deshalb saß er ja auch jetzt im Gastraum der »Blauen Traube« mit zwei Liter Nitroglyzerin in einer Dopplerflasche in der Hand, um Leute zu erpressen. Er kam sich komisch vor. Dr. Peratoner hatte durch langjährige, gymnasiale Prüfungserfahrung ein Gespür für Personen, die sich komisch vorkamen. Da musste man den Hebel ansetzen.

»Wir können dann gern alle in den Keller gehen, wir voran, Sie mit der Flasche hinterher! Aber zuvor würde mich eines interessieren: Was will dieser Büchel eigentlich von Ihnen, Herr Diplomingenieur?«

In Ewald Lässers Gesicht ging eine Veränderung vor. Es wurde weicher, der fanatische Zug um den Mund bildete sich zurück. Es lag am Titel. Dass ihn jemand aussprach, ihn mit dem Titel ansprach, das geschah zwar ab und zu, aber immer mit einem ironischen Unterton. Bei Meetings in der Firma, wenn die Stimmung kippte, wenn man ihn ärgern wollte. Dr. Peratoner hatte das Wort in normalem Tonfall verwendet, als natürliche Anrede. Weil er es schließlich *war*. Dipl.-Ing. Ewald Lässer. Das kam kaum noch vor, so eine normale Verwendung. Man musste einen Titel verbergen wie ein peinliches biografisches Detail, eine Jugendsünde, eine Entziehungskur oder eine freizügige Tätowierung auf dem Hintern. Der Chemiker hatte durch ein einziges Wort eine lang entbehrte akademische Atmosphäre geschaffen, in der Ewald

Lässer antwortete, als sei die Situation eine Unterhaltung Gebildeter, als säße er nicht mit einer Flasche Flüssigsprengstoff vor diesen Leuten.

»Das ist eine heikle Frage, Herr ...«

»Peratoner, Dr. Lukas Peratoner ...«

»... Herr Dr. Peratoner. Es geht dabei um ein Verfahren, das ich erfunden habe. Büchel glaubt, ich hätte dabei einen Fehler gemacht. Weil der Kunde, dem er das Verfahren verkauft hat, nicht imstande war, die Ergebnisse zu erzielen, die ich erzielt habe.«

»Das war mir schon klar, aber worum handelt es sich denn? Dieser Herr Büchel scheint ja außerordentlich aufgebracht zu sein, wenn er zu ... zu solchen Mitteln greift.«

»Das liegt alles nur am Geld, wissen Sie ... es ist wirklich revolutionär und eine Menge wert ... ich meine, wenn ich schon ein paar Millionen dafür zahle, stell ich doch auch Leute ein, die dann damit umgehen können, oder nicht?«

»Absolut! Man sparte wahrscheinlich wieder am falschen Fleck, beim Personal.«

»Genau so ist es! Ich meine, es ist keine Großchemie – genau darin besteht ja der Vorteil, dass es viel billiger ist, dass ich keine Riesenfabrik brauche ...«

»Verzeihung, ich kann nicht ganz folgen – eine Fabrik wofür?«

»Na, für die Trennung, die Isotopentrennung ...«

Der Gedanke, der sich in Dr. Peratoners Gehirn vor einigen Tagen bemerkbar gemacht hatte, den er aber nicht zum Bleiben hatte überreden und fassen können – dieser Gedanke war nun in das helle Licht des Peratoner'schen Bewusstseins getreten und würde, das war klar, nie mehr daraus verschwinden, bis Dr. Peratoner das Zeitliche segnete. Der hätte viel darum gegeben, wenn der Gedanke nie aufgetaucht wäre. Der Schweiß brach ihm aus. Übelkeit befiel ihn.

»Sie meinen *die* Isotopentrennung?«, sagte er mit schwacher Stimme.

»Ja, natürlich! Die einzig wirklich interessante, die alle haben wollen …«

»Uran«, sagte Dr. Peratoner. Er war kaum zu verstehen. »Uran zweihundertfünfunddreißig und Uran zweihundertachtunddreißig.«

»Bis jetzt braucht man für diese Trennung Tausende Ultrazentrifugen«, erklärte Ewald Lässer, wobei er sich an die anderen Personen am Tisch wandte. »Nach meinem Verfahren genügt ein etwas größeres Labor …«

»Wie das in Ihrem Keller?«, fragte Matthäus.

»Ah, Sie haben damals also spioniert! Da will man freundlich sein und erklärt zwei Fremden das Energiekonzept und wird dabei ausgekundschaftet!«

»Sie haben diese Kellertür offen gelassen!«, verteidigte sich Matthäus. »Ich hab nur einen Blick hineingeworfen. War unvermeidlich. Ich versteh nicht, wieso Sie so unvorsichtig sein können. Da hätte sogar der Briefträger reinschauen können!«

»Der wohl nicht, aber dieser andere zum Beispiel. Ihr wart doch zu zweit. Wo ist der überhaupt?«

»Der ist heute nicht da«, erklärte Mathilde. »Er ist Holzschnitzer. Ein dringender Auftrag, verstehen Sie …«

»Wieso haben Sie sich überhaupt bei mir eingeschlichen? Da steckt doch sicher der Büchel dahinter!«

»Indirekt schon«, gab Matthäus zu. »Aber nicht, wie Sie denken. Wir waren hinter ihm her und sind dann zu Ihrem Haus gekommen …«

»Hinter dem Büchel her? Wieso?«

»Das ist eine lange Geschichte …«, begann Matthäus, hatte aber keine Zeit mehr, sie zu erzählen, denn Lothar Moosmann war katzengleich von der Tür neben der Theke an Ewalds Stuhl herangeschlichen. Seit dem Zwischenfall mit Herrn Mangold war die misslaunige Ruhe von Lothar gewichen. Misslaunig war er nach wie vor, jetzt aber nervös. Und vorsichtig. Deshalb betrat er einen Raum auch nicht mit der früher gewohnten Arglosigkeit, sondern mit aufmerksamen Sinnen. Noch im Flur, der zu den Toiletten und zur Hintertür führte, spürte er, dass etwas im Gastraum nicht stimmte. Er blieb hinter der Tür stehen und lauschte. Als er genug gelauscht hatte, schlich er sich an. Eine blöde Idee, wie er später selber zugeben musste. Die Gefahr bestand nicht darin, von Lässer entdeckt zu werden, sondern darin, dass Lässer so erschrak, dass er die Flasche fallen ließ. Das geschah nicht.

Der Schnitzer stützte mit der einen Hand den Boden der Flasche, mit der anderen nahm er sie Ewald Lässer einfach weg und trug sie hinter die Theke. Dort stellte er das Gebinde mit großer Vorsicht auf einen Lappen im Ausguss. Dann kehrte er zum Tisch zurück. Ewald Lässer hatte es in der Zwischenzeit fertiggebracht, zur Eingangstür zu rennen und zu verschwinden. Als Lothar bei der Tür war, sah er den Flüchtigen fortfahren; Lässer hatte direkt neben dem Eingang geparkt. Lothar warf eine Handvoll Parkplatzkies hinterher, die Steinchen prasselten auf Blech und Heckscheibe, richteten aber keinen Schaden an. Der Schnitzer kehrte in den Gastraum zurück.

»Seid ihr hier im Kino oder was?«, schrie er die anderen an. Die hatten es erst geschafft, sich von ihren Stühlen zu erheben. »Ihr seid aber nicht im Kino!«, brüllte er. »Wieso sitzt ihr da wie die Ölgötzen und lasst das Arschloch laufen, he?« Mathilde lief um den Tisch herum und umarmte ihn. Tränen liefen ihr übers Gesicht. »Danke, danke, danke!«, stammelte sie. Seine Wut verflog und machte einer Verlegenheit Platz, wie er sie seit seinem missglückten Versuch, in der Schule eine »Redeübung« zu absolvieren, nicht mehr erlebt hatte. Das war über dreißig Jahre her. Wie damals färbte sich sein Kopf rot, seine Lippen zitterten, aber es kam nichts heraus.

»Du hast uns alle gerettet!«, sagte sie und küsste ihn auf die Stirn. Dr. Peratoner rannte mit der Kühlbox, die Lässer zurückgelassen hatte, zum Ausguss und verstaute die Flasche darin. Matthäus folgte ihm. Er wusste nicht recht, was er jetzt tun sollte. Mit Ruhm hatte er sich in der letzten halben Stunde nicht bedeckt. Wie hätte er auch sollen? Es war doch reiner Zufall, dass Lothar Moosmann eine Minute vor dem Eintreffen des verrückten Lässer aufs Klo hatte müssen.

Alle waren aufgestanden, rannten wie Hühner in der Gaststube herum und redeten durcheinander. Lothar Moosmann wurde heftig widersprochen; man bemühte sich, wie in solchen Fällen üblich, nach überstandener Gefahr, aller Welt zu versichern, dass diese Gefahr jedenfalls nicht von einem selber ausgegangen sei. Es sei alles viel zu schnell gegangen, und wo sie das, bittschön, hätten üben sollen, das Einfangen eines Sprengstoffterroristen eine Sekunde, nachdem er seinen Sprengstoff eingebüßt hatte? Und war das in der Flasche überhaupt der ganze Sprengstoff – was, wenn der verrückte Lässer noch einen einschlägigen Gürtel getragen hätte? Dann wäre Lothars Aktion ein Akt der Gemeingefährdung gewesen und keine Heldentat … der Einwand kam von Matthäus, später schämte er sich dafür, es ging aber niemand darauf ein, und auch später erwähnte niemand die Anschuldigung, denn Mathilde unterbrach ihren Mann, der die These weiter ausführen wollte, mit einem Aufschrei, wobei sie unter den Tisch deutete. Dort ragten die wohlbekannten braunen Cordhosenbeine von Franz-Josef Blum hervor. Dr. Peratoner bückte sich, kroch unter den Tisch, erbat sich Hilfe. Mit Matthäus und Lothar zog er den Buchhalter heraus. Dessen Gesicht war schweißbedeckt und aschfahl, der Mund stand halb offen, sein Atem ging flach.

»Beine hochlagern!«, befahl Lothar. Das mache man so bei blassem Gesicht. Bei rotem Gesicht umgekehrt, dann müsse man den Oberkörper aufrichten. Sie legten Franz-Josefs Unterschenkel auf einen Stuhl, dem Patienten ging es gleich besser, aber er antwortete nicht auf Fragen, legte nur den Zeigefinger auf die Lippen und deutete mit der anderen Hand unter den Tisch. Lothar kroch hinunter. »Unten an der Platte«, flüsterte Franz-Josef. Auch Lothar Moosmann benahm sich merkwürdig, als er wieder auftauchte. Ohne auf Franz-Josefs Befinden einzugehen, fragte er: »Was unternehmen wir denn jetzt in der Sache?« Die Frage war von merkwürdigen Gestikulationen begleitet, die sich irgendwie auf den Tisch bezogen. Er zog Matthäus am Ärmel auf den Boden, schob ihn förmlich unter den Tisch. Als der Wirt wieder zum Vorschein kam, benahm er sich ebenso seltsam.

»Wir unternehmen gar nichts«, sagte er mit lauter Stimme, »das geht uns nichts an. Ich hab die Nase voll von der Geschichte, das sag ich euch ganz ehrlich!« Die anderen standen hinter ihm, er aber sprach nicht zu ihnen, sondern zum Tisch. Lothar Moosmann neben ihm war auch dem Tisch zugewandt.

»Was machen wir mit dem Nitroglyzerin?«, fragte Franz-Josef, der seine Gesichtsfarbe und seine Stimme wiedergewonnen hatte.

»Wir verdünnen es mit Alkohol und schütten es weg«, sagte Dr. Peratoner. Natürlich in Richtung Tisch. Als öffne sich dahinter ein Zuschauerraum.

»Wenn das nächste Mal einer von diesen Verrückten auftaucht, ruf ich sofort die Polizei, ganz egal, ob es der Lässer ist, der Büchel oder dieser Hoffmann, oder wie der hieß! Ich hab die Faxen endgültig satt!« Die drei anderen gaben ihrer Überzeugung Ausdruck, dass ebendies, die Polizei zu rufen, die einzig richtige Handlungsweise sei.

»Wir hätten das gleich tun sollen!«, rief Dr. Peratoner. »Ich meine, der Mann ist doch verrückt! Ein neues Urantrennverfahren, supereinfach und superbillig, da ist doch nur der Wunsch der Vater des Gedankens – das Ganze ist unmöglich, aber bei Erfindern kommt das häufig vor, dass sie den Bezug zur Realität verlieren…«

»Könnte ich jetzt einmal erfahren…«, begann Mathilde, weiter kam sie nicht, weil ihr der Gatte den Mund zuhielt. Dr. Peratoner begann, seine Theorie von den verrückten Erfindern mit historischen Beispielen zu erläutern, also einen Vortrag zu halten, in dem er auch erklärte, wieso eine Trennung der beiden berühmten Uranisotope technisch so aufwendig und teuer sei. Matthäus war da nicht mehr anwesend, denn er hatte seine Frau am Arm aus dem Gasthaus heraus auf den Vorplatz gezerrt.

»Unter dem Tisch ist eine Wanze, wir werden abgehört!«

»Wieso, von wem denn?«

»Von diesem Hoffmann wahrscheinlich. Sein Adlatus muss sie deponiert haben…« In der Wirtshaustür tauchte Franz-Josef auf.

»Jedes Wort, das wir an diesem Tisch gesprochen haben, ist aufgezeichnet worden, davon könnt ihr ausgehen…«

»Was war denn mit dir los?«, fragte Mathilde. »Warum bist du unter dem Tisch gelegen?«

»Ich hab mir gedacht, jetzt ist eine gute Zeit für die *fünf Tibeter* ... Herrgott, mir ist schwarz vor Augen geworden! Eine Kreislaufschwäche, weiter nichts. Von der ganzen Aufregung mit dem Nitroglyzerin. Ich hab mich auf den Boden gleiten lassen, das ist immer noch das Beste. Als ich zu mir komm, seh ich über mir dieses winzige Ding, von unten an die Tischplatte geklebt.«

»Du solltest zum Arzt gehen!«, empfahl Mathilde.

»Mach ich, aber dafür ist noch Zeit.«

»Erst einmal müssen wir den Tisch rausbringen«, sagte Dr. Peratoner, »sonst können wir da drin nicht mehr frei reden!«

»Was meinst du mit *da drin*? Die Gaststube? Dann muss ich dich enttäuschen. Das ganze Gebäude kann verwanzt sein ...« Franz-Josef hantierte mit seinem Mobiltelefon, ging ein paar Schritte von den beiden anderen weg und rief jemanden an. Dr. Peratoner kam mit Lothar aus dem Gasthaus.

»Wir reden ganz belanglose Sachen«, schlug der vor, »dann entdecken wir, dass der Tisch wackelt, weil irgendein Brett sich gelockert hat, das eines der Tischbeine stabilisiert – und tragen das ganze Ding in den Schuppen hinterm Haus.«

»Ihr meint, die merken, wenn wir die Wanze einfach kaputtmachen?«, fragte Mathilde.

»An der Stelle kannst du sie kaum *zufällig* mit einem Besenstiel erwischen«, meinte Lothar. »Die andere Seite sollte auf keinen Fall wissen, dass wir von der Wanze wissen, versteht ihr?« Alle nickten. Lothar hatte manchmal die irritierende Angewohnheit, Sachen zu erläutern, die jedem klar waren.

»Heut Abend kommt er«, rief Franz-Josef Blum und kam vom Rand des Parkplatzes auf die Gruppe zu.

»Wer?«

»Mein Schwager. Er hat so Elektronikzeug, mit dem er Wanzen aufspüren kann – wenn noch welche da sind.«

»Du hast deinen Schwager angerufen?«, schrie Matthäus. »Den Schwager von der Polizei? Bist du jetzt total durchgedreht?« Lothar machte entsetzte Gesten; die Eingangstür war nur angelehnt, er fürchtete, die Wanze unter dem Tisch könnte nah genug sein für den Wutausbruch des Wirts.

»Reg dich ab«, sagte Franz-Josef, »ich hab ihm natürlich gar nichts erzählt. Nur, dass wir die Wanze entdeckt haben. Durch Zufall. Wer abgehört werden sollte, wissen wir natürlich nicht. Sicher nicht einer von uns, oder? Weil wir sind ja harmlos … jedenfalls kommt er her und sucht nach anderen Wanzen.«

Matthäus beruhigte sich. »Na schön. Und was machen wir so lang? Im Sommer könnten wir uns in den Garten setzen, aber jetzt …«

»Wir gehen einfach wieder rein«, schlug Mathilde vor. »Bleibt uns auch nichts anderes übrig. Ein menschenleeres Gasthaus ohne Geräuschkulisse, das ist doch verdächtig.«

»Wieso denn? Wenn diese Leute mit der ökonomischen Situation der hiesigen Gastronomie vertraut sind, wird sie gar nichts wundern! Im Gegenteil: Auffallen würde, wenn die Bude voll wäre …« Der säuerliche Unterton des Matthäus Spielberger entging keinem. Am besten damit vertraut war seine Frau. Dieses *Ich-bin-Gastwirt-und-mir-geht-es-schlecht-*Gejammer schlug er nur an, wenn ihn etwas aus der Fassung gebracht hatte. Denn von der wirklichen wirtschaftlichen Lage der »Blauen Traube« hatte er keine Ahnung.

»Gehen wir rein!«, befahl sie.

»Und worüber sollen wir reden?«, wollte Lothar wissen. »Wenn wir uns plötzlich anschweigen, fällt das doch auf …«

»Dr. Peratoner hält euch einen Vortrag, dann müsst ihr nur ein paar Zwischenfragen stellen. Ich hab in der Küche zu tun. Das machen Sie doch, Herr Doktor?«

»Mit dem größten Vergnügen, Gnädigste! Ich wähle als Thema das Wasserstoffsuperoxid, eine faszinierende Substanz, mit der man ...«

»Heilige Maria, steh uns bei!«, stöhnte Lothar Moosmann in der Tür.

»... mit der man, sage ich, sogar Autos antreiben könnte, und zwar umweltfreundlich und ohne Rückgriff auf fossile Brennstoffe!«

»Tatsächlich? Das klingt ja interessant!«, sagte Franz-Josef Blum. Lothar sagte nichts mehr, ergab sich in sein Schicksal.

Sie nahmen am Tisch Platz, endeckten, dass er plötzlich wackelte, woran ein loses Brett schuld war, und trugen den Tisch in den Schuppen. Dann begann Dr. Peratoner die Geschichte des Wasserstoffsuperoxids zu entwerfen. Franz-Josef hörte aufmerksam zu, Matthäus »half Mathilde in der Küche«, wie er sagte, und Lothar Moosmann schaltete ab. Er interessierte sich nicht für ökologische Themen, tröstete sich mit dem Gedanken, dass der Unterläufel, der sie vielleicht über eine zweite Wanze weiter abhörte, eben nicht abschalten konnte – denn sonst würde ihm unter Umständen etwas Wichtiges entgehen.

Später kamen ein paar Gäste in die »Blaue Traube«, die zu Abend essen wollten. Sie unterhielten sich so lautstark, wie das in einem Landgasthof üblich war; Dr. Peratoner konnte seine Ausführungen in der steigenden Geräuschkulisse beenden. Er war erschöpft, setzte sich und bestellte einen Lumpensalat und ein Weißbier. Noch nie hatte er so lange über die glänzenden Möglichkeiten von Wasserstoffsuperoxid gesprochen, einer notorisch unterbewerteten Substanz, deren Ansehen durch das Unglück der »Kursk« nicht eben gestiegen war ... noch nie hatte er so lang darüber gesprochen, also sprechen können, ohne unterbrochen zu werden, aber warum? Nicht weil das Thema jemanden außer ihm interessierte, sondern weil seine Rede die Entdeckung der Wanze camouflieren sollte. Sie hätten sich natürlich auch ganz normal unterhalten können, Konversation betreiben. Hätten können, aber in Wahrheit konnten sie eben das nicht. Es existiert keine Gesprächskultur mehr, dachte er, kein Wissen vom Gegenstand der Rede selber. Kaum sagt man ihnen, dass jemand sie abhört, verstummen sie, als ob sie das erste Mal auf einer Bühne stünden oder an einem Rednerpult. Sie reden sonst tagaus, tagein, besonders der Schnitzer, aber eben aus Instinkt, praktisch ohne reflexive Anstrengung. Die Fabel von dem Tausendfüßler fiel ihm ein, den ein Feind voll Hinterlist gefragt hatte, wie er es denn mit dem Laufen anstelle: ob er denn zuerst das erste Bein voransetze, dann das zweite – oder doch das siebte? Oder das hundertzwanzigste? So befragt, konnte das Tier keinen Schritt mehr tun und verhungerte. Meine Freunde sind Idioten, dachte Dr. Peratoner. Sie wissen nicht, was sie sagen sollen. Buchstäblich. Es war bitter, sich dies auf so brutale Art klarzumachen. Er versank in düsteres Brüten, aus dem er auch von Franz-Josef und Lothar nicht geholt wurde, weil die, als er seine Rede geendet hatte, schwiegen wie Steine.

Erst das Eintreffen des Revierinspektors Josef Talhuber riss ihn aus seiner Lethargie. Der Polizist, von seinem Schwager vorinformiert, ging sofort in die Küche, sprach kein Wort, begann nur, seine elektronischen Gerätschaften auszupacken. Mathilde lächelte ihm zu, servierte ihm ein Bier und bediente die Gäste. Josef Talhuber untersuchte erst die übrigen Räume des Hauses vom Keller bis zum Dachboden, in der Gaststube konnte er erst tätig werden, als der letzte Gast gegangen war. Gegen neun. Mathilde schloss ab. Anwesend waren nur noch Matthäus, seine drei Freunde, der Polizist in Zivil und Mathilde selber. Josef Talhuber überstrich mit einem antennenförmigen Gebilde alle Oberflächen des Gastraums und alle Oberflächen aller Gegenstände, die darin waren, bei den Möbeln auch die nicht sichtbaren, die »Unterflächen« gewissermaßen. Das dauerte.

»Nichts«, sagte er endlich. »Hier drin ist nichts mehr. Auch sonst nicht im Haus. Wo ist das Ding, das ihr gefunden habt?« Sie führten ihn in den Schuppen, wo er die Wanze von der Tischplatte ablöste. Er umhüllte das kaum fingernagelgroße Ding mit einem Stück Verpackungsfolie und steckte es ein. Sie gingen zurück ins Gasthaus.

»Es ist nichts Besonderes«, sagte er dann. »Technisch ausgereifter Standard halt. Kann man haufenweise im Internet bestellen.«

»Also kein Hinweis, wer die Wanze appliziert hat«, stellte der Buchhalter fest.

»Du sagst es, du hast es erfasst, Franz-Josef! Das kann man leider nicht sagen, wer oder was ... als ob man eine Colaflasche gefunden hätte, da kann man ja auch nicht sagen, wer ...« Er begann zu lachen. Es klang ein wenig gekünstelt. Dann erklärte er, sie alle seien wohl nicht Ziel eines Lauschangriffs, sondern Gäste, die an diesem Tisch gesessen und sich an eben diesem Tisch wohl mit anderen sinistren Gestalten getroffen hätten.

»Österreich ist beliebt bei solchen ... Geschäftsleuten«, erklärte er. »Hat historische Gründe ... von der Nachkriegszeit her ... *Dritter Mann* und so ...« Er verstummte. Matthäus wollte schon sagen, dass der *Dritte Mann* ja nun doch schon bald siebzig Jahre her sei, verkniff sich aber die Bemerkung. Sollte Talhuber doch ruhig an ein Treffen zwielichtiger Ausländer glauben, die sich in der »Blauen Traube« gegenseitig abhörten. Das Langasthaus in der tiefen Provinz als Tarnung, das war ideal. Denn die Tarnung ist nur ein Requisit, gehört nicht zur Handlung. Nicht zur Handlung zu gehören, darauf kam es jetzt an. Josef Talhuber erklärte noch einen ganzen Haufen andere Sachen, die wenig mit der Wanze in der »Blauen Traube« zu tun hatten, umso mehr mit der allgemeinen Kriminalität, der notorischen Unterbesetzung der Polizeiinspektionen und der mangelnden Eignung gewisser Vorgesetzter für Führungsaufgaben. Er sah beim Reden nur seinen Schwager an, der kein Wort sprach, ab und zu nickte, dem Josef Talhuber den einen oder anderen fragenden Blick schenkte. Der ist auf den Buchhalter fixiert, dachte Lothar, der zu Exekutivorganen wie zu Autoritäten überhaupt ein gespanntes Verhältnis hatte und an solchen Personen immer einen Fehler fand, auch, wenn sie ausnahmsweise auf seiner Seite standen. Wie war das noch gewesen ... dieser Talhuber war der jüngere Bruder der verstorbenen Frau Blum. Seinem Schwager ergeben – wie er seiner älteren Schwester ergeben gewesen war. Übertragung, so etwas in der Richtung ... wahrscheinlich hatte sie ihn aufgezogen, den kleinen Josef, man wusste ja nicht, wie die Familienverhältnisse im Hause Talhuber gewesen waren. Er würde den Franz-Josef danach befragen. Talhuber stand offensichtlich unter dem Einfluss seines Schwagers und bemühte sich, ihm zu gefallen, aus welchen Psychogründen auch immer.

Schwager Josef schärfte ihnen ein, sie sollten alle die Augen offen halten und bei verdächtigen Personen, besonders bei Ausländern, sofort die Polizei rufen. Allein das Auftauchen derselben schrecke diese Elemente schon ab. Ja, dachte Matthäus, das ist ein wirklich guter Plan, ausgedacht von einem Staatsbeamten. Das Gasthaus läuft ja auch so toll, dass ich es mir leisten kann, jeden Gast mit südöstlichem Gesichtsschnitt perlustrieren zu lassen! Denn genau das heißt es doch, wenn von »Ausländern« die Rede ist. Gemeint sind jedenfalls keine Individuen mit keltisch-germanischer Passform …

Josef Talhuber verabschiedete sich, die Gruppe nahm am alten Stammtisch Platz, den man wieder hereingeschleppt hatte. Zunächst wurde nichts gesprochen, alle verarbeiteten die jüngsten Erfahrungen – sie »bewegen es in ihren Herzen«, dachte Lothar Moosmann, dem diese biblische Formulierung in den Sinn kam. Aber was gab es da groß zu überlegen?

»Wann fahren wir?«, fragte er in die Runde.

»Wohin?« Matthäus spielte den Ahnungslosen.

»Ins Gamperdonatal natürlich! Herrgott, was ist denn mit dir los? Du glaubst doch nicht, wir können bei dieser Lage auf unseren vier Buchstaben sitzen bleiben?«

»Und warum nicht?« Matthäus war laut geworden. »Ich habe keine Lust, mich noch weiter in diese Affäre hineinziehen zu lassen!«

»Du hast diese Affäre, wie du das nennst, doch selber angezettelt! Kein Mensch hat von dir verlangt, deine Träume zu erzählen, wirklich niemand. Hättest du nichts gesagt, wäre alles paletti, verdammt! Wir hätten unsere Ruhe, die ist jetzt weg, und du allein bist daran schuld, das kannst du nicht abstreiten. Es ist jetzt, wie es ist, wir müssen etwas unternehmen.«

»Ach ja!« Jetzt war es an Franz-Josef Blum, einen aggressiven Ton anzuschlagen. »Wieso müssen wir was unternehmen? Das ist doch alles nur Räuber-und-Gendarm-Spielen, leider mit echten Waffen und echtem Nitroglyzerin. Was wird dieser Verrückte denn tun? Zu dieser Jagdhütte fahren und seine Freundin befreien. Willst du ihm dabei helfen?«

»Ach was, darum geht es doch nicht …«

»Worum geht es denn dann?«

»Wir müssen … ich meine, wir können doch nicht einfach zuschauen …« Lothar Moosmann wusste nicht weiter. Das kam selten vor. Eine Verwirrung hatte von ihm Besitz ergriffen.

»Was tun wir hier eigentlich?«, fragte der Buchhalter in die Runde. »Erst lassen wir uns von einem Verrückten mit Vernichtung bedrohen, dann entdecken wir, dass wir abgehört werden – und was machen wir? Nämlich anstatt schnurstracks zur Polizei zu gehen? Dabei war die Polizei schon da, ich bin verwandt mit der Polizei. Warum hab ich nichts gesagt?«

»Dafür gibt es mehrere Gründe«, sagte Dr. Peratoner in die sich ausbreitende Stille hinein. »Erstens zieht eines das andere nach – auch wenn man die Kausalkette nach hinten verfolgt …«

»Wie meinen Sie das?«, wollte Mathilde wissen. »Welche Kausalkette?« Der Chemiker seufzte. »Da haben wir es ja schon! Jedes Ereignis in dieser Sache wurde von einem vorhergehenden Ereignis verursacht.«

»Na und? Dann erzählen wir das doch der Polizei«, meinte die Wirtin. »Ob sie dann das mit dem Matthäus seinen Träumen glaubt, ist doch ihr Problem!«

»Schon. Aber wenn wir von jetzt zurückgehen, stoßen wir auf ein Ereignis, das wir der Polizei lieber nicht mitteilen wollen, es ist etwas peinlich … wie soll ich Ihnen das jetzt am besten beibringen, Frau Mathilde …« Diese seltsame Anrede benutzte er selten. Er war mit der Wirtin per »Sie«, schon seit Beginn ihrer Bekanntschaft, vermied es aber, sie mit dem

Namen anzusprechen. »Frau Spielberger« kam ihm affig vor, fast verletzend für die Gattin eines Freundes; duzen konnte er sie nicht, da sie ihm nie das Du angeboten hatte – so war »Frau« plus Vorname ein Kompromiss, der außerdem den Vorteil besaß, jene Wertschätzung auszudrücken, die sie verdiente; er meinte »Frau Mathilde« nicht in jenem leicht herablassenden, österreichischen Ton, wie man das Personal im Kaffeehaus anspricht (»Herr Johann«, »Fräulein Karin«), sondern im mittelalterlichen Sinn, als mit »Herr« und »Frau« Adlige gemeint waren, und er besaß die Gabe, »Frau Mathilde« so zu intonieren, dass sie sich wie eine Burgherrin vorkam. Für ihn war sie das ja auch. Die Herrin der Burg »Blaue Traube«, in der er schon so viele Jahre Gastrecht genoss.

»Er will damit sagen«, meldete sich Lothar Moosmann, »dass ich einen umgebracht habe ...«

»Mit Absicht?«, unterbrach sie ihn.

»Nein, in Notwehr. Er wollte mich zusammenschlagen, da hab ich halt zugestoßen. Ein Reflex, kann man sagen.« Er ließ den Hohlbeitel aus dem Ärmel gleiten.

»Wie oft hab ich dir gesagt, diese Marotte mit dem Stechwerkzeug gibt einmal ein Unglück!« Der Tonfall war wie in dem Satz: Ich hab dir hundertmal gesagt, du sollst einen Schirm mitnehmen! Es schien sie nicht sehr aufzuregen.

»Wer war das Opfer?«

»Ein Typ aus meinem Traum«, sagte Matthäus. »Wir haben nichts gesagt, um dich nicht zu beunruhigen ...«

»Versteh doch«, unterbrach ihn Lothar, »wir schauen nach, ob da wirklich einer in der Schlucht liegt, und wer begegnet uns am Ausgang vom Rappenloch? Einer aus dem Traum vom Matthäus! Und der ist uns dann gefolgt!« Das entsprach nicht ganz den Tatsachen, aber Lothar ging es darum, einen

Überblick zu geben. Ohne verwirrende Einzelheiten. Die anderen unterstützten ihn darin. Erst redeten alle durcheinander, dann alle einzeln. Sie hörte zu und schwieg. Sie schwieg auch noch, als Matthäus mit einer Zusammenfassung der Ereignisse geendet hatte. Das konnte nichts Gutes bedeuten, dieses Schweigen. Lieber wäre ihm gewesen, sie hätte sich aufgeregt, geschrien, geweint, die Fassung verloren. Alles besser als dieses Schweigen, das doch nur, man kannte das, mit vernichtenden Sätzen beendet werden konnte, in denen aus den Vokabeln »Vertrauensbruch« und »Lebenslüge« die Formulierung »… so nicht mehr zusammenleben können …« hervorgehen würde.

Aber obwohl er so lange mit ihr verheiratet war, kannte Matthäus Mathilde nicht gut genug. Sie sagte nichts von Vertrauensbruch und Lebenslüge. Sie sagte nur: »Das hättest du mir gleich sagen können, ich bin nicht aus Zucker.« Darauf wusste nun wiederum niemand von den anderen eine adäquate Antwort. Die Behauptung selber ließ sich nicht in Frage stellen; Mathilde war nicht aus Zucker. Wie sehr sie aber *nicht* aus Zucker war – das Ausmaß der Zuckerfreiheit ihrer psychischen Konstitution gewissermaßen – das ließ sie dann doch sprachlos um den Tisch sitzen. Dabei hätten sie wissen müssen, dass eine Frau, die ein Gasthaus wie die »Blaue Traube« führt, in Zeiten wie den gegenwärtigen, da die Gasthäuser hingerafft werden wie bei einem Ebola-Ausbruch, dass eine solche Frau eine Kämpfernatur sein musste, »stahlhart«, wie Franz-Josef Blum sie später im kleinen Kreis bezeichnete, »eine Walküre, wirklich!«

»Was wollt ihr jetzt tun?«, fragte sie in das staunende Schweigen der Männerrunde hinein. Darauf setzte sich das Schweigen fort. Allen vieren kam unabhängig voneinander derselbe Gedanke: Sie hatten sich vorhin entschlossen, mit der ganzen Geschichte herauszurücken, weil sie nicht mehr weiterwussten, nach dem Geständnis aber die Wirtin fragen konnten. Denn sie würde mit großer Wahrscheinlichkeit eine klare, eindeutige Antwort geben, die niemand mehr bedenken und diskutieren musste.

Mathilde Spielberger, die »Lecherin«, gab eine solche Antwort.

»Ihr müsst diese Wahnsinnigen stoppen, das ist doch klar! Nicht nur den Entführer, auch den verrückten Erfinder! Unglaublich, ich hab immer gedacht, das ist nur so eine Kinofigur ...«

»Wer?«, fragte Lothar.

»Der verrückte Erfinder – diese Leute, die irgendwas aushecken, um die Weltherrschaft zu erlangen, was weiß ich ...«

»Der verrückte Erfinder«, erklärte Dr. Peratoner, »ist tatsächlich ein filmischer Topos der fünfziger und sechziger Jahre, kommt aber als verrückter Wissenschaftler schon viel früher vor. Beispiele sind etwa Dr. Mabuse von Norbert Jacques oder der ungleich berühmtere Dr. Frankenstein von Mary Shelley. – Aber die Sache liegt hier nicht so einfach. Der Diplomingenieur Lässer ist nicht verrückt im landläufigen Sinn. Wäre er es, hätten wir kein Problem ...«

»Du meinst, weil er normal ist, haben wir eines?«, fragte Matthäus.

»Ich glaube nicht, dass er *normal* ist. Jemand Normaler denkt nicht über ein Trennverfahren nach, wie er es getan hat, nicht über *so ein* Trennverfahren. Jede Erleichterung auf diesem Feld führt die Welt einen großen Schritt weiter zur nuklearen Wüste. Aber hier ist *normal* nicht das Gegenteil von *verrückt*. Diese Begriffe beziehen sich auf verschiedene Felder.

Ein normaler Mensch erfindet keine Massenvernichtungswaffen. Nach dieser Definition ist der ganze industriell-militärische Komplex geistig abnormal, verrückt ...«

»Ja, verdammt, das ist ja auch so!« Lothar Moosmann stand auf und stemmte die Hände auf den Tisch. »Und das Abendland geht unter, okay, kein Thema! Daran sind wir gewöhnt. Jetzt interessiert uns aber nur dieser Lässer. Funktioniert sein Scheiß, den er da erfunden hat, oder funktioniert er nicht?«

»Ich weiß es nicht«, sagte Dr. Peratoner.

»Aber du hast ihn doch noch vor ein paar Minuten als verrückt bezeichnet«, wandte Lothar ein.

»Da war ja auch die Wanze noch in Betrieb«, sagte Mathilde. »Das war zum Fenster rausgesprochen.«

»Gerufen, Frau Mathilde, eher gerufen!« Dr. Peratoner pflichtete ihr bei. »Einfach, weil es sehr ungesund wäre, offiziell an die Erfindung zu glauben, versteht ihr?«

Ja, das verstanden sie. Nicht nur eine ganze Reihe mächtiger Staaten, sondern auch eine mindestens ebenso mächtige Industrie konnte der Idee, man könne jene Uranisotope in einem größeren Kellerraum trennen, wie das Ewald Lässer behauptete, getan zu haben, nichts abgewinnen. Und diese Institutionen hatten jedes Interesse, die Zahl der Menschen, die das Lässer'sche Verfahren auch nur für *möglich* hielten – zu beschränken. Am besten auf null. Daran dachte Dr. Peratoner, als er die betretenen Gesichter seiner Mitstreiter betrachtete. Er konnte sie denken sehen. Der Gedanke an dieses Verfahren, ja, schon der Gedanke an eine konkrete Möglichkeit dieses Verfahrens, musste aus jedem Gehirn verschwinden, in dem er sich festgesetzt hatte. Es war nur ungeheuer schwer, Gedanken von dieser Art aus einem Gehirn wieder herauszubringen. Die meisten Leute würden zustimmen, dass man nur sichergehen konnte, dass dieser Gedanke aus dem Gehirn verschwunden war, wenn man ein Loch hineingemacht hatte. In das Gehirn. Mit einem Eispickel, oder einem Projektil, einer Gartenhacke, das war nicht weiter kritisch. Hauptsache Loch. Noch etwas fiel Dr. Peratoner ein: Würde man dazu die Erdbewohner befragen, so würden die in überwältigender Mehrheit dem Löcher-in-Gehirne-Programm zustimmen, auch wenn dieses Programm von den denkbar schlimmsten und widerwärtigsten Organisationen ausgeführt würde. Von allen schädlichen Erfindungen in der Geschichte der Menschheit wäre die Urananreicherung mit Baumarktmaterialien die am meisten gehasste, wenn sie bekannt würde. Auch überzeugte Pazifisten würden zur Keule greifen, wenn sie die Gelegenheit hätten, das Wissen um die Erfindung auszulöschen, davon war Dr. Peratoner überzeugt. Und die friedfertigsten Christen hätten nichts dagegen, wenn an ihrer Seite Berufsverbrecher und Geheimdienstkiller auf den Urheber einprügelten.

Die Zauberer sollst du nicht leben lassen.

Hier würde seltene Einigkeit herrschen. Bei einer großen Mehrheit. Die Mehrheit, sie sei noch so groß – das sind nicht alle. Wären es alle, wirklich alle, hätte Rudolf Büchel keinen Käufer gefunden. Der das Verfahren anwenden wollte. Oder weiterverkaufen. An irgendwen. Vielleicht an mehrere. Man verkaufte ja auch Bastelanleitungen für Papierdrachen nicht nur an eine einzelne Kundschaft. Oder Bausätze für Modellflugzeuge.

»Wenn die Sache funktioniert – mit dem Uran«, sagte Lothar Moosmann, »dann schaut es schlecht aus für den Weltfrieden, hab ich recht?«

»Hast du.« Dr. Peratoner nickte. »Wir wissen nicht, was für Interessen diese Leute haben, die hinter den beiden her sind, hinter Büchel und Lässer. Hoffmann zum Beispiel: Will der das Verfahren? Oder will er verhindern, dass es bekannt wird?«

»Das ist ja egal«, sagte Mathilde, »ihr müsst die zwei aufhalten. Es darf nicht publik werden. Unter keinen Umständen. Wenn es erst im Internet steht, ist alles verloren.«

»Und das heißt?«, wollte Franz-Josef wissen.

Mathilde sah ihn an. »Ihr müsst zu diesem Jagdhaus fahren.«

Damit war es heraus. Wie eine Dampfwalze war es auf sie zugekommen. Unaufhaltsam. Natürlich hätten sie weglaufen können, jeder von ihnen; eine Dampfwalze ist nicht sehr schnell. Aber sie waren geblieben und hatten die Walze angestarrt, die sich heranwälzte.

Mathilde hatte nicht gesagt: Ihr müsst zu diesem Jagdhaus fahren und dann dies und jenes unternehmen. Nur von *aufhalten* hatte sie gesprochen. Hinfahren und aufhalten.

»Und wieso überlassen wir das nicht der Polizei?« Matthäus machte diesen letzten Versuch. Nur, um sich nachher nicht vorwerfen zu müssen, er habe nicht alles probiert.

»Während wir hier sitzen«, sagte Mathilde, »ist der Lässer schon unterwegs ins Gamperdonatal. Vielleicht mit Unterlagen, die beweisen, dass sein Verfahren hinhaut, vielleicht mit einer zweiten Flasche Sprengstoff, vielleicht mit einem Gewehr, einer Pistole, vielleicht nur mit einer Axt, was weiß denn ich! Er trifft sich mit Büchel, sie kommen zu einer Einigung oder nicht, Büchel bringt Lässer um, oder Lässer bringt Büchel um – oder die Frau spielt noch mit. All das wissen wir nicht. Sollen wir jetzt warten, wer aus dem Tal wieder rauskommt?«

Damit war es entschieden. Sie würden hineinfahren. Die Vorbereitungen begannen unverzüglich. Lothar Moosmann stellte seinen Landrover zur Verfügung, außerdem eine Holzkiste, zu deren Inhalt er mit einem Lächeln nur »Maschinenteile« äußerte, den noch im vorigen Jahrhundert kanonischen Code für Waffen aller Art. Niemand fragte nach. Mathilde besorgte Proviant und versuchte, am Handy ihre Tochter zu erreichen, was nach mehreren Anläufen auch gelang. Angelika war »mit Freunden« im »Nachttopf«, einer angesagten Bar im Zentrum, deren Besucher den Namen »originell« fanden, was über das Nachtleben Dornbirns mehr aussagt als tiefschürfende soziologische Erhebungen. Mathilde erzählte ihrer Tochter, was die vier Männer vorhatten, sie selber werde auch mitfahren, Angelika solle aufs Gasthaus aufpassen. Angelika blieb einsilbig, was der Mutter unter normalen Umständen aufgefallen wäre, das heißt, aufgefallen ist es ihr schon, unter normalen Umständen hätte sie nachgeforscht. Aber in der emotional aufgewühlten Atmosphäre, wie sie in der »Blauen Traube« herrschte, war sie dazu nicht in der Lage, sie hatte jetzt andere Sorgen, und Angelika war siebenundzwanzig, Herrgott! Mathilde konnte sich nicht um alles kümmern.

Man darf darüber spekulieren, wie alles ausgegangen wäre, hätte die »Lecherin« nicht ihre Tochter angerufen. Die befand sich nicht im »Nachttopf«, und nicht mit »Freunden«, sondern in Begleitung eines einzigen Freundes. Ja, ihres Freundes. *Freund* in diesem speziellen, mitteleuropäischen, Sexualkontakt implizierenden Sinn. Ja, seit ein paar Tagen war das so, und natürlich glaubte Angelika Spielberger, den Richtigen gefunden zu haben. Ramón glaubte das auch. Dass er der Richtige für Angelika war.

Die beiden lagen in Ramóns Bett in Ramóns Zweizimmerwohnung im achten Stock eines Hochhauses am höchsten Punkt der Bundesstraße 190, bevor sie sich mit leichtem Gefälle zur Stadt Bregenz senkt. Von dieser Wohnung hatte man einen phantastischen Blick auf den Bodensee und konnte an klaren Tagen bis nach Konstanz am anderen Ufer schauen; für Ramón Villafuerte ein heimlicher Trost und heimatlicher Anklang; Erinnerung an das Meer zu Hause. Denn an den meisten Tagen lag das andere Ufer des Bodensees im Dunst, dann konnte man sich einreden, auf einen Ozean zu blicken. Im Augenblick bedurfte Ramón allerdings keiner seelischen Stütze, die ihm den Aufenthalt im fremden Land erträglich machen würde, denn neben ihm lag eine Frau, die er liebte und die ihn liebte. Wenigstens glaubte er das. Und vice versa glaubte sie es auch. So eine liebende Frau ist das Remedium, das die übelsten oder auch nur entlegensten Orte der Erde einem Mann zur Heimat werden lässt. Und auch das einzige.

Natürlich erzählte ihm Angelika alles, was ihr die Mutter eben am Telefon mitgeteilt hatte. Sie erzählte es auf Spanisch. Lag es am Überschwang der Rede, die ihr mit Oxytocin überschwemmtes Hirn hervorsprudelte, lag es daran, dass sie doch nicht so gut Spanisch konnte – Ramón verstand nicht alles. Was er verstand, erinnerte ihn an Romane des von ihm hochgeschätzten Arturo Pérez-Reverte, obwohl weder Segelschiffe noch Säbel vorkamen. Angelika hatte ihm auch die Freunde ihres Vaters erzählerisch vorgestellt, es fiel ihr nur nicht ein, was *Schnitzer* hieß, sie behalf sich mit der Umschreibung »el hace retablos de madera«, er macht Altaraufsätze aus Holz. »Un tallista?«, fragte er. Das bestätigte sie. Er fühlte sich eigentümlich berührt – er hatte nicht angenommen, dass es in diesem kalten Land überhaupt so etwas geben könnte. Der hiesige Katholizismus erschien ihm blass und irgendwie lustlos. Als ob sie im Grunde ihres Herzens alle Protestanten wären. Aber wenn ein *tallista*, der *retablos* herstellte, davon leben konnte, gab es wohl eine untergründige Frömmigkeit, die ihm entgangen war. Ramón war sehr religiös. Das hatte Angelika bisher noch nicht herausgefunden. Den vorehelichen Geschlechtsverkehr würde er beichten; dass der Priester, bei dem er das tat, aus Polen stammte, war eher günstig; das Deutsch, mit dem sie sich verständigten, schaffte eine angenehme Distanz.

Aber das hatte Zeit. Jetzt musste er seiner Geliebten beistehen. Er verstand nicht alles, was sie ihm erzählte, weil sie zwischendurch ins Deutsche verfiel, sie war sehr aufgeregt. So viel bekam er aber mit, dass sie auf keinen Fall in diesem Gasthaus bleiben werde, während sich die Eltern in Gefahr begaben und in dieses Tal hineinfuhren (wie es hieß, hatte er nicht mitbekommen). Sie würde ihnen hinterherfahren. Und er, Ramón, auch. Sagte er. Es kam ganz automatisch, er hatte es nicht überlegt. Sie umarmte ihn, Tränen standen in ihren Augen, dann stand sie auf, zog sich an und begann seine Schränke nach Winterkleidung zu durchsuchen. Er war gut gerüstet. Er hatte bei seinem Umzug aus dem südöstlichen Spanien eine Adjustierung mitgebracht, die eher ins winterliche Mittelschweden gepasst hätte; für den österreichischen Normalwinter ein wenig overdressed. Aber jetzt kam die pelzgefütterte Kapuzenjacke gelegen, auch seine Winterstiefel.

»Wir nehmen meinen Wagen«, erklärte sie. »Wir werden Ketten brauchen.« Das war lautes Denken, keine Einleitung zu einem Gespräch, das hörte er am Tonfall. Deshalb fragte sie ihn auch nicht, ob er Ketten montieren konnte, das konnte er nämlich nicht, und er war froh, dass sie nicht gefragt hatte.

Inzwischen waren die Vorbereitungen zur Abfahrt in der »Blauen Traube« weit gediehen. Mathilde räumte aus dem Keller Lebensmittel von solcher Qualität und Quantität in Lothars Auto, dass sie ohne Zugriff auf externe Nahrungsquellen mindestens eine Woche im Gamperdonatal verbringen konnten; ihre langjährige Erfahrung als Wirtsköchin kam ihr dabei zugute. Dr. Peratoner war nach Hause gelaufen und kam mit Winterkleidung zurück, die in seinem Fall aus einem langen Lodenmantel, Filzstiefeln und einer Schapka bestand, beides von einer Lehrerexkursion nach Moskau mitgebracht. Er hatte sie noch nie länger als eine Viertelstunde angehabt, weil er dann zu schwitzen begann. Auch jetzt trug er die Pelzmütze unter dem Arm, es war draußen nicht sehr kalt. In vierzehnhundert Metern Seehöhe wäre es kälter, da würde sie gute Dienste leisten.

Während sich in der »Blauen Traube« ein summendes Durcheinander aus Fragen, Antworten und Herumwuseln entwickelte, fand Matthäus Spielberger Gelegenheit, den Dachboden aufzusuchen, vorgeblich, um bestimmte Winterstiefel zu holen, in Wahrheit, um ein gewisses Telefonat zu erledigen. Der Teilnehmer meldete sich schon nach dem ersten Klingelton. Mit einem »Ja?«

»Sie haben ein Problem«, sagte Matthäus. »Ein gemeinsamer Bekannter weiß jetzt, wo Sie sich aufhalten.«

Es kam nicht die Frage: Wer sind Sie? Wer spricht da? Oder Ähnliches. Es kam nur die Frage: »Woher weiß er das?«

»Von uns. Er hat uns gezwungen, es zu verraten. Er hat gedroht, eine Flasche Nitroglyzerin fallen zu lassen. Sie war übrigens echt...«

»Ich bedaure Ihre Unannehmlichkeiten, kann mich aber nicht erinnern, irgendwen über meinen Aufenthaltsort informiert zu haben. Wie also...?«

Matthäus Spielberger seufzte. Dann sagte er: »Es würde zu weit führen, das jetzt zu erklären. Wenn Sie aus dem Fenster schauen, sehen Sie eine sanft ansteigende Weide, jetzt schneebedeckt, und dahinter einen langgestreckten Stall, und weiter links unten sind noch drei Häuser, die nicht zur Sennerei gehören.«

Die andere Seite schwieg eine Weile. Dann: »Dieser ... Bekannte ist schon unterwegs?«

»Das nehmen wir an. Und er ist – ich will es einmal so ausdrücken – extrem verärgert. Ihretwegen. Die Flasche mit dem Nitro musste er zurücklassen, aber vielleicht hat er noch eine. Oder was Adäquates.«

»Warum erzählen Sie mir das alles?«

»Ich bin ein Menschenfreund. Und würde es begrüßen, wenn Sie ihre Differenzen untereinander ausmachen. Und weit entfernt von Dornbirn. Überhaupt vom Unterland. Oder sagen wir gleich: von Vorarlberg. Die ganze Region ist für Leute ihres Schlages ... ungesund. Es gibt Beispiele. Denken Sie darüber nach.«

»Werd ich! Danke!«

Matthäus beendete das Telefonat. Ich, dachte er, bin ein dreckiger Verräter. Pfui Teufel! Einerseits. Andererseits bin ich der Einzige, der sich seinen gesunden Menschenverstand bewahrt hat. Seine Freunde hatten alle ein Eck ab, keine Frage. Von ihnen hatte er nichts anderes erwartet. Entsetzt hatte ihn die Reaktion seiner Mathilde. Wegen einer fremden Frau und wegen des Weltfriedens zum Indianerspiel ins Gamperdon? Wie kam sie darauf? So ohne Überlegung aus dem Stand? Ja, ja, er bewunderte sie, hochherzig, Zivilcourage und was noch alles; er selber dagegen ein feiger Wicht, jawohl, kein Thema, aber jetzt einmal ohne alle Emotion, im kalten und klaren Licht des normalen Verstandes? *Hatte sie denn noch alle Tassen im Schrank?*

Er schlug mit der Faust gegen einen Dachbalken. Zu fest. Die Hand tat ihm danach weh. Er beruhigte sich wieder. Er hatte getan, was nach Lage der Dinge noch getan werden konnte, um das Schlimmste abzuwenden. Das Schlimmste war nämlich nicht der Weltuntergang, sondern dass seiner Familie etwas passierte. Mit ein bisschen Glück ... der gute Ewald Lässer hatte das Überraschungsmoment nicht mehr auf seiner Seite. Büchel war gewarnt. Er würde sich schon zu helfen wissen. Ein bisschen Glück, und eine zweite Flasche Nitro würde in einem gewissen Jagdhaus zu Boden fallen und die Sache ein für alle Mal bereinigen. Bevor die Ritter vom »Orden der Blauen Traube«, Beschützer der Witwen und Waisen, am Ort des Geschehens eintrafen. Und wenn es nicht so erfreulich ausging (dass nämlich die ganze Bagage gemeinsam in die Luft flog), hatte die jetzige Konstellation doch auch einen moralischen Vorteil: Einem so entschlossenen Menschen wie Lässer mochte es nämlich gelingen, einen ahnungslosen Büchel zu überrumpeln und mit seiner Agathe zu verschwinden. Wer würde dann aber das Verfahren kaufen – ohne Büchels Vermittlung? Irgendwer anderer. Mit Agathe an seiner Seite brauchte Ewald Lässer keinen Büchel mehr; sie würde ihn dazu bringen, die nötigen Kontakte zu finden. Frauen ihres Schlages brachten Männer dazu, Dinge zu tun, die sich die nie hätten träumen lassen. Weil im Hintergrund der ehrlichste und menschlichste aller Triebe wirkte. Die Gier.

Wenn ihm die Überraschung gelang, würde sich Lässer keine Minute länger im Gamperdon aufhalten, nicht in Österreich, nicht einmal in Europa. Und zwei Monate später würde in irgendeinem Wüstenkaff oder Dschungeldorf oder in einer Kleinstadt oder in einer Megametropole die Trennung der Uranisotope beginnen. Nicht, um einen Heimreaktor damit zu betreiben. Sondern um eine Bombe damit zu bauen. Eine Bombe für New York. Matthäus Spielberger war überzeugt, dass es New York sein würde. Keine andere Stadt.

Wenn Lässer die Überrumpelung aber nicht gelang, weil er den Büchel vorgewarnt hatte, dann blieb der Erfinder erst einmal an Ort und Stelle. Mit etwas Glück kam es nicht zur Überrumpelung des einen durch den anderen, sondern zum Beispiel zu einem Feuergefecht ... an dieser Stelle spekulierte Matthäus Spielberger nicht weiter, sondern begnügte sich mit der vagen Vorstellung von Aufräumungsarbeiten, die seine Truppe dann noch zu leisten hätte. Wenn alles vorbei war.

Er verließ den Dachboden und kehrte zu den anderen zurück. Die Spezialstiefel habe er nicht gefunden, sagte er.

Franz-Josef Blum bestand darauf, mit seinem Lada Niva zu fahren, für fünf Leute war es auch in Lothars Landy schon ein bisschen eng, vor allem wegen der Kiste, auf die Lothar unter keinen Umständen verzichten wollte.»Ihr werdet mir dankbar sein, dass ich sie mitgenommen habe«, sagte er, und niemand meldete Zweifel an. Lothar schien ein wenig enttäuscht, Angeberei, dachte Franz-Josef, er will gefragt werden: Was ist denn in der Kiste? Aber nur wenig später dachte Franz-Josef anders darüber.

Franz-Josef trug eine Art Regenmantel, schäbig und ungeeignet für tiefe Temperaturen. Das sei schon in Ordnung, meinte er auf Mathildes Einwand von wegen »zu dünn«, er habe darunter zwei Pullover an. Außerdem Kniebundhosen, lange Strümpfe und Bergschuhe, alles Originalteile aus den fünfziger Jahren des vergangenen Jahrhunderts, er habe sie geerbt, sagte Franz-Josef Blum. Lothar, Matthäus und Mathilde waren modern ausgerüstet, Funktionsunterwäsche und Anoraks aus Spezialstoff und so fort. Mathilde überprüfte noch einmal die lange Liste in ihrem Kopf (sie hätte mit ihrem Listengedächtnis bei »Wetten dass« auftreten können) und stellte fest, dass sie nichts vergessen hatten und jeder denkbaren

Konfrontation gewachsen waren. Die rein militärischen Erfordernisse einer solchen hatte sie stillschweigend an Lothar Moosmann ausgelagert und vertraute auf seine Kiste. Völlig zu Recht, wie sich herausstellen sollte.

Nun teilten sie sich auf. Lothar fuhr mit dem Ehepaar Spielberger im großen Geländewagen voran, Franz-Josef und Dr. Peratoner folgten im Lada. Als sie aufbrachen, senkte sich die Nacht über das Rheintal.

*

Die fünf Personen aus der »Blauen Traube« waren nicht die Einzigen, die sich in dieser Nacht ins Gamperdonatal aufmachten. Um den Überblick zu behalten, lohnt eine kurze Rekapitulation: Die erste Gruppe, die ins Tal einfuhr, hatte das schon zwei Tage früher getan und bestand aus zwei Personen. Die eine war Rudolf Büchel, er fuhr den Wagen, die andere bekam von der Fahrt nichts mit, weil sie in Gamma-Butyrolacton-induziertem Dämmerschlaf im Kofferraum lag. Diese Person war Agathe Moser, die Freundin des genialen Diplomingenieurs Ewald Lässer.

Besagter Lässer stellte nun auch schon die zweite Gruppe der Gamperdonabesucher dar. Er war allein. Allerdings nicht ganz. Es fuhren mit: kochender Hass, brennender Zorn und so weiter; keine guten Reisegefährten, vor allem, weil sich bei dieser Gesellschaft die Kollegen »Planung« und »Vorsicht« rarmachen – alle zusammen kann man nicht im selben Auto unterbringen. Ewald Lässer merkte das erst, als es zu spät war. Er hatte sich über sein Vorhaben leider nur wenig Gedanken gemacht, bloß ein paar Wintersachen angezogen, verschiedene Gerätschaften in seinen Opel geladen und war losgefahren.

Das Gamperdonatal ist fast allen Vorarlbergern dem Namen nach bekannt, auch wenn sie noch nie dort waren. Die meisten waren noch nie dort, weil auf der Privatstraße, die ins Tal hineinführt, nur mit Sondergenehmigung und gegen Maut gefahren werden darf. Sondergenehmigungen erhalten nur Mitglieder der Agrargemeinschaft, der das ganze Tal gehört. Die Einfahrt ins Tal wird also durch eine Schranke versperrt, davon wusste Ewald Lässer nichts, der dachte sich auch nichts, als er an dieser Schranke ankam und sie offen fand. Unter den Gerätschaften, die er mitgenommen hatte, fand sich nämlich keine, die ihm geholfen hätte, das massive Schloss aufzubrechen. Er fuhr einfach durch, und das war es.

Man kann dieses Verhalten bei einem so hochgradigen Techniker und Verstandesmenschen seltsam finden; im Normalzustand hätte er nie so unüberlegt gehandelt. Aber Ewald Lässer war nicht in seinem Normalzustand. Er dachte nur an zwei Personen: Agathe Moser und Rudolf Büchel. An Agathe mit brennender Sorge, an Büchel mit nicht minder loderndem Hass; so blieben ein paar grundsätzliche Fragen unerwogen. Zum Beispiel die, ob man mit einem normalen Kompaktauto wie dem seinen überhaupt dort hineinfahren konnte. Im Winter ist die Zufahrt nicht möglich, nur für die Jäger mit ihren Skidoos, die zur Wildfütterung hineinmüssen. Für andere Fahrzeuge liegt zu viel Schnee. Seit ein paar Tagen hatte ein Warmlufteinbruch den Schnee schmelzen lassen – im unteren Teil der Straße. Aber diese Straße führte von fünfhundert Metern Seehöhe auf knapp vierzehnhundert. Nun lag in diesem berüchtigt schneearmen Winter, der den Betreibern mittellagiger Skilifte die Tränen der Verzweiflung in die Augen trieb, der Schnee auch im Gamperdonatal nicht so hoch wie sonst – Ewald Lässer wäre in einem normalen Winter mit seinem

Auto nicht einmal bis zur Eingangsschranke gekommen. So aber fuhr er auf der schneefreien Straße in das schmale V-Tal hinein. Er hatte einen Plan aus dem Internet ausgedruckt, auf dem er das Jagdhaus nach der Beschreibung Matthäus Spielbergers glaubte identifizieren zu können; am Eingang des Talkessels gab es nicht allzu viele Möglichkeiten. Ein Jagdhaus der Familie Büchel würde sich, dachte er, durch unübersehbaren Protz auszeichnen und nicht zu verwechseln sein. Von der Schranke bis dorthin waren es läppische sechzehn Kilometer. Ein Katzensprung. Er würde vorher die Scheinwerfer ausmachen, in einiger Entfernung parken und sich dann dem Jagdhaus zu Fuß nähern; »anschleichen« war ihm eingefallen, aber das erinnerte an die Indianerspiele der Kindheit, die Rudolf Büchel dominiert hatte, »anschleichen« weckte keine guten Erinnerungen und klang infantil. Hier ging es um Agathe, nicht um Kinderspiel.

Die schmale Straße wand sich in vielen Kurven durch den Schluchtwald immer höher hinauf. Der schneefreie Teil der Fahrbahn beschränkte sich mittlerweile auf zwei Spurrinnen, die immer schmaler wurden. Der Wald lichtete sich, die Steigung schwand, er überquerte eine Brücke, links dahinter tauchte eine Kapelle im Scheinwerferlicht auf. Ewald Lässer gönnte ihr keinen Blick und keinen Gedanken. Er trat aufs Gas. Sie Straße lief nun neben dem Wildbach her, der das Tal geformt hatte, er hörte durchs offene Seitenfenster das Wasser rauschen. Schneeschmelze hatte eingesetzt, ungewöhnlich früh im Jahr, aber das wusste Ewald Lässer nicht. Er war noch nie hier gewesen und kannte sich nicht aus, sonst hätte er diese Fahrt nicht unternommen, nicht mit seiner Ausrüstung in diesem Auto – deutsche Wertarbeit, natürlich, penibel gewartet, das versteht sich, aber eben auch mit Beschränkungen.

Die beiden schwarzen Spurrinnen verschwanden, die Schneefahrbahn hatte sie verschluckt. Das Fahren wurde mühsamer, Ewald Lässer musste Geschwindigkeit wegnehmen, dennoch begann der Wagen zu schlingern, links, rechts, wieder links. Dann blieb er stecken, die Räder drehten durch. Ewald fluchte und stieg aus. Er rutschte und fiel mit dem Gesicht voran in den Schnee neben der Straße. Er fiel weich, das war das Gute, das einzig Gute. Die Vorderräder hatten sich eingegraben. Er versuchte durch Unterlegen der Bodenmatten wieder freizukommen – vergeblich. Also entnahm er dem Kofferraum eine Gerätschaft und machte sich zu Fuß auf den Weg. Das war weiter kein Problem. Der Schnee lag auf der Straße nicht so hoch, dass er den Wanderer behindert hätte; in den Spurrinnen kam er gut voran, denn diese Rinnen gab es weiterhin, sie reichten halt nicht mehr bis zum Boden. Mit Schneeketten hätte er weiterfahren können, aber Schneeketten hatte er in seinem Erregungszustand nicht mitgenommen. Er hatte nicht einmal an Schnee gedacht. Jetzt dachte er darüber nach, wie ihm dieser dumme Fehler passieren konnte. Wegen Büchel. Der war ja vor ihm hier hineingefahren, also gab es kein Problem mit der Straße. Und das stimmte ja auch: Die Vertiefungen in der Schneefahrbahn sahen frisch aus, als ob vor kurzem ein Fahrzeug mit breiten Reifen die Straße benutzt hätte, zum Beispiel der sündteure Angeber-Geländewagen des Firmenerben Rudolf Büchel. Und sogar der hatte Ketten montiert; er sah die Eindrücke in der Spur. Das war nun wiederum etwas Positives. Ein starkes Indiz für die Richtigkeit der Angaben dieses Wirts.

Er beruhigte sich. Ich muss überlegen, ganz in Ruhe, dachte er. Ich bin das alles zu überstürzt angegangen, das ist nie gut, es führt nur zu Fehlern. Weitere konnte er sich nicht leisten.

Ein dunkler Geländewagen aus japanischer Produktion, bahnte sich kaum eine Stunde nach Ewald Lässer seinen Weg durch die Einsamkeit des verschneiten Tales. Drei Personen saßen drin: der Oberst, der sich in unserem Teil der Welt »Hoffmann« nannte, und keine Haare mehr auf dem Kopf, dafür eine Menge Sorgen hatte. Er saß hinten. Vorne saßen der Fahrer Juri und der Major, der seinen Namen nie genannt hatte. Er und Juri glichen einander, dennoch gab es Unterschiede. Während Juri aussah wie ein Schläger, sah der Major aus wie ein Totschläger, so war das. Zu ihrer Gruppe gehörten noch ein paar Techniker, die das Abhören übernommen hatten, die wurden aber nicht operativ eingesetzt. Die Aufnahme aus dem Gasthaus zur »Blauen Traube« hatte die Gruppe sehr rasch tätig werden lassen. Diese Gruppe war nicht auf »Google Earth« angewiesen, sondern konnte auf hochauflösende Satellitenaufnahmen zurückgreifen, durch die der wahrscheinliche Aufenthaltsort des Büchel und seiner Geisel bestimmt wurde. Das Warten auf diese Aufnahmen kam dem Oberst gar nicht ungelegen. Ewald Lässer würde dadurch einen Vorsprung haben und in dieses Tal hineinfahren. Die Gruppe war inzwischen über die Identitäten der handelnden Personen informiert – dank der ausgeprägten Redseligkeit des Wirtes der »Blauen Traube«, seiner Freunde und seiner Frau. Dieser Lässer war verrückt, das ergab sich schon aus der Aktion mit der Flasche Nitroglyzerin; der Major hatte bemerkt, diese Abhöraktion sei so spannend gewesen wie keine andere seiner Dienstzeit, es habe ihn an die Hörspiele seiner Kindheit erinnert. Der Oberst musste ihm beipflichten. Andererseits war Lässer auch ein Problem. Verrückte sind das immer, weil man nicht weiß, was sie als Nächstes anstellen. Der Major hatte vorgeschlagen, den Aufenthaltsort des Lässer ausfindig zu machen, ihn aufzusuchen, zu befragen (»verschärft«, wenn nötig) und dann an die Behebung des Schadens zu schreiten, also das Loch zu stopfen, aus dem die »Probe« gekommen war. Der Oberst dachte über den Vorschlag des Majors nach und verwarf ihn.

»Ihr habt diesen Lässer reden gehört. Was ist das für ein Typ, was meint ihr?«

»Er spinnt«, sagte Juri, den der Oberst mit Kopfnicken als Ersten zur Äußerung aufgefordert hatte. Der Major schloss sich an.

»Na schön, er spinnt, der Herr Ingenieur. Aber doch auf eine sehr spezielle Weise ... ich will anders fragen. Lügt der Mann?«

Juri schüttelte den Kopf. Der Major sagte: »Auf keinen Fall. Er ist völlig überzeugt von sich und seinem Tun. Und auf diese Frau fixiert, das nur nebenbei. Wenn es bei solchen Typen einschlägt, dann richtig.« Juri grinste.

»Dann sind wir uns ja einig«, sagte der Oberst. »Der Kerl glaubt wirklich, er hat eine revolutionäre Methode zur Urantrennung gefunden. Das ist wie bei den Leuten, die das Perpetuum mobile erfinden. Die sterben nicht aus. Nur ist das Perpetuum mobile nicht mehr aktuell. Jedes Schulkind weiß heute, dass es so was nicht gibt. Also verlegen sie sich auf andere Gebiete, wo die Unmöglichkeit nicht so offensichtlich ist. Raumenergie, einen Autoantrieb mit Leitungswasser, die kalte Fusion, solche Sachen ... oder eben eine einfache Trennmethode für Uranisotope. Mit Equipment aus dem Baumarkt.«

»Aber die Probe ...«

»Ja, die Probe! Ich weiß ja, woher die stammt. Und ich werde recht behalten!«

»Natürlich, Herr Oberst!«

»Die Herkunft ist ziemlich klar. Welcher geldgierige Verräter es dann im Einzelnen war, spielt keine Rolle, das kriegen wir raus. Es fragt sich nur, wie unser Ingenieur an diese Probe kommt. Solche Leute haben nicht die nötigen Verbindungen, schon wegen des Geldes.«

»Ach, Sie meinen, da kommt der Kapitalist ins Spiel, der Büchel!«

»Du hast ganz recht, Major, da kommt der Kapitalist ins Spiel. Er hat das Geld, die Probe zu beschaffen und damit dem Verfahren den Anschein des Funktionierens zu geben. Wenn wir also wissen, wo das Leck ist, müssen wir den Herrn Büchel befragen. Und der ist wo?«

»Im Gamperdonatal«, sagte der Major mit devotem Unterton.

»So ist es. Also fahren wir dorthin. Den Lässer lassen wir vor, dann haben wir beide beieinander. Falls technische Fragen auftauchen ...« Juri lachte.

*

Ewald Lässer war, wenn man von seiner Besessenheit in puncto Agathe Moser absah, ein logisch denkender Mensch, durch und durch gewissermaßen; und wenn ihm etwas Blödes unterlief wie das Hineinfahren in ein vierzehnhundert Meter hoch gelegenes Tal mit einem Kompaktauto ohne Vierradantrieb und ohne Ketten im Winter – dann blieb das der einzige Fauxpas für längere Zeit. Es genügten schon zweihundert Meter Gehen in Spurrinnen auf tiefverschneiter Straße bei null Grad, um auf die alten Bahnen vernünftiger Überlegung und Abwägung zurückzufinden. Zum Beispiel fiel ihm ein, dass er nicht nur jemanden vor sich hatte, nämlich den dreimal verfluchten Rudolf Büchel, sondern dass er auch jemanden hinter sich haben könnte, einen oder mehrere. Forstleute, Jäger, wen auch immer. Die würden den stecken gebliebenen Opel nicht übersehen und nach dem Fahrer suchen. Damit ihm, Gott behüte, nichts passiert! Wenn er weiter so auf der Straße dahintaumelte, würden sie ihn einholen und zum Jagdhaus mitnehmen, wo er dann alle gegen sich hatte.

Er blieb stehen und zog die P38 aus der Tasche. Sie stammte von seinem Großvater, ein Kriegsrelikt. Ewald hatte sich nie für Waffen interessiert, nur für diese, und nur mit dieser konnte er umgehen. Einigermaßen. Heute gab es modernere Pistolen, bessere, zielgenauere. Er drehte sich um. Die Waffe konnte er verstecken, das war kein Problem bei den harmlosen Verfolgern. Nur konnte er sie dann im Jagdhaus nicht einsetzen. Oder doch? Wenn diese Jäger ihn dorthin brachten, wie würde Rudolf Büchel die Anwesenheit der betäubten Agathe erklären? Gar nicht, wenn sie ohne Bewusstsein und versteckt war. In einem Schuppen, einem Keller, einem Nebengebäude. Oder seine Jagdgenossen waren ohnehin schon informiert, dann war das für den Entführer alles kein Problem. Und was heißt schon »Jagdgenossen«? Seine Untergebenen waren das, weiter nichts; und auch die Forstleute würden wegschauen. Die Agrargemeinschaft lebte ja von der Jagdpacht, das hatte ihm Rudolf einmal erzählt. Wie auch immer: Wenn er dort in Begleitung eintraf, war das Überraschungsmoment weg, dann hatte Büchel alle Trümpfe in der Hand, dann konnte er ihm nur noch geben, was er verlangte.

Aber das konnte er nicht tun.

Er bog von der Straße ab. Dazu machte er einen weiten Satz über die Schneewächte auf der rechten Seite, Überrest einer Räumaktion vor dem letzten Schneefall. Viel half das nicht, aber wenn man einfach so vorbeifuhr, blieb hinter dem

Schneewall verborgen, wo sich seine Spur fortsetzte. Das hoffte er. Er stieg im Wald schräg den Hang hinauf. Weiter oben musste es einen Alpweg geben, der auch in den Talkessel hineinführen würde. Unter den Bäumen merkte er nichts davon, aber es hatte zu schneien begonnen, große, schwere Flocken.

*

»Der Idiot ist ohne Ketten gefahren«, konstatierte Juri. Er schüttelte den Kopf. Sie standen neben dem Opel, der halb in die Straße ragte, halb in einer Schneeverwehung steckte.

»Ja, der Vogel ist ausgeflogen.« Der Oberst klopfte sich den Schnee vom Anorak. Es schneite jetzt so heftig, dass sich auf den Schultern kleine Schneehügel bildeten, wenn man nur ein paar Augenblicke still stand.

»Es hilft nichts, wie müssen uns aufteilen«, setzte er fort. »Er kann die Straße weitergegangen sein, in dem Fall holen wir ihn ein. Er kann sich aber auch durch den Wald davongemacht haben. Du verfolgst ihn«, sagte er, zum Major gewandt. »Juri bleibt bei mir.« Der Major sagte nur »Jawohl!« und schritt nach rechts in den Wald hinein. Die anderen beiden stiegen in den Geländewagen und fuhren weiter. Der Major wartete im Schutz der Bäume, bis das Fahrgeräusch verebbt war. Dann begann er zu toben. Laut, das entlastete ihn. »Arschloch, gehirnamputierter Idiot, Sesselfurzer!« Die Idee, bei Nacht in dichtem Schneetreiben in kaum bekanntem unwegsamen Gelände einen Flüchtigen zu verfolgen, widersprach so sehr aller militärischen Vernunft, dass nicht einmal der Oberst, von dessen Eignung der Major gar nichts hielt, einen so kapitalen Fehler machen würde – es sei denn, es ging dabei gar nicht um einen echten Auftrag (mit dessen Erledigung man rechnen durfte), sondern um einen nicht ausführbaren, der nur erteilt wurde, um einen missliebigen Untergebenen scheitern zu lassen – für einen weiteren negativen Eintrag in der Personalakte. Genau so ein Auftrag war das hier.

Der Major stapfte parallel zum Bach durch den Schnee. Mit erhobenen Armen versuchte er, die Äste in Augenhöhe zurückzubiegen, die ihm ins Gesicht schlugen. Mühsam war das. Kräftezehrend. Er überlegte, wodurch er sich das Wohlwollen seines Vorgesetzten verscherzt hatte. Welche Antwort, welche Äußerung war so falsch gewesen, dass ihn der Oberst abservieren wollte? Er ließ die Gespräche der letzten Tage Revue passieren. Meistens hatte der Oberst gesprochen. Das war ganz natürlich und entsprach althergebrachten militärischen Gepflogenheiten. Reden taten Vorgesetzte, Untergebene hörten zu und redeten nur dann, wenn sie dazu aufgefordert wurden. Natürlich hatte er als Offizier mehr von sich geben müssen als Juri, der sich auf wenige Bestätigungsfloskeln beschränken durfte, aber auch das, was der Major geredet hatte, war in seiner Erinnerung von allergrößter Harmlosigkeit. Nie hatte er eine Entscheidung oder Bemerkung des Obersts in Zweifel gezogen oder auch nur kommentiert. Er hatte überhaupt nur in längeren Sätzen gesprochen, wenn er zu einer Lagebeurteilung aufgefordert worden war. Dass diese Beurteilung mit jener des Obersts bis aufs i-Tüpfelchen übereinstimmte, war selbstverständlich. Sie waren ja beim Militär, nicht bei einem Debattierclub an der Uni. – Nein, der Major fand keine Schuld bei sich, so sehr er auch grübelte. Damit blieb die andere Erklärung, die letzten Endes immer alles erklärte. Keine Marotte des Herrn Oberst, Marotten konnte er sich innerhalb dieses Dienstes nicht leisten, nicht einmal er. Er konnte also keinen Major schikanieren, weil ihm plötzlich dessen Nase nicht gefiel. Alles hatte objektive Gründe. Und eine Erklärung war ein sehr objektiver Grund, der objektivste überhaupt. Politik. Damit begann ein weites Feld der Spekulation, das den Major ratlos ließ. Es gab viele Szenarien, die er sich ausdenken konnte, die alle eine gewisse Wahrscheinlichkeit hatten und alle eine Gemeinsamkeit: Er würde nie entscheiden können, welche die zutreffende war. Es konnte zum Beispiel sein, dass jemand mit Protektion auf den Posten des Majors gehievt werden sollte (der diesen dann eben verlassen musste). Es konnte aber auch sein, dass dem Oberst ein Aufpasser zugesellt werden sollte (wieder auf dem Posten des Majors), weil der Oberst die Aufmerksamkeit höherer Instanzen erregt hatte, wodurch auch immer. Und es waren weitere, verwickeltere Szenarien möglich. Welches auch immer zutraf: Mit dem Major hatten sie alle nichts zu tun. Das war ein schwacher Trost, aber ein Trost. Er war nicht schuld an der Entwicklung der Dinge. Er war nur ein Opfer.

An dieser Stelle seiner Überlegungen traf er auf die Spur. Sie war nicht zu übersehen. Jemand hatte sich schräg den Hang hinauf zwischen den Bäumen hindurch davongemacht. Auf der schiefen Ebene des Waldbodens hatte derjenige besonders tiefe Spuren hinterlassen, weil jeder zweite oder dritte Schritt eine Minilawine in die Schneedecke gerissen hatte. Zweifellos gab es für die Flucht auf verschneiten Hängen eine optimale Bewegungsweise, die der Major nicht kannte; er kam ja nicht vom Kommando Spezialtruppen, sondern aus der Analyseabteilung, weshalb er bei diesem perfiden Verfolgungsauftrag nur scheitern konnte – aber der Verfolgte, dieser Lässer, kannte die richtige Bewegungsweise in solchem Gelände auch nicht. Das hätte dem Oberst klar sein müssen, wenn er seinen Untergebenen schon gegen den Baum rennen lassen wollte.

Beim Major verstärkte sich der Eindruck, dass der Oberst ein bisschen blöd war und seine Karriere politischen Verbindungen verdankte, nicht taktischem Geschick. Das würde er, der Major, ausnutzen und dem Oberst in die Suppe spucken. Indem er diesen Lässer einfing. Und neben dem offiziellen Bericht, den er würde schreiben müssen, dem vom Oberst abgezeichneten, einen zweiten verfassen würde. Einen für die »innere« Abteilung. Da kannte er jemanden, mit dem er in die Schule gegangen war. Der würde verhindern, dass der zweite Bericht dem Oberst bekannt wurde, bevor ihn höhere Kader gesehen hatten. In diesem zweiten Bericht würde er die Sachlage so darstellen, wie sie wirklich war: dass man einen Schreibtischmenschen wie ihn, den Major, mit der Verfolgung eines Verdächtigen beauftragte, und zwar allein, ohne Unterstützung, sodass er scheitern musste, und der Staatsfeind entkommen konnte. (Tatsächlich war der Major der Verhörspezialist seiner Behörde, er selber sah das aber nicht als »operative Tätigkeit«.) – Vielleicht geschah das alles nur, weil dieser Verdächtige entkommen *sollte*. Das würde nicht in dieser Formulierung in dem Bericht stehen, sondern so, dass sich die entsprechende Schlussfolgerung beim Lesen aufdrängte; das war ein bisschen diffizil. Der Major sann über die Wortwahl nach. Das konnte er auch, denn die Verfolgung erforderte keine Aufmerksamkeit. Lässer hatte eine Spur hinterlassen wie ein Dromedar. Der fallende Schnee drang noch nicht zum Waldboden durch. Damit war es aus, als der Major eine freie Fläche erreichte. Die Spur zog sich schräg über den baumlosen Hang hinauf, war nun schwerer zu sehen, halb zugeschneit. Der Major legte an Tempo zu. Er wusste ja nicht, wie breit die Schneise war, im Schneetreiben konnte er die andere Seite nicht erkennen.

Hinter ihm erfüllte Dröhnen und Rauschen die Luft. Irgendetwas Großes und Schweres hatte sich im Wald in Bewegung gesetzt. In dem Wald, den er eben durchquert hatte. Dann war es wieder still. Eine Lawine, na klar, was sonst? Er ging weiter.

Unter normalen Umständen hätte er das nicht getan. Normale Umstände heißt hier: ohne die Aussicht auf Rache an einem Vorgesetzten, ohne den zweiten Bericht, der seine kognitiven Fähigkeiten beeinträchtigte, weil er die Aufmerksamkeit absorbierte und dadurch den praktischen Intelligenzquotienten um mindestens zwanzig Punkte absinken ließ. Denn, nicht wahr: Wenn schon in einem Wald, wo lauter Bäume im Weg stehen, eine Lawine abgehen kann – um wie viel gefährlicher ist dann die Querung eines genauso steilen, aber völlig baumlosen Hanges? Das Richtige wäre gewesen, den Hang zu meiden, sich wieder in den Wald zurückzuziehen und am Kegel der Waldlawine entlang sich ins Tal zurückzutasten. Aber zu diesen Überlegungen war der Major nicht fähig. Es fehlte ihm auch an Erfahrung im alpinen Gelände. Diese Erfahrung fehlte allerdings auch seiner Zielperson, die sich zweihundert Meter weiter oben durch den Schnee kämpfte. Ewald Lässer war nie ein Freund der Berge gewesen, entsprach völlig – man muss es leider so sagen – dem Klischee des Stubenhockers, der schon als Kind lieber liest oder mit der Dampfmaschine spielt, als mit seinen Freunden im Freien herumzutollen (was schon am Umstand scheitert, dass er keine Freunde hat). Aber Ewald Lässer hatte über viele Jahre einen sportiven Freund und Kameraden gehabt, den Rudolf Büchel, den er nun mit aller Inbrunst seiner Technikerseele hasste; und dieser Freund hatte ihn oft auf Bergtouren mitgenommen, sogar zum Skifahren. Dadurch war einiges Wissen über das Gebirge und seine Gefahren in Ewalds Hirn hängengeblieben. Zum Beispiel die Erzählung von den zwei Jägern, die in einer Nacht wie dieser, bei starkem Schneefall, trotz mehrfacher Warnung, in eben dieses Tal zur Wildfütterung eingefahren waren und sich dann, vorn und hinten durch Lawinenabgänge auf die Straße eingeschlossen, gerade noch in einen Behelfsunterstand geflüchtet und dort mit viel Glück überlebt hatten, während rechts und links die Waldlawinen zu Tal donnerten.

Ewald kam das nun alles in den Sinn. Er blieb stehen. Ich bin verrückt, dachte er, völlig verrückt; das ist doch Selbstmord, auf dem kahlen Hang herumzustapfen. Er machte nur noch vorsichtige, zeitlupenhafte Schritte auf den Waldrand zu, erreichte ihn nach einer Viertelstunde und atmete auf. Dann, im Schutz der Bäume, stieg er weiter auf, denn dort oben gab es einen Weg, der auf die sogenannte Ochsenalpe führte und in der anderen Richtung in den Talkessel des Gamperdon und zum Jagdhaus. Auf dem Weg würde er schneller vorankommen. Die Route am Bach entlang hatte er nach ein paar hundert Metern aufgegeben, der Schnee lag zu hoch, er hatte für so eine Querfeldeintour nicht die Kondition.

*

Im Scheinwerferlicht des Wagens tauchte nichts auf. Kein Ewald Lässer, kein Reh, kein Hirsch, überhaupt nichts. Juri fuhr nicht schneller als zwanzig, um keine Auffälligkeiten am Wegesrand zu übersehen, aber das nützte nichts. Es gab keine Auffälligkeiten. Keine Spuren.

»Der ist wohl doch ausgewichen«, sagte der Oberst, »andernfalls hätten wir ihn eingeholt.«

»Ja«, sagte Juri, obwohl er das, was der Oberst von sich gab, für blühenden Unsinn hielt. Sie hatten doch keine Ahnung, *wann* der Mann sein Auto verlassen hatte. Wenn das früher geschehen war, als der Oberst annahm, konnte der längst am Talende angekommen sein. Und wieso überhaupt sprach er immer nur von *einem*? Lässer konnte doch Komplizen haben, einen oder mehrere. In den Fahrrinnen sah man das nicht. Juri hütete sich jedoch, seine Zweifel zu äußern. Das tat man nicht in der militärischen Organisation, in der er groß geworden war. Wer Glück hatte, erwischte einen Vorgesetzten, der wusste, was er tat. Bisher hatte Juri den Eindruck gehabt, der Oberst, der sich hier »Hoffmann« nannte, sei so einer. Im Augenblick war er davon nicht mehr so überzeugt. Was war das zum Beispiel für eine Aktion, den Major allein zur Verfolgung auszuschicken? Wenn das mehrere waren, konnte es für den Major brenzlig werden. Gut, Zivilisten. Aber auch Zivilisten waren bei solchen Geschichten bewaffnet. Und zum Unterschied von ihnen kannten die sich möglicherweise im Gelände aus …

»Gleich kommt eine Abzweigung«, sagte der Oberst, der im Licht der Taschenlampe einen Computerausdruck studierte. »Die fährst du rein.«

»Jawohl.«

»Es geht nämlich nicht anders«, erklärte der Oberst. »Diese Straße sieht man vom Jagdhaus aus, da kommen wir nicht vorbei. Durch die Abzweigung können wir von hinten an die Leute ran.«

»Jawohl«, sagte Juri. Er beruhigte sich. Vielleicht wusste der Oberst ja doch, was er tat. Immerhin war es vernünftig, einen möglichen Hinterhalt zu vermeiden. Seine Ruhe schwand nach der Abzweigung und weiteren zweihundert Metern. Der Schnee lag so hoch, dass kein Weiterkommen möglich war.

Die Ketten nützten nichts. Sie steckten fest. Dem Oberst schien das nichts auszumachen. »Eine nächtliche Wanderung in den Alpen!«, rief er beim Aussteigen, »da zahlen unsere Businessmen viel Geld dafür.« Juri lachte, wie es sich bei einem Vorgesetztenwitz gehörte und setzte sich an die Spitze, um zu spuren.

Der Weg führte abwärts auf den Bach zu, dessen Rauschen bald zu hören war. Es gab eine Holzbrücke, danach ging es wieder aufwärts in den Wald hinein, aber wenigstens nicht steil aufwärts. Sie kamen auf eine Lichtung mit zwei Gebäuden. Eine große Rotwildfütterung. Traufen mit Heu, der Boden im Umkreis von den Tieren plattgetreten. Der Weg führte bald aus dem Wald heraus. Vor ihnen dehnte sich eine weite, schneeglitzernde Fläche. Der Oberst studierte die Computerkarte.

»Einen Kilometer noch, dann sind wir da.«

Juri sagte nichts. Er ging wieder voran. Der Weg war eben. Ein Spaziergang im Schnee. Falls niemand auf der Lauer lag.

*

Ewald Lässer erreichte den Weg. Seine Kleidung war schweißnass, sobald er stehen blieb, wurde es kühl. Er würde bald anfangen zu frieren. Aber stehen bleiben musste er, es ging nichts anders, er brauchte eine Pause. Es hatte aufgehört zu schneien, die Wolkendecke war an manchen Stellen aufgerissen, die Sterne gaben Licht, das von den Schneemassen reflektiert wurde. Ewald Lässer konnte weit ins Tal hinuntersehen. Und ja, dort unten (aber nicht so weit unten, wie er sich gewünscht hätte) bewegte sich ein schwarzer Punkt schräg über den weißen Hang. In seiner, Ewalds, Spur. Und er bewegte sich schneller, als Ewald sich bewegt hatte. Viel schneller. Allein an der Nutzung der Spur konnte es nicht liegen, der Verfolger hatte auch die bessere Kondition. Ewald ging in die Knie, verschwand dadurch unter der Wegkante, falls der andere nach oben schauen sollte. Aber das musste er nicht. Er würde Ewald sowieso einholen. Er war durchtrainiert und hatte die Spur, in die er seine Schritte setzen konnte.

Ewald knöpfte den Mantel auf und zog die P 38 heraus. Er legte den Sicherungshebel um. Er würde sie benutzen müssen. Dieser Typ, wer immer es war, war hinter ihm her. Mit unfreundlichen Absichten. Ein Komplize von Rudolf Büchel. Der würde ihm nichts tun, das nicht, Rudolf brauchte ja diese gewisse Information von ihm, der Komplize würde ihn unversehrt abliefern. Nachdem er ihn entwaffnet hatte. Dann war nicht nur das Überraschungsmoment weg, sondern der ganze Befreiungsplan gescheitert. Apropos Befreiungsplan: Wenn dieser dunkle Punkt hinter ihm her war (und wie sonst sollte er sich das Bewegungsmuster erklären?) – dann wusste Büchel, dass Ewald auf dem Weg ins Gamperdon war. Woher? Von diesen dreimal verfluchten Wirtsleuten natürlich ... er hatte sie wohl zu sehr erschreckt, sie hatten den Büchel gewarnt. Wie auch immer: Das Überraschungsmoment war so oder so verloren. Andererseits hatte diese Entwicklung der Dinge auch etwas Gutes. Er wusste durch den Verfolger, dass Büchel von seinem Kommen wusste. Wenn der Verfolger sich aber nicht meldete, würde Büchel gar nichts wissen. Nicht, ob Ewald kam oder nicht kam, und nicht, wo der Verfolger war. Sicher hatten sie Funkkontakt, Rudolf Büchel war auf seine Art gerissen, der war nicht dumm.

Ewald konnte sich nicht verstecken und den Mann vorbeilaufen lassen. Jede Ortsveränderung hinterließ eine Spur im frischen Schnee, das war unausweichlich. Was konnte er also tun? Eine Schießerei anfangen? Gut, der Typ würde nicht zurückschießen, jedenfalls nicht gleich. Er würde Deckung suchen und Büchel über Funk fragen, was er jetzt machen sollte. Außer, Ewald ließe ihm keine Gelegenheit dazu. Das ging, wenn sich Ewald im Wald hinter einem Baum versteckte und den anderen aus kurzer Entfernung niederschoss. Die Vorstellung missfiel ihm. Außerdem war es jetzt so klar, dass man seine Spur zwanzig Meter weit erkennen konnte. Und auch, wo sie in den Wald abbog. Was würde der tun, wenn er das sah? Büchel fragen, klar. Was er jetzt tun sollte und so weiter. Ob dann Schüsse gewechselt würden oder nicht, spielte keine Rolle; er würde in jedem Fall einem vorbereiteten Rudolf Büchel gegenübertreten. Das musste er vermeiden.

Die Lage war zum Verzweifeln. Ewald Lässer steckte die Pistole wieder ein. Vielleicht gab es doch einen Ausweg, durch physikalische Fernwirkung. Den Versuch war es wert. Er kroch auf allen vieren bis zum Wegrand und schaute ins Tal hinab. Der dunkle Punkt war nun als Mensch zu erkennen, der immer noch Ewalds Spur folgte. Ewald wartete, bis der Typ unter ihm war. In der Falllinie. Dann begann er, mit beiden Füßen Schnee über die Wegkante zu stoßen, mit den Beinen nachzudrücken. Der Schnee setzte sich in Bewegung.

Der Major hörte die Lawine, dann sah er sie auch. Er begann zu rennen. Das heißt, er wollte rennen, aber im Tiefschnee ging das nicht. Er kam drei Meter weit. Dann verschwand er in den aufgewirbelten Schneemassen, wurde umgestoßen, herumgeschleudert, fortgerissen. Nach unten, immer schneller nach unten. Bis zum Talboden, wo die Fahrt stoppte, die vielen Tonnen Schnee zur Ruhe kamen. Ihm die Luft aus den Lungen drückten.

Danach war alles still. Ewald sah den Lawinenkegel weit unter sich, er reichte bis ins Bachbett. Von dem Verfolger war nichts mehr zu sehen. Ewald stand auf, klopfte sich den Schnee aus der Kleidung, erschrak von dem Geräusch. Wie Hammerschläge in der Stille. Er hielt ein, schlich sich den Weg entlang bis zum Wald. Jeder Laut konnte eine weitere Lawine auslösen. Er hatte Angst. Er badete in dieser Angst, er suhlte sich darin, der Schweiß brach ihm aus, obwohl er jetzt auf einem Forstweg abwärts ging. Und dennoch fühlte er sich wohl. Denn die Angst vor einer neuen Lawine verdrängte vieles andere nach der Devise: Ich leide auch! Vor allem verdrängte die Angst um die eigene Person den Gedanken, dass er eben eine andere Person umgebracht hatte.

Er beruhigte sich allmählich. Bei der Wildfütterung hatte er es überstanden. Sie lag im Wald unter steilen Felsen, darauf hatten sich keine Schneemassen halten können. Und weiter drin wurde es flach. Offenes Gelände, aber flach. Der Weg führte von hinten aufs Jagdhaus zu.

5

Büchel sprach nicht mit Agathe. Sie schien auch keinen Wert auf eine Unterhaltung mit ihrem Entführer zu legen. Wenn sie aufs Klo musste, klopfte sie von unten gegen die Luke, dann ließ er sie heraus, die Waffe in der Hand, und begleitete sie. Zu Zwischenfällen kam es nicht, keine Fluchtversuche, keine Aufsässigkeiten. Das Essen ließ er in einem Korb in den Keller hinunter. Speck, Käse, Schwarzbrot und heißer Tee; Büchel hatte keine Lust zu kochen, er selber aß auch nichts anderes. Im Keller war es eiskalt, Büchel hatte ihr einen Schlafsack und mehrere Decken gegeben, es werde ohnehin nicht lang dauern, sagte er, Ewald werde kommen, dann werde sich alles in Wohlgefallen auflösen, bis dahin müsse sie eben durchhalten. Sie kommentierte das nicht, machte aber auch keinen widerspenstigen Eindruck. Ihre Blicke waren nicht von Hass erfüllt, so viel konnte er feststellen; als Spieler war er geübt, Körpersprache zu deuten. Bei ihr gab es da wenig, sie schien von einer großen Ruhe erfüllt, einem Gleichmut, der ihn erstaunte. Keine Spur von Hysterie. Und keine Spur von Furcht. Aber auch nichts, was sich als Verachtung oder Zorn deuten ließ. Sie war ihm ein Rätsel. Noch rätselhafter war, wie Ewald Lässer an diese Frau geraten war. Vielleicht war sie ja nicht ganz normal, genau wie der gute Ewald selber, das würde vieles erklären. Oder sie war in unfassbarem Ausmaß dumm und begriff die Gefahr nicht, in der sie schwebte, konnte sich nicht vorstellen, dass er imstande war, sie umzubringen. Noch vor kurzem hatte er sich das allerdings selber nicht vorstellen können. Der Gedanke bedrückte ihn. Nicht aus moralischen Gründen. Immer, wenn ihm der arme Balkan einfiel und dessen Ende, war es, als würde er sich an eine unangenehme finanzielle Situation erinnern, die er lösen musste, eine überfällige Zahlung, etwas in der Art. Lästig und, ja: peinlich. Agathe Moser löste solche Gedanken aus, er war froh, dass er sie nicht oft sehen musste.

Der Anruf kam gegen Abend.

»Wie geht's?«, fragte Anatol. Er klang heiter. Kommunikative Stimmung. Büchel dachte an seinen kleinen Finger und blieb reserviert. »Gut«, sagte er. »Was willst du?«

»Wir kommen in einer Woche mit dem neuen Käufer zu dir. Wegen Demonstration. Am Montag. Dann musst du bereit sein.«

»Okay«, sagte Büchel. Er erkannte die Chance. Er hatte Angst vor dem Moment, wenn Ewald auftauchte. Und das würde er natürlich, Agathe war ein unwiderlegbares Argument, wenigstens für Ewald. Ganz verstand er das nicht, weil die Dame, so schön sie war, die emotionale Temperatur einer Schockfrosteranlage ausstrahlte. Aber Ewald war ja anders gestrickt als gewöhnliche Menschen. Er hatte vor Ewald keine Angst. Er würde ihn überwältigen. Oder so. Angst hatte er vor dem, was er nachher machen musste. Ewald unter Druck setzen. Mit Agathe. Also vor Ewalds Augen diese Agathe ... an dieser Stelle versagte seine Vorstellungskraft, er spürte nur extremes Unbehagen, es wurde ihm schlecht, so richtig – wenn er in diese Richtung weiterdachte, das wusste er, wenn er sich dazu zwang, würde er kotzen, gleich auf den Riemenboden der Stube. Das konnte er nicht. Wie sollte er Agathe foltern, wenn er nicht einmal daran denken konnte, ohne die Fassung zu verlieren? Es half auch nichts, Agathe durch Ewald zu ersetzen; das erregte denselben explosiven Ekel, was ihn ein wenig wunderte. Es hatte nichts mit der Person zu tun, wie nahe er ihr stand oder so, ob er sie hasste, liebte oder ob sie ihm gleichgültig war. Es war die Sache selber, die er unerträglich fand. Balkan fiel ihm ein, aber das war etwas ganz anderes, das war etwas aus einem anderen Universum. Balkan war schon tot gewesen, als sie ihm die Knochen zerschlagen hatten; gut, das war auch nicht schön, besonders, wenn man es nicht gewohnt war. Nichts, was man jetzt etwa jeden Tag machen wollte – aber kein Vergleich zum lebenden Objekt. *Das konnte er nicht.*

»Was ist, bist du noch da?«, fragte Anatol.

»Ja, ja, ich bin noch da, keine Sorge. Ich hab nur nachgedacht, ob du mir bei einem Problem helfen könntest.«

»Ich hab dir gesagt, ich will von Problemen nichts hören!«

»Ja, hast du mir gesagt, hättest du aber den Problemen sagen sollen! Die wissen nichts von deiner Antipathie. Und jetzt ist eines aufgetaucht, ein Problem. Eins mit dem Lässer.« Dann erklärte er, was er zur Vorbereitung des zweiten Verkaufs unternommen hatte. Die Entführung, die Erpressung Ewald Lässers. Und zur Befragung Lässers brauchte er die Unterstützung Anatols. Der wollte protestieren, aber darauf ließ sich Büchel nicht ein.

»Du schwingst deinen Arsch hierher und hilfst mir. Sonst kannst du dir deine Millionen malen. Auf ein Stück Klopapier. Und du kommst allein, ohne deinen Gorilla. Ich bin Jäger, verstehst du? Ich hab Gewehre hier. Du hältst fünfzig Meter vor dem Haus und steigst aus. Ich werde sehen, ob noch eine zweite Person da ist. Ich habe ein Nachtsichtgerät neuester Generation. Wenn noch jemand da ist, erschieße ich einen von beiden. Entweder den, der ausgestiegen ist, oder den anderen.«

»Du machst große Sprüche, weißt du das?«

»Das kommt dir nur so vor, weil du mich nicht richtig kennst. Das letzte Mal war ich nicht konzentriert, da habt ihr mich überrumpelt. Das passiert kein zweites Mal.«

»Du bist nicht ... wie heißt das ... glaubwürdig! Du sagst, du kannst der Schlampe nichts tun, aber drohst mir mit dem Tod?«

»Ja, hört sich verrückt an. Vielleicht fragst du Balkan, was er davon hält. Oder Mangold.«

Auf der anderen Seite der Leitung blieb es still, intensive Denkvorgänge hatten eingesetzt.

»Ich hab das ja auch nicht gewusst«, fuhr Büchel nach einer Pause fort. »Dass ich das kann, meine ich. Das mit Balkan. Und weißt du was? Es macht mir nichts aus. Es wird leichter, kann das sein? Beim zweiten Mal ...«

Rudolf Büchel hatte damit eine Wahrheit ausgesprochen, die Anatol schon seit vielen Jahren kannte. Für manche Menschen war das so. Dass es beim zweiten Mal leichter war als beim ersten und beim dritten Mal leichter als beim zweiten. Auch die Art, wie Rudolf Büchel diese Wahrheit ausgesprochen hatte, gab Anatol, der die Menschen kannte, zu denken. Etwas Hartes war darin, etwas im Untergrund der Stimme, das Büchel selber noch nicht kannte, aber bald an sich entdecken würde. So etwas war selten, kam aber vor. Die meisten Menschen sind Schwätzer und Lügner. Sie beschwatzen und belügen sich selber und andere. Bis jetzt hatte er Rudolf Büchel dazugerechnet. Aber unter Druck wandeln sich manche. Nie zum Besseren. Es war am besten, solche Menschen nicht zu reizen. Sie ließen sich mit großem Erfolg verwenden. Halt nicht alle, hundert Prozent gibt es nirgends. Wenn man sie nicht mehr vernünftig verwenden kann, muss man sie liquidieren, so bedauerlich das im Einzelfall ist. Es hilft nichts; der Ärger steigt sonst ins Unermessliche. Dieser Büchel war auf dem besten Weg, einen Haufen Ärger zu machen.

»Es ist gut«, sagte er, »alles gut. Ich komme, allein. Lässer sagt uns, was er zu sagen hat, dann verständige ich den Käufer, wir machen das Geschäft. Ich bin ein vernünftiger Mensch. Sei also du auch vernünftig.« Büchel schien besänftigt. Er erklärte Anatol in kurzen Worten, wo er hinfahren müsse und dass er Schneeketten brauche, und legte dann auf. Anatol fuhr sofort los.

*

Das liegengebliebene Auto fiel auch der nächsten Gruppe auf, die das Gamperdon heimsuchte. Lothar hielt an, alle stiegen aus, zwei Minuten später trafen auch Franz-Josef und Dr. Peratoner im Lada Niva ein. Die Untersuchung des leeren Fahrzeugs nahm wenig Zeit in Anspruch. Alle waren sich darüber einig, dass es sich hier nur um Ewald Lässers Wagen handeln konnte. Wer sonst würde ohne Ketten mit einem normalen Fronttriebler ins Gebirge fahren – als eben ein hochgradig erregter, keines klaren Gedankens fähiger Mensch, den all seine Ingenieursklugheit verlassen hatte? Wegen einer Frau. Die Männer dachten sich das, als sie in ihre Fahrzeuge zurückkehrten, sprachen es aber nicht aus, keinem fiel eine Formulierung ein, die nicht frauenfeindlich geklungen hätte – sie wussten nicht, dass Mathilde genau dasselbe durch den Kopf ging. Sie ärgerte sich über Ewald Lässer, der sich aufführte wie ein Fünfzehnjähriger. Sie ärgerte sich über die Lage, in die er sie alle dadurch gebracht hatte. Nur über ihren Mann ärgerte sie sich nicht, obwohl man bei leidenschaftsloser Betrachtung auch zum Schluss kommen konnte, dass ihr Mann einen Gutteil der Probleme mitverursacht hatte – jedenfalls war das die Sache, über die Matthäus selber nachdachte. Klar, für den Unfall konnte er nichts, solche Sachen kommen vor, aber ein etwas vorsichtigerer Umgang mit seiner durch diesen Unfall offensichtlich provozierten Fähigkeit der Prophetie hätte die Dinge eine ganz andere Wendung nehmen lassen. Nämlich überhaupt keine, wenn er nur das Maul gehalten hätte. Einfach kein Sterbenswort gesagt, nichts von einer Brücke, nichts von einer Erpressung aus einem Jagdhaus heraus ... das warf die Frage auf, ob ihn der zweite Traum je belästigt hätte, wenn er den ersten nicht an seine Kameraden verraten hätte. Matthäus verlor sich im Dieselgebrumm und Geschaukel des Landrovers in Spekulationen über »was wäre gewesen, wenn«, die sich alle in zahllose Zweige möglicher Entwicklungen aufsplitterten und nirgendwohin führten, keine einzige von ihnen.

Mathilde Spielberger waren solche Gedankenspiele fremd. Sie machte ihrem Mann keine Vorwürfe, sie hatte nur Angst um ihn. Lothar Moosmann dachte über praktische Dinge nach. Wie sollten sie es anstellen, ohne von Lässer oder Büchel gesehen zu werden, zu jener Hütte zu gelangen, in der Matthäus so viele Sommer seiner Kindheit verbracht hatte? Diese Hütte lag nämlich im östlichen, hinteren Teil der Siedlung, das Jagdhaus im westlichen, vorderen, was so weit noch kein Problem war. Der Hauptweg führte in einiger Entfernung daran vorbei; zum Jagdhaus musste man rechts abbiegen. Bei Nacht und Nebel konnte man die Stelle passieren, ohne von Büchel gesehen zu werden. Aber erstens war es nicht neblig, und zweitens konnte man die herrschende Beleuchtung kaum als »Nacht« bezeichnen. Je mehr die Wolkendecke aufriss, desto heller wurde die weiße Landschaft, obwohl es schon auf elf Uhr zuging; man hätte im Sternenlicht die Überschriften einer Tageszeitung lesen können.

»Wie kommen wir an der Hütte vorbei?«, fragte er. Matthäus wusste, welche Hütte gemeint war. Nicht die seines Onkels, sondern das Jagdhaus. Er hatte das Problem erkannt, als sie über die »Kühbruck« gefahren waren und sich die Wolkendecke gegen das Talende hin verflüchtigte, aber nichts gesagt, weil es nur eine Lösung gab, eine extrem umständliche und anstrengende.

»Wir müssen vorher rechts abbiegen und über die Wildfütterung fahren«, sagte er. »Wir lassen die Autos im Wald stehen und gehen zu Fuß.«

»Das sind doch mindestens zwei Kilometer!«

»Eher drei ... und dann müssen wir uns noch hinter dem Jagdhaus in der Schlucht vorbeischleichen ...«

»Entschuldige, ich hab nicht recht verstanden. Du hast doch nicht grad *Schlucht* gesagt, oder?«

Matthäus seufzte. »Der Ausdruck ist vielleicht übertrieben. Es ist keine richtige Schlucht, eher eine Art V-Tal, aber Wald auch nur auf einer Seite ...«

»Und auf welcher Seite gehen wir?«

»Auf der Seite mit dem Wald.« Mathilde mischte sich ein. »Das heißt, wir müssen das ganze Zeug, das ich eingepackt habe, so weit tragen?« Ehe Matthäus eine begütigende Antwort einfiel, sagte Lothar: »Nein, natürlich nicht! Weil das gar nicht geht, ist viel zu viel. Wir würden schon nach hundert Metern vor Erschöpfung zusammenbrechen. Wir nehmen nur das Nötigste mit.« Mathilde sagte nichts, aber ihre Missbilligung hing schwer wie Zigarrenrauch im Auto, das Atmen wurde schwer. Die Abzweigung kam, Lothar fuhr rechts hinein. Die Fahrt war bald zu Ende. Mitten im Weg stand ein monströser SUV. Lothars Landrover sah dagegen aus wie aus der frühen Bronzezeit. Sie stiegen aus. Der Wagen blockierte den Weg, links und rechts Wald auf steilem Gelände, man konnte keine Fahrspur ausschaufeln.

*

Rudolf Büchel saß am großen Fenster des Jagdhauses und schaute auf die weiße Fläche hinaus, die sich jenseits des Baches bis zum Waldrand an der anderen Talseite hinauszog. Er brauchte das Nachtsichtgerät gar nicht, so hell war es. Es lag neben ihm auf der Bank. Er war besser gerüstet, als es die Umstände erforderten, das gab ihm ein Hochgefühl überlegener Vorbereitung; er war mit allen Wassern gewaschen, anders konnte man es nicht sagen. Und eine Büchse hatte er auch noch, ein sündteures Hochleistungsjagdgewehr, darauf montiert ein nicht waidgerechtes Zielfernrohr mit Restlichtverstärker. Wer ihm dumm kam, der würde es bereuen. Oder nein, eigentlich nicht. Nicht in diesem Leben. Die Munition im Gewehr war für Rotwild gedacht, sie »pilzte auf« beim Einschlag und ergab einen »Wasserschlageffekt«, den sofortigen Zusammenbruch aller Nervenfunktionen durch den ungeheuren Druckanstieg im Gewebe.

Und Rudolf Büchel zweifelte nicht an seiner Fähigkeit, diesen tödlichen Schuss auf wen auch immer abzufeuern. Er hatte Anatol am Telefon die Wahrheit erzählt. Die Wahrheit sah schlicht so aus: Es machte ihm nichts aus. Er war unfähig, jemandem Schmerzen zuzufügen, das wusste er, aber er war durchaus imstande, denselben Jemand umzubringen. Wenn es nötig wurde. Allerdings glaubte er nicht an dieses Nötigwerden. Anatol war ein Profi. Er würde nicht die ganze Aktion wegen irgendwelcher Egospielchen gefährden. Ihm ging es, wie Rudolf selber, ums Geld.

Es ist eine bekannte und betrübliche Tatsache, dass Leute, die sich etwas Bestimmtes zutrauen (und sogar schon bewiesen haben, dass sie es können) – dass diese Leute glauben, sie könnten auch vieles andere. Nicht alles, das behaupten sie gar nicht von sich, aber doch so viel, dass sie als Großmeister der Lebensbewältigung durchgehen. Infolgedessen fehlen ihnen jene Selbstzweifel, die andere Menschen, die ihre Fähigkeiten realistisch einschätzen, vor dummen Fehlern bewahren. Weil diese Verlierertypen nachdenken müssen, wenn sie etwas tun sollen. Darüber, was alles schiefgehen könnte. Sie müssen das mentale Gelände der Möglichkeiten nach verborgenen Fallen absuchen. Die von sich selber Überzeugten tun das nicht. Rudolf Büchel war so einer. Er konnte jemanden umbringen, er hatte ja auch schon jemanden umgebracht, ergo war er »Master of the Universe«, saß an seinem großen Fenster und wartete auf Anatol. Keinen Augenblick dachte er daran, dass jemand sich von der Rückseite des Hauses nähern konnte. Ein Nicht-Anatol. Als genau dies geschah, war er darauf nicht vorbereitet.

»Es ist alles dunkel, Herr Oberst«, flüsterte Juri. »Als ob keiner zu Hause wäre. Er lauert am vorderen Fenster, die Kamera zeigt es deutlich.«

Die Kamera war ein Infrarot-Nachtsichtgerät der neuesten Generation. Juri hatte sich damit hinter dem Jagdhaus vorbeigeschlichen und im Schutz einiger Tannen die Vorderseite aus einem flachen Winkel beobachten können.

»Also schön. Wir wissen, dass er da ist. Sein Auto steht vor dem Haus. Uns erwartet er nicht, wen dann?« Sie saßen am

Hang zehn Meter tiefer auf der Rückseite des Jagdhauses in einer Schneekuhle.

»Vielleicht wartet er doch auf uns«, sagte Juri.

»Dann hätten ihn diese Blödmänner aus dem Wirtshaus gewarnt. Vielleicht ist die Wanze ja doch entdeckt worden und nicht aus Zufall kaputtgegangen.« Der Oberst machte einen kleinen Schneeball und warf ihn in den Wald. Kein Geräusch. »Wie auch immer. Wir machen keine Umstände und gehen rein.« Sie brachen auf, die weitere Vorgangsweise wurde nicht erörtert, sie war ohnehin klar.

Juri tauchte vor dem großen Ostfenster auf. Er zielte mit der Maschinenpistole auf Rudolf Büchels Gesicht und bedeutete ihm, das Fenster aufzumachen. Der reagierte wie in Trance, öffnete einen Fensterflügel. Ohne Gegenwehr. Juri packte ihn am Hemd und zog ihn in einer einzigen, gleitenden Bewegung mit einer Hand aus der Fensteröffnung, wie man eine Zeitung aus dem Briefschlitz herauszieht, womit wieder einmal demonstriert wurde, wie wichtig für Kommandounternehmen die rein körperliche Leistungsfähigkeit der Teilnehmer ist – sie macht alles so viel einfacher. Juri drückte Büchel in den Schnee und trat ihn in den Bauch; ganz leicht nur. Büchel krümmte sich und stöhnte. Dann zog ihn Juri am Kragen hoch und stieß ihn in Richtung Eingangstür. Dort empfing ihn der Oberst mit einem »Guten Abend!« Juri kletterte durchs Fenster und schloss die Tür auf. Er sicherte das Gewehr und drückte Büchel in einen Stuhl. »Ein Tee wär jetzt nett«, sagte der Oberst und nahm Büchel gegenüber Platz. Juri machte sich an die Arbeit.

*

Sie ließen den Landrover und den Lada stehen. Daneben stand der Riesenjeep von Hoffmann. Jetzt hatten sie es also nicht nur mit Büchel und Lässer zu tun, sondern zusätzlich mit diesem Heini von weiß Gott welchem Geheimdienst und seinen Schergen. Dass der nicht allein war, bewiesen die Spuren, die vom Auto wegführten. Ein Teil des mitgebrachten Materials wurde ausgepackt, die Lasten wurden verteilt. Dabei hatte Mathilde kaum etwas zu tragen; die Männer hätten ihr gar nichts gegeben, sie protestierte und durfte ihren Rucksack mit Brot und ein paar Konservendosen füllen. Lothar ging voran, er trug außer seinem Rucksack ein AK47, das Mathilde aus dem Fernsehen kannte. Hinter Lothar kam Matthäus, dann Mathilde, Franz-Josef Blum und Dr. Peratoner bildeten den Schluss. Alle Männer trugen Waffen, die aus Lothars Rüstkammer stammten. Es waren verschiedene Modelle, Mathilde fragte nicht danach und ließ sich nichts erklären, sie wollte mit diesem Aspekt des Unternehmens nichts zu tun haben. Sie weigerte sich auch, eine sogenannte »Glock« zu nehmen, »wunderbar leicht, liegt sehr gut in der Hand«, wie Lothar betonte, »eigentlich fast eine Frauenpistole – darf man das noch sagen?« Mathilde wusste nicht, ob man das noch sagen durfte, lehnte aber ab.

Nach hundert Metern keuchten die Männer. Bis auf Matthäus waren sie das Tragen schwerer Lasten nicht gewohnt. Mathilde wäre dazu Verschiedenes eingefallen, sie enthielt sich aber jeden Kommentars. Der Weg führte über die Brücke, dann durch den Wald aufwärts, an der Wildfütterung vorbei. Lothar Moosmann hätte hier Interessantes zu berichten gehabt, war er doch mit Wald und Wild vertraut, aber zum Reden fehlten ihm Lust und Luft, und den anderen war unter den herrschenden Umständen das Rotwild egal.

Sie folgten der Spur, die Hoffmann und seine Begleiter hinterlassen hatten, wie viele das waren, blieb im Dunkeln. Sie kamen wegen der häufigen Pausen nur langsam voran. Matthäus dachte an die Ereignisse, die sich einen Kilometer weiter vorn eben abspielen würden oder schon abgespielt hatten. Hoffmann und seine Mitarbeiter waren wohl auch bewaffnet. Sie hatten sich vermutlich bereits der Jagdhütte und ihrer Insassen bemächtigt, wer immer die waren. Büchel oder Büchel und Lässer, wenn der die Hütte schon erreicht hatte. Matthäus fiel ein, dass ebendies keineswegs sicher war. Der Ingenieur konnte auf seinem Fußmarsch das Verfolgerauto gehört und sich seitwärts in die Büsche geschlagen haben. Und was heißt, bitte, *Verfolgerauto*? Es gab doch zwei davon, respektive drei, besser gesagt drei Autos in zwei Gruppen. Wie bei den Linsen in einem Okular; sechs in drei Gruppen oder vier in zwei … seine Gedanken schweiften über die Optik zur Astronomie ab, er musste sich wieder in die Gegenwart zwingen, denn die Sache war gefährlich. Wenn sich Lässer hatte überholen lassen, lief er hinter ihnen her. Dann hatten sie ihn im Rücken. Matthäus informierte Lothar beim nächsten Halt.

»Ja, klar, das hab ich mir auch gedacht«, sagte der. »Macht aber nix. Er ist allein, nach allem, was wir über ihn wissen. Was soll er also tun? Er kann uns nur zu deiner Hütte folgen. Wenn er schlau ist, macht er das auch. Wenn er dumm ist, geht er schnurstracks ins Jagdhaus. Und dann: Gute Nacht!« Sie mussten nun alle zweihundert Meter eine Verschnaufpause einlegen. Nichts im weiten Umkreis deutete auf die Anwesenheit anderer Menschen. Die Berge glitzerten im Licht der Sterne, es war so schön, dass man hätte in Tränen ausbrechen mögen. Bei Franz-Josef Blum kam es fast so weit. Er summte die Melodie der Arie des Vasco da Gama aus der »Afrikanerin« von Meyerbeer vor sich hin. »Land so wunderbar … Gärten voller Pracht.« Dann begann er zu singen, mit schönem, lautstärkereduziertem Bariton, bis ihn Lothar mit wütendem Zischen zum Schweigen brachte.

Sie erreichten die Betonbrücke über den Bach und verließen den Weg auf der anderen Seite; hielten sich zwischen dem Ufer und dem Hang, der steil und dicht bewaldet daneben aufstieg. Irgendwo oben, jenseits der Kuppe, lag das Jagdhaus. Gesprochen oder gesungen wurde nicht mehr. Nach zweihundert Metern führte ein schmaler Steig den Waldhang hinauf. Ein steiler, aber kurzer Anstieg, dann ging es auf einem breiteren Waldweg in den neueren, westlichen Teil der Siedlung. Keine Hütten, sondern schmucke Holzhäuser, alle einstöckig mit ausgebautem Dachgeschoss. Keine vorgehängten Fassaden, nur Schindeln ab und zu. Sie kamen gut voran, der Schnee war an manchen Stellen geschmolzen, darunter schwarzer Asphalt. Der Weg führte an einem dreistöckigen Gebäude vorbei. »Das Hotel«, erklärte Matthäus, »im Winter natürlich zu.« Man sah keine Fenster, die waren alle hinter massiven Holzläden verschwunden, nicht nur beim Hotel, sondern bei allen Häusern, was dem Ensemble einen gleichmäßig abweisenden Eindruck verlieh. Sie überquerten eine weite, schneebedeckte Fläche, die Mitte des Talkessels, und erreichten den alten, östlichen Ortsteil. Hier standen nun Hütten, die meisten mit Schindeln gedeckt, viele nur eingeschossig.

»Können sie uns vom Jagdhaus nicht sehen?«, fragte Mathilde.

»Nein, das ist zu weit unten im Wald.« Die Hütte vom Spielberger-Onkel lag ganz hinten bei den letzten, bevor der Weg wieder zu einer Alpzufahrtsstraße wurde und bergauf im Schatten des Waldes verschwand. Es war ein Blockbau aus altersgrauen Stämmen. Erdgeschoss und ausgebautes Dach. Die Läden geschlossen. Matthäus sperrte auf und trat ein. Die anderen zögerten. In der Hütte war es stockdunkel; Matthäus hatte kein Licht angemacht. Er nestelte im Inneren mit einer Taschenlampe herum. »Um Gottes willen!«, stöhnte Lothar. »Kein Strom ... das war ja klar.« Im selben Augenblick erstrahlte der Innenraum im kalkweißen Licht einer Gaslampe über dem Tisch, die Matthäus entzündet hatte.

»Strom gibt's nicht, aber Gas schon. Das ist genauso gut. Macht die Tür zu, man kann das hier kilometerweit sehen.« Matthäus hatte seinen Rucksack abgelegt und machte sich am Herd zu schaffen. Es war alles da. Holz zum Anfeuern und Feuern, Papier, Anzünder. Nach zwei Minuten brannte das Feuer. Mathilde setzte ihren Rucksack auf den Boden und wollte den Anorak ausziehen. »Wartet damit noch«, sagte Matthäus, »jetzt ist euch noch warm vom Laufen, aber hier drin hat es Außentemperatur, wir müssen erst durchheizen.«

Sie zogen die Schuhe aus und verteilten sich über den Raum. Matthäus gab dicke Socken aus. Der Boden unter Mathildes Füßen fühlte sich an wie der einer Tiefkühlkammer. Sie setzte sich auf die Bank und kauerte sich zusammen. »Gemütlich«, sagte sie, »warum hast du mir das nie gezeigt?«

»Weil es nicht gemütlich ist! Sondern schweinekalt, die Hütte ist auch nicht für den Winter gedacht. Aber davon abgesehen: Das ist nicht der Standard, den du im Urlaub erwartest, meine Liebe. Anheizen, Kochen mit offenem Feuer, Wasserholen am Brunnen, ländliches Klo ...«

Mathilde lächelte und nickte. Er hatte recht.

»Ich würd's hier aushalten«, sagte Lothar Moosmann.

»Wir alle haben nichts anderes erwartet«, sagte Dr. Peratoner. »Du passt hier herein, Frau Mathilde dagegen gar nicht.

Ich nur bedingt. Wie ist es mit dir?« Damit wandte er sich an Franz-Josef Blum. In dessen Augen standen Tränen. »Ich bin als Kind auch hier gewesen, im Gamperdon. In einer Hütte, ganz ähnlich wie die hier ...« Dann verfiel er in Schweigen. Die anderen gingen nicht weiter darauf ein, um nicht weitere Kindheitserinnerungen zu provozieren, die unweigerlich die Darbietung einer Arie aus dem deutschen romantischen Fach nach sich ziehen würde. Obwohl Franz-Josef tatsächlich sehr schön sang, hatte jetzt keiner Lust, ihm zuzuhören. Es war zu kalt, die allgemeine Situation zu gefährlich für Kunstgenuss. Franz-Josef Blum schien das auch selber zu merken; er brütete vor sich hin.

»Was machen wir jetzt?«, fragte Lothar Moosmann. »Wie ist der Plan?« Er hatte sich an Matthäus gewandt, und der reagierte gereizt.

»Der Plan? Welcher Plan? Wie kommst du darauf, dass ich einen Plan hätte? Du warst doch Feuer und Flamme für diesen Ausflug! Und ihr auch, ihr alle ... wofür sind wir hierhergefahren? Ach ja, um diese Agathe zu befreien und böse Dinge zu verhindern. Schön, jetzt sind wir da. Also bitte: Das Proponentenkomitee möge sich äußern!« Er hatte sich mit dem letzten Satz direkt an Lothar Moosmann gewandt. Das regte den auf.

»Herrgott noch einmal, was ist denn in dich gefahren!« Insgeheim musste er dem Wirt recht geben.

»Ich darf doch bitten!«, rief Dr. Peratoner. »Nicht immer dieses Gefluche!«

»Ja, ist klar, schon gut, ich meine ja nur, er muss doch nicht mich ...«

»Wir werden jetzt erst einmal etwas essen«, unterbrach ihn Mathilde. »Wir sind erschöpft und hungrig, in dem Zustand kann man sowieso keine schlauen Pläne schmieden.« Sie stand auf und stellte einen der großen Gusseisentöpfe, die auf einem Brett über dem Herd untergebracht waren, auf die heiße Platte und schüttete den Inhalt einer großen Dose »Serbische Bohnensuppe« hinein. »Normalerweise würde ich das selber kochen, aber das dauert zu lang. Unter den herrschenden Umständen wird es eine Konserve auch tun. Die sind nämlich gar nicht so schlecht, wie die Ernährungsfuzzis im Fernsehen immer behaupten.« Sie erntete beifälliges Gemurmel, alle setzten sich um den großen Tisch. Während die heiß werdende Suppe ihren Duft im Raum verbreitete und die Raumtemperatur zweistellige Werte erreichte, hielt Dr. Peratoner einen kleinen Vortrag über das segensreiche Wirken der Konservierungsmittel. Die Todesraten durch verdorbene Lebensmittel seien im Lauf des letzten Jahrhunderts dramatisch gesunken, Botulismus zum Beispiel komme fast gar nicht mehr vor. Die anderen hörten zu und schwiegen. Serbische Bohnensuppe stand in Aussicht, da konnte man auch die Weisheiten des Chemikers ertragen.

Dann wurde die Suppe auf die Teller verteilt, dazu dicke Scheiben Schwarzbrot, »hinterher gibt's noch Zwetschenkompott und Käse, wer will«, verkündete Matthäus, was mit Beifallsäußerungen aufgenommen wurde. Wir wissen nicht, was wir machen sollen, wie eigentlich immer, seit er diesen Traum hatte, dachte Franz-Josef Blum. Und was machen wir tatsächlich? Essen. Reden und essen. Und trinken natürlich. Matthäus hatte jedem ein Glas Wasser hingestellt. Am besten, dachte Franz-Josef weiter, legen wir uns danach hin. Und fahren morgen wieder heim. Aber er behielt diese Gedanken für sich.

*

Im Jagdhaus am Talausgang ging es nicht so harmonisch zu. Auch hier saßen mehrere Personen um einen Tisch, aber zu essen gab es nichts, und die Stimmung war auch nicht mit der in der Hütte des Spielberger-Onkels vergleichbar. Sie war miserabel, die Stimmung, um das Wenigste zu sagen. Bei allen Beteiligten. Bei Rudolf Büchel, weil er sich wie der letzte Idiot hatte übertölpeln lassen. Am Fenster sitzen, rausglotzen und dann in eine Neun-Millimeter-Mündung … kein Ruhmesblatt.

Als der Oberst seinen Tee getrunken hatte, gab er Juri einen Wink. Der zog Rudolf Büchel vom Stuhl hoch.

»Wo ist die Frau?«, fragte der Oberst.

»Welche Frau? Wer seid ihr überhaupt?«

Juris Schlag kam schon beim »überhaupt«, das man kaum verstehen konnte, weil es in einem stöhnenden Luftausstoßen unterging. Juri hatte den Magen getroffen, Rudolf Büchel ging zu Boden und wälzte sich dort, nach Luft schnappend.

»Wenn Sie wieder sprechen können, erwarte ich eine richtige Antwort, die der Wahrheit entspricht«, erklärte der Oberst. »Das gilt auch für jede weitere Frage. Das mit der Antwort, meine ich. Was ich nicht erwarte, sind Fragen von Ihrer Seite, Herr Büchel. Wir sind … wie heißt das … allergisch, genau! Wir sind allergisch gegen Fragen. Besonders Juri.«

Büchel hatte den Atem wiedergefunden und flüsterte: »Im Keller …« Juri machte die Bodenklappe auf und stieg hinunter. Dann kam Agathe zum Vorschein. Sie blinzelte, Haarsträhnen hingen ihr ins Gesicht. Dennoch war es, als habe man ein Licht im Raum entzündet; auch in ihrem derangierten Zustand ging etwas wie ein Leuchten von ihr aus. Sie war auch jetzt außergewöhnlich schön. Der Oberst lächelte.

»Frau Moser, wenn ich nicht irre?«

»Ich bin von diesem Mann entführt worden und werde hier gegen meinen Willen festgehalten!«

»Ja, das wissen wir. Nehmen Sie doch Platz ...« Juri rückte ihr einen Stuhl zurecht. Sie setzte sich. »Wo ist Ewald?«, fragte sie.

»Das wüssten wir auch gern. Vielleicht rufen Sie ihn einmal an?« Mit gekrümmtem Zeigefinger forderte er von Büchel, der immer noch am Boden lag, das Moser'sche Handy. Der gab es her und machte keine Anstalten, aufzustehen. Wer stand, konnte niedergeschlagen werden. Das waren keine besoffenen Jugendlichen auf der Suche nach einem Opfer, sondern Profis, also Leute mit Interessen. Die schlugen, traten und malträtierten nicht, weil sie eine schwere Kindheit gehabt hatten, sondern um eben diese Interessen zu verfolgen. Darin lag eine gewisse Chance.

»Stehen Sie auf und setzen Sie sich dorthin!« Der Oberst deutete auf einen Stuhl am anderen Tischende. Rudolf Büchel tat, wie ihm geheißen. Der Platz lag nicht in Juris Nähe, das war schon einmal gut. Juri hatte sich an den Herd zurückgezogen und legte Holz nach. Der Oberst setzte sich an den Tisch Agathe gegenüber. Er gab ihr das Handy. »Rufen Sie an!«, befahl er. »Sagen Sie ihm, es sei Ihnen gelungen, sich zu befreien. Büchel sei weggegangen. Lässer soll schnell kommen und Sie abholen.« Er richtete die Glock auf ihren Kopf. »Noch eins: Sagen Sie nichts anderes, nur genau das. – Juri!« Juri setzte sich neben Agathe und hielt sein Ohr dicht an ihr Handy. Agathe stellte keine weiteren Fragen und wählte Ewalds Nummer. Sie sagte, was ihr der Oberst aufgetragen hatte.

»Schön!«, rief er. »Dann ist ja alles in bester Ordnung. Ich komme, so schnell ich kann. Es wird aber noch dauern, ich bin nur zu Fuß. Wo ist denn der Büchel hin?«

»Ich weiß nicht, er hat nichts gesagt. Vielleicht ein Unfall im Schnee ...«

»Ich beeile mich. Ich liebe dich!« Er unterbrach die Verbindung, sie konnte nichts mehr antworten. Sie übergab dem Oberst das Handy.

»Er ist zu Fuß«, sagte Juri. »Wird sich beeilen, sagt er.«

»Also schön.« Der Oberst lehnte sich im Stuhl zurück. Dann haben wir ja noch Zeit, uns besser kennenzulernen. Sie sind der Businessman, nicht wahr?«, wandte er sich an Büchel. »Sie hatten die Idee, das Verfahren zu verkaufen?«

»Ja, so war das.«

»Und es funktioniert?«

»Ich verstehe nichts von der Technik, aber ich glaube schon, dass es funktioniert.« Das war, fiel ihm auf, die blanke Wahrheit. Lang genug hatte er diese Frage verdrängt. Ob das Verfahren funktionierte, »in Wirklichkeit« funktionierte, oder nicht doch ein Fake war, ein Schwindel des nicht so genialen Herrn Lässer. Er hatte sich geweigert, darüber nachzudenken, er hatte so getan, als sei sein Handeln – die Entführung, das Herbeirufen Anatols – die Konsequenz daraus, dass Lässer falsch spielte, sein eigenes Projekt sabotierte, aus welchem Grund auch immer. Aber jetzt, neben dem prügelsüchtigen Juri, blieb ihm nichts anderes übrig, als einer anderen Wahrheit ins Gesicht zu sehen. Dass ihn der Ingenieursgnom betrogen hatte. Von vorn bis hinten betrogen mit einem Verfahren, das nicht funktionierte, nie funktioniert hatte und niemals funktionieren würde, weil es das nicht konnte. Weil ein Ingenieursgnom aus Koblach nicht schlauer sein konnte als die technische Intelligenz der ganzen Welt. »Aber bitte«, sagte er, »ich glaube das nur. Ich weiß es nicht. Und er hatte ja diese Probe als Beweis ...«

»Ja, ja, die Probe!« Der Oberst lächelte. »Wir hatten angenommen, dass Sie diese Probe beschafft haben, lieber Herr Büchel. Um die Abnehmer zu täuschen, die Kunden.«

Rudolf Büchel gestikulierte abwehrend. »Das ist nicht wahr! Das wäre ja auch verrückt, oder? Solchen Leuten etwas zu verkaufen, was nicht funktioniert, das wär doch ... Selbstmord. Warum sollte ich so was Blödes machen?«

»Die Menschen, Herr Büchel, machen die erstaunlichsten Sachen, wenn sie die Gier gepackt hat. Sie glauben dann an Südamerika, wo sie sich mit ihrem Geld verstecken können, sie glauben an Gesichtsoperationen, an was weiß ich noch alles ...«

»Aber das wäre doch Blödsinn ...«

»Sie sagen es, natürlich wär das Blödsinn. Aber das sagen Sie jetzt, mit Juri im Nacken, von dem Sie doch genau wissen, dass er Ihnen bis jetzt nur ... wie sagt man ... Neckereien gezeigt hat, einen Klaps auf die Finger! – Was ist übrigens mit Ihrem kleinen Finger? Der steht so ab.«

»Gebrochen. Von einem ... äh ... Mitarbeiter von Anatol.«

»Ach ja, das sind diese Amateure. Sehen Sie, Juri macht das nicht, gleich Fingerbrechen. Erst reißt er mit einer Zange alle Nägel heraus.« Rudolf Büchel schnappte nach Luft. Sein Gesicht verlor alle Farbe.

»Keine Angst«, beruhigte der Oberst, »es geht hier nicht um Bestrafung, sondern um die Gewinnung einer Aussage, ein Verhör. Es soll die Wahrheit herauskommen. Mit der Wahrheit sind wir zufrieden, nicht wahr, Juri?« Juri senkte sein Totschlägerhaupt. »Jawohl, Herr Oberst.« Rudolf Büchel glaubte ihm nicht. Dieser Juri war ein psychopathischer Sadist, was denn sonst?

»Also, wo waren wir?« Der Oberst runzelte die Stirn.

»Blödsinn«, sagte Rudolf Büchel. »Sie sagten, es wäre Blödsinn, solchen Leuten wie Anatol ein Verfahren zu verkaufen, das nicht ...«

»Ach ja, danke, genau ... Blödsinn ... und eben: Das sagen Sie jetzt mit Juri und so weiter, aber das müssen wir im Gesamtzusammenhang betrachten. Es ist ja noch dieser Lässer involviert, der Techniker, der Erfinder. Bevor wir mit Ihnen weitermachen, warten wir auf Herrn Lässer. Es wird Ihnen vielleicht aufgefallen sein: Wir sind nicht an dem Verfahren interessiert. Das ist Quatsch. Wenn es so ein Verfahren gäbe, hätten das unsere Wissenschaftler schon entdeckt. In den fünfziger Jahren. Was uns interessiert, ist die Probe. Wo stammt sie her? Das müssen wir wissen, um das Leck zu stopfen.«

»Das Leck?«

»Ja, das Loch, die undichte Stelle. Irgendwer hat diese Probe gekauft. Nicht im Supermarkt ...«

»Ich war das nicht!«, rief Rudolf Büchel.

»Ja, das haben Sie schon erwähnt. Weil es Blödsinn wäre, die Mafia zu täuschen und so weiter. Wir werden ja sehen, wer die Wahrheit gesagt hat und wer lügt. Komm und sieh! Nach dieser Devise, nicht wahr?« Der Oberst lachte. Rudolf Büchel zwang sich zu einem Lächeln. Er wusste nicht, worauf der Oberst anspielte. Ein Zitat vielleicht.

»Komm und sieh!« Der Oberst schüttelte den Kopf, wie um Erinnerungen zu vertreiben, die nicht in die Gegenwart passten. Überhaupt nicht. Weil die Erinnerungen, die überhaupt nicht in die Gegenwart passen, in Wahrheit nirgendwo anders so gut hinpassen wie in die Gegenwart. Man darf sich das aber nicht klarmachen, weil man sonst, ehe man sichs versieht, an der Mündung einer Makarov lutscht und abdrückt.

»Gib den Herrschaften einen Tee!«, befahl der Oberst. Die

Befragung war beendet. Vorläufig. Der Oberst nahm ein Buch aus der Tasche und begann zu lesen. Es hieß: »Der größte Fall meines Vaters«. Er las oft, um sein Deutsch zu verbessern. Obwohl niemand von den Menschen, die er kannte, an seinem Deutsch etwas auszusetzen hatte. Nicht an seinem Deutsch.

Der trügerische Frieden, der sich in der Jagdstube auszubreiten begann – mit dem lesenden Oberst, dem in seinem Tee rührenden Juri, sowie Büchel und Agathe, die ihren Tee in kleinen Schlucken schlürften – diese Ruhe also schwand, als Büchels Handy läutete. Juri bedeutete ihm mit einem Kopfnicken, ranzugehen. »Es ist Anatol«, flüsterte er, den Mikrofonteil mit der Hand abdeckend. »Er ist noch zwei Kilometer weg, sagt er. Und er ist allein.«

»Sagen Sie ihm, er soll ruhig herfahren.«

Büchel sagte, Anatol soll einfach bis vors Haus fahren.

»Wieso kommt er allein?«, wollte der Oberst wissen.

»Ich hab das verlangt«, erklärte Büchel. »Ich hab gesagt, ich erschieße den zweiten Mann, wenn noch einer da ist.«

Der Oberst blickte auf. »Und das hat er geglaubt?«

»Ja.«

Der Oberst schüttelte den Kopf. »Sie sind ein merkwürdiger Mensch, wissen Sie das? Drohen einem Typ wie Anatol! Wissen Sie überhaupt, wer das ist?«

»Ein Berufsverbrecher, nehme ich an.«

»Das kommt hin. Und ein hohes Tier im Syndikat außerdem … und der lässt sich einschüchtern von einem Spieler. Sie müssen doch wissen, wozu der imstande ist!«

»O ja, weiß ich!« Rudolf Büchel streckte seinen verkrüppelten kleinen Finger in die Höhe. Juri lachte. Büchel auch. »Aber vielleicht weiß er auch, wozu ich imstande bin. Er hat mir jedenfalls geglaubt.«

»Na schön, ich werde ihn fragen.« Zu Juri sagte er: »Fang ihn ab.« Juri verließ den Raum und verschwand im Helldunkel der Sternennacht. Sie warteten. Anatol schien sich an die Geschwindigkeitsbegrenzung von fünfundzwanzig Stundenkilometern zu halten, denn es dauerte noch eine Weile, bis sie die dunklen Umrisse eines Vans auf der Straße auftauchen sahen. Der Wagen nahm die Abzweigung und fuhr aufs Jagdhaus zu. Dabei wurde er immer langsamer, als er vor dem Haus hielt, hatte er kaum noch Kriechtempo. Anatol stieg aus, deutete durch die offene Tür auf den leeren Beifahrersitz. Juri trat aus dem Schatten, der ihn bis jetzt verborgen hatte, und richtete eine Makarov PB auf Anatols Kopf. Der sagte nur »Scheiße!« und hob die Hände. Er kannte diese Pistole mit dem Schalldämpfer. Der passte dazu, war für diese Waffe entworfen worden. Er wusste auch, wer solche Pistolen verwendete. Juri deutete mit der grässlich stumpfen Mündung einen kleinen Kreis an, Anatol drehte sich zum Auto, spreizte die Beine und legte die Hände aufs Dach. Juri filzte ihn. Dann sagte er: »Du gehst voran, Brüderchen.« Sie betraten den Raum. Anatol zog die Luft zwischen den Zähnen ein. Jetzt war alles klar. Er hatte sich täuschen lassen wie ein Anfänger. Wie konnte er nur so dumm sein! Von wegen »nahöstlicher Geheimdienst« – so ein Blödsinn ... so weit östlich war der Dienst gar nicht. Jetzt passte auch alles zusammen. Die Fresse von diesem »Hoffmann«, die hätte er unter tausend anderen herauskennen müssen, die war so typisch. Aber er hatte sich etwas vorgemacht, das eigene Urteilsvermögen abgeschaltet. Weil es so einfach gegangen war, diesen neuen Kunden zu finden. Wenn man einen Trottel sucht, und einer schreit »Hier!« – dann glaubt man halt gern, dass man einen gefunden hat, einen Trottel ... dabei hätte er sich nur an die eigene Nase fassen müssen, um einen Trottel zu finden. Es war die Gier gewesen, die alles überdeckt hatte, überstrahlt, seine Menschenkenntnis abgeschaltet. Auf *Stand-by*. Weil das Problem des verzockten Geldes sich so einfach hätte lösen lassen. Mit diesem »Vertreter eines gewissen Staates, der großes Interesse an dem Verfahren ...« und so weiter und so fort. Bla, bla.

Es kam darauf an, aus der Nummer lebend rauszukommen. Im Moment hatte nur das Priorität. Ein metallischer Geschmack lag ihm auf der Zunge. Als hätte er ein rostiges Geländer abgeleckt.

»Sie können jetzt die Hände runternehmen«, sagte der Oberst. »Setzen Sie sich.«

»Jawohl, Herr General!« Anatol nahm Platz, der Oberst lachte.

»Danke für die Beförderung. Aber es ist noch nicht so weit, dass man für Leute wie dich einen General schicken müsste.« Das war das Zeichen für Juri. Der schlug Anatol zusammen, systematisch, ruhig, nach allen Regeln der Kunst. Anatol kannte das aus dem Gefängnis und bemühte sich, nicht allzu laut zu brüllen. Vergeblich. Juri verwendete ein zollstarkes Kabel. Sieh an, dachte Rudolf Büchel, der hat diesen Schlauch mitgebracht – so was findet sich nicht zufällig beim Autozubehör. Er hat also gewusst, dass er das gute Stück brauchen wird. Wahrscheinlich hat er es schon jahrelang in Verwendung. Mit der Unversehrtheit des Jagdhauses war es auch vorbei. Aus den Platzwunden an Anatols Kopf spritzte es rot ins Zimmer, auf Boden, Tisch und Stühle.

Eine große Ruhe überkam Rudolf Büchel. Es war die Art Ruhe, die er von Entscheidungssituationen beim Glücksspiel kannte. Etwas stand bevor, was sein Schicksal wenden würde. Er konnte zwar nicht sagen, in welche Richtung, aber er wusste vom Umschwung vor den anderen und verhielt sich vorsichtig. Aufmerksam und kalt. Manchmal hatte er dann gewonnen, manchmal verloren, aber nie so viel wie die anderen in derselben Lage. Diese Ruhe war eine Rückversicherung. Er tat dann auch Dinge, die er sich sonst nicht zutraute. Und wusste, dass sie ihm gelingen würden. Die Angst zu versagen, war weg. Unter Ängstlichen hat der Furchtlose einen Vorteil, den nichts anderes aufwiegt.

Anatol krümmte sich auf dem Fußboden, versuchte, sich ganz klein zu machen, sich zusammenzurollen. Juri hörte auf einen Wink des Obersts mit der Behandlung auf. Dafür begann nun der Oberst selber, auf Anatol einzutreten. Mit jedem Tritt stieß er ein Schimpfwort hervor, in einer Sprache, die Rudolf Büchel nicht kannte. Wenn die so mit den eigenen Leuten umgehen, was blüht dann mir? Er zog die Konsequenzen.

»Mit uns wolltest du dich einlassen, Sohn einer syphilitischen Hure?! Ausgerechnet mit uns?« Wieder ein Tritt in die Magengrube. Anatol stöhnte und erbrach sich auf den Fußboden. Der Oberst beruhigte sich. »Hol einen Fetzen und wisch das auf«, sagte er mit leiser Stimme. Es war klar, dass der Befehl nicht an Juri gerichtet war. Anatol kroch auf allen vieren zum Waschbecken. Agathe ließ in einen Kübel Wasser einlaufen. Den gab sie Anatol mit einem Spülfetzen. Der Oberst bemerkte ihre Anwesenheit erst jetzt, das heißt, erst jetzt, nach dem Gewaltausbruch, kam ihm zu Bewusstsein, dass sie überhaupt da und Zeugin des Geschehens war. Wieso hatte sie nicht geschrien, vor Entsetzen gekreischt? Das irritierte ihn. Er schüttelte den Kopf. Agathe Moser setzte sich wieder an den Tisch. Sie machte kein Geräusch dabei. Wie ein Geist, schoss es ihm durch den Kopf. Eine sonderbare Dame.

»Erzähl!«, befahl er Anatol, der versuchte, seinen Mageninhalt mit großer Sorgfalt in den Eimer zu befördern. Anatol wusste, was zu sagen war. Das Ganze war nicht die Einleitung zu einem Verhör, sondern ein Zornausbruch der Staatsmacht, die zu solchen Ausbrüchen neigte, wenn sie sich verschaukelt vorkam: Das hatte in der Heimat Tradition. In diesem Fall bestand die Strategie darin – nein, nicht den Idioten zu spielen, bei der Madonna von Kasan! – nicht spielen! Sondern sein. Der Idiot sein. Den andere in die Sache hineingehetzt hatten. Eine Sache, von der er nichts verstand, ach was, weniger als nichts. Anatol redete also. Erzählte, wie befohlen. Vom »Kleinen«, dem Sohn des Chefs, der sich auf diesen Deal eingelassen und das Verfahren gekauft hatte. Er selber verstehe davon nichts, von der ganzen Physik, man hatte ihm nur befohlen, die Sache auszubügeln, als sie schiefgegangen war, ein Käufer gesucht wurde. Wegen der zwei Millionen, die unbedingt wieder hereinmussten! Es hätte ja noch andere gegeben in der Organisation, aber die seien halt schlauer als er, es sei immer das Gleiche, wenn sie eine blöde Sache zu erledigen hätten, dann bleibe die immer an ihm, an Anatol hängen, er wisse auch nicht, wieso …

»Weil du ein Idiot bist«, sagte der Oberst, und Juri seufzte. Anatol unterdrückte ein Grinsen, weil ihm die geplatzten Lippen wehtaten. Aber es hatte geholfen, so zu reden, darin war er gut. Ich hätte zum Theater gehen können, dachte er … Anatol in der Rolle des Hausdieners, dem man die unangenehmen Dinge zuschieben konnte, weil er nicht gerissen genug war, sich zu drücken. Der dumme Anatol. Der sich den Geheimdienst als Käufer ausgesucht hatte! Ausgerechnet! Der Oberst lächelte, Juri grinste, das Kabel hatte er auf den Tisch gelegt. Noch in Reichweite, aber nicht mehr in der Hand.

»Du wirst dir überlegen müssen«, sagte der Oberst mit freundlicher Stimme, »was du jetzt tust. Deine Rolle als Vermittler ist hier und heute nämlich zu Ende. Es gibt keinen Deal mit so einem Verfahren, und es wird nie einen geben. Hast du das verstanden?« Anatol nickte, wischte sich mit dem Taschentuch das Blut aus dem Gesicht. »Du wirst also heimfahren«, fuhr der Oberst fort, »und nichts erreicht haben.«

»Ja«, sagte Anatol.

»Da kriegst du aber Probleme. Was sagst du denen?«

Das war eine komische Frage. Als ob der Oberst um Anatols Wohl besorgt wäre – das Wohl desselben Anatol, dem eben jetzt das Blut von den Kopfwunden in den Kragen lief. Das Wohl Anatols war dem Oberst so egal wie die Rückseite des Mondes, der wollte auf etwas anderes hinaus, etwas ganz anderes.

»Ich sage denen – gar nichts?«

»Das ist schon einmal vernünftig«, stellte der Oberst fest. »Stattdessen solltest du, wenn du wieder in der Heimat bist, etwas tun. Ich habe heute meinen guten Tag und geb dir einen Hinweis: Es hat sich die Meinung gebildet, dass dieses Verfahren etwas Staatsfeindliches ist, verstehst du? Ganz egal, ob es funktioniert oder nicht, schon die Idee eines solchen Verfahrens ist gegen die Interessen der Heimat gerichtet und wird rücksichtslos bekämpft werden! Im Ausland machen wir das, zu Hause natürlich auch, es kann aber nicht schaden, wenn Patrioten die Organe bei dieser schwierigen und gefährlichen Aufgabe unterstützen. Hast du verstanden?«

»Ich glaube schon ...«

»Mit glauben wirst du nichts ausrichten. Was wirst du also tun?« Die Stimme des Obersts war die eines Lehrers, der den Klassenletzten an der Tafel hatte. Schwer von Begriff, aber mit

Geduld würde man ihn auch durch die Schule bringen, er brauchte halt für alles länger als die anderen.

»Ich werde ... die Organisation auf eine ... gesunde Basis stellen«, sagte Anatol, der den Oberst beobachtete und mit jedem Wort sicherer wurde. »Damit solche Vorkommnisse wie das mit dem Verfahren ... äh ... nicht mehr vorkommen.«

»Zuverlässig nicht mehr vorkommen!«, schrie der Oberst. »Nie mehr!«

»Jawohl!«, bestätigte Anatol.

»Siehst du, es war doch keine so schlechte Idee, dass du uns als Käufer ausgesucht hast. Bei jemand anderem wäre das Geschäft zustande gekommen und hätte maßlosen Schaden angerichtet. Dann hätten wir dich liquidieren müssen. Dich und viele andere. So aber ...« Er vollendete den Satz nicht. Anatol sagte auch nichts mehr. Er überließ den Oberst seinen Gedanken. Der setzte nach einer Weile fort: »Du hast auch gut daran getan, dem Befehl dieses Büchel zu folgen und deinen Gehilfen daheim zu lassen. Er wäre sonst mit Juri aneinandergeraten und jetzt wahrscheinlich tot. Du wirst ihn aber brauchen, oder nicht?«

»Ja, das stimmt«, sagte Anatol. »Das hat sich der Büchel sicher nicht gedacht, dass er mir so einen guten Rat gibt ...«

»Apropos – wo ist der überhaupt?« Der Oberst drehte sich um, Juri auch, sogar die schweigsame Agathe. Als ob der Gesuchte irgendwo im Hintergrund gewartet hätte, wie die Dinge sich entwickelten. Hatte er aber nicht.

Rudolf Büchel war verschwunden.

Der Oberst blieb ruhig. »Bei dem Wetter kommt er nicht weit. Schon gar nicht mit seinem Auto.« Juri klapperte mit einem Schlüsselbund. Der Oberst lachte. »Er kann ja zu Fuß gehen. Vielleicht erfriert er. Soll mir recht sein. Erspart uns einiges. – Du musst nicht zu Fuß gehen, du kannst ja fahren.« Er stand auf, Anatol auch. Der Oberst zeigte auf die Tür. Es gab keine Abschiedszeremonie.

»Tu das, was du vorhast, möglichst bald!«, rief ihm der Oberst nach. Anatol nickte, verließ den Raum. Durch das Fenster beobachteten die drei anderen, wie er mit steifen Schritten zum Auto wankte, einstieg und losfuhr. Dann forderte der Oberst Agathe auf, sich wieder in den Keller zu begeben. Sie kam dieser Aufforderung nach, ohne etwas zu sagen. Im Jagdhaus kehrte Ruhe ein.

Vom SUV, in dem Anatol saß, ließ sich das nicht behaupten. Der Fahrer war von Ruhe so weit entfernt, das er nach dreihundert Metern anhalten musste, nachdem er mit knapper Not die Kollision mit einer Schneeverwehung verhindern konnte. Er war viel zu schnell gefahren, getrieben von Wut, Schmerz und Adrenalin. Er stieg aus und ging neben dem Auto auf und ab. Er musste sich beruhigen, sonst würde er auf dieser Straße einen katastrophalen Unfall bauen, an manchen Stellen ging es zweihundert Meter in die Tiefe. Aber Spazierengehen würde nicht helfen, die Emotionen abzubauen. Dazu war noch etwas anderes nötig. Ein Racheplan. Alle seine männlichen Vorfahren hatten solche Pläne geschmiedet, wenn jemand ihre Ehre verletzt hatte. Sie hatten sie nicht immer umsetzen können, das nicht, aber darauf kam es nicht an. Sondern auf die feste Absicht, auf ein überlegtes, nach allen Regeln der Kunst entworfenes Vorhaben, sich zu rächen. Im Grunde war es ganz einfach: Man konnte sonst nicht weiterleben.

Natürlich – was der Oberst über die Organisation und seine Aussichten dort gesagt hatte, das entsprach der Wirklichkeit. Er konnte nicht umhin, die Sache genauso zu betrachten. Es war ihm nicht gelungen, den Fehler des »Kleinen« auszubügeln, einen Käufer für das vermaledeite Verfahren zu finden. Der Alte würde das nicht einfach als bedauerlichen Fehlschlag, er würde es persönlich nehmen. Rational betrachtet war sein Sohn an der Misere schuld, aber das würde er nicht zugeben. In den Sohn, den »Kleinen«, war er vernarrt. Er hatte einen aus der Organisation umbringen lassen, weil der Witze über den »Kleinen« gerissen hatte. Allein die Verwendung des Spitznamens war schon gefährlich; er bestand doch tatsächlich darauf, dass über seinen Sohn als »Doktor« gesprochen wurde ... »... der Doktor hat dies gesagt ... der Doktor meint« ... absurd. Die Panne würde nicht dem akademisierten Lieblingssohn angelastet werden, sondern ihm, Anatol. Und weil es um so viel Geld ging, würde er umgebracht werden, da galt dann schon wieder der normale Katalog, in dem die Sanktionen nach der Schadenshöhe aufgelistet waren. Wenn nichts Persönliches dazukam oder schwere Süden wie Verrat und so weiter – dann ging es nach dem verursachten Schaden. Ab einer Million galt die Höchststrafe. Bei dieser Sache lag Anatol weit darüber, sein Leben war nichts mehr wert.

Er stieg wieder ein und fuhr los. Es war ihm etwas eingefallen, etwas auf der Straße. Weiter draußen, zwei Kilometer oder so, hatte es auf der linken Seite eine Abzweigung gegeben, die den Hang hinaufführte. Mit Reifenspuren. Vielleicht der Wildhüter, der eine Fütterung beschickte. Die Leute hier kümmerten sich um ihr Wild wie arme Bauern um die einzige Kuh, das war schon grotesk, wenn man es recht überlegte. Er fand die Abzweigung und fuhr hinauf. Bald kam eine Spitzkehre, danach hatte er keine Sicht mehr auf die untere Straße. Nach dreihundert Metern endete der Weg auf einem runden Platz, wo er sogar wenden konnte. Der Ort war ideal, besser konnte es nicht laufen. Er stieg aus und zündete sich eine Zigarette an.

Er hatte sich das Rauchen abgewöhnt, vor zwei Jahren schon, wer viel im Westen unterwegs war, sollte sich anpassen, Rauchen war hier nicht mehr cool. Jetzt war er um die Packung im Handschuhfach froh. Strohiger Geschmack und ein Hustenanfall, aber das machte nichts. Bei dem, was er vorhatte, brauchte er kein Westlergehabe, das war vorbei. Jetzt galten die alten Regeln, die Tradition. Das Rauchen gehörte dazu.

Er ging den Weg zurück auf die schmale Straße. Taleinwärts. Er hatte noch etwas vor. Er hatte jetzt überhaupt viel vor, erst hier, dann zu Hause. Noch vor vierundzwanzig Stunden hätte er sich nicht vorstellen können, dass ihn jemals so viele Aufgaben auf einmal erwarten würden. Es kamen ihm Zweifel, ob alles gelingen würde. Nie gelingt einem alles. Aber er hatte keine Wahl. Keinen Augenblick dachte er daran, umzukehren und aus dem Tal hinauszufahren. Eine Stelle am Kopf begann in der Kälte zu jucken, er kratzte sich, Blutschorf platzte ab, darunter fühlte es sich nass an. Er wischte die Hand an der Hose ab und beschleunigte seine Schritte. Letzten Endes ging es immer nur um Blut. Damit begann alles, und damit endete es auch. Geld war nur ein Vorwand.

*

Ewald Lässer war am Ende seiner Kräfte. Er stand auf der schmalen Straße, wieder auf der anderen Seite des Wildbachs. Er hatte einsehen müssen, dass er den Weg über die Alpweiden durch den Tiefschnee nicht schaffen würde. Er war solche Gewaltmärsche nicht gewohnt. Und er musste an Agathe denken, dauernd. Dass er nicht wusste, wie es ihr ging, machte ihn verrückt, er konnte keinen klaren Gedanken fassen. In seinem Kopf lief alles im Kreis. Als er nach langem Mühen durch tiefen Schnee bei der Wildfütterung ankam, sah er zwar die Fußspuren, die von hier in den Wald und weiter taleinwärts führten – auf dem Trampelpfad wäre er leicht weitergekommen –, aber er folgte den Spuren in die andere Richtung, über die Behelfsbrücke zur Straße hinauf. Dabei musste er sich an einer Reihe Geländewagen vorbeidrücken, die den Weg blockierten. Er fragte sich nicht, woher die Autos kamen, er schaute nicht einmal auf die Nummernschilder, die ihm gezeigt hätten, dass keine Ortsansässigen unterwegs waren. Die Autos der Spielberger und Konsorten trugen »DO« für »Dornbirn«, das des Obersts sogar ein »W« für »Wien«. Und wo waren die Insassen, warum hatten sie ihre Wagen hier abgestellt? Das zu fragen, kam Ewald Lässer nicht in den Sinn, er wollte auf die Straße zurück und dann Agathe befreien. So schnell wie möglich.

Er war auf dieser Straße noch nicht lang unterwegs, da hörte er das Auto. Der Schnee dämpfte alle Geräusche, so war der Wagen nur noch zwanzig Meter entfernt, als er sich umdrehte. Schweinwerfer aus. Die hatten sich förmlich angeschlichen. Er blieb stehen, umklammerte die P38 in der Manteltasche. Das Auto kam näher, blieb stehen, der Fahrer stieg aus.

»Können wir Sie mitnehmen?« Ein Ausländer mit merkwürdigem Akzent. Jedenfalls kein Türke. Ewald machte ein paar Schritte auf den jungen Mann zu. Er ließ die Pistole los und gab dem anderen die Hand.

»Das wäre sehr nett«, sagte er, nickte der Frau auf dem Beifahrersitz zu. »Mein Wagen ist stecken geblieben, ich hab den Schnee unterschätzt ...« Er stieg hinten ein. »Wo wollen Sie denn hin?«, fragte Ramón. Die junge Frau drehte sich zum neuen Fahrgast um.

»Ich glaube, ich weiß, wo der Herr hinwill!«

»Auch Ihnen einen schönen Abend!«, sagte Ewald.

»Sieht so aus, als würden Sie mir jetzt doch glauben ...«
»Sie hatten völlig recht, Frau Spielberger. Ich hätte gleich auf Sie hören sollen, dann wäre Agathe noch bei mir und nicht in dieser furchtbaren Gefahr!« Er begann zu schluchzen. Ramón war irritiert. »Qien es este señor?«, fragte er. Angelika Spielberger erklärte es ihm auf Spanisch, was, aus welchen Gründen immer, Ewald Lässer noch mehr aus der Fassung brachte. Bis die verschiedenen Erfahrungen, Meinungen und Erwartungen in zwei Sprachen ausgetauscht waren, verging einige Zeit. Währenddessen blieb das Auto stehen, Ramón war kein Multitasker. Als er endlich losfuhr, hatte er begriffen, worum es sich handelte, das heißt, richtig begriffen. Und er fragte sich, ob er denn – bei San Isidro! – noch bei Verstand gewesen war, als er sich auf dieses verrückte Unternehmen eingelassen hatte. Da hieß es immer, die »alemanos« seien stur, »quadrados« nannte man sie wegen ihres »quadratischen« Charakters, der gewissermaßen keine Abweichung vom rechten Winkel zuließ – das hatte er gewusst, als er hergekommen war. Gut, das hier waren Österreicher und sie machten ein Riesentrara, von wegen, sie seien keine Deutschen und so weiter, aber was spielte das für eine Rolle, wem wollten sie etwas vormachen? Das Geradlinige machte ihm nichts aus, er bewunderte es sogar, deswegen war er hergekommen. Man musste ja nicht selber so sein.

Aber diese Leute waren nicht nur stur, sondern verrückt. Todos locos. Bei dem alten Spielberger lag es auf der Hand. Prophetische Träume, das sagte ja alles ... und Angelika hatte es geerbt. Anders ließ sich nicht erklären, mit welcher Begeisterung sie den Worten dieses Ewald Lässer lauschte. Er blickte sie von der Seite an. Ihre Wangen schimmerten rot, ihre Augen glänzten, sie hatte sich halb nach hinten gewandt, um besser zuhören zu können. Die Erzählung des Mannes auf dem Rücksitz verstand er nicht ganz, dazu redete der zu schnell, aber was Ramón davon verstand, bestätigte ihn in seiner Auffassung, dass der Typ nicht bei Trost war. Er hatte einen Verfolger unter einer Lawine begraben und solche Sachen ... als er ihnen dann die Pistole zeigte, die aussah wie eine typische Naziwaffe aus dem Kino, fuhr Ramón fast in den Graben. Auch wenn, was er redete, alles nur verrücktes Gefasel war, Hirngespinste – die Pistole war echt. Seine Angebetete fand nichts dabei. Was sollte er tun? Am liebsten hätte er den Wagen bei der nächsten Ausweiche gewendet und den Möchtegern-Pistolero rausgeschmissen. Aber das konnte er nicht. Erstens würde es Angelika nicht gut finden, ach was, sie wäre gekränkt. Und er liebte sie von Herzen. Das hieß (unter anderem), dass er alles vermeiden wollte, was sie kränken könnte. Zweitens hatte der auf dem Rücksitz eben die Pistole, schnell konnte die Stimmung umschlagen, Verrückte waren unberechenbar. Und drittens gab es keine Ausweiche. Oder wenn es welche gab, lagen sie unter Schnee begraben.

»Wie sollen wir denn nun vorgehen?«, fragte Angelika. Sie sagte »wir«, als seien sie in derselben Firma wie dieser Lässer, mehr noch: seine Angestellten.

»Wir fahren direkt zu diesem Jagdhaus und holen Angelika da raus«, antwortete Ewald Lässer.

»Halten Sie das für klug?«, fragte Ramón. »Dieser Mensch in der Lawine – der war vielleicht nicht allein.«

»Ja, das kann sein ...« Ewald Lässer sah so aus, als wolle er noch etwas sagen, unterließ es aber. Ramón setzte fort. »Wenn da noch andere waren, stecken sie mit dem Büchel ... in der Decke ... sag mir, querida, wie heißt das?«

»Unter einer Decke.«

»Stecken die unter einer Decke mit Büchel. Comprende?«

»Ja, ja«, sagte Ewald Lässer. Es klang gequält.

»Und die haben sicher communication por movíl – mit Handy. Warten auf Sie!« Dem konnte Ewald nichts entgegensetzen.

»Ramón hat recht«, sagte Angelika. »Die Straße führt nicht am Jagdhaus vorbei, aber man sieht von dort herüber. Man sieht auch, wenn jemand auf die Zufahrt einbiegt.«

»Welche Zufahrt?«

»Die zum Jagdhaus. Das sind mindestens zweihundert Meter über der Weide.« Ewald Lässer nestelte den zusammengefalteten Plan aus seinem Mantel. Sie hielten an und studierten den Ausdruck. Jedes Haus war darauf eingetragen. Ewald Lässer hatte sich den Plan bis jetzt nicht so genau angeschaut. Er hatte vorgehabt, sich damit erst gegen Ende der Reise zu befassen, und dann das weitere Vorgehen zu entscheiden. Jetzt ging ihm alles zu schnell. Es war nicht seine Art, Pläne in zwei Minuten zu schmieden, solche Zwei-Minuten-Sachen gehen schief, aber die beiden anderen schienen das nicht zu wissen, sie redeten durcheinander und auf ihn ein. Er spürte im warmen Auto die Erschöpfung des langen Marsches.

»Wo fahren Sie denn hin?«, unterbrach er sie.

»Zur Hütte vom Onkel«, erklärte Angelika, »meine Eltern sind schon dort.«

»Was? Ihre Eltern? Was wollen die denn hier?«

»Verhindern, dass Sie, Herr Lässer, irgendeinen Blödsinn machen mit Nitroglyzerin und so. Es muss auch ohne Sprengstoff gehen ...« Ewald Lässer schwieg. Sie ließen ihm Zeit, die Information zu verarbeiten.

»Versteh ich das richtig«, sagte er dann, »Ihre Eltern wollen mir helfen, Agathe zu befreien, obwohl ich ...«

»… obwohl Sie gedroht haben, die *Blaue Traube* in die Luft zu sprengen, jawohl!«

»Ich war … in einer Ausnahmesituation. Was heißt, ich war, ich bin's ja noch …«

»Meine Eltern und ihre Freunde sehen das genauso.«

»Ich möchte Ihrer Familie trotzdem … nicht begegnen … jetzt nicht. Das … das wäre mir zu peinlich.«

»Wo wollen Sie denn dann hin?«, fragte Ramón. »Direkt zu der Hütte können Sie nicht gehen.« Lässer deutete auf ein schwarzes Rechteck im Plan. Rechts von der Stelle, wo die Straße sich in die Zufahrtswege zu den beiden Ortsteilen gabelte.

»Da ist eine Sägemühle. Dort lassen Sie mich raus. Zwischen der Säge und dem Jagdhaus ist genügend Wald, da kann mich niemand sehen.«

»Na, und dann? Was machen Sie dann?«, wollte Angelika wissen.

»Ich versteck mich dort und überlege erst einmal. Das kann ich am besten, wenn ich allein bin. Überlegen, meine ich. Ich ruf Sie dann an …« Sie gab ihm einen Zettel mit ihrer Handynummer.

»Und was sollen meine Leute inzwischen machen?«

»Gar nichts. Vor allem keine übereilten Aktionen starten. Ich weiß es zu schätzen, dass sie mir helfen wollen, aber ich will niemanden in Gefahr bringen. Wir müssen uns genau überlegen, was wir tun …« Ramón fuhr weiter, ohne ein Wort zu sagen. Er knirschte mit den Zähnen, Angelika konnte es bis auf den Nebensitz hören. Das tat er manchmal, wenn er träumte, und behauptete dann, er könne sich nicht mehr an den Traum erinnern. Angelika war skeptisch

»Wir lassen Sie an der Säge raus.«

Weiter wurde nichts mehr gesprochen. Sie erreichten die Weggabelung, die Sägemühle duckte sich rechts unten in einen Geländeeinschnitt am Bach. Ramón hielt an, Ewald Lässer stieg aus und stapfte, ohne sich noch einmal umzudrehen, über die verschneite Wiese auf das niedrige, langgestreckte Gebäude zu. Ramón fuhr an und stieg aufs Gas.

»Un loco!«, schrie er so laut, dass Angelika zusammenzuckte. »Der ist doch verrückt, total verrückt! Was soll das heißen: überlegen, was tun? In der Kälte ...« Er verstummte. Angelika kannte ihn noch nicht von dieser Seite, ebendas war ihm gerade eingefallen, er biss sich auf die Lippen. Sie sagte nichts, zeigte ihm nur das Haus am Ende des östlichen Teils der Siedlung, wo er anhalten sollte. Die Tür wurde aufgerissen, eine helle Lampe blendete Ramón, jemand brüllte: »Hände hoch!« Wie in einem Nazifilm mit Untertiteln. Ramón riss die Hände in die Höhe, Angelika war auf der anderen Seite ausgestiegen.

»Lothar, du Blödmann, du Rindvieh, hast du keine Augen im Kopf?« Lothar Moosmann leuchtete mit einer Riesenlampe auf den Boden, und Ramón erkannte einen kleinen Mann mit Strubbelhaaren und einer Maschinenpistole, die zwar echt aussah, aber auch viel zu groß für den Bewaffneten. Jetzt erinnerte das Ganze an eine Naziparodie, Ramón kannte eine aus der *televisión*, eine amerikanische Serie. Blödsinn. Herr Spielberger trat schimpfend in den Lampenkreis, er schimpfte aber nicht mit dem Zwerg, sondern mit seiner Tochter.

»Seid ihr denn verrückt, einfach so herzufahren? Die sollen doch nicht merken, dass wir hier sind! Und wir lassen noch extra das Auto stehen!« Es entwickelte sich ein Stimmengewirr aus Anklagen, Verteidigungen, beleidigten Reaktionen und Erklärungen, alles in voller Lautstärke auf dem Vorplatz der Hütte vom Onkel des Matthäus Spielberger, der immer mehr zur Einsicht kam, dass diese Winterreise ins Gamperdon mit großem Abstand die dümmste Idee gewesen war, auf die er sich jemals eingelassen hatte.

Bei Streitereien entstehen manchmal Pausen – die Russen sagen dann, ein Polizist wird geboren – in eine solche Pause hinein sagte Matthäus: »Wir könnten auch diesen Hoffmann anrufen und ihm alles erzählen, was meint ihr? Hast du noch die Nummer?« Die Frage ging an Mathilde, die ihn dafür in die Rippen boxte. Alle gingen hinein. Dr. Peratoner entschuldigte sich bei Ramón in etwas eingerostetem Spanisch für die rüde Begrüßung, Ramón antwortete mit einem Schwall Madrider Schnellfeuer-Castillano, von dem Dr. Peratoner nur so viel verstand, dass Ramón entschieden dafür plädierte, alles stehen und liegen zu lassen und so schnell wie möglich »a la ciudad« zu fahren, zurück in die Stadt, fort von den Verrückten, die sich schwerbewaffnet in dieser Schneewildnis belauerten. Der mediterranen Sehnsucht nach einem geordneten Kosmos konnte aber nicht entsprochen werden; Ramón tröstete sich durch den Verzehr von Schweinswürsten mit Sauerkraut, die Mathilde zubereitet hatte. Zwar nur aus Dosen, es schmeckte ihm aber, er staunte selber. Die anderen berieten inzwischen, was zu tun sei.

»Die haben euch sicher gesehen. Vom Jagdhaus aus«, sagte Matthäus. »Sie können nicht wissen, wer ihr seid, aber sie wissen jetzt, dass außer ihnen noch jemand hier ist. Könnte auch Lässer sein, oder?« Niemand antwortete. »Was werden sie also tun?«, setzte er fort. »Sie werden warten. Ob das Auto wieder rausfährt.«

*

Anatol hatte sich auf allen vieren am Jagdhaus vorbeigeschlichen. Die Entfernung schätzte er auf gut dreihundert Meter, aber dazwischen gab es nur abfallendes baumloses Gelände mit glitzernder Schneedecke. Geradeaus führte die Straße zwischen langgestreckten Gebäuden hindurch, die vielleicht zur Alpwirtschaft gehörten, Kuhställe oder so, Anatol kannte sich nicht aus mit der Milchwirtschaft, jetzt lag dort aber alles im Dunkeln. Auch das Jagdhaus war unbeleuchtet, klar, die warteten, dass dieser Lässer auftauchte, das technische Genie, damit sie ihn in die Mangel nehmen konnten. Das war Anatol egal, das ging ihn nichts mehr an, Vergangenheit. Lebendige Gegenwart war sein Schmerz, der körperliche von den Prügelwunden und der seelische. Ja, auch Berufsverbrecher tragen solche Wunden davon, warum auch nicht, nur nehmen sie die nicht hin wie der Rest der Menschheit, sondern versuchen, sie durch Taten zu heilen. Durch Taten der Rache.

Links und rechts der Straße bot ein niedriger Wall aus gefrorenem Schnee ausreichend Deckung. Anatol kroch auf die Stallungen zu, der Boden war vereist, zweimal verlor er einen Handschuh. Im Sichtschatten des ersten Gebäudes stand er auf. Sie konnten ihn nicht gesehen haben. Er ging zwischen Ställen und Sennerei hindurch, der nächste offene Teil der Straße konnte vom Jagdhaus nicht mehr eingesehen werden. Anatol hatte keine Ahnung, was er jetzt tun sollte, aber seine Ahnungslosigkeit beunruhigte ihn nicht. Er war es gewohnt, die Dinge auf sich zukommen zu lassen und spontan zu reagieren. Von Plänen hielt er nichts. Es war nur allzu klar, wohin es führte, wenn man einem Plan folgte – am besten noch einem, den sich jemand anders ausgedacht hatte. In die Scheißgasse, dahin kam man, die jüngsten Ereignisse waren der beste Beweis dafür. Es würde sich etwas ergeben. Das würde er ausnutzen.

Die Straße teilte sich, die nächsten Häuser lagen weit weg, nur eines befand sich in der Nähe. Rechts, fünfzig Meter entfernt, ein langgestreckter Holzbau mit einem Schindeldach. An die Schmalseite, die nach Süden zeigte, führte eine Art viereckige Rinne auf Balkenstützen. Weil das Gelände nach Norden abfiel, kam diese Rinne, die auf Bodenniveau begann, immer höher heraus, je näher sie dem Gebäude kam, sie erreichte es fast auf Firsthöhe. Anatol ging nach vorn, wo das Bauwerk begann. Es war tatsächlich eine Rinne, sie lief parallel zum Bach und wurde von einem Einlaufwerk mit Wasser versorgt, wenn man ein hölzernes Wehr hochkurbelte. Jetzt war die Rinne trocken. Anatol tastete sich den künstlichen Wasserlauf entlang auf das Gebäude zu. Das hatte auf der Bachseite einen schmalen, hohen Anbau, ganz oben eine viereckige Öffnung, in der die Rinne verschwand. Der untere Teil des Anbaus gemauert, oben ein Schirm aus alten, wettergegerbten Brettern, die im Sternenlicht silbrig schimmerten. Anatol ging ein paar Meter an der Mauer entlang in Fließrichtung des Wassers. In dem Bretterschirm gab es eine schmale Tür, verschlossen mit einem Riegel. Anatol schob ihn zurück, machte auf und zwängte sich durch die Öffnung und leuchtete mit seiner kleinen LED-Lampe ins Innere.

Er blickte auf die Balkenspeichen eines Rades. Gut fünf Meter Durchmesser, einen Dreiviertelmeter breit. Die waagrecht liegende metallene Achse verschwand in der gegenüberliegenden Wand, auf der Außenseite, wo Anatol auf der Mauer stand, endete die Welle in einem massiven Lagerkasten. An das Lager kam man nur durch die kleine Tür heran – um es zu warten. Schmieren, überprüfen, ob es nicht heiß lief.

Anatol tastete sich auf der Mauer nach vorn. Hier konnte er auf die Außenseite des Rades sehen, die trug zahllose schräggestellte Fächer. Das Wasser aus der Rinne würde direkt hineinschießen, die Fächer füllen und das Rad dadurch in Drehung versetzen. Unten floss das Wasser dann wieder hinaus. Er hätte zu gern gewusst, wie schnell das ging, diese Drehung. Und wie es wäre, auf der Mauer im Radkasten zu stehen, wenn das Rad in voller Bewegung war ... dann würde man aufpassen müssen. Verflucht aufpassen, dass einen das Rad nicht erwischte. Es gab sechs Speichen auf seiner Seite, sechs auf der anderen. Wo die Speichen auf den Radring trafen, ragten halbzollstarke, durch dicke Muttern gesicherte Gewindestangen seitlich aus dem Holz; vier oder fünf Zentimeter. Wenn das Rad sich drehte, wäre es eine ganz dumme Idee, hineinzufallen. Die Speichen würden einem die Knochen brechen. Außer, man kam im Inneren auf die Füße, dann müsste man im Rad mitlaufen. Wie ein Hamster. Mit einem Unterschied: Der Hamster trieb sein Laufrad selber an, wenn er keine Lust mehr hatte, blieb er stehen, und sein Rad blieb auch stehen. In diesem Wasserrad müsste man weiterlaufen, immer weiter, immer weiter. Natürlich könnte man versuchen, auf eine der Speichen zu springen und sich im hinteren Teil des Rades, wo es hinaufging, nach oben tragen zu lassen – und sich dann mit einem geschickten Sprung auf die Mauer zu retten. Man durfte dabei nur nicht von einer der Schrauben mit- und im vorderen Teil nach unten gerissen werden. In den Spalt zwischen Rad und Mauer. Das waren keine zwanzig Zentimeter, abzüglich der vier oder fünf der Gewindestangen ...

Anatol verließ den Radkasten. Am nördlichen Ende hatte der Anbau eine weitere Öffnung, diesmal unten, wo ein schmaler Graben mit Stützmauern begann. Anatol sprang hinunter, der Boden war trocken. Er packte eines der Fächer und drückte es nach unten, mit leichtem Knarren gab das Rad nach und drehte sich, das Wasserfach bewegte sich einen halben Meter, dann blieb das Rad wieder stehen. Anatol wiederholte das Ganze noch ein paarmal. Eine Idee begann zu keimen. Das Wasserrad in dem Anbau trieb mit seiner Achse irgendetwas an, das sich im Hauptgebäude daneben befinden musste, eine Mühle konnte es hier in den Bergen nicht sein, aber eine Säge, um die Bretter und Balken für all die Holzhäuser zuzuschneiden. Auf der anderen Seite des Abflussgrabens gab es eine Tür in der Nordwand. Sie war nicht verschlossen. Anatol staunte. Er trat ein. Von rechts kam die schenkeldicke Achse des Wasserrades aus der Wand und trieb, wenn das Rad sich drehte, hölzerne Zahnräder von beeindruckendem Durchmesser an. Anatol verzichtete auf die Inspektion, er sah links eine schmale Treppe durch eine Luke nach oben führen. Die stieg er hinauf.

Es war eine Säge.

Anatol erkannte den auf Schienen laufenden Wagen, einen Rahmen aus dicken Balken, ein Stamm war daraufgeschnallt; vorn das senkrechte Gatter mit einem eingespannten, senkrechten Sägeblatt. Es war ihm klar, wie das alles funktionieren sollte. Das Gatter würde rasch auf und ab getrieben, gleichzeitig der Wagen mit dem Stamm auf das Sägeblatt zubewegt, alles in Tätigkeit gesetzt vom Wasserrad. Anatol vergaß seine Lage, vergaß, was er vorhatte, vergaß, welche Schwierigkeiten ihm zu Hause drohten. Er vergaß das alles über der Sägemühle, deren Einzelteile er sich mit einiger Mühe mit der kleinen Lampe aus der Finsternis Stück für Stück herausschälte. Die Anlage faszinierte ihn. Er hatte ein Faible für Technik. Als Kind hatte er eine Dampfmaschine besessen, Geschenk eines

Onkels. Der war Ingenieur, hatte an seinem Neffen ein technisches Talent erkannt, das er fördern wollte. Anatol würde auch Ingenieur werden, in der Atomindustrie, vielleicht ... es war dann ganz anders gekommen. Anatol schaltete die Lampe aus und setzte sich auf den Balkenrahmen. Er dachte nicht oft an seine Kindheit, und wenn, brauchte er eine Pause, egal, was er gerade tat. Sonst verlor er die Fassung.

Nach einer Weile stand er auf und untersuchte das Wasserrad von oben. Durch eine Klappe an der Seite konnte man in den Radkasten hinein- und auf das Rad hinunterschauen. Die Wasserrinne endete etwa zehn Zentimeter über dem höchsten Punkt des Rades. Anatol entdeckte, dass weiter vorne in den Boden der Rinne eine Klappe eingelassen war. Sie stand offen, mit einem Seilzug konnte sie angehoben werden. So wurde der Betrieb an- und abgestellt. Bei offener Klappe stürzte das Wasser vor dem Rad in einen Schacht, der es seitlich nach außen leitete; war die Klappe zu, strömte es aufs Rad und trieb die Säge an. Anatol probierte den Seilzug aus. Die Klappe ließ sich leicht bewegen. Kein Knarren, kein Quietschen. Er sah sich weiter im Inneren um. Ganz vorn führte eine weitere Tür ins Freie. Auch diese Tür war nicht verschlossen. An der Wand daneben hing eine große Kurbel. Er nahm sie herunter und lief hinauf zum Einlaufbauwerk. Die Kurbel passte in den Zapfen des Wehrs. Er begann zu drehen. Das armdicke Brett hob sich Millimeter für Millimeter, vom Bach abgezweigtes Wasser strömte in die Rinne. Er lief zur Säge zurück und beobachtete, wie es in den Schacht schoss. Dann ging er in die Säge und zog die Bodenklappe zu – erst langsam, dann immer schneller begann sich das große Wasserrad zu drehen, ein Rauschen und mechanisches Stampfen erfüllte den Raum, gleichzeitig raste das Gatter auf und ab, nur der Wagen mit dem Balken blieb noch stehen, Anatol suchte und fand den Hebel, mit dem er eingekuppelt wurde.

Nun ja, Rache also …

Das lag ja auf der Hand. Juri auf diesen Baumstamm binden und von der Säge halbieren lassen. Blieb nur die Frage, was besser war, längs oder quer … aber die Vorstellung war … nein, nicht abstoßend … aber doch unbefriedigend. Dieses schöne, mechanische Kunststück würde durch die Hinrichtung beschmutzt werden, literweise Blut, zerfetzte Eingeweide; hier drin war alles aus trockenem Holz, die Flecken würden nie mehr rausgehen. Er bediente den Seilzug, ließ die Klappen in der Zulaufrinne nach unten fallen und das Wasser in den Schacht stürzen. Rad und Gatter kamen zur Ruhe. Er ging zurück zum Einlaufbauwerk und ließ das Wehr herab. Die Rinne wurde trocken. Er kehrte zur Säge zurück und stieg wieder in den Getriebekeller hinab. Seine Gedanken drehten sich um Juri, den Oberst, seine Rache, die Sägemühle und welche Rolle sie dabei spielen sollte, bei der Rache. Wie sollte er die beiden in die Säge bringen? Er hatte nur eine Pistole bei sich, die anderen waren zu zweit. Aber nicht zu zweit in diesem Tal. Das wurde Anatol klar, als er die schmale Treppe wieder hinaufstieg. Er wollte das Sägenhaus nach vorn verlassen und sich einen Unterschlupf im Dorf suchen. Ihm war kalt. In der Säge konnte er nicht bleiben, er musste in eines der Häuser einbrechen. Feuer machen und etwas essen – die hatten sicher Vorräte, Büchsen, Bohnen und so weiter. Dann konnte er in Ruhe überlegen, wie er vorgehen musste. Augenblicksentscheidungen, das hatten ihn seine Jahre als Berufskrimineller gelehrt, führten fast immer zu unvorhergesehenen und gelegentlich katastrophalen Konsequenzen.

Aber er kam nicht dazu, diesen grundvernünftigen Plan

in die Tat umzusetzen. In der Stille der Nacht trägt jedes Geräusch weit, vor allem das eines Motors. Das Auto hielt in der Nähe, Türen wurden zugeschlagen. Anatol stieg auf die Werkbank an der Seite, öffnete die kleine Schiebetür und schlüpfte in den Radkasten. Über dem Wasserrad lief ein Balken quer durchs Gehäuse, da konnte er sitzen. Er schob die Tür bis auf einen Spalt zu. Es kam, wie es kommen musste: Die Vordertür ging auf, jemand trat ein.

Lässer hatte sich an der Säge absetzen lassen, weil er nicht wusste, wo er sonst hinsollte. Er kannte sie aus Erzählungen Rudolf Büchels; man konnte sie nicht richtig abschließen. Büchel hatte schon immer ein Faible für Jagdgeschichten und Naturschilderungen gehabt und seine Umgebung damit gelangweilt. Das ganze Gamperdonatal war Lässer aus diesen Berichten vertraut. Unter anderem war bei ihm hängengeblieben, dass die Säge offen stand. Auf einen Menschen, der einen Unterschlupf zum Ausruhen sucht, übt so ein Bauwerk eine gewisse Anziehungskraft aus; alle anderen Häuser, das wusste Ewald Lässer auch, waren nämlich fest verriegelt, je jünger das Haus, desto verrammelter. Wenn man das Einbrechen nicht so gewohnt ist, schreckt einen diese Aussicht ab.

Ewald Lässer fand die Säge unverschlossen vor, sonst war sie eine Enttäuschung. Der Zivilisationsmensch Lässer hatte mit dem Begriff »Haus« den der »Heizung« assoziiert, ohne eine Sekunde darüber nachzudenken. Eine Heizung gab es in der Säge nicht, wie auch? Er erkannte seinen Fehler und war wütend auf sich selber. In der Säge herrschte dieselbe Temperatur wie im Freien. In einer Regennacht im Sommer hätte sie den Vorteil des trockenen Unterstandes geboten, jetzt im Spätwinter bot sie, wenn man wollte, den Vorteil, das Sternenlicht abzuhalten. Es war stockdunkel in dem Gebäude. Und saukalt. Ewald Lässer setzte sich auf den Gatterwagen, auf dem etwas später Rudolf Büchel sitzen würde. Er war müde und wollte sich ausruhen. Aber daraus wurde nichts. Jetzt, da er sich nicht mehr bewegte, begann er zu frieren. Einen Ofen gab es nicht, wenn er es warm haben wollte, musste er die Hütte anzünden. Das war keine Option. Er begann im Licht einer kleinen Taschenlampe das Innere zu durchsuchen. Im hinteren Teil gab es einen Verschlag mit Werkzeugen, Säcken und einer großen Kiste mit Sägemehl. Er stieg hinein. Legte sich hin. Die Isolationswirkung des Sägemehls setzte sofort ein, der Rücken wurde warm – relativ zur Vorderseite. Er hörte auf zu zittern und wurde müde. Sehr müde. Wenn ich jetzt einschlafe, dachte er, erfrier ich wahrscheinlich. Aber wach bleiben konnte er auch nicht. Unter Stöhnen begann er, mit den Händen eine tiefe Kuhle ins Sägemehl zu graben. Er legte sich hinein, schaufelte sich so viel von dem Zeug, wie er konnte, auf seine Oberseite und deckte sich mit den bereitgelegten Säcken ab. Es wurde warm um ihn herum. Konnte sein, dass es eine physiologische Täuschung war, das fiel ihm ein, konnte sein, dass es ihm nur warm *vorkam*, aber er hatte keine Wahl. Er war zu müde für andere Aktionen. Er hätte sich besser vorbereiten sollen. Mit Ketten fürs Auto ... dann hätte er nicht so weit laufen müssen ... und diesen Verfolger umbringen. Mit diesem Gedanken schlief er ein.

Anatol wartete in seinem Versteck. Wer war der Fremde? Durch den Spalt hatte er ihn nicht erkannt. Auf jeden Fall hatte dieser Mann etwas mit der Situation zu tun, es konnte kein Zufall sein, dass er eben jetzt in der Säge auftauchte. Noch drängender als die Frage nach der Identität war die Frage, was er hier wollte. Sosehr sich Anatol anstrengte, er hörte nichts von dem Ankömmling. Eine Zeitlang hatte er wohl im Hintergrund herumrumort, dann aber blieb es still, kein Laut war mehr zu hören. So verhalten sich Sniper, Scharfschützen im Hinterhalt. Sie bauen sich ein gemütliches Nest und verharren dort viele Stunden regungslos, bis ihr Opfer auftaucht. Wer dieses Opfer sein sollte, blieb unklar. Nur zu klar war allerdings, was ihm passieren würde, wenn ihn der Sniper entdeckte. Solche Leute schätzten es nicht, wenn man sie bei ihrem Tun beobachtete. Anatol wusste, dass er gegen einen Spezialisten dieses Schlags keine Chance hatte. Er konnte nicht einfach aus der Säge hinausmarschieren. Er saß auf seinem Balken über dem Wasserrad in der Falle. Durch den Raum der Säge ging es nicht, er wäre schneller tot, als er »Entschuldigung, lassen Sie sich nicht stören!« aussprechen könnte. Scharfschützen waren darauf gedrillt, kleinste Veränderungen der Umgebung wahrzunehmen. Sich aus einem knarrenden Holzkasten wie der Säge rauszuschleichen, war illusorisch.

Über das Rad würde es schneller gehen. Es lag einen halben Meter unter ihm. Er musste nur hinuntersteigen, sich an einem der Fächer auf der Außenseite festhalten, das Rad würde sich dann durch sein Körpergewicht drehen, er käme in einem eleganten Halbkreis auf dem Boden des Abflusskanals an. Ja, aber auch dieses Drehen würde der Mann in seinem Versteck hören. Ein trockenes Wasserrad stand still, wenn es sich ohne Wasser bewegte, gab es dafür eine Ursache, der ein gewissenhafter Scharfschütze auf den Grund gehen würde. Nun konnte es sein, dass Anatol durch den Kanal schnell und weit genug weglaufen konnte – bevor sich der Schütze aus seiner Umhüllung gearbeitet hatte. Wahrscheinlich steckte er bis zu den Schultern in einem Spezialschlafsack gegen die Kälte und beobachtete durch einen Spalt in der Wand die Straße. Anatol wusste nicht, was die Sniperausbildung in so einem Fall vorschrieb – wenn der eigene Standort durch einen Zeugen entdeckt worden war und eben dieser Zeuge geflohen. Wurde dann die ganze Aktion abgeblasen – oder versuchten sie zuerst, den Zeugen zu liquidieren? Für möglich hielt er beides, da ging es um militärische Verfahren, die ihm noch nie geheuer gewesen waren. Er verstand sie nicht, seine eigene Dienstzeit hatte ihn eines gelehrt: nicht wundern! Der größte Stumpfsinn konnte als brauchbarer Standard durchgehen, und anderes war schlicht genial. Man konnte nicht durchschauen, wann das eine und wann das andere galt. Er wollte kein Risiko eingehen.

Also blieb nichts anderes übrig als Warten. Das war unbequem, bot aber den Vorteil, dass er etwas in Erfahrung bringen konnte. Jemand würde erschossen werden. Vielleicht ergab sich die Gelegenheit – unter Wahrung aller Vorsichtsmaßnahmen – zu sehen, wer das war. Dann würde er etwas wissen. Aber die anderen würden nicht wissen, dass er es wusste. So ein Wissen gab oft den Ausschlag bei späteren Gelegenheiten, Aktionen, Verfahren – was auch immer. Also wartete Anatol. Er hatte viel Geduld, wenn es darauf ankam.

Viele Männer schnarchen. Hängt mit Übergewicht und falscher Ernährung zusammen. Und mit Alkoholmissbrauch. Für Ewald Lässer traf natürlich nichts davon zu. Er trieb Sport, sein Body-Mass-Index lag im Idealbereich, er trank kaum und aß nur Bioprodukte. Wenig Fleisch. Ewald Lässer war kein Schnarcher. Er schlief lautlos wie ein Kind. Er schlief so ruhig, dass Agathe an manchem Morgen sagte: »Ich hab geglaubt, du bist tot ...«

Für Ewald Lässer hatte die Fähigkeit, wie ein Toter zu schlafen, keine besonderen Folgen – wohl aber hatte diese Fähigkeit Folgen für andere Personen. Hätte er nämlich, wie man es von einem Mann seines Alters erwarten durfte, in seinem Verschlag geschnarcht, so wäre Anatol nicht eine so massive Fehleinschätzung der Lage unterlaufen. Er hätte sich den Schnarcher angesehen, als Ewald Lässer identifiziert und wäre seiner Wege gegangen. Um sich am Oberst und Juri zu rächen, die Organisation aufzumischen und so weiter. Ob ihm das gelungen wäre, ob ihm auch nur eines dieser Vorhaben geglückt wäre, wissen wir nicht. Die Geschichte wäre auf jeden Fall ganz anders verlaufen, als sie tatsächlich verlief. Nämlich dadurch, dass Anatol auf seinem Balken sitzen blieb und wartete.

Und das kam so: Auch Rudolf Büchel saß zur selben Zeit und wusste nicht recht, was er tun sollte. Er saß nur viel bequemer in einem Haus (Hütte konnte man das beim besten Willen nicht nennen) im westlichen, modernen Ortsteil, weit vom Jagdhaus entfernt. Er war dort nicht etwa eingebrochen, er hatte einen Schlüssel. Das Haus gehörte seinem Jagdaufseher Bernhard Hausmann – und die Umstände zu schildern, wie es dazu kam, dass Rudolf Büchel den Schlüssel besaß (mit Hausmanns Einverständnis natürlich), ist hier nicht der Ort. Letzten Endes führt jede Erklärung solcher Umstände auf die immer gleiche, platte Tatsache, dass reiche Leute gewisse Privilegien haben. Und wenn sie noch keine haben, besorgen sie sich welche. Also saß der aus dem Jagdhaus geflüchtete Jagdherr Büchel nicht kälteschlotternd im Wald in einem Schneehaufen, sondern in der gemütlichen, wenn auch mit Alpinkitsch überladenen Wohnstube der Hausmann'schen Behausung. Er hatte eingeheizt und aus den Alkoholvorräten einen Punsch gemacht, den er sich in kleinen Schlucken einverleibte. Das Feuerholz war so trocken, wie Holz überhaupt sein konnte, das Feuer gab keinen Rauch, am Kamin war von außen nichts zu erkennen. Die Holzläden hielt Büchel geschlossen, in der Stube brannte nur eine Petroleumlampe, deren Licht, wovon er sich überzeugt hatte, nicht nach außen drang. Es gab keine Ritzen, es war ein sorgfältig errichtetes Haus, keine fünf Jahre alt, auf dem Gipfel alpiner Holzbaukunst. Und bewaffnet war Büchel auch wieder: Im Keller gab es einen Gewehrschrank, auch dazu hatte Büchel die Schlüssel. Vor ihm auf dem Tisch lag eine fünfschüssige Smith & Wesson .38 mit Stummellauf, gedacht für den Fangschuss verletzter Tiere. Keine Waffe für größere Entfernungen, auf einen Meter aber ziemlich genau. Rudolf Büchel machte sich nichts vor: Er konnte nicht garantieren, einem Eindringling gleich mit dem ersten Schuss die Hoden zu zerfetzen – er hatte nämlich Hohlspitzmunition geladen –, aber irgendwo den Unterleib zu treffen, schon. Und er würde sofort schießen, wenn einer von den Agentenwursteln versuchen sollte, hier einzudringen. Er würde sich verteidigen können. Was er mit der S&W nicht konnte, war die Rückeroberung des Jagdhauses. Die waren zu zweit und zu gut bewaffnet. Er konnte sich auch mit einer Büchse auf die Lauer legen und den ersten Wichtel, der aus dem Haus kam, erschießen, dann würde allerdings der zweite hintenherum abhauen, es gäbe ein Räuber-und-Gendarm-Spiel für Erwachsene mit echten Toten. Das war zu gefährlich. An diesen Geheimdienstlern, die ja nicht als Käufer des Lässer'schen Verfahrens in Frage kamen, hatte er kein Interesse. Anatol machte ihm Sorgen. Der wollte immer noch sein Geld zurück. Dazu musste ein neuer Käufer her. Oder – viel einfacher, der verreckte Sauhund von Lässer gab endlich zu, an welcher Stelle er das eigene Verfahren sabotiert hatte – wenn er dann in seinem Keller eine zweite Probe herstellte, könnte man die ursprünglichen Käufer, Anatol und seine Leute, von der Brauchbarkeit überzeugen. Und wieso überzeugen? Die wollten doch das gewisse Material herstellen. Warum konnte das nicht Ewald in seinem Keller machen? Gratis, als Kulanzleistung für die sozusagen missglückte erste Lieferung?

Rudolf Büchel gefiel der Einfall, seine Laune begann sich zu bessern. Lässer hatte einmal gesagt, in drei Monaten könne er bei sich zu Hause fünf Kilo herstellen. Achtzigprozentiges. In einem halben Jahr wären das zehn ... natürlich, dann kam noch die Sache mit der Neutronenreflexion und der komplizierte Kokolores mit der Zündung, aber dafür gab es anderswo Spezialisten, bitte, Büchel und Lässer konnten schließlich nicht alles liefern! – Das Problem begann sich zu verflüchtigen. Er hatte sich zu sehr auf den Verkauf des Verfahrens kapriziert. Dabei verlangten die Kunden doch nach einem Vorprodukt (wenn sie schon nicht das Endprodukt haben konnten). Auch Autobauer kaufen das gewalzte Blech ein – und kein Stahlwerk. Er müsste einfach das Geschäft auf eine neue Grundlage stellen. Und dazu mit Anatol Kontakt aufnehmen, gebrochener Finger hin oder her, Anatol hatte die Verbindungen. In dieser Branche traf man selten auf nette Menschen. Wer auf angenehmen Umgang aus war, sollte besser Kuckucksuhren verkaufen ... natürlich: Bevor diese erfreulichen Aussichten eine Chance auf Realisierung hatten, musste das Lässer-Problem gelöst werden. Die Lässer-Sabotage.

In diesem Moment klingelte sein Handy.

*

»Ihr könnt nicht hierbleiben, versteht ihr das nicht?« Matthäus Spielberger war kurz davor, die Nerven wegzuschmeißen. »Die haben euch reinfahren sehen, okay? Wenn ihr jetzt bald wieder rausfahrt, dann habt ihr eben in einer der Hütten etwas erledigt, etwas mit dem Wasser oder dem Gas ... ja, genau! – ihr habt eine neue Propangasflasche reingebracht und angeschlossen! Und jetzt, weil es ja kalt und ungemütlich ist, fahrt ihr wieder raus, ein ganz normaler Vorgang. – Wenn aber kein Lässer auftaucht, nicht die nächste Stunde und nicht die übernächste, werden sie sich fragen, wo er bleibt – ob ihn nicht vielleicht jemand mit dem Auto mitgenommen hat. Und dann werden sie ihn suchen ...«

»Na und?« Lothar mischte sich ein. Natürlich Lothar, den das gar nichts anging, was Angelika und ihr iberischer Freund taten oder unterließen. »Sollen sie doch suchen! Wir sind vorbereitet.« Er packte seine AK47.

»Hör auf mit dem Scheiß!«, brüllte Matthäus los. »Wir sind nicht in Tschetschenien, nicht in Somalia, auch sonst in keinem gottverdammten Krisengebiet! Wir sind im Gamperdon, da werden keine Menschen erschossen, einfach so!« Alle waren zusammengezuckt, er sah es selber.

»Wenn du weiter so schreist, hören sie dich im Jagdhaus«, sagte Mathilde mit ruhiger Stimme. Matthäus sagte nichts mehr, Schweigen breitete sich in der Runde der Hütte aus. Nach einer Weile sagte Ramón Villafuerte zu Angelika: »Tu padre tiene razón.« Weiter nichts. Dein Vater hat recht. Sie wandte sich zur Tür, er ging ihr nach. Die anderen folgten vor das Haus. Ohne sich noch einmal umzudrehen, stieg sie auf der Fahrerseite ein. Ramón murmelte ein »Lo siento ... adios« in Richtung Rumpffamilie Spielberger. Kaum saß er im Auto, startete Angelika und verschwand unter Schneematschgespritze mit deutlich überhöhter Geschwindigkeit zwischen den holzgrauen Hütten im Dunkel.

»Jetzt hast du sie verärgert«, stellte Lothar Moosmann fest. »Komisch, dabei hast du gar nicht sie angeschrien, sondern mich ...« Wenn diese Formulierung eine Entschuldigung aus Matthäus herauspressen sollte, verfehlte sie ihren Zweck, denn der Wirt der »Blauen Traube« sagte nur »Ja« und trat ins Haus zurück. Er setzte sich, die anderen nahmen um den Tisch Platz. »Es ist besser so, glaubt mir.«

»Ruf sie an!«, bat Mathilde. »Sie hat es doch nur gut gemeint ...«

»Der Señor übt einen positiven Einfluss aus, wenn ich das so formulieren darf«, sagte Dr. Peratoner.

»Was hat er da von sich gegeben?«, fragte Matthäus.

»Dass du recht hast. Du, der Vater. Bemerkenswert ...« Matthäus hätte zu gern gewusst, was daran bemerkenswert sein sollte, unterließ aber das Nachfragen. Seine geliebte Mathilde hatte ihn auf eine Idee gebracht. Wie so oft. Und sie wusste es nicht einmal. Wenn alles gutging, würde sie es auch nie erfahren.

»Also gut, ich ruf sie an«, sagte er und stand auf. »Ich geh nur kurz raus. Hoffentlich nimmt sie überhaupt ab ...« Ganz der besorgte Vater, von schlechtem Gewissen geplagt, wegen ungerechter Behandlung der einzigen und innig geliebten Tochter. Niemand sagte etwas, jeder verstand, dass der Vater dieses heikle Gespräch nicht coram publico führen wollte. Matthäus verließ den Raum, nahm den Weg bergwärts. Er wählte eine Nummer, jedoch nicht die von Angelikas Handy. Die würde er gleich danach anrufen. Erst musste er mit jemand anderem sprechen.

»Ja?«

»Herr Büchel, passen Sie auf: Ihr Kompagnon ist im Gamperdon. Er hat meine Tochter gezwungen, ihn hineinzufahren. Sie hat mich grad angerufen. Er ist jetzt in der Säge.«

»Und Ihre Tochter?«

»Ist eben wieder raus. Müssen Sie eigentlich vom Jagdhaus aus gesehen haben.«

Büchel sagte nichts. Matthäus fuhr fort: »Bereinigen Sie Ihre Angelegenheiten dort drin oder woanders, das ist mir egal, nur nicht in der *Blauen Traube*. Nicht einmal in der Nähe. Wenn Sie oder dieser Lässer oder seine Tussi sich hier blicken lassen, gehen Sie ins Gefängnis. Wegen Nötigung, Entführung und was dem Staatsanwalt noch alles einfällt. Ich habe einen Haufen Zeugen.« Matthäus drückte den »Beenden«-Knopf und rief Angelika an. Ramón nahm ab. Matthäus entschuldigte sich wegen der Brüllerei, und Ramón versprach, alles weiterzugeben. Angelika sitze am Steuer und könne daher nicht reden. Matthäus ließ es gut sein. Er war froh darüber, was er getan hatte: seine Mitstreiter verraten. Schon das zweite Mal. Aber das geschah ja zu einem unbestreitbar guten Zweck, um zu verhindern, dass einer von ihnen oder seine Frau verletzt wurden. Das konnte man drehen und wenden, wie man wollte: An seinen hochherzigen, fürsorglichen Intentionen durfte auch der pingeligste Moralist nicht zweifeln. Unsicher blieb, ob Büchel bei diesem Telefonat allein gewesen war; vielleicht hatte der Oberst mitgehört. Vielleicht wurde Büchel bedroht. Vielleicht hatte er am einen Ohr das Handy, am anderen die Mündung einer großkalibrigen Pistole. Aber das war nicht das Problem des Matthäus Spielberger. Wenn die Herren des Auslandsgeheimdiensts von welchem Staat auch immer mithörten – umso besser. Mit vereinten Kräften würden sie dann des famosen Ingenieurs habhaft werden und jene Informationen ... äh ... erhalten, die ihnen so wichtig waren, dass sie dafür diesen unglaublichen Bohei veranstalteten. Wichtig bei all dem war nur: Die »Blaue Traube« aus Dornbirn würde darin nicht verwickelt sein. Der Wirt dieses berühmten Gasthauses hatte, weil er das Maul nicht halten konnte, seine Leute in die Bedrouille gebracht – aber nun, auch das musste man anerkennen – durch schlaues Agieren, einen Anruf hie und da, seine Freunde auch wieder aus der gefährlichen Lage herausmanövriert. Diese Leute wussten nicht einmal, dass die Spielberger-Truppe anwesend war ... in diesem Augenblick fiel ihm ein, dass die Geheimdienstleute ebendas nach getaner Verhörarbeit mitkriegen würden, wenn sie hinausfahren wollten – ihr Monster-Geländewagen bei der Wildfütterung blockiert durch Landrover Defender und Lada Niva. Matthäus stampfte vor Wut mit den Füßen. Es war eine Schnapsidee gewesen, diese Autos dort abzustellen. Wer so etwas tat, wollte Konfrontation und Ärger. Er verwünschte den Holzschnitzer und holte ein paar Mal tief Luft. Er konnte jetzt keinen Streit anfangen. Man würde mit diesen Leuten reden müssen, das ließ sich nicht vermeiden. Aber die Sache mit Lässer blieb ein Pluspunkt. Immerhin. Er kehrte in die Hütte seines Onkels zurück.

Was die »Sache mit Lässer« betraf, lag Matthäus Spielberger nicht falsch. Während sich der Wirt noch die Beine vertrat, war Rudolf Büchel schon auf dem Weg zur Sägemühle. In Begleitung des Revolvers, einer Büchse und eines ansehnlichen Vorrates an Munition für beide Waffen. Das Gewehr hielt er schussbereit quer vor der Brust, das entsprach nicht den Tragevorschriften der österreichischen Jägerschaft, aber darauf konnte er keine Rücksicht nehmen. Es war nicht ausgeschlossen, dass der durchtriebene Wirt auch den Oberst angerufen hatte – zur Sicherheit – und auch ihm von der Säge erzählt hatte, in der nicht ganz unrealistischen Annahme, die verschiedenen Parteien würden dort aufeinandertreffen und sich gegenseitig abschlachten. Den Gefallen wollte Rudolf Büchel dem Spielberger nicht tun. Er hielt sich in der Deckung der Häuser, solang es ging, den Rest des Weges legte er im Laufschritt zurück.

Die Sägemühle betrat er durch die Tür an der Südseite. Drinnen war alles still. Er zog die Tür zu und schaltete die Taschenlampe ein. So weit der Lichtschein reichte, sah alles normal aus. Kein Anzeichen, dass jemand hier gewesen war. Doch: Schneereste auf dem holzstaubigen Balkenboden. Innen war es so kalt wie draußen, knapp über null. Der von den Schuhen abgefallene Schnee zeigte noch keine Schmelzspuren. Vor kurzem war jemand hier gewesen, also stimmte die Angabe des Wirts. Dieser Jemand konnte Ewald Lässer gewesen sein. Oder ein anderer. Büchel brachte das Gewehr in Anschlag; mit der Linken hielt er den Schaft und die Taschenlampe. Keine ideale Schussposition, aber das Beste, was ihm einfiel. Der Raum war übersichtlich, im vorderen Teil konnte sich niemand verstecken. Nur im hinteren und im Keller. Rudolf Büchel legte die Distanz mit schnellen Schritten zurück.

»Ewald, aufstehen, du musst in die Schule!«

Er gab dem Schlafenden einen leichten Tritt in den Hintern. Lässer brauchte zwei Minuten zum Wachwerden.

»Was ist los? Welche Schule? Ich bin doch schon ...« Erst jetzt merkte er, wo er war. »Wo ist Agathe?« Das war seine erste Frage, als er den Besucher erkannt hatte, der seinen Schlaf störte.

»Im Jagdhaus. Ihr geht es gut, keine Sorge. Leider ist sie nicht allein dort.«

»Wieso? Du bist doch hier ...« Ewald Lässer war kurz nach dem Aufstehen ein bisschen schwer von Begriff. Das fiel Büchel ein, als er den anderen am Arm hochzog. Es war ihm schon früher aufgefallen. Wahrscheinlich brauchte so ein Superhirn eine längere Aufwärmphase.

»Diese Geheimdienstleute sind auch dort«, sagte er, »und die haben Sehnsucht nach dir.«

»Geheimdienst? Wieso Geheimdienst?«

»Würde jetzt zu weit führen, dir das alles zu erklären. Die wollen, dass du ihnen erzählst, woher du die Probe hast.«

»Welche Probe?«

Rudolf Lässer verlor die Geduld.

»Die Uran-Zweihundertfünfunddreißiger-Probe, verdammt! Jetzt reiß dich zusammen!«

»Die hab ich selber gemacht ...«

»Herrgott, das weiß ich doch! Aber diese Typen glauben, du hast sie irgendwo im Osten gekauft, um alle reinzulegen mit deinem Verfahren!«

»Ich hab niemanden reingelegt ...«

»Doch! Mich hast du reingelegt. Dein Verfahren funktioniert nicht – weil du es nämlich selber sabotiert hast. Aus irgendwelchen Skrupeln heraus ... moralische Bedenken im letzten Moment, was weiß denn ich!«

Ewald Lässer sagte nichts, und Rudolf Büchel sprach weiter, immer weiter, und kam vom Hundertsten ins Tausendste. Die gemeinsame Vergangenheit, Ewalds Studium und Aufstieg auf Kosten der Unternehmerfamilie Büchel, und immer wieder der Verrat, der gemeine Verrat, den Ewald an seinem Freund und Wohltäter begangen hatte, obwohl der doch die ganzen Entwicklungskosten getragen hatte. Und so weiter. Ewald sagte weiterhin nichts, Rudolf wurde immer wütender.

Aber sogar Ewald Lässer, der keine große Menschenkenntnis besaß, bemerkte den theatralischen Unterton, das Unechte an Büchels Darbietung gerechter Empörung. Rudolf Büchel steigerte sich in die Suada hinein – um Zorn aufzubringen. Zorn war nötig, um etwas Übles zu tun, etwas ganz Übles. Es funktionierte. Rudolf Büchel gelang es, so wütend zu werden, dass die geplante Sauerei aus der starken Emotion heraus wie der Sprung über einen nur halbmeterhohen Zaun vollbracht werden konnte.

Er rief an.

Er rief den Oberst an.

»Wo sind Sie?«, wollte der als Erstes wissen.

»Spielt keine Rolle. Ich habe den Lässer gefunden, den Sie so dringend sprechen wollten. Der ist schon lang da.«

»Ich glaube Ihnen kein Wort!«

»Doch, er steht neben mir. Komm, sag guten Tag zum Herrn Oberst!« Ewald Lässer trat einen Schritt zurück. Er schwieg. Büchel war irritiert.

»Er will nicht mit Ihnen reden …«

»Sie meinen, er kann nicht reden, weil er gar nicht da ist! Was soll der Blödsinn?« Büchel hörte im Hintergrund eine Männerstimme. Juri schlug etwas vor.

»Er weigert sich, mit Ihnen zu reden«, erklärte Büchel.

»Das macht nichts. – Wir haben hier schön eingeheizt. Sagen Sie ihm das!«

»Er sagt, sie haben eingeheizt …«

Es war ein so gellender Schrei, dass Büchel zusammenzuckte und das Handy vom Ohr riss. So laut, dass den Schrei auch Ewald Lässer hörte, der einen Meter entfernt stand.

»Geben Sie ihm jetzt das Handy!«, befahl der Oberst. Er wartete einem Moment, fragte aber nicht, wer jetzt das Handy hatte. Er wusste, dass es Ewald Lässer hatte. Dann sprach er ganz leise. »Hör zu, du Genie ... das eben war deine Freundin in Kontakt mit dem Ofen. Die Platte ist sehr heiß, wir haben eingeheizt. Hab ich ja gesagt. Bis jetzt nur die Handfläche. Juri fängt immer mit den Händen an. Dann kommen die Unterarme, und dann geht er gleich auf die Füße über, frag mich nicht, wieso ... die steckt er ihr dann bei der Ofentür hinein, verstehst du? Ach ja, zwischendurch fickt er sie natürlich, ein bisschen Unterhaltung muss auch sein ... ehrlich gesagt, glaube ich, es geilt ihn auf, das Gebrüll, der Geruch ... ja pervers, was soll ich machen. So ist er halt, unser Juri ...« Der Oberst verstummte, im Hintergrund Gewimmer.

»Was wollt ihr?« Ewald Lässers Stimme war schwach und kaum zu verstehen.

»Was wir wollen? Hast du das gefragt? Also: Wer hat dir die Probe verkauft? Darauf wollen wir eine Antwort. Noch ein gutgemeinter Rat: Frag jetzt nicht, *was für eine Probe?* und solchen Blödsinn. Sonst geht das Konzert gleich weiter. Er zieht ihr schon die Socken aus. Möglich, dass er heute die andere Hand auslässt und gleich mit den Füßen ...«

»Stepan Bogdanowitsch Lichodejew ...«

»Was war das? Sprich lauter, ich versteh kaum was!«

»Stepan Bogdanowitsch Lichodejew.«

»Der hat dir die Probe verkauft? Wo, wann?«

Ewald Lässer erzählte. Er sprach lang, die Stimme klang monoton, ab und zu unterbrach er die Rede durch ein seltsames Geräusch; für Rudolf Büchel hört es sich an wie ein Mittelding aus Luftholen durch die Zähne und halb unterdrücktes Schluchzen. Der Oberst unterbrach nur mit gezielten Zwischenfragen. Gleich am Anfang hatte er klargestellt, dass jede Angabe, die Ewald Lässer machte, von Juri über Satellitentelefon mit verschiedenen Stellen abgeglichen würde; Lügen und Ausflüchte könnten gleichsam in Echtzeit erkannt und an Agathe geahndet werden. Auch in Echtzeit. Ewald versicherte, das habe er verstanden. Er beabsichtige nicht, zu lügen. Die Rückmeldungen Juris schienen das zu bestätigen. Ewald Lässer log nicht. Jetzt nicht. Dafür – das wurde immer klarer, je länger er sprach – hatte er bisher gelogen. Unausgesetzt. Praktisch jedes Mal, wenn er den Mund aufmachte. Rudolf Büchel hörte nur zu. Er sagte nichts, aber er konnte nicht stehen bleiben. Ihm zitterten die Knie, auch die Hände. Er musste sich setzen. Auf einen Bretterstoß im Verschlag. Er war mehrere Male kurz davor, das Gewehr hochzureißen und Ewald Lässer eine Kugel durch das kranke Hirn zu jagen. Denn nur ein rettungslos krankes Hirn konnte sich einen so extremen, gleichzeitig so unglaublich dämlichen Betrug ausdenken.

Es war alles Schwindel. Darauf liefen die detaillierten Erklärungen Lässers hinaus. Das Verfahren funktionierte nicht. Und zwar: überhaupt nicht. Nicht zur Hälfte, nicht zu fünfundzwanzig und nicht zu zehn Prozent. Sondern zu null Prozent. Ein Fake, ein Schwindel. Lichodejew habe er selber aufgetan, es sei gar nicht so schwer gewesen, er habe ihn von einem Kongress her gekannt. Lichodejew war Direktor eines Forschungsinstitutes gewesen, politisch ungeschickt, ein Labortier mit rudimentären Sozialkontakten. Deshalb sei er auch vom Umschwung überrascht worden. Sich zur rechten Zeit auf die richtige Seite zu schlagen, dazu habe Stepan Bogdanowitsch das Gespür gefehlt – am Ende sei er auf der Straße gestanden, allerdings mit Zugang zu gewissen Materialien, die sonst auf der Welt nur schwer zu bekommen waren. Er sei froh gewesen, als ihm Lässer ein gutes Angebot gemacht habe, für die zehn Milligramm Achtzigprozentiges. Bezahlt habe er mit einem Teil der Forschungsmittel aus Büchels Kasse; mit einem beträchtlichen Teil.

Und warum er das alles getan habe, wollte der Oberst wissen.

Wegen des Geldes, sagte Ewald, nur wegen des Geldes. Rudolf Büchel habe die Zukunft in so leuchtenden Farben geschildert – wenn sie das Verfahren erst verkauft hätten ... dann sei Büchel eines Tages gekommen und habe etwas von einem Kunden erzählt, der sei wahnsinnig interessiert an diesem Trennverfahren, nur brauche er eine Probe als Beweis, dass es auch funktioniert. Zu diesem Zeitpunkt sei er, Ewald Lässer, noch überzeugt gewesen, dass es funktionieren würde. Also: im Prinzip.

»Was soll das heißen?«, wollte der Oberst wissen.

»Ja, halt so, dass man eine geringe Menge herstellen könnte. Ein paar Milligramm. Nur optimiert war es noch nicht. Da hab ich diese Probe besorgt ... um den Handel in Gang zu bringen.«

»Na, und dann?«

»Dann hat Büchel den Handel abgeschlossen. Und ... und es hat sich herausgestellt, dass es nicht ... äh ... funktioniert. Überhaupt nicht, meine ich. Erst hat es nämlich danach ausgesehen, aber dann bin ich draufgekommen, dass ... dass mir etwas entgangen ist ...« Dann erklärte er, was ihm »entgangen« war, aber niemand seiner Zuhörer verstand etwas von diesen Erklärungen; es ging um Verteilungskoeffizienten und nichtlineare Effekte, um Thermo... Thermo – weiß der Geier, was. Etwas mit Thermo- hatte nicht so hingehauen, wie das der gute Dipl.-Ing. Ewald Lässer sich vorgestellt hatte. Und jetzt musste er es zugeben.

Der Oberst unterbrach das Gespräch. Er werde sich gleich wieder melden, sagte er. Das tat er auch nach ein paar Minuten. In dieser Zeitspanne wurde in der Sägemühle nichts gesprochen, kein einziges Wort. Auch im Jagdhaus wurde nicht viel geredet. Der Oberst hing am Satellitentelefon und sprach mit jemandem, den Juri nicht kannte. Er wollte ihn auch gar nicht kennenlernen. Der Oberst hatte Angst, er roch danach. Der am anderen Ende der Leitung hatte das Sagen. Der Oberst nicht. Als er die Lageschilderung beendet hatte, blieb ihm nur das Zuhören und ab und zu ein »Jawohl«. Lang dauerte das Gespräch nicht.

»Bring sie runter!«, befahl er dann. Juri tat, wie geheißen. Als sich die Klappe über Agathe Moser wieder geschlossen hatte, informierte der Oberst Juri über die Lage. Die zu Hause und die hier. Zu Hause wurde Lichodejew verhaftet. Bis die Geschichte Lässers bestätigt werden konnte, würde einige Zeit vergehen. Es ging hier nicht nur um ein Geständnis, sondern um Sachbeweise, also richtige Polizeiarbeit. Das heißt: Es musste herauskommen, was wirklich passiert war. Wer vielleicht noch etwas von Lichodejew gekauft hatte, und ob im Dunstkreis dieses Forschers noch andere Lieferanten am Werk waren.

»Bis sie das ermittelt haben, sollen wir den Lässer und den Büchel zur Verfügung halten.«

»Und dann?«

Der Oberst sagte nichts. Juri verstand. Keine Spuren. »Das kann doch Tage dauern, bis die fertig sind zu Hause«, sagte er dann. »Und wir wissen doch gar nicht, wo die zwei sind …«

»Ja, das ist mir klar!«, brüllte der Oberst. »Das ist mir klar, verdammt!« Juri sagte nichts mehr. Er war nur der, der angebrüllt werden musste. Militärischer Brauch, nichts Persönliches. Der Oberst stapfte in der Stube auf und ab. Er hatte einen Fehler gemacht. Er hatte seine Gegner unterschätzt. Rimski, vor allem Rimski. Der Oberst hatte gehofft, wenn er den Major opferte – auf eine halbwegs elegante, nicht zu auffällige Weise –, könnte er den Sturm des Unwillens von sich ablenken. Seit der verpatzten Sache in Bukarest war die ganze Abteilung schlecht angeschrieben, aber auch vorher schon … Neid, Missgunst. Und jetzt hatten sie ihn am Arsch. Diese wachsweichen Formulierungen. Man überließ es seinem taktischen Geschick, hatte es geheißen. Wenn er Mist baute, war er selber schuld. Die größte Chance, dass jemand Mist baute, ergab sich, wenn man ihn möglichst lang in einer prekären Situation herumlavieren ließ. Ohne klaren Auftrag. Warten. Und *nach Sachlage entscheiden*. Er nahm das Telefon.

»Ja?« Die Stimme von diesem Büchel.

»Hören Sie zu: Ich weiß nicht, wo Sie sich herumtreiben, aber Sie haben sowieso keine Chance zu entkommen. Ihr Wagen steht hier. Es wäre wirklich besser, Sie beide kommen zum Jagdhaus zurück, bis die Angaben von Herrn Lässer überprüft worden sind.«

»Ach ja? Was passiert denn, wenn die Angaben von Herrn Lässer sich als zutreffend herausstellen?«

»Wenn das so ist, übergeben wir Sie der hiesigen Polizei. Handel mit spaltbarem Material ist eine Straftat. Auch hier in Ihrem Land! Und mit der Polizei sind Sie noch gut bedient – denken Sie doch an Anatol. Der wird nicht auf sein Geld verzichten …«

»Sie kommen mir mit der Polizei? Lassen Sie das Gefasel! Sie haben vorhin diese Frau gefoltert. *Das* ist eine Straftat. Habe ich übrigens schon der Polizei erzählt. Ich bin schließlich ein gesetzestreuer Bürger.«

»Hören Sie, Büchel, lassen Sie uns vernünftig werden, das können wir doch in aller Ruhe bereden ...«

»Bereden Sie das mit Lässer. Er ist in der Sägemühle, das ist das einzeln stehende Holzhaus am Bach, wo sich die Straße gabelt.«

»Sie sind dort?«

»Er ist dort. Ich nicht. Ich habe geschäftliche Verpflichtungen, die keinen Aufschub dulden.« Die Verbindung wurde unterbrochen. Der Oberst schilderte Juri den Inhalt des Gesprächs.

»Er blufft«, sagte Juri. »Der wird sich hüten, die Polizei zu rufen!«

»Wahrscheinlich hast du recht. Aber wir können uns nicht sicher sein. Wir holen uns jetzt diesen Lässer und treffen mit ihm eine Abmachung, falls tatsächlich Polizei kommt. Du verschwindest mit der Frau und wartest, bis ich dich informiere. Lässer wird uns vor der Polizei eine harmlose Geschichte bestätigen ...«

»Was für eine Geschichte?«

»Von einem Winterausflug, was weiß denn ich. So schnell können die nicht da sein, wir haben Zeit, uns was auszudenken. Zum Beispiel in die Richtung: Büchel hat uns hierher eingeladen, zu einer geschäftlichen Besprechung. Wir fahren rein, das Jagdhaus steht offen, ein Auto vor der Tür, aber kein Büchel! Am Telefon redet er wirres Zeug, klingt betrunken ... dann kommt auch schon die Polizei! Ich, Dr. Hoffmann, deutscher Staatsbürger, Geschäftsmann, bin völlig ratlos!« Der Oberst war in seinem Element, das konnte man sehen. Juri seufzte leise. Lügen erfinden, das konnte der Oberst gut. Es war überhaupt das, was er am besten konnte.

»Und wohin verschwinde ich mit der Frau?«

»Versteck dich in einem der Häuser. Sind ja genug da. Oder bleib im Wald. Zum Teufel, denk dir was aus, zeig ein wenig Eigeninitiative. Ich kann mich nicht um alles kümmern!«

»Jawohl, Herr Oberst.«

»Zuerst holen wir uns den Lässer.« Sie brachen auf.

*

Als der Streit verstummt war, wartete Anatol noch ein paar Minuten über dem Wasserrad. Er wollte sichergehen, dass der eine von den beiden, der die Säge verlassen hatte, nicht zurückkam. Dann schob er die Tür zurück und verließ den Radkasten. Lässer lag auf dem rechten Balken des Gatterwagens. Er war mit Stricken daran gefesselt, den Kopf nach unten. Anatol zog sein Messer und schnitt den Ingenieur los. Er fiel wie ein Sack in das Sägemehl auf dem Boden. Über sein Gesicht liefen breite, rote Blutkrusten, die Haare schimmerten feucht. Seine Augen flackerten.

»Er hat dich ganz schön rangenommen!«, sagte Anatol. Anerkennung lag in seiner Stimme. So etwas hätte er dem windigen Spieler nicht zugetraut. So eine Kraftaktion.

»Mit dem Gewehrkolben hat er mich niedergeschlagen, die feige Sau!« Anatol half ihm beim Aufsetzen. Ewald Lässer stöhnte auf. »Wer sind Sie überhaupt? Einer von diesem Oberst?«

Anatol richtete die Taschenlampe auf das eigene Gesicht, wo ähnliche Blutspuren zu sehen waren wie bei Ewald.

»Bei mir war es Juri. Der Gehilfe vom Oberst. Der auch deine Freundin …« Lässer schluchzte. »Beruhige dich, wir bringen die Sache jetzt zu Ende.«

»Wir müssen hier weg! Der Büchel hat gesagt, sobald er selber weit genug weg ist, ruft er den Oberst an und verrät ihm, wo ich bin!«

»Wenn er das gesagt hat, wird er das auch tun. Aber er ist zu Fuß. Er braucht einen ordentlichen Vorsprung. Wir haben noch etwas Zeit.« Anatol setzte sich neben Lässer in das Sägemehl. »Eigentlich sollte ich dich umbringen«, begann er. »Du hast uns wahnsinnige Schwierigkeiten gemacht.«

»Ich? Wieso?« Anatol schaute ihn von der Seite an.

»Du bist tatsächlich so blöd ... du hast keine Ahnung, wer ich bin, stimmt's?« Ewald Lässer machte große Augen, sagte aber nichts. Er schien die große Pistole in Anatols Gürtel erst jetzt zu bemerken.

»Ich soll das Geld zurückholen, das wir an Büchel gezahlt haben«, erklärte er.

»Das Geld hab ich nicht. Und ich war gegen den Verkauf ... in diesem Stadium.«

»Gib dir keine Mühe, ich hab alles gehört.« Er deutete auf die Klappe. »Du hast die Probe von diesem Lichodejew gekauft!«

»Ja, schon, aber ...«

»Ruhe jetzt! Sei still, ich hab keine Zeit für blöde Entschuldigungen. Ist auch egal jetzt, ist mir wurscht, verstehst du? Ich hab jetzt andere Pläne, ich tu dir nichts! Nur ein Rat: Wenn du wieder was erfindest – nimm etwas Harmloses, Kaffeemaschine, Automat zum Eierkochen, so was. Nichts, wo man Uran braucht ...«

»Ja«, sagte Lässer.

»Pass auf: Die kommen hierher. Glaub ich, alle zwei, der Oberst und Juri. Ich hab mit ihnen ... wie heißt das ...?« Er suchte nach einer Formulierung.

»... noch eine Rechnung offen«, half Ewald Lässer.

»Genau. Rechnung offen. Ich mach die Rechnung fertig. Mit beiden. Du hilfst mir dabei.«

»Und wie?«

Anatol erklärte es ihm.

*

Matthäus Spielberger hatte keine Kraft mehr. Psychisch, nicht physisch. Physisch fühlte er sich ganz auf der Höhe, besser als in den Niederungen des Rheintals. Das Gamperdonatal hatte diese Wirkung auf ihn, egal, zu welcher Jahreszeit er sich hier aufhielt. Seelisch lag er am Boden, kurz vor der Aufgabe. Es lag daran, dass ihm von allen Seiten Widerstand entgegengesetzt wurde, buchstäblich von allen Seiten. Seit einer geschlagenen halben Stunde redete er unter Aufbietung all seiner beträchtlichen rhetorischen Fähigkeiten auf seine Leute ein, aber das Einzige, was zurückkam, war ein stures »Nein!« Von Lothar sowieso, da hatte Matthäus auch nichts anderes erwartet. Lothar Moosmann war – seien wir ehrlich! – der typische Dissoziale mit erheblichen Anpassungsproblemen an die Gesellschaft. Gott sei Dank konnte er schnitzen; unter dem weiten Madonnenschutzmantel der »Kunst« war er halbwegs aufgehoben, jedenfalls so, dass er nicht weiter auffiel. Normalerweise hörte Lothar auf ihn und ließ sich lenken. Heute war das nicht so, denn seine eigene Frau stellte sich ebenfalls gegen Matthäus. »Wir müssen diese Frau befreien«, beharrte sie mit enervierender Sturheit ein ums andere Mal, »deswegen sind wir hier reingefahren. Und diesen Lässer müssen wir auch befrieden.«

»Bitte, was müssen wir? Befrieden?!«

»Ja, befrieden. Ihm zum Frieden verhelfen.« Die anderen

nickten, als ob die Verwendung dieses bescheuerten Ausdrucks normal wäre – als ob sie das alle Tage machen würden. Leute »befrieden«. Matthäus hatte seine Mathilde dieses Wort noch nie verwenden hören. In einer Gastwirtschaft wie der »Blauen Traube« musste niemand »befriedet« werden. Wenn jemand Rabatz machte, rief man Lothar Moosmann, der befriedete dann die Störer. Auf dem Hinterhof. Also schön, mit der Hilfe des Wirtes ... einer musste ja festhalten. Aber das waren technische Vorgänge. Sozialtechnische. Das hatte nichts mit dem zu tun, was hier und jetzt im Raum stand. Hier und jetzt ging es um die reale Chance, ums Leben zu kommen, aber das schien seine Umgebung nicht zu begreifen. Franz-Josef Blum, der hochverehrten Mathilde ergeben, stellte sich auf ihre Seite, Matthäus hatte nichts anderes erwartet. Und Dr. Peratoner, von dem er mäßigende Worte erwartet hatte – Dr. Peratoner schwieg. Er äußerte sich nicht. Zuckte mit den Schultern, als ihn Matthäus in seiner Verzweiflung aufforderte: »Jetzt sag halt auch einmal was!«

Also blieb Matthäus nichts übrig, als sich dem Gruppendruck zu beugen. Die Führung ging auf Lothar über. In primitiven Stammesgesellschaften war das halt so. Gewaltige Bitternis erfüllte sein Herz. Um nicht den letzten Rest an Achtung und Einfluss zu verlieren, erklärte er sich bereit, Lothar Moosmann auf der Befreiungsaktion zu begleiten, Franz-Josef Blum meldete sich als Nächster, damit blieb Dr. Peratoner als Beschützer der Witwen und Waisen übrig. Zwar handelt es sich erst um eine Waise in spe (die mit ihrem Galan weggefahren war) und um eine Witwe in spe, dachte Matthäus, aber wie schnell sich der präsumptive Zustand der Witwenschaft in den aktuellen umwandeln kann, ahnt sie nicht.

Sie brachen auf.

Lothar ging voran, es folgte Matthäus, Franz-Josef machte den Schluss. Alle trugen Waffen, deren Schilderung zu weit führen würde, aus Lothars Kiste. Man darf sagen, dass die drei für einen Banküberfall mit Geiselnahme adäquat ausgerüstet gewesen wären. Zuzätzlich trug Lothar Moosmann ein Nachsichtgerät (nur eine Generation hinter der aktuellen militärischen); es handelte sich um ein Modell, das man sich vor die Augen schnallt, was dem Träger wegen der stummelartigen optischen Tuben das insektoide Aussehen eines Rebellenkämpfers in einem Science-Fiction-Film verleiht (*low-budget*). Matthäus hätte jede Summe gewettet, dass es Lothar vor allem darauf ankam, mit dem lächerlichen Ding vor dem Gesicht herumzulaufen.

Sie machten einen Umweg über die große Wiese in der Talmitte auf den westlichen Wald zu. In dessen Schutz, so der Plan, würden sie nach Norden auf das Jagdhaus vorrücken, es umstellen und bei günstiger Gelegenheit angreifen. Hirnverbrannt. Der allseits verworfene Alternativplan des Matthäus Spielberger hätte zu deutlich weniger Adrenalinausschüttung geführt – bei ebenso deutlich verringerter Wahrscheinlichkeit von Schusswechseln. Danach hätten sie sich auf demselben Weg zurückgeschlichen, hätten bei der Wildfütterung ihre Fahrzeuge bestiegen und wären heimlich, still und leise wieder nach Hause gefahren, ins schöne Dornbirn, das Mattias Spielberger nie besonders geschätzt hatte, was ihm nun leid tat. Nun, da die reale Chance bestand, dass er es nie wiedersehen würde.

6

Die Sägemühle lag im winterlichen Sternenlicht, der Schnee glitzerte auf dem Dach, der Schnee glitzerte auf den weiten Flächen rundum, am heftigsten glitzerte der Schnee an den Kanten der zahlreichen Abdrücke im Umkreis des Gebäudes.

»Wie von einer Kompanie«, murmelte der Oberst. Er stand mit Juri auf der schmalen Brücke, die den Bach unterhalb der Säge überquerte. Sie stapften auf der Ostseite des Gebäudes flussaufwärts. In der Zulaufrinne gurgelte das Wasser.

»Das Rad hat sich nicht gedreht«, sagte Juri.

»Na und? Die Säge ist jetzt nicht in Betrieb ...« Der Oberst schüttelte den Kopf. Juri wurde mit dem Alter immer seltsamer. Auch Juri schüttelte den Kopf, aber nur innerlich, was man von außen nicht sah. Der Oberst hatte wieder einmal keine Ahnung. Das einströmende Wasser wurde vor dem Rad abgeleitet, das war ja klar. Nur: Warum ließ man es dann überhaupt in die Rinne laufen? Bei Frost würde die zufrieren, wie der Mühlbach zufror. Das Eis würde die Rinne sprengen; kein Müller, der bei Verstand war, ließe den Zulauf im Winter offen. Also war das Wasser erst vor kurzem eingeleitet worden. Warum? Auf diese Frage fand Juri keine Antwort. Anatols Plan wäre an diesem Detail fast gescheitert. Wie hätte Anatol auch ahnen können, dass Juri so viel über Wassermühlen wusste? Auf die Idee, dass sich Juri über irgendetwas Gedanken machte, wäre er gar nicht gekommen – es ist ein weitverbreitetes Vorurteil, dass die Schläger und Folterer alle dumpf und primitiv sind und keinen Zentimeter weit selber denken.

Aber Juri war auch Untergebener, das wiederum war Anatols Glück. Der Oberst wusste nichts über Mühlen und nichts über Eis, der Oberst war nur politisch auf der Höhe, für alles andere hatte er seine Leute, die gut daran taten, seine Stimmung zu deuten, vor allem aber: zu erahnen, was er von einer Sache hielt, noch bevor er sich darüber verbreitet hatte. Von dieser Sache hielt der Oberst nichts, das heißt: Es gab gar keine »Sache«, nur einen nichtswürdigen Ingenieur namens Lässer, den sie jetzt einkassieren würden. Also hielt Juri sich zurück.

Die Vordertür war nicht versperrt. Büchel und Lässer hatten sich hier aufgehalten, Lässer war immer noch hier; warum, dachte Juri, hatte man dann die kleine hintere Tür auf der Nordseite versperrt? Sie hatten daran gerüttelt. Der Oberst schaltete die Taschenlampe ein. Rechts neben dem Eingang ein Bretterstapel, übermannshoch, vor ihnen der Gatterwagen, der Hintergrund der Säge verschwamm im Dunkel, die Lampe reichte nicht so weit.

Sie traten ein.

Etwas knarrte, aber darauf ist gefasst, wer einen uralten Holzboden betritt. Es war aber nicht der Holzboden, sondern ein langer Balken, der mit einem Ende auf der Außenseite des Bretterstapels schräg unter demselben steckte – in der Lücke zwischen dem unteren Rand des Stapels und einem Querbalken am Boden. Dadurch entstand ein kurzer Hebelarm. Den langen Arm, das andere Ende des Balkens, zogen in diesem Augenblick Anatol und Ewald Lässer mit aller Kraft, die sie aufbringen konnten, nach unten; mit so verzweifelter Gewalt, dass der Stapel mit seiner unteren Kante sich nicht hob, sondern emporschnellte und der ganzen Höhe nach umkippte und auf die beiden Geheimdienstler fiel, die praktischerweise das Gebäude hintereinander betreten hatten, der Oberst voran, Juri hinterher. Drei Zentimeter dicke und einen guten halben Meter breite Fichtenbretter, im Stapel durch kurze Latten getrennt, damit die Luft zirkulieren kann. Der Stapel stammte von der Außenwand der Säge, Anatol und Lässer hatten ihn Brett für Brett neben die Tür transferiert, wo niemand, der bei Verstand war, Bretter lagern würde. Wer aber mit den Usancen der Sägerei nicht so vertraut ist und eine Sägemühle betritt, wundert sich nicht über einen Stapel frisch gesägter Bretter, wo immer er auch steht.

Die Verletzungen der Getroffenen waren minimal, sofern es die Bretter betraf. Allerdings erlitten sie weitere erhebliche Blessuren von Axtstielen, mit denen die beiden Attentäter auf die Körperteile eindroschen, die zwischen den Brettern sichtbar wurden. »Aufs Gesicht, auf den Kopf!«, schrie Anatol, und Ewald Lässer hielt sich an die Empfehlung. Dann zerrte Anatol Arme aus dem Bretterhaufen und fesselte sie mit vorbereiteten Stricken. Zuerst packten sie Juri an den Stiefeln, jeder an einem Bein schleiften sie ihn über die Treppe in den Getrieberaum. Die Montagetür wurde geöffnet, Juri aufgerichtet und kopfüber ins Innere des Wasserrades geschoben. Er stöhnte laut auf, als er mit den Schultern auf die Innenseite des Rades fiel.

»Schnell jetzt!«, rief Anatol. Sie hatten Juri als Ersten versorgt, weil er bei Bewusstsein war und deswegen der Gefährlichere. Der Oberst atmete, zeigte aber sonst keine Zeichen wachen Verstandes, ein Brett oder ein Axtstiel hatten ihn an einer strategischen Stelle am Kopf getroffen. Er gab keinen Laut von sich, als sein Schädel über die Stufen in den Keller holperte. Auch der Oberst verschwand kopfüber im Dunkel.

Sie hasteten hinauf, Lässer zog, wie vorher abgesprochen, die Leine, an der die Klappe in der Wasserrinne hing, und fixierte das Seil. Wasser strömte über die geschlossene Klappe aufs Rad.

Dann begann das Schreien.

Sie gingen hinaus, öffneten die kleine Tür auf der Außenseite des Radgehäuses und leuchteten mit der Taschenlampe hinein. Vom Oberst war nichts zu sehen, er kollerte wohl am tiefsten Punkt des Rades herum, Juri dagegen war es gelungen, sich aufzurichten. Er lief auf der Innenseite, wie ein Hamster im Rad, aber nicht freiwillig. Und er hatte auch nicht so viel Platz. Der Körper des Obersts störte beim Laufen, er trat darauf, stolperte und fiel hin. Wer fiel, wurde auf der hinteren Seite des Rades hinaufgehoben, bis die Schwerkraft die Überhand gewann und den Bedauernswerten wieder einen Meter oder anderthalb nach unten stürzen ließ. Oder, wenn es besser ging – rutschen. Juri schrie und rief, was, konnte man im Getöse des Wassers nicht verstehen. Anatol machte die Tür zu. Er war enttäuscht.

»Ich hab gehofft, sie laufen noch ein bisschen«, sagte er. »Halbe Stunde oder so ...« Er schüttelte den Kopf. Lässer fröstelte, was nicht an der Temperatur des heraufdämmernden Morgens lag. Er hatte fragen wollen, wie lang die Bestrafungsaktion dauern solle, aber nach Juris letzter Bemerkung erübrigte sich das. Die Aktion würde bis zum Ende laufen. Und darüber hinaus.

Die beiden gingen über den Getriebekeller in den Sägeraum hinauf. Das Wasserrauschen klang hier gedämpft, die Schreie der Eingeschlossenen waren nicht zu hören. Vielleicht schrien sie schon nicht mehr. Anatol verströmte gute Laune, grinste, klopfte Ewald Lässer auf die Schulter.

»Gut gemacht, Ingenieur!«, lobte er den Gehilfen. »Jetzt geh zu deiner Freundin, und halt dich von diesem Büchel fern! Keine Geschäfte mehr mit dem Büchel. Guter Rat von mir.«

»Was hast du jetzt vor?«

»Nach Hause. Wartet viel Arbeit dort …« Seine Miene nahm einen nachdenklichen Ausdruck an. Ewald Lässer verzichtete darauf, sich vorzustellen, welcher Art die viele Arbeit war, die auf Anatol wartete. Zu Hause, wo immer das war.

»Und Büchel?«

»Büchel hat uns betrogen. Geht ihm schlecht, wenn wir ihn erwischen! Weißt du, wo er hinwill?«

»Keine Ahnung!«, beeilte sich Ewald zu versichern. »Er hat kein Wort gesagt … mich nur mit dem Gewehrkolben geschlagen. Und gefesselt.«

»Ja, hab ich alles gehört. Er wird rausfahren. Wenn er Glück hat, ist sein Auto nicht kaputt. Ich kriege ihn. So oder so.« Damit drehte er sich um und verließ die Säge. Erst nach ein paar Minuten begriff Ewald Lässer, dass Anatol aufgebrochen war, um sich an Büchel zu rächen und die viele Arbeit zu Hause anzugehen. Oder umgekehrt. Erst die Arbeit, dann die Bestrafung. Ewald Lässer schloss die Tür der Säge hinter sich. Er lief außen am Gebäude entlang zur Nordseite, zur kleinen Brücke über den Bach. Von Anatol war nichts mehr zu sehen. Er musste zum Jagdhaus, Agathe befreien. Das war das Einzige, was in seinem Kopf Platz hatte. Er dachte nicht daran, dass er dort Büchel wieder in die Hände laufen würde. Demselben Büchel, der ihn der Vergeltung der Agenten ausliefern wollte. Dass Anatol Ewald befreien würde, konnte Büchel nicht wissen. Unter normalen Umständen hätte Ewald Lässer die Situation analysiert, Szenarien entworfen und deren Verwirklichungschancen abgeschätzt. Und dann erst gehandelt.

Aber die Umstände waren nicht normal. Agathes Schrei klang ihm noch in den Ohren. Wenn niemand sprach, wenn er selber nicht sprach, hörte er diesen entsetzlichen Schrei in seinem Kopf. Um ihn zu übertönen, redete er laut. »Agathe, Agathe, ich komm dich holen, ich komm dich holen!« Das wiederholte er immer wieder. Die Worte wandelten sich zum Singsang, während er durch den Schnee stapfte. Auf der Straße, die durch den Westteil der Hüttensiedlung zum Jagdhaus führte, lag weniger Schnee. Ewald Lässer fiel in leichten Trab.

»Agathe, Agathe, ich komm dich holen, ich komm dich holen!«

*

Das Jagdhaus machte einen verlassenen Eindruck. In Matthäus begann Hoffnung zu keimen. Vielleicht war es ja verlassen. Sie standen im Schutz des Waldes zwanzig Meter entfernt.

»Ich geh von hinten ran«, sagte Lothar Moosmann.

»Du meinst, du schleichst dich an?«, wollte Franz-Josef wissen.

»Nein, wir sind ja nicht zum Indianerspielen hier. Ich geh einfach an die Rückseite von dem Haus und seh mich um!«

»Schon gut, reg dich nicht auf!«

»Ich reg mich nicht auf, verdammt nochmal!« Weg war er. Matthäus hatte sein Gewehr auf einen der unteren Äste der Fichte gelegt, unter der sie standen, und behielt das Haus im Auge. Er erwartete von irgendeinem Punkt des Gebäudes das Aufblitzen von Mündungsfeuer, erwartete, dass Lothar zusammenbrach, dann würde er diesen Punkt unter Beschuss nehmen. Wie hieß das immer? »Gebt mir Feuerschutz!« Wo war da der Schutz, wenn Lothar schon mit aufgeplatztem Schädel im Schnee lag? Wir müssen zuerst schießen, fiel ihm ein, Franz-Josef und ich sollten aus allen Rohren feuern, auf alle Fenster oder sonstigen Öffnungen, hinter denen sich ein Scharfschütze verbergen könnte ... so, wie es jetzt ablief, war es reine Idiotie. Sie hatten sich vorher nichts überlegt, überhaupt nichts, auch Lothar Moosmann nicht, der die Führung der Gruppe innehatte. Unbestreitbar – da hätte man sich doch erwarten dürfen, dass er einen Plan hat, wenn er schon einen auf Stoßtrupp macht, einen richtigen Plan, also einen mit etwas mehr taktischer Raffinesse, als sich im Satz »Ich geh von hinten ran« zusammenfassen ließ. Aber Lothar konnte man keine Vorhaltungen über seinen Führungsstil machen, er war schon hinter dem Hauseck verschwunden.

»Du wirst sehen«, sagte Matthäus mit Flüsterstimme, »die schnappen ihn, ohne dass er auch nur *Muh* machen kann, und warten, bis wir nachschauen kommen ...«

»Müssen wir ja nicht.« Schön, dass der verbliebene Mitstreiter schon die Söldnermoral angenommen hatte. Jeder für sich und Gott gegen alle, oder wie das hieß ... beruhigend.

Lothar tauchte am anderen Hauseck auf und winkte ihnen zu. Sie hasteten über die freie Schneefläche auf das Haus zu.

»Es ist niemand da«, sagte Lothar, »alles dunkel, alles ruhig.« Sie gingen zur Tür. Sie war nicht verschlossen. Lothar ging rein. Einfach so, ohne besondere Vorsichtsmaßnahmen. Er machte Licht an. Die Stube war leer, aber warm. Auch die beiden anderen traten ein und suchten das Haus ab.

»Die sind weg«, sagte Matthäus. Wieder keimte Hoffnung in ihm auf. »Die sind weg, und die Moser haben sie mitgenommen. Ihr seht ja, es ist niemand da! Damit hat sich unsere Aufgabe erledigt. *Mission completed*, würd ich sagen. Lasst uns gehen!«

»Erstens heißt das *mission accomplished*, und zweitens ist Agathe Moser im Keller eingesperrt. Darauf setze ich einen Hunderter.« Lothar deutete auf die Klappe im Boden. Es blieb keine Zeit, die Wette anzunehmen, denn jemand unterhalb der Klappe hatte die Anwesenheit von Menschen wahrgenommen und hämmerte gegen das Holz. Aller Wahrscheinlichkeit nach Agathe Moser. Als sie die Falltür aufmachten, stieg sie heraus. Strähnige Haare, blasser Teint, die rechte Hand dick eingebunden. Als sie herausgeklettert war, begann sie zu sprechen und hörte nicht auf, bis sich alle Hoffnungen Matthäus Spielbergers auf ein glimpfliches Ende der Unternehmung verflüchtigt hatten. Restlos. Er musste sich setzen. Die Geheimdienstler waren also noch schlimmer als befürchtet, und jetzt wohl auf der Suche nach Ewald Lässer und Rudolf Büchel, der sich aber schon aus dem Staub gemacht hatte.

»Sein Auto ist weg«, erklärte sie nach einem Blick auf den Vorplatz. »Und der andere ist auch weg …«

»Welcher andere?«, fragte Lothar.

»Den sie zusammengeschlagen haben. Hört ihr eigentlich zu? Hab ich doch alles erzählt. Wir sollten auch das Licht ausschalten. Sonst wundern sie sich, wenn sie zurückkommen …«

»Was wollen die noch von Ewald Lässer?« In Matthäus Spielbergers Stimme konnte man die schiere Verzweiflung hören. »Er hat doch zugegeben, was er gemacht hat!«

»Die werden uns alle liquidieren«, sagte Agathe Moser, »einfach, um Probleme zu vermeiden. Tabula rasa. Keine Zeugen, kein Risiko …«

»Was soll der Scheiß?«, schrie Lothar Moosmann, »was

für ein Risiko, verdammt? Wir sind hier in Österreich, nicht in der Kasachensteppe. Hier gelten Gesetze! Und die Polizei sorgt für die Einhaltung. Das wird mir überhaupt zu blöd. Ich ruf die jetzt an, die Polizei!« Er griff nach seinem Handy, Matthäus konnte es ihm im letzten Moment entwinden. »Nicht so schnell, Lothar! Dazu bleibt noch Zeit. Schauen wir erst einmal, was mit dem Lässer passiert ist!« Er schnitt, den Rücken zur Moser, Grimassen, aus denen Lothar entnehmen sollte, dass es in ihrer Lage keine gute Idee wäre, die Aufmerksamkeit von Exekutivorganen zu wecken – solang man noch mit Waffen behängt, die alt, aber funktionsfähig und nicht angemeldet waren, durch die Gegend lief. Lothar konnte zwar die Mimik seines Freundes nicht deuten, unterließ das Telefonieren trotzdem, weil ihm klarwurde, dass Matthäus Spielberger etwas aufgefallen war. Ihm selber entgingen wichtige Dinge, das wusste er. Es war besser, auf den Wirt zu hören, bevor man aus Versehen Blödsinn machte. Er steckte das Handy ein und überlegte einen gesichtswahrenden Rückzugssatz, als der derangierte Ewald Lässer in die Stube stürmte.

»Wo ist sie?«, brüllte er, sah sie, umarmte Agathe, bedeckte ihr Gesicht mit Küssen. Das grenzt an Körperverletzung, dachte Matthäus und ging hinaus. Wenn die beiden Geheimdiensteinis genauso hereinplatzen wie der Lässer, sind wir geliefert. Was sind wir doch für Pfeifen ... draußen war aber niemand, es war auch niemand in der Nähe zu sehen. Zur Sicherheit umrundete Matthäus das Haus. Als er es wieder betrat, hatte das Lässer-Moser'sche Begrüßungs- und Wiedersehensritual eben ein Ende gefunden. Ewald begann von seinen schrecklichen Erlebnissen in der Sägemühle zu berichten.

»Und das Wasser läuft noch?«, fragte Franz-Josef Blum.

»Natürlich! Ich bin doch nicht blöd und stell es ab, dann

klettern die doch sofort raus!« Ewald schüttelte den Kopf. Eine Ansammlung von Gutmenschen …

»Wir müssen sie da rausholen«, sagte Lothar. »Gehen wir.« Ewald zeigte sich besorgt. »Sollen wir nicht zuerst deinen Verband wechseln?«

»Nein, mein Schatz, das soll man nicht zu oft tun, es muss ja abheilen.«

»Wer hat dich denn verbunden?«

»Der Oberst.«

»Dann sollten wir ihn wirklich aus dem Rad befreien.«

Sie brachen auf. Bei der Mühle unterwies Ewald Franz-Josef, wie man das Wehr herunterließ. Als das Wasser in der Rinne verschwunden und das Rad zum Stillstand gekommen war, öffneten sie die Montageluke im Getriebekeller. Lothar konnte seine Neigung zu unüberlegten Aktionen nicht bezwingen. Noch ehe ihn Matthäus daran hindern konnte, leuchtete er mit seiner starken Taschenlampe ins Radinnere. Dann stürzte er ins Freie und erbrach sich in den Mühlgraben.

»Meine Güte!«, stöhnte Franz-Josef und nahm Lothar die Lampe ab, ehe der sie ins Wasser fallen ließ, um selber nachzusehen.

»Ja, da ist wohl nichts mehr zu machen«, berichtete er. Lothar wischte sich den Mund mit Schnee ab.

»Der eine«, fuhr Franz-Josef fort, »also der eine hat wohl versucht, auf eine Speiche zu kommen und seitlich rauszuspringen … das hat aber nicht ganz funktioniert. Er ist wohl zwischen Rad und Mauer geraten, und irgendetwas am Rad, was dort herausschaut, versteht ihr, eine Schraube oder so – hat ihn dann … äh … auf … also …« Er fuhr sich mit der Hand schräg über den Bauch.

Von draußen hörte man erneutes Würgen. Sie verließen

den Getriebekeller. Matthäus blickte auf die Außenseite des Rades.

»Man sieht gar nichts. Kein Blut oder so …«

»Das ist gewissermaßen die gute Nachricht! Das viele Wasser hat alles weggeschwemmt.« Matthäus Spielberger traf eine rasche Entscheidung. »Dann holen wir jetzt Mathilde und den Doktor und fahren heim.«

»Was? Du willst die einfach in dem Rad lassen?« Lothar hatte sich gefangen.

»Allerdings. Hast du eine bessere Idee? Oder ihr zwei? Ihr steht da, als ob euch die Sache gar nichts anginge!« Agathe Moser und Ewald Lässer warteten ein paar Meter von der Tür entfernt, eng umschlungen. Sie antworteten nichts.

»Wo ist der Büchel hin?«, wollte Franz-Josef wissen. Ewald Lässers Schultern zuckten.

»Weg. Ich weiß nicht, wohin.«

»Und dieser Anatol?«

»Auch weg. Er hat mich befreit und mir Glück gewünscht. Ich glaube, das ist ein guter Mensch, alles in allem.« Agathe Moser nickte zu diesen Ausführungen, Matthäus schüttelte den Kopf, Lothar grinste, und Franz-Josef wandte sich ab, weil er offen zur Schau gestellte Idiotie nicht ertragen konnte. So etwas war ihm peinlich bei anderen, bei sich selber sowieso – dies war der Hauptgrund, warum er den Schritt auf die Bühne letzten Endes nie gewagt hatte. Aus Furcht vor der Blamage.

»Gehen wir heim!« Matthäus Spielberger wandte sich nach Süden, zur Hütte des Onkels, die anderen trotteten hinterher, Agathe und Ewald vor Lothar, der sie mit einer Geste zum Mitkommen aufgefordert hatte, er machte den Schlussmann.

In der Hütte wurden Mathilde und Dr. Peratoner über die Ereignisse informiert, die, je länger man davon sprach, immer phantastischer anmuteten. Es lag auch daran, dass der Morgen dämmerte, die Übermüdung aller sich bemerkbar machte. Mathilde kochte Kaffee für alle, Agathe und Ewald waren dazu eingeladen, obwohl er sein Verhalten in der »Blauen Traube« mit keinem Wort thematisierte, geschweige denn sich dafür entschuldigte. Er hörte aber auch von keinem der Anwesenden ein Wort des Vorwurfs. Weil er verrückt war. Früher hätte man gesagt: Er hat einen »Jagdschein«, soll heißen, er ist amtlich irre, nicht bloß so nach Privatmeinung, er ist mit Brief und Siegel geistig nicht normal. Brief und Siegel im Wortsinn besaß Ewald Lässer nicht, aber sein Geständnis vom Kauf der Probe kam einer Beglaubigung durch eine psychiatrische Fachkraft recht nahe. Er glaubte immer noch an sein Verfahren, das war klargeworden, nur war es eben noch nicht »ausgereift«. Wie das Auto, das mit Wasser fährt oder gleich mit »Raumenergie«, und andere erstaunliche Erfindungen, die sich alle schon im Reich des Seienden finden, nur halt nicht »ausgereift«.

Nach dem Kaffee brachen Lothar und Franz-Josef auf, die Autos zu holen. Auf der Straße kamen sie, obwohl Schnee lag, viel schneller voran als auf dem Umweg hintenherum. Es dauerte eine Weile, bis zuerst Franz-Josef seinen Lada und dann Lothar den Defender rückwärts aus dem schmalen Forstweg auf die Straße gefahren hatten. Dann holten sie die anderen ab, die mit ihrem Gepäck schon vor der Hütte warteten. Agathe und Ewald fuhren im Lada mit, alle anderen im Landrover. Es wurde nichts gesprochen, weder im einen Auto noch im anderen. Als sie an Ewald Lässers Auto ankamen, stieg Lothar aus und zog den Pkw mit einem Abschleppseil aus dem Schnee. Agathe und Ewald stiegen ein, die anderen nahmen das nicht wintertaugliche Auto bis zum Ausgang des Gamperdonatals in die Mitte, um Havarien zu vermeiden. Draußen trennten sich die Autos ohne Hup- oder sonstige Abschiedssignale. Defender und Lada fuhren auf der Autobahn nach Dornbirn; Ewald Lässer wählte feinfühlig die Bundesstraße, um den anderen so schnell wie möglich aus den Augen zu kommen. Das gelang ihm.

Die anderen Teilnehmer am Abenteuer verarbeiteten das Erlebte, so gut sie es vermochten. Das gelang dem einen besser, dem anderen weniger. Nach dem Eintreffen in der »Blauen Traube« versammelten sich alle in der Gaststube, wo Angelika und ihr Ramón schon warteten. Der Spanier kam mit der Aufarbeitung der Ereignisse am besten zurande, schon weil er vom stark dialektgeprägten Stimmengewirr nichts verstand, und zwar überhaupt nichts. Angelika erzählte ihm, dass über das Gamperdonatal gesprochen wurde, und er glaubte ihr das. Für ihn hätten sie auch über die neuesten Erkenntnisse der Astrophysik reden können, das hörte sich alles wie Stammespalaver aus Papua-Neuguinea an, wenn er ehrlich war, konnte er nicht einmal die Sprache in Mitteleuropa verorten. Ohne den Kontext wäre er nicht auf »Deutsch« gekommen. Das war ihm aber sehr recht: Er wollte gar nicht wissen, was da noch alles beredet wurde, für ihn war der ganze Ausflug eine »loceria«, ein Unsinn für Erwachsene, von dem er sich mental so weit absentierte, wie er konnte und seine Angelika es zuließ. Sie ließ es zu, gab das anstrengende Zusammenfassen von Gesprächsbeiträgen auf. Ramón machte sich in der Küche beim Zwiebelschneiden nützlich, was von Mathilde mit deutlich gezeigtem Wohlwollen und mit einem Glas hochpreisigem andalusischem Brandy aus der »Bodega« in Lustenau belohnt wurde. Ramón trank ihn, stellte Behagen zur Schau, obwohl er sich aus dieser Art Alkohol nichts machte. Es war ihm aber klar, dass die »alemanos« ganz Spanien geistig auf den Süden konzentrierten und jeden Sohn Iberiens für einen Flamencotänzer hielten. Er mochte die Andalusier nicht besonders und verabscheute ihre Sprechweise; das konnte er gerade noch Angelika erklären, aber nicht ihrer Mutter. So widmete er sich den Zwiebeln, Mathilde plante Kartoffelgulasch für alle, Angelika hatte ihm versichert, die Mama mache es so scharf, dass es auch für ihn genießbar sein werde.

Mathilde beteiligte sich zwar an den Diskussionen der Männer, aber nur nebenbei. Die Männer waren durch Augenzeugenschaft dem Geschehen noch mehr verbunden, bekamen nur mit Mühe Abstand davon, wie in solchen Fällen üblich mit den Mitteln der Rationalisierung und Rechtfertigung. Die Gruppe bot den unschätzbaren Vorteil, dass sich niemand allein mit seinen Taten und der Erinnerung daran herumschlagen musste. Sie konnten das im Kollektiv tun und, statt jeder für sich die eigene Handlungsweise in schlafloser Nacht zu zergrübeln, einander Persilscheine ausstellen. Jeder stellte dies oder jenes, was er getan hatte, in Frage, die anderen bestätigten ihm (gewissermaßen im Chor), dass eben diese seine Handlung die vernünftige, kluge, letzten Endes sogar die einzig mögliche gewesen sei ... dann kam der Nächste dran. Es war ein Ritual gegenseitiger Entsühnung.

»Nein«, rief etwa Matthäus, »nein, Lothar, das war ganz richtig, die Knarren mitzunehmen! Man konnte doch nicht wissen, wie die Gegenseite bewaffnet ist. Wie wären wir denn dagestanden – ohne nix?« Franz-Josef stimmte zu und nahm so von Lothar Moosmann den nagenden Zweifel, ob vielleicht er durch zu martialisches Auftreten die Dinge in die Richtung gelenkt hatte, in die sie dann gelaufen waren ... das war natürlich Blödsinn. Sie hatten nicht einen Schuss abgefeuert, so gesehen, hatten Art und Umfang der Bewaffnung keine Rolle gespielt. Dass Lothar in der Schlussphase der Aktion den Vorstoß zum Jagdhaus initiiert hatte, konnte man ihm schon eher vorwerfen, denn ohne sein Beharren auf dieser Pfadfinderaktion wären sie nicht mit der Sägemühle und ihrem Inhalt konfrontiert worden. Das dachte sich zwar jeder, aber niemand sprach es aus. Jetzt ging es darum, alle Anwesenden zu entlasten.

Nur Dr. Peratoner blieb still. Von ihm hörte man keine Verteidigungsreden. Er nickte zwar, bekundete Zustimmung, wenn er angesprochen wurde, was immer häufiger geschah, weil Schweigen in so einer Situation nicht Affirmation bedeutet, sondern Kritik, aber er ließ sich nicht aus der Ruhe bringen, aß wie die anderen das Kartoffelgulasch. Mit Appetit, soweit man das beurteilen konnte; es schmecke ihm, teilte er auf Anfrage mit. Sonst sagte er nichts, blieb im Zustand träumerischer Versunkenheit, als denke er über irgendetwas nach ... Das ist es!, kam Lothar in den Sinn, ein chemisches Problem, das beschäftigt ihn. So etwas kam vor, Peratoner war dann nicht ansprechbar, weil er alle seine Geisteskräfte darauf verwandte, sich die Baupläne bestimmter Moleküle vorzustellen und sie im Raum zu spiegeln und zu drehen, da musste man sich konzentrieren, Lothar verstand das. »Wieso zeichnest du es dann nicht auf?«, hatte er einmal gefragt und zur Antwort erhalten: »Es muss auch so gehen. Rein in der Vorstellung.« Also eine Art geistiger Selbsttest. Pensionisten unterziehen sich manchmal solchen Exerzitien aus ihrem Berufsleben, um das Gespenst der Senilität zu bannen. Der Griechischprofessor probiert dann, ob er noch alle Formen des Verbs »hiemi« zusammenkriegt, der Chemiker dreht die Strukturformel des Camphers im Kopf herum, um die Konfiguration festzustellen – so hatte es ihm Dr. Peratoner einmal erklärt. Und Lothar hatte, wie es seine Art war, die Gelegenheit zu einem geschmacklosen Witz nicht verstreichen lassen können und gesagt: »Aha – ich hab immer gedacht, es reicht als Test, wenn man sich noch die Schuhe zubinden kann ...«

Dr. Peratoner war mit so einer selbstgestellten Aufgabe beschäftigt, davon war Lothar überzeugt, und nicht mit einer Grübelei über Fehlverhalten – von wem auch immer. Aber Lothar hatte sich getäuscht. Denn als sie mit dem Essen fertig waren, fragte Dr. Peratoner in die sättigungsbasierte Stille des Raumes hinein: »Fällt niemandem was auf?«

Matthäus erschrak. Fast wäre er aufgesprungen. Als ob jemand einen Böller vor dem Gasthaus gezündet hätte. Die Buben aus der Nachbarschaft machten das zu Silvester. Extra, weil er die Knallerei nicht ausstehen konnte. Matthäus zwang sich zur Ruhe.

»Wie meinst du denn das?«, fragte er.

»Nun – wenn ich mich hier umsehe, scheinen alle darin übereinzustimmen, dass die Sache vorbei ist. Beendet. Fini. Wie beim Theater nach dem letzten Akt.«

»Das ist doch so!« Mathilde wusste im selben Moment, das sie zu laut gesprochen hatte, zu aggressiv. Sie konnte sehen, wie Dr. Peratoner zusammenzuckte.

»Es tut mir leid, Frau Mathilde, aber so ist es eben nicht. Das heißt, ich glaube, dass es nicht so ist. Die Sache ist noch nicht zu Ende ...«

»Was meinst du denn?«, Lothar war die Ungeduld anzuhören. Der hochgelahrte Dr. Peratoner meckerte herum, weil man die Sache ohne seine weisen Ratschläge durchgezogen und – o Wunder! – zu einem guten Ende gebracht hatte. Daran hatte er zu kauen.

»Was ist mit der Frau, dieser Agathe?« Dr. Peratoner lehnte sich zurück und trommelte mit den Fingern auf die Tischplatte. »Lassen wir die Sache doch einmal Revue passieren: Erst wird sie entführt – vom Geschäftspartner ihres Geliebten. In einen Keller eingesperrt und ganz offensichtlich als Druckmittel gegen diesen Geliebten verwendet. Sie ist also in Lebensgefahr, davon muss sie ausgehen. Nun gut: Vielleicht blufft dieser Rudolf Büchel nur, aber kann sie das wissen? Sie kennt ihn doch nicht. Wer so eine schwere Straftat durchzieht wie eine Entführung, hat doch wenig Skrupel, das wird ihr klar sein. Aber es kommt ja noch schlimmer. Kurz darauf tritt eine neue Gruppe auf. Gegen die war Rudolf Büchel ein guter Onkel. Man foltert sie mit einer heißen Herdplatte! Und wieder geht es um ihren Geliebten Ewald Lässer – sie hätte all diese entsetzlichen Erfahrungen nicht zu machen brauchen – wenn Ewald Lässer nicht laufend Mist gebaut hätte …«

»Na schön, Herr Doktor, das stimmt ja alles«, sagte Mathilde. »Das war sicher alles sehr tragisch für die Frau. Aber was sagt uns das? Worauf wollen Sie hinaus?«

»Auf das Offensichtliche! Agathe Moser wird befreit, mit ihrem Ewald vereint – und alles ist eitel Wonne. Die verbrannte Hand ist verbunden, Madame lächelt, freut sich, strahlt geradezu, als sie den lieben Ewald erblickt. Macht sie – wie soll ich sagen – einen mitgenommenen Eindruck? Absolut nicht. Sie weint nicht, keine Träne verunstaltet ihr schönes Gesicht, sie scheint keinen starken Gemütsbewegungen zu unterliegen. Sie verströmt … nun ja, eine Art heiterer Gelassenheit. Und dann: Macht sie dem Ewald Lässer Vorwürfe?«

Lothar Moosmann wartete, bis Mathilde den Glühwein serviert und Kerzen auf den Tisch gestellt hatte. (Wegen der Gemütlichkeit.) »Keinen Ton hat sie gesagt. Hat sie sich bei einem bedankt? Bei mir jedenfalls nicht.« Er nahm noch einen tiefen Schluck. Es nützte nichts, das wusste er schon. Der Chemiker hatte recht. Es war noch nicht zu Ende. Und es war ungut, die ganze Sache hatte einen verfaulten Kern, zu dem sie noch gar nicht vorgestoßen waren. Lothar bekam Durst. Wie immer, wenn er eine Situation falsch eingeschätzt hatte. Und wie immer galt auch jetzt: So viel Alkohol, wie nötig wäre, konnte er nicht trinken.

»Wie sieht die Zukunft dieser beiden aus?«, fuhr Dr. Peratoner fort, »Sie sind wieder vereint und leben glücklich bis an ihr seliges Ende?«

»Wovon?«, fragte Angelika.

»Eine ausgezeichnete Frage! Vom Verkauf des Schwindelverfahrens wohl nicht. Es stellt sich also die Frage ...«

»... was die Dame noch von ihm will.« Lothar hatte den Satz vollendet. »Du hast recht, daran hatte ich noch gar nicht gedacht ...« Matthäus und Franz-Josef nickten und murmelten Zustimmendes.

»Wie meint ihr das?«, wollte Mathilde wissen. In der sich ausbreitenden Stille hörte man Angelika, die für ihren Liebsten in leisem Spanisch dolmetschte. Die Stille hatte sich auf die Runde gesenkt, weil keiner der Wirtin das Offensichtliche erklären wollte. Denn das Offensichtliche war ein bisschen frauenfeindlich, eigentlich mehr als ein bisschen, das konnte man drehen und wenden, wie man wollte. Matthäus als Ehemann raffte sich auf: »Wir halten diese Agathe für eine ... wie sagt man ... Goldgräberin, eine ...«

»Eine Schlampe, die sich an Männer ranschmeißt, um sie abzuzocken!«, rief Lothar Moosmann. Er wirkte glücklich, weil er diese Bemerkung anbringen konnte – die Verbindung der Begriffe »Schlampe« und »abzocken«. Und weil er das als

Zweiter tat, drohte ja keine Gefahr mehr. Sonst hätte er nicht gewagt, das Wort »Schlampe« in Gegenwart der Wirtin Mathilde Spielberger laut auszusprechen. Sie war imstande und erteilte Lokalverbot, woran auch ihr Mann nichts würde ändern können.

»Danke, ich weiß schon, was eine Goldgräberin ist!« Mathilde klang verärgert. »Wie kommt ihr auf die Idee?«

»Sie ist … demasiado maravillosa … para este tipo«, sagte Ramón in die Stille. »Sie ist zu schön für diesen Kerl«, übersetzte Angelika. Ramón blickte im Raum umher, Zustimmung von den Geschlechtsgenossen erheischend, die aber betrachteten die Decke oder die Glühweintassen, an denen sie eben ein faszinierendes Detail entdeckt hatten. Der spanische Macho spazierte ins Minenfeld der Genderdebatte wie in einen Park, es war nicht zu fassen! Er war buchstäblich nur einen Schritt davon entfernt, in die Luft zu fliegen. Lothar wurde rot im Gesicht, er ertrug öffentliche Demütigungen nicht, er musste vorher gehen. Oder sich hinter den armen spanischen Idioten stellen, der sich eben um sein Lebensglück quatschte … wenn du schon nicht richtig Deutsch kannst, dann halt in Gottes Namen das Maul! Aber das war ja auch nicht richtig – es lag nicht am Deutschen – was Ramón nicht kannte und konnte, war etwas anderes. Was er nicht kennen und können konnte, beim besten Willen nicht, dazu hätte er hier geboren werden und aufwachsen müssen. Er hatte es nicht verdient, in die Luft zu fliegen. Lothar musste eingreifen. Flucht kam nicht in Frage. Er stand auf.

»Was der Ramón sagen will, ist etwas ganz Einfaches: Diese Frau passt zu dem Lässer wie ein Perlenkollier an den Hals einer Sau! Ich meine, das hat man beim ersten Blick gesehen, dass da keine Zuneigung im Spiel ist, sondern Geldgier. Fragt sich also, was sie jetzt noch von ihm will, wo er nichts mehr hat. Die Stelle bei Büchel kann er ja wohl abschreiben ...«

»Da hat er auch nicht so viel verdient, dass es für diese Dame gereicht hätte«, setzte Franz-Josef Blum fort, »also schon vorher nicht!« Und, an Mathilde gewandt: »Du hast das sicher nicht so gesehen, das kann man dir nicht vorwerfen, aber du kannst mir glauben, wir sind da ... also, wie soll ich das ausdrücken, als gebrannte Kinder vom Fach gewissermaßen Spezialisten ... Herrgott, Doktor, jetzt sag halt auch einmal was!« Die Wirtin staunte, welche Suada sie ausgelöst hatte – wodurch bloß? Durch eine einfache Frage ... sie hatte keine Zeit, nachzufragen, denn Dr. Peratoner ergriff das Wort: »Liebe Frau Mathilde, Franz-Josef meinte einfach, ohne dem besseren Teil des Menschengeschlechtes nahetreten zu wollen, dass diese Frau, die Agathe Moser – schlecht ist. Ja, schlecht! Wie in dem berühmten Satz: *Männer sind böse, Frauen sind schlecht.* Ein patriarchalisches Klischee, ich weiß, aber bevor Sie uns nun verurteilen, Frau Mathilde, bitte ich Sie, zu bedenken, dass uns Männer an diesem Tisch die Einschätzung dieser Dame eint. Ihre Absichten sind schändlich.«

»Schändlich«, murmelte Franz-Josef Blum, und Lothar wiederholte: »Schändlich. Auf jeden Fall. Kein Zweifel ...« Mathilde und Angelika schauten sich an und schüttelten den Kopf. Dr. Peratoner bemühte sich um eine Begründung der männlichen Einschätzung. »Sehen Sie, eine Frau von diesem Aussehen – eine solche Frau gibt sich nicht mit einem Individuum wie Ewald Lässer ab, außer, das betone ich besonders – außer sie hat Absichten jenseits des Erotischen. Sie wird sich aber nie in so einen Menschen verlieben, nicht eine Sekunde lang, das ist nicht möglich, das ist gewissermaßen wider die Natur, der genetische Instinkt spricht dagegen ...«

»Aha«, sagte Mathilde, »der genetische Instinkt.«

Dr. Peratoner überhörte den offenen Sarkasmus der Äußerung. »Es ist klar und am Tage, dass die Dame etwas von Lässer will. Das Einzige, wodurch er der Menschheit bis jetzt aber auffiel – und zwar unangenehm –, ist sein Verfahren zur Trennung der beiden Uranisotope. Wenn sie also noch bei ihm ist ...«

»Ach so«, rief Matthäus, »du meinst also ...«

»... dass es doch funktioniert!«, schrie Lothar Moosmann. Er war aufgesprungen und klatschte die flache Hand an die Stirn. »Ich Idiot! Natürlich! Das kleine Aas hat gelogen ...«

»Ich versteh überhaupt nichts mehr«, sagte Mathilde. »Er hat doch zugegeben, dass er diese Probe bei einem arbeitslosen Ostwissenschaftler gekauft hat ...«

»Natürlich hat er das!« Lothar war aus dem Häuschen. Er rannte in der Gaststube herum. »Er hat es ja selber zugegeben, buchstäblich die Wahrheit gesagt! Die Probe gekauft, weil Büchel so gedrängt hat ...«

»Nein, Meister Lothar, so war es nicht!« Auch Peratoner war aufgestanden, blieb aber an seinem Platz. »Büchel ist ein harter Geschäftsmann und zugleich ein Spieler. Solche Leute leben von der richtigen Einschätzung anderer Menschen. Ich kann mir nicht vorstellen, dass ihn Lässer täuschen könnte. Und Büchel würde keinen Deal aushandeln, wenn er nicht überzeugt wäre, dass dieses Verfahren läuft.«

»Überzeugt?«, fragte Angelika. »Sie meinen, er hat die Probe gesehen und festgestellt, dass es wirklich getrenntes Uran ist – mit Strahlung und so?«

»Davon gehe ich aus. Büchel fand sicher einen Weg, sich von der Echtheit zu überzeugen.«

»Aber es könnte doch sein, dass es diese Probe war, die Lässer wo auch immer gekauft hat«, warf Mathilde Spielberger ein. »Dass er so eine Probe gekauft hat, das hat er ja zugegeben. Wahrscheinlich mit dem Geld, das er vom Büchel für Forschung gekriegt hat. Das ist dasselbe wie früher bei den Goldmachern. Die mussten ihren Geldgebern ja auch immer eine kleine Menge echtes Gold vorweisen, um weiteres Geld lockerzumachen.«

Dr. Peratoner setzte sich wieder. »So könnte es gewesen sein. Dann hätte Büchel sich täuschen lassen, und ich hätte ihn überschätzt. Bleibt das Verhalten von Frau Moser ...«

»Die hat ihm halt auch geglaubt!« Angelika wusste im selben Moment, wie lahm das klang.

»Liebes Kind«, sagte Franz-Josef, »glauben Sie es mir: Eine Frau wie diese Agathe Moser weiß immer, was der Gefährte vorhat. Sie hat sein Vertrauen. Neben seinem Körper, seinem Geist und seiner verdammten Seele, sie besitzt ihn mit Haut und Haaren, sie weiß alles über ihn. Und natürlich viel mehr, als er selber über sich weiß. Seinen Freund kann er täuschen, aber nicht so eine Frau.«

»Die Geliebte des Goldmachers ... klingt wie so ein historischer Bestsellerschinken. In dem Fall wär sie eingeweiht in den Betrug.«

»Ach was!« Matthäus schlug mit der flachen Hand auf den Tisch. »Das ist doch Blödsinn! Du drehst die Figurenkonstellation um, totaler Quatsch ... die Geliebte des Goldmachers ist dem Goldmacher verfallen, nicht umgekehrt. Ein naives Ding, das er durch seine dämonisch-hypnotische Ausstrahlung ... wie sagt man ... umgarnt hat. Der Fall hier liegt genau andersrum! Sie hat ihn umgarnt, willenlos gemacht ...«

Mathilde lachte auf: »Interessant, wie diese Herren versuchen, eine Dame namens – Agathe Moser zu dämonisieren!

Im Ernst, glaubt ihr nicht, ihr übertreibt? Agathe Moser! Lächerlich ...«

»Wir wissen nicht, ob sie wirklich so heißt«, sagte Lothar. Seine Stimme klang nun leise und brüchig, wie im ersten Stadium einer Erkältung. Er sah blass aus, Schweiß stand ihm auf der Stirn. »Aber wir wissen, dass sie immer noch bei ihm ist. Ihr habt schon recht ... der Goldmacher hat keine Geliebte. Es sei denn ...«

»Was?« Angelika bedauerte im selben Augenblick, dass sie so aggressiv gefragt hatte. Aber die Stimmung im Raum begann sich zu verändern. Die Kerzen waren fast heruntergebrannt, das »Gemütliche«, von ihrem Vater hochgeschätzt, wandelte sich in etwas anderes um. In den Ecken des großen Raumes sammelten sich schwarze Schatten. Als Kind hatte sich Angelika immer davor gefürchtet. Denn diese Schatten bewegten sich. Wenn man nicht hinsah.

»Es könnte eben so sein«, sagte Dr. Peratoner mit leiser Stimme, »dass Lässers Verfahren doch funktioniert. Oder auch nur: vielleicht doch, wie auch immer ... es ist die einzige Erklärung, warum sie sich noch nicht von ihm trennt, die wunderschöne, böse Frau vom kleinen Ingenieur. Das ist doch so, oder?« Niemand antwortete ihm. Mit den Schatten breitete sich Schweigen aus. Sie saßen um den Tisch, jeder für sich. Als ob niemand von uns mit einem anderen etwas zu tun hätte, dachte Mathilde. Als ob wir Leute wären, die sich kaum kennen, die einander vielleicht zum ersten Mal sehen. Bei einem feierlichen, aber von untergründigen Spannungen und Misstrauen geprägten Anlass. Bei einer Testamentseröffnung. Sie fröstelte. Wie kam sie auf diesen Gedanken? Wer war gestorben? Diese Agenten in dem Wasserrad der Säge. Und einen dritten hatte Ewald Lässer unter einer Lawine begraben.

Angeblich. Sie hoffte, dass es gelogen war, dass er den dritten erfunden hatte. Davon war sie ausgegangen. Ein notorischer Lügner. Sein Verfahren ein Schwindel. Aber – das galt ja nun nicht mehr. Wenn die Männer recht hatten, dann war Ewald Lässer kein Lügner. Kein hundertprozentiger ...

Sie blickte sich in der Runde um. Ihr Mann saß zurückgelehnt in seinem Stuhl, das Gesicht lag im Schatten. Er rührte sich nicht. Lothar hatte den Kopf in die Hände gestützt, die Haare hingen ihm in die Stirn. Er sah aus wie ein alter Säufer in einer Schnapsbude. Dr. Peratoner saß aufrecht, die Hände auf dem Tisch gefaltet. Sein Gesicht, beleuchtet von der letzten Kerze, zeigte keinen deutbaren Ausdruck. So hat er während der Schularbeiten dagesessen, dachte sie, genau so. Aufmerksam, aber nicht übertrieben misstrauisch. Sie wunderte sich über den Einfall. Sie hatte Dr. Peratoner nie in der Schule gesehen, geschweige denn als Aufsichtsperson bei einer Schularbeit.

Ihre Tochter saß dicht bei Ramón, er hatte den Arm um sie gelegt, wie es sich gehörte. Ihre Miene war arglos, die seine auch. Sie fürchteten nichts, denn sie waren von der selbstverständlichen Unsterblichkeit der Jugend erfüllt.

Blieb Franz-Josef Blum. Er hatte sich vorgebeugt und blickte sie an. Die längste Zeit schon, wie immer. Sie lächelte.

»Sing uns was«, sagte sie in das Schweigen hinein, »mach uns die Freude ...«

Lothar Moosmann seufzte leise, Franz-Josef Blum stand auf und summte ein paar Töne, summte sich ein. Dann füllte sein Bariton den Raum.

»Geh nur, du entrinnst mir nicht. Die Augen Giuliettas sind sichere Waffen ...« Die Arie des Dapertutto aus »Hoffmanns Erzählungen«. A capella. Das hatte einen merkwürdigen Effekt. Mit den Instrumenten fehlte auch jede Distanz zu Gesang und Text. Sie saßen wie erstarrt, während Franz-Josef Blum sich vom Tisch gelöst hatte, im Raum umherging wie auf einer Bühne und sang.

»Leuchte, heller Spiegel mir
und blende ihn mit deinem Schein,
dass sein Herz gehöre ihr, sein Leben
mir allein!«

Dann noch eine Strophe. Als er geendet hatte, lag der Raum in fast völliger Dunkelheit. Franz-Josef Blum verschwand ohne ein weiteres Wort. Niemand rührte sich. Ramón, der mit den Usancen nicht vertraut war, wollte klatschen, aber Angelika fasste seine Hand, ohne etwas zu sagen, da ließ er es sein. Nicht, dass der Gesang so überragend gewesen wäre. Ein talentierter Laie, man konnte es hören, aber Ramón verstand, dass es nicht um einen Gesangsvortrag ging, den man vielleicht ins Internet stellen sollte. Es ging hier um die Stimmung, die das Lied erzeugt hatte. Die verstand er nicht, sie war ihm fremd, aber er verstand, dass sie da war und diese Leute ergriff, vollkommen beherrschte. Er hoffte, die Wirkung würde nachlassen, damit sie nach Hause gehen konnten. Nach ein paar Minuten war es so weit. Lothar erhob sich, murmelte Abschiedsworte und ging, der Chemiker schloss sich an. Matthäus Spielberger war schon vorher verschwunden, Mathilde räumte die Glühweintassen und abgebrannten Kerzen ab. Sie achtete nicht auf ihre Tochter und ihren Freund. Draußen fragte Ramón: »Hab ich etwas falsch gemacht?«

»Wie kommst du darauf? Nein, das war schon in Ordnung ...«

»Und was war das eben?«

»Wieso? Der Franz-Josef hat etwas gesungen, nichts weiter.« Sie erklärte ihm, woher die Arie stammte, dass es um Hoffmanns Spiegelbild gehe, also seine Seele, die Dapertutto mit der Hilfe Giuliettas an sich bringen wollte. Ramón hörte zu, obwohl er sich nicht für Opern interessierte; aber alles, was sie sagte, befriedigte ihn nicht ganz.

»Warum war es ... tan triste ... traurig?«, fragte er.

»Was war denn traurig? Die Musik?«

»Nein ... alles. Deine Eltern ... la otra gente. Muy triste ...«

Sie blieb stehen und sah ihn an. »Es ist nicht traurig, das verstehst du falsch.«

»Was ist es dann?«

Sie ging weiter. »Es ist ... ich kann es nicht erklären, ich habe nie darüber nachgedacht. Vielleicht hast du recht. Es ist traurig ...«

»Wegen dieser Frau – Agathe? Das ist Giulietta, vale? Und der Lässer ist Hoffmann? Aber wer ist dann Dapertutto?«

»Dapertutto ist ein Abgesandter des Teufels. Oder der Teufel selber, so genau weiß ich das nicht ...« Er dachte über ihre Worte nach. Dann sagte er: »Jetzt, bitte, sei nicht böse, aber ihr seid ... ein bisschen ... extraños.«

»Merkwürdig? Ach was, meine Eltern und ihre Freunde hören gern Opern. Ich auch übrigens. Und du gewöhnst dich besser daran!« Aber sie lächelte, als sie das sagte, da wusste er, sie nahm die letzte Bemerkung nicht übel.

»Aber es ist noch nicht zu Ende? Sie werden schauen, was los ist mit der Frau?«

»Ich fürchte, ja. Lass uns fahren.«

*

»Es sieht ganz normal aus.«

»Ja, und? Es ist ein Haus, was hast du denn erwartet? Soll es die Farbe ändern wie ein Chamäleon?«

Sie saßen in Lothars Defender und parkten auf der Straße vor dem Haus Ewald Lässers in Koblach. Es war vier Uhr früh und dunkel. Matthäus Spielberger ärgerte sich. Über Lothars patzige Antwort, mehr aber über sich selber, weil er die idiotische Frage gestellt hatte, am meisten aber, weil er sich hatte breitschlagen lassen und auf die hirnrissige Exkursion mitgefahren war.

»Bringen wir es hinter uns«, sagte Lothar und stieg aus. Er trug eine Lodenpelerine und einen Hut mit Feder. Matthäus neben ihm unterdrückte einen Fluch, Dr. Peratoner im Fond des Wagens sagte nichts. Die beiden stiegen auch aus. Sie gingen auf das Lässer'sche Supersolarhaus zu, Lothar Moosmann voran. Lässers Auto stand in der Einfahrt. Matthäus fühlte ich unwohl. Er war müde. Mehr als müde, er war erschöpft. Er hätte auf die Kiesel an seinem Fenster nicht hören sollen. Aber wer kann schon einem Kiesel, der gegen die Scheibe klappert, widerstehen? Telefonläuten lässt sich mit ein bisschen Willenskraft ignorieren, aber ein Kieselstein als Kommunikationseinleitung nicht. Er bedeutet Geheimnis und Gefahr, jedenfalls höchste Dringlichkeit. Also hatte er das Fenster aufgemacht und Lothar mit dem Chemiker im Hof stehen sehen. Sie winkten ihn nach unten. Er war runtergegangen, natürlich, ohne Debatten vom ersten Stock aus, schon, um Mathilde nicht zu wecken. Dann hatten sie ihm ihr Vorhaben erklärt, und er war mitgegangen. Warum? Erstens Gefahr in Verzug. Und warum musste er mit? Weil er zweitens Verursacher der ganzen Misere gewesen war, durch seine Wahrträume, jawohl! Wie viele Jahre würden sie ihm das noch vorhalten?

Sie machten alles, wie abgesprochen. Lothar verschwand hinter dem Haus, Dr. Peratoner telefonierte mit dem Handy. Gleich beim ersten Läuten wurde abgenommen.

»Ja?«

»Wir wollen Herrn Lässer sprechen.«

»Was fällt Ihnen ein, um diese Zeit anzurufen? Wir wollen schlafen, lassen Sie uns in Ruhe!« Es wurde aufgelegt.

»Sie fragte gar nicht, wer anruft.«

»Also hat sie dich an der Stimme erkannt ...«

»Kaum. Wir kamen uns nie so nahe ... nein, sie wusste wohl schon, wer anrufen könnte. Einer von uns.«

»Das glaube ich nicht. Dann wäre sie nicht rangegangen, wenn sie nicht mit uns sprechen will. Die hat einen anderen Anruf erwartet.«

»Büchel?«

»Du sagst es.«

Die Vordertür wurde aufgesperrt und geöffnet. Dahinter stand Agathe Moser. Sie trug einen Overall. Ihr Haar leuchtete im Gegenlicht aus dem Wohnzimmer wie eine Strahlenkrone. Sie ist schön, dachte Matthäus, sogar in den Technikerklamotten.

»Wir sind erfreut«, sagte Dr. Peratoner, »dass Sie sich noch nicht zur Ruhe begaben! Das macht die Störung verzeihlicher.«

Frau Moser verzog den Mund, was man aber nicht als Lächeln missdeuten konnte. Sie war nicht erfreut.

»Kommen Sie rein.« Ihre Stimme klang resigniert. Hinter ihr wurde Lothar Moosmann sichtbar. Er trug immer noch Hut und Lodenumhang, aber nun wurde auch ein hässliche Mündung sichtbar, die zu einer britischen »Sten« gehörte, einer Maschinenpistole mit eingebautem Schalldämpfer aus dem Zweiten Weltkrieg. Diese Mündung war auf Agathe Moser gerichtet.

»Sie wollte hinten raus«, erklärte Lothar. »Ich hab sie abgefangen.«

»Wo ist der Lässer?«, wollte Matthäus wissen.

»Sitzt im Wohnzimmer. Allerdings ...«

»Lass mich raten!«, unterbrach Dr. Peratoner. »Er ist tot, oder?«

»Woher weißt du das?« In Lothars Stimme schwang Bewunderung. Dr. Peratoner lächelte wie nach einem gelungenen Schulversuch im Chemieunterricht – einem mit Knalleffekt, der bei der Klasse ununterdrückbares kindliches Staunen ausgelöst hatte. Er schaute fragend auf Agathe Moser.

»Herzinfarkt«, sagte sie. »Ganz plötzlich.«

»Ach ja, Herzinfarkt ... er rafft die Besten dahin. Gehen wir doch hinein! Nach Ihnen, meine Liebe ...«

Im Wohnzimmer nahmen sie Platz. Die Gäste auf den Sesseln. Agathe Moser setzte sich neben Ewald Lässer auf die Couch. Der hatte den Kopf zurückgelegt und starrte nach oben, mit vor Überraschung halboffenem Mund, sodass sie mit einem Seitenblick zu ergründen suchten, welches Detail der Deckenverkleidung ihn so fasziniert hatte. An der Decke war nichts Besonderes.

»Sie wollten uns verlassen, Frau Moser?«, fragte Dr. Peratoner.

»Nach Ewalds Tod hat mich hier nichts mehr gehalten.«

»Verstehe.«

»Ich glaub das nicht mit dem Herzinfarkt«, sagte Matthäus. »Er war doch ganz munter, nicht dick, sah nicht aus wie einer mit Hochdruck ...«

Er fühlte die Blicke der anderen. Fehlte nur, dass sie kicherten. Wie in der Schule, wenn jemand etwas ganz Dummes gesagt hatte.

»Ja«, sagte Dr. Peratoner, »da sind wir mit dir einer Meinung, lieber Matthäus! Sie hat ihn umgebracht. Und um das alles abzukürzen: Sie heißt auch nicht Agathe Moser und kommt nicht aus Deutschland. Und sie hat den Herrn Lässer nie geliebt.«

»Das ist etwas viel auf einmal.« Agathe Moser blieb ganz ruhig. »Beweisen können Sie davon gar nichts.«

»Nein, wir nicht. Aber die Gerichtsmedizin. Es mag noch so sehr wie ein Herzinfarkt aussehen, es ist keiner. Und Ihr Verhalten nach seinem Ableben ist verdächtig, um das Mindeste zu sagen. – Und da wir grade von medizinischen Fragen reden: Wie geht es denn Ihrer Hand? Es war doch die rechte?« Er griff nach ihrer Hand, hielt sie hoch. Die Hand war unversehrt.

»Erstaunlich, wie schnell das abgeheilt ist!«, höhnte Lothar. »Keine vierundzwanzig Stunden, und man sieht wirklich rein gar nichts mehr von einer Verbrennung. Hat er vielleicht auch eine Superbrandsalbe erfunden? Wenn Sie die Zusammensetzung haben, können Sie Millionen damit scheffeln, Frau Moser!«

Frau Moser lächelte. »Das war nur ein Trick. Ich hab diesem Juri vorgeschlagen, ich kann so überzeugend schreien, dass es der Ewald glaubt – die Folterung und so weiter. Es lief ja nur durchs Telefon ...«

»Und Juri hat sich darauf eingelassen?«, fragte Matthäus.

»Warum denn nicht. Er war ein Mann, mit dem man reden konnte.«

»O ja, das glaub ich gern!« Dr. Peratoner lachte. »Vor allem, wenn man aus derselben Branche ist – Frau Moser.«

»Ich weiß nicht, was Sie eigentlich wollen. Durch diese kleine Scharade haben wir Ewald dazu gebracht, seinen Betrug einzugestehen. Freiwillig hätte er das nie getan!«

»Den Betrug, ja, ja ...« Dr. Peratoner versank in Nachdenken.

»Und Sie wollen jetzt wirklich die Polizei rufen? Während mich Ihr Freund mit einer verbotenen Kriegswaffe bedroht? Aber davon abgesehen: Die Polizei wird mich verhören, dann werde ich meine Erlebnisse der letzten achtundvierzig Stunden erzählen – von der Jagdhütte, von Büchel und Anatol, von Hoffmann und seinem Juri. Und ihrem Ende. Und von Ihnen, meine Herren, werde ich dann auch erzählen.« Sie begann zu lachen, schüttelte den Kopf. »Kommen Sie, seien Sie nicht so stur! Niemandem ist daran gelegen, die ganze Affäre an die große Glocke zu hängen ...«

»Woran sind Sie denn interessiert?«, fragte Matthäus.

»Dass die Sache beendet wird.«

»Und er?« Lothar deutete mit der Mündung auf den verblichenen Ewald Lässer. »Wollten Sie ihn so dasitzen lassen, bis einem Nachbarn der Geruch auffällt?«

»Das hatte ich nicht vor. Sie hatten mich unterbrochen. Es gibt ja noch das Labor ...«

»Verstehe.« Dr. Peratoner nickte, stand auf und begann im Zimmer auf und ab zu gehen. »Ewald Lässer käme bei einem Laborunfall um, dem – leider, leider – auch seine ganze Ausrüstung zum Opfer fiele ...«

»Na ja – ein sehr heftiger Unfall. Eine Explosion, die man kilometerweit hören kann. Anschließend Feuersbrunst. Weiß Gott, womit er da in seinem Keller herumexperimentiert hat. Diese Sachen gehören einfach viel strenger kontrolliert, meinen Sie nicht?«

»Warum wollten Sie dann abhauen, als wir auftauchten? Und alles unvollendet zurücklassen?«

»Zweitbeste Lösung ... ich habe nicht geglaubt, dass man mit Ihnen reden kann. Ich wollte auf Nummer sicher gehen, schließlich wären dann Sie mit dem toten Lässer und seinem Labor dagestanden.«

»Also haben Sie schon alles, was Sie brauchen?«

Sie schwieg einen Moment.

»Ja, habe ich. Es ist aber nicht ganz so, wie Sie denken.«

»Sie haben ihm das Verfahren abgeluchst!«

»Nein.«

»Frau Moser will damit sagen«, meldete sich Dr. Peratoner, der am Fenster stand, »sie hat – nichts.«

Auf diese Äußerung antwortete niemand. Der Chemiker genoss die Überraschung, die er bei seinen Freunden ausgelöst hatte. Er konnte sie im Rücken spüren. Nach einiger Zeit meldete sich Matthäus: »Also das versteh ich nicht. Wir sind doch davon ausgegangen, dass sie nur deshalb bei ihm geblieben ist, weil sie ihm das Verfahren stehlen wollte. Weil es nämlich doch funktioniert. Um damit viel Geld zu machen. Also hat sie jetzt das Verfahren. Wieso sagst du, sie hat nichts.«

Agathe Moser stöhnte auf. Wie eine Lehrerin in einer besonders unerfreulichen Stunde in einer Klasse mit grenzdebilen Prolos. Matthäus ärgerte sich, Lothar war nichts anzumerken.

»Natürlich funktioniert das Verfahren«, erklärte Dr. Peratoner. »Sogar sehr gut. Jedem mit ein bisschen Kleingeld – wie viel schätzen Sie, Frau Moser?«

»Dreißig-, vierzigtausend ...«

»... also jedem mit diesen Mitteln wäre es möglich, sich die Apparaturen zu bauen, die dafür nötig sind. Damit wäre jeder in der Lage, mit entsprechender Geduld spaltbares Material in fast beliebiger Menge herzustellen – unterbrechen Sie mich, wenn ich falsch liege!«

Frau Moser nickte nur.

»Und das spaltbare Material ist ja die eigentliche Schwachstelle bei der Bombe. Woher kriegt man das? In ausreichender Menge?«

»Ja, ja, das wissen wir doch schon!«, rief Lothar Moosmann. »Jeder Arsch, dem der Sinn danach steht, baut sich die Atombombe mit seinem Bausparvertrag, wenn die Sache publik wird. Wieso sagst du dann, sie hat es nicht, das Verfahren vom Lässer?«

»Weil sie es nicht braucht. Dort, wo sie herkommt, hat man schon ein paar Bomben auf Lager. Die auf die alte, umständliche Art erzeugt wurden. Man braucht keine neuen. Und die anderen, die in der Gegend wohnen, haben zwar keine, hätten aber gern welche. Denen käme das Lässer'sche Verfahren gerade recht. Also muss man verhindern, dass es publik wird.«

Die Begleiter betrachteten Agathe Moser nun mit anderen Augen.

»Ich hab ihn nie gefragt, wie es genau funktioniert«, erklärte sie. »Es hätte ihn misstrauisch gemacht. Er war sowieso sehr misstrauisch. Und es hat mich auch nicht interessiert. Ich hätte es ohnehin nicht verstanden, ich bin nicht vom Fach, Gott sei Dank ...«

»Was wollten Sie dann von ihm?«, fragte Lothar,

»Herausfinden, *ob* es funktioniert. Nicht *wie*, sondern *ob*. Das *Ob* genügt dann schon.«

»... für den Herzinfarkt, verstehe.« Aus Lothars Stimme konnte man eine gewisse Bewunderung heraushören. »Was ich nicht verstehe: Wieso haben Sie so lang gewartet?«

»Womit?«

Lothar Moosmann lachte. »Na – mit dem Herzinfarkt!«

»Überlegen Sie doch: Es geht nicht darum, ob seine Erfindung real ist oder nicht. Sondern, ob man das glaubt. Und wer es glaubt. Denn die Situation ist extrem asymmetrisch ...«

»Was?«

»Sie will sagen«, erklärte Dr. Peratoner mit einem gewissen Ärger über eine didaktisch unglückliche Äußerung der neuen Hilfslehrerin, »bei Erfindungen glaubt die breite Masse alles – und sei der Blödsinn noch so hirnrissig. Das meint sie mit *asymmetrisch*. Seit über hundert Jahren leben wir in einer Kultur der technischen Wunder. Kein Mensch kommt auf die Idee, eine Erfindung, von der er in der Zeitung liest, in Frage zu stellen. Was er in Frage stellt, ist ihre Notwendigkeit, Nützlichkeit, neuerdings auch die ökologische Unbedenklichkeit – aber nicht ihre Existenz. Niemand fragt sich: Geht das überhaupt? Oder ist es ein Schwindel? In der Technik gibt es keinen Schwindel mehr. Nur noch in der Medizin und bei Pyramidenspielen ...«

»Ja, genau das wollte ich doch sagen!«, fuhr ihm Agathe Moser dazwischen. »Um eine technische Erfindung als absolut wertlos hinzustellen, muss ein starker Beweis vorliegen, dass es sich dabei um einen absoluten Schwachsinn handelt, verstehen Sie?«

»Aber der Beweis war doch da!«, rief Lothar. »Diese Mafiatypen haben die Sache nicht zum Laufen gebracht!«

»Das ist doch kein Beweis! Wer weiß schon, wen die da rangelassen haben ... alles Untergrund, gescheiterte Existenzen. Drum hab ich ja gesagt, die Wahrnehmung ist asymmetrisch. Da würde es gleich heißen: Na klar, das ist komplizierte Technik, die waren nur zu blöd dazu ... nein, nein, Ewald Lässer musste selber zugeben, dass er betrogen hat. Offiziell, verstehen Sie?«

»Und genau das hat er vor dem Geheimdienst zugegeben«, resümierte Matthäus. »Die haben es auch gleich überprüft und festgestellt, den Typ, von dem er seine Probe gekauft hat, gibt es wirklich ...«

»... und der hat dem Lässer auch wirklich diese Probe verkauft«, setzte die Moser fort. »Also passt alles zusammen. Erster Schritt: Das Verfahren wird verkauft. Der Käufer bringt es nicht zum Laufen. Zweiter Schritt: Der sogenannte Erfinder gibt zu, dass der Beweis für die Funktionsfähigkeit seines Verfahrens ein Schwindel war. Passt auch. – Die Asymmetrie ist aufgehoben. Nun ist für alle Interessenten klar: glatter Betrug, außer Spesen nichts gewesen.«

»Es ist nie eine gute Idee, den Dschinn aus der Flasche zu befreien«, sagte Dr. Peratoner. »Weil man ihn bekanntlich nicht mehr zurückkriegt – eigentlich ist das eine Metapher zum Wirken der Entropie – aber lassen wir das. Wenn man aber den Geist nicht mehr in sein Gefängnis bekommt, muss man ihn auf andere Art unschädlich machen. Am einfachsten ist es zu sagen: Kinder, es ist ein Märchen aus dem Orient, es gibt keine Geister. Denn sie haben nur Macht, wenn jemand an sie glaubt ...«

»Verstehe!« Lothar klang begeistert. »Der Flaschengeist ist die böse Erfindung. Wenn niemand glaubt, dass sie hinhaut, ist sie ungefährlich!«

»Das ist ein sehr schöner, lehrreicher Vergleich, Herr Doktor!«, lobte Agathe Moser. »Sie wären ein guter Lehrer geworden.«

»Ich war ein guter Lehrer ...«

In die sich ausbreitende Stille platzte Matthäus Spielberger, der es nicht mehr aushielt. »Ist die Ethikstunde jetzt zu Ende? Oder war das noch Religion mit einem Schuss Sozialkunde? Es ist halb fünf, es wird bald hell, Meister Ewald glotzt immer noch an seine Zimmerdecke, sein Labor rostet vor sich hin ...«

»Sie haben völlig recht, Herr Spielberger, schaffen wir ihn runter!« Sie musste natürlich nicht mithelfen, Lothar und Matthäus packten den verblichenen Ingenieur und trugen ihn in das Kellerlabor. Auf dem Weg nach unten erkundigte sich Dr. Peratoner: »Besteht nicht die Gefahr, dass man bei der Obduktion bei ihm ... ich meine, er wird stark verbrannt sein ... aber es könnte doch Zweifel geben ...«

»Was für Zweifel?« Sie sah ihn von der Seite an.

»Wegen des Herzinfarkts ...«

»Ach so! Nein, keine Sorge, man wird keine Ursache feststellen können. Wegen der hohen Temperatur, verstehen Sie? Es wird nicht viel zum Obduzieren übrig bleiben. Auch kein Herz. Infarkt ist nur eine vernünftige Annahme. Der Stress wegen seiner Erfindung, Streit mit seinem Partner ... bums, aus. Der Infarkt überrascht ihn bei seiner sensiblen Arbeit und löst überhaupt erst die Katastrophe aus. Es fehlen in so einem geheimen Privatlabor natürlich die elementarsten Sicherheitseinrichtungen!«

»Natürlich ...«

Sie waren unten angekommen. Frau Moser dirigierte die Träger an eine bestimmte Stelle zwischen den Röhren und Glaszylindern. Dort legten sie ihn mit dem Oberkörper auf ein Gestell.

»Da ist er zusammengebrochen«, erklärte sich Lothar die Szene. »Überrascht vom stechenden Schmerz.« Er schob Ewald Lässers rechte Hand unter dessen Brust.

»Das ist ein hübsches Detail«, lobte Frau Moser. »Ich glaube allerdings kaum, dass er in dieser Position liegen bleiben wird. Bedenken Sie die heftige Explosion ... gehen wir.«

»Wo ist denn der Doktor?«

»Schon raufgegangen. Er will das hier unten gar nicht sehen ...«

»Sie haben recht«, ließ sich Dr. Peratoner vernehmen, der hinter der Tür gewartet und das Labor nicht betreten hatte. »Ich will nicht sehen, was da drin ist.«

»Warum?«, fragte Lothar. Sie wandten sich alle der Treppe zu, Agathe Moser ging als Letzte und schloss die Tür zum Labor.

»Weil er noch länger leben will«, sagte sie.

Lothar blieb stehen, drehte sich nach ihr um. »Heißt das, jeder, der die Apparate gesehen hat, ist in Lebensgefahr?«

»Für Sie beide gilt das nicht«, beruhigte sie ihn.

»Sie meint«, sagte Matthäus, »wir sind zu blöd dafür – wissenschaftlich gesehen. Nur der Doktor ist in Gefahr, wenn er was vom Aufbau von dem ganzen Zeug verstanden hätte. Weil er sich doch einen Reim drauf machen könnte. Als Chemiker.«

Dr. Peratoner sagte nichts, er war schon am oberen Ende der Treppe.

»Und Sie selber?«, fragte Lothar. »Sie haben das Böse doch in allen Einzelheiten gesehen ...«

»Bei mir«, sagte sie mit leiser Stimme, »ist es Berufsrisiko.« Sie wirkte müde. »Bevor Sie gehen, noch einen Rat: Leugnen Sie nicht, hier gewesen zu sein. Erzählen Sie alles der Polizei. Dass Sie hergefahren sind, weil Sie sich Sorgen um Herrn Lässer gemacht haben ... etwas in der Art. Wir – Lässer und ich – haben Ihnen dann aufgemacht und waren sehr verärgert wegen der Ruhestörung, wir haben Sie weggeschickt.«

»Warum sollten wir überhaupt zugeben, dass wir hier waren?«, fragte Lothar. Anstelle von Agathe Moser antwortete Matthäus. »Weil uns garantiert jemand gesehen hat. Bei uns sieht dich immer jemand, wenn dir das nicht passt, ganz egal, zu welcher Tages- oder Nachtzeit. Nur, wenn du einen suchst, der gesehen hat, wer am helllichten Tag dein Auto angefahren hat und danach abgehauen ist, findest du niemand!«

Agathe Moser lächelte. »Wie auch immer, Sie müssen alle dieselbe Geschichte erzählen ... ideal ist es sowieso nicht, die Sache mit der Polizei, aber daran sind Sie selber schuld. Sie hätten nicht herkommen dürfen.« Lothar wollte aus Gewohnheit protestieren, aber Dr. Peratoner schnitt ihm das Wort ab: »Ich bitte Sie, was ist schon ideal? Apropos: Was ist eigentlich mit Rudolf Büchel? Den hatten Sie doch auch noch auf der Liste. Immerhin ist er der Einzige, der etwas mehr vom Inhalt dieses Kellers mitbekam als einer von uns – ausgenommen Sie selber – Frau Moser. Ist er nicht eine Gefahr?«

»Sie brauchen die *Frau Moser* nicht so sarkastisch zu betonen. Ich heiße nicht so, das dürfte doch klar sein!« Jetzt wirkte sie verärgert. Dr. Peratoner grinste.

»Und sonst haben Sie recht. Es verläuft nie alles nach Plan. Und, ja: Rudolf Büchel ist ein Problem. Er ist verschwunden ...«

»Spurlos?«

»Spurlos gibt es nicht. Aber er hat es so geschickt angestellt, dass man im ersten Anlauf nichts findet. Und wenn er schlau ist, verhält er sich so ... dass man auf einen zweiten Anlauf verzichtet.«

»... und nicht tiefer gräbt, verstehe.«

»Und jetzt sollten Sie gehen. Ich brauche eine gewisse Vorlaufzeit.«

»Leben Sie wohl, Frau Moser!«, wünschte Lothar beim Gehen. Die anderen sagten nichts. Die drei fuhren in der keimenden Dämmerung des Spätwintertages nach Hause.

✳

Am späten Abend des folgenden Tages entfaltete sich über dem Solarhaus des Ewald Lässer eine mindestens fünfzig Meter hohe Feuerblume, in der das Gebäude verschwand. Als die Riesenflamme in sich zusammensank, stoppte sie das Zusammensinken bei etwa dreißig Metern, sodass der Eindruck eines Feuers entstand, das grellgelb aus den Tiefen der Erde heraufloderte, buchstäblich aus einem Loch im Boden, einem Höllenschlund. Von einem Haus war da schon keine Rede mehr, obwohl es nicht direkt über dem Feuer, sondern etwas seitlich gestanden war – dies bedingt durch den nicht genehmigten und auch nicht genehmigungsfähigen, illegalen exzentrischen Kellererweiterungsbau, von dem die Katastrophe ausging. Die Hitze war so gewaltig, dass sich die Feuerwehr nur in Spezialanzügen nähern konnte. Viel nützte diese Annäherung nicht, denn trotz des Einsatzes von Feuerwehren aus der ganzen Region war an ein Löschen nicht zu denken, es ging nur darum, die Nachbargebäude vor der Strahlungshitze zu schützen.

Der Brand hielt nicht lange an. Danach blieb nur das Loch im Boden. Vom Haus gab es keine Spur mehr. Die Brandermittlung stellte sich als schwierigstes Unterfangen der Vorarlberger Brandgeschichte heraus. Die Fachleute führten Gewalt und Temperatur des Feuers auf die große Masse an Lösungsmitteln zurück – offenbar die eigentliche Triebfeder. Ungewöhnlich auch die Vielfalt der Lösungsmittelspuren, die an herausgeschleuderten Trümmern nachgewiesen wurden. Man fand Äthylalkohol, Methylalkohol, Acetessigester, Dichlormethan, Aceton, Propylalkohol, Toluol. Und ordinären Dieseltreibstoff. Und ein paar Exoten, die von der Behörde auf Weisung des Innenministeriums nicht bekanntgegeben wurden, »um Spekulationen zu vermeiden«, wie es in der Anweisung hieß. Man fand auch zahlreiche anorganische Salze quer durchs Periodensystem. Wozu dies alles gedient haben konnte, ließ sich aus der Fülle der Analysenergebnisse allerdings nicht ableiten, nicht einmal auf dem Niveau gewagter Hypothesen. Es war einfach nicht klar, was Ewald Lässer mit der Anlage gewollt hatte. Was man nämlich nicht fand, waren Spuren eines Produktes. Keine Amphetamine, keine sonstigen Drogen. Und nein, auch kein Uran.

Was man außerdem fand, war eine am Boden der Grube zusammengeschmolzene Masse aus Glas und Metallteilen und die Reste von Ewald Lässer. Sonst nichts. Kein Hinweis auf ein zweites Opfer. Die eigentliche Todesursache ließ sich bei Lässer nicht mehr feststellen.

Am Morgen nach der Explosion meldeten sich Matthäus, Lothar und Dr. Peratoner bei der Polizei. Sie hätten den Lässer noch am Vortag besucht. Warum? Weil sie sich Sorgen gemacht hatten – es folgte eine Schilderung der Geschichte ihrer Bekanntschaft mit Dipl.-Ing. Ewald Lässer. Allerdings unter Weglassung wesentlicher Teile der Geschichte. Danach sei Lässer plötzlich im Gasthaus aufgetaucht, habe behauptet, der Wirt und Konsorten hätten seinem Arbeitgeber geholfen, seine, Lässers, Freundin Agathe Moser zu entführen, und im Gasthaus versteckt ... nur mit Mühe konnte der etwas verwirrt wirkende Mann überzeugt werden, dass die »Blaue Traube« mit einer Entführung nichts zu tun habe. Er sei dann gegangen.

Kurze Zeit später hätten sie ihn dann wiedergesehen: im Gamperdonatal, wo die Hütte des Onkels von Matthäus Spielberger etwas hergerichtet werden sollte – die Tochter Angelika habe ihn auf dem Weg aufgelesen, aber auf seinen Wunsch bald wieder aussteigen lassen. Auch hier habe er wilde Verschwörungstheorien von sich gegeben. Beim Hinausfahren hätten sie ihn dann mit einer Frau, offenbar dieser Moser, bei seinem stecken gebliebenen Auto vorgefunden und Pannenhilfe geleistet. Es habe ihnen aber diese Sache keine Ruhe gelassen, drum hätten sie ihn nach langem Hin-und-her-Diskutieren zu Hause aufgesucht, seien aber von den beiden ziemlich unwirsch weggeschickt worden.

Jagdhaus und Sägemühle wurden nie erwähnt. Zwei Wochen später entdeckten Forstarbeiter der Agrargemeinschaft die sterblichen Überreste von zwei Personen im Wasserrad. Aufgefallen war ihnen, dass dieses Rad lief, obwohl es doch den ganzen Winter stehen sollte. Viel war von den zweien nicht mehr übrig; man fand auch den Wagen auf der Zufahrt zur Wildfütterung, konnte als Besitzer einen gewissen Hoffmann ausfindig machen, aber nicht beweisen, dass dieser Hoffmann eine der Leichen aus dem Rad war. Die DNA tauchte nirgends auf. Wer ebenfalls nicht auftauchte, war der Jagdherr Rudolf Büchel. Er blieb verschwunden. Wie vom Erdboden verschluckt. Die Verbindung zwischen Büchel und Lässer kam ans Licht, Gerüchte über einen ungeheuren Betrug kursierten; die Ostmafia steckte auch irgendwie drin, es war aber nicht klar, in welcher Weise und worin der Betrug eigentlich bestand. Waffengeschäfte wollte die Presse ermittelt haben. Die Sache wurde im Frühjahr noch durch die Auffindung einer stark verwesten Leiche unter einem Lawinenkegel im Gamperdonatal kompliziert, dieser Tote konnte nicht identifiziert werden. Und von der ominösen Frau Moser fehlte weiterhin jede Spur, obwohl nach ihr europaweit gefahndet wurde – mithilfe einer Phantomzeichnung, bei deren Anfertigung Lothar Moosmann mitgeholfen hatte. Er hielt sich bei seiner Beschreibung an die Wahrheit, wie er oft beteuerte. Also glich das Bild nicht einer realen Frau, sondern eher einer nordischen Göttin, einer aus dem Comicuniversum. Folgerichtig wurde sie oft gesehen. In Sizilien, in Irland, Deutschland, Italien, sogar in Finnland und noch an anderen Orten, deren Aufzählung wir uns ersparen, es war sowieso nie der richtige. Agathe Moser, die in Wahrheit nicht so geheißen hatte, blieb verschwunden.

Matthäus Spielberger hoffte, dass diesen Status des Verschwundenseins auch andere Personen beibehielten. Vor allen anderen eine Person mit zerbrochenen Gliedmaßen unter der neuen Rappenlochschluchtbrücke. Und Matthäus hatte Glück. »Balkan« tauchte nicht mehr auf. Wer ebenfalls nicht auftauchte, war Anatol oder einer seiner Mitarbeiter. Anatol hatte auch anderes zu tun. Er musste eine große Organisation reorganisieren. Verschlanken. Sie war danach um zwei Dutzend Personen schlanker, die Organisation. Der »Alte« und dessen Sohn, der »Doktor«, gehörten nicht mehr dazu. Aber davon erfuhr man weit im Westen des Kontinents nichts, das waren regionale Interna.

So war Rudolf Büchel die einzige Bedrohung hinter dem Horizont des Möglichen, aber je länger er verschwunden blieb, desto ruhiger wurde Matthäus Spielberger. Seine Frau bemerkte die Veränderung und fand sie positiv, Matthäus kam ihr nicht mehr so verkniffen vor wie auf dem Höhepunkt der Lässer-Büchel-Affäre. Er wirkte entspannter. Je weiter der Frühling vorankam, desto mehr entspannten sich auch seine

Freunde. Lothar Moosmann hatte die Madonna fertiggestellt und einen neuen Auftrag für einen halbmeterhohen heiligen Christophorus für eine Kapelle im Schwarzwald. Dr. Lukas Peratoner tat wieder, was er immer getan, nach dem Brand des Lässerhauses aber eingestellt hatte: Vorträge halten. Und Franz-Josef Blum sang ihnen ab und zu etwas vor, aber nichts so Düsteres wie im Winter, keine schwere Romantik, sondern Operettenschlager. »Ach, ich hab sie doch nur auf die Schulter geküsst …«, solche Sachen halt.

Mit Angelika und Ramón lief es gut. Sie hatten den ersten Streit hinter sich und gut verarbeitet, erzählte Angelika ihrer Mutter. Was Ramón der seinen erzählte, wissen wir nicht.

Anfang Mai unternahmen sie einen Ausflug aufs »Bödele« (wir erinnern uns: der Hausberg von Dornbirn). Matthäus, Mathilde, Angelika mit Ramón, Lothar Moosmann, Franz-Josef Blum und Dr. Peratoner. Sie hatten die Autos beim großen Parkplatz abgestellt und waren zum »Foramoos« aufgebrochen, einem Naturschutzgebiet, das seinen Namen von den Zwergföhren hatte, die hier auf einem Hochmoor wuchsen. Der Tag war warm. Sie durchquerten das Moor und machten Rast auf einer Wiese. Decken wurden ausgebreitet, Mathilde verteilte kaltes Brathuhn, Kartoffelsalat und Weißbrot, dazu gab es Grünen Veltliner. Nach dem Essen wurden alle ein wenig schläfrig. Sie lagen im Gras, die Sonne schien ihnen auf die Bäuche, die Vögel zwitscherten, und die Augen fielen zu. Nicht alle.

Manche Augen gingen auch auf.

Mathilde hatte wohl eine Viertelstunde vor sich hin gedöst. Als sie sich aufrichtete, saß Matthäus neben ihr und starrte ins Gras. Er sagte nichts.

»Ist dir nicht gut?«, fragte sie.

»Nein, nein, es ist nichts ...«

»Du hast wieder zu viel von dem Kartoffelsalat gegessen ... er war vielleicht auch zu fett.«

»Nein, der war hervorragend. Genau die richtige Menge Mayonnaise ... wirklich gut.« Er stand auf. Auch die anderen rappelten sich auf. Dr. Peratoner schlug eine längere Rundwanderung vor, um das Brathuhn und den Kartoffelsalat abzuarbeiten. Alle waren einverstanden. Dr. Peratoner verwickelte Mathilde in ein Gespräch über die Mayonnaise, die sie natürlich selber zubereitet hatte, Ramón erzählte seiner Angelika etwas Lustiges aus seiner Firma auf Spanisch, Lothar und Franz-Josef gingen schweigend nebeneinander. Matthäus hatte es so eingerichtet, dass er den Schluss der Reihe bildete. Sie entfernten sich langsam von ihm, ohne zu merken, dass er zurückblieb. Als sie schon fünfzig Schritte entfernt waren, ging er ihnen nach. Er brauchte Abstand. Wenn er zu nah dran war, würden sie es ihm ansehen. Er war kurz davor, in Tränen auszubrechen.

Denn nach dem Essen, in der Zeit der kurzen Rast auf der Sonnenwiese, hatte er geträumt. Auf diese spezielle Art. Wie schon zwei Mal.

Aber er würde ihnen nichts davon sagen. Dieses Mal nicht. Er atmete tief durch, das Gehen tat ihm gut. Er wurde wieder Herr seiner Sinne und Gedanken. Er dachte: Die Propheten und Visionärinnen hatten zu allen Zeiten nur ein Problem. Nein, nicht ihre besondere Gabe. Sondern, dass sie nicht das Maul halten konnten. Sie mussten den Inhalt ihrer Visionen ja aller Welt mitteilen! Den meisten wäre es viel besser ergangen, wenn sie ihre Erkenntnisse für sich behalten hätten. Weder Spott noch Verfolgung ... aber diese Leute litten alle an einem Helfersyndrom, dachte er weiter, die bildeten sich ein, sie müssten die Sachen regeln mit ihrem Spezialwissen, das sie über alle Sterblichen erhob. »Nein, König, tu dies nicht, mach besser jenes, denn ich habe in die Zukunft gesehen, der Herr hat zu mir gesprochen, und wahrlich, ich sage dir ...« Da macht man sich unheimlich beliebt bei Königs. Außer, die Prophezeiung ist bestellt und bezahlt wie bei Profisehern, Eingeweidebeschauern, Vogelflugdeutern oder gleich bei der Pythia von Delphi – aber das war Politik.

Nein, diesen Fehler würde er nicht machen!

So klug war Matthäus Spielberger, dass er all diese Gedanken in seinem Herzen bewegte, und so dumm war er, dass er glaubte, es hinge von ihm ab, was er sagen und was er tun würde. Denn es gelang ihm nicht zu verschweigen, was er gesehen hatte.

Aber das ist eine andere Geschichte.

ENDE